Über den Verfasser

Jost Hermand, geb. 1930 in Kassel, promovierte 1955 an der Universität Marburg und ist seit 1958 Professor of German an der University of Wisconsin-Madison (USA). Zahlreiche Gastprofessuren als Germanist, Historiker und Kunstwissenschaftler an deutschen und amerikanischen Universitäten.

Wichtigste Veröffentlichungen: Epochen deutscher Kultur von der Gründerzeit bis zum Expressionismus, 5 Bde, 1959–75 (mit Richard Hamann); Literaturwissenschaft und Kunstwissenschaft, 1965; Synthetisches Interpretieren. Zur Methodik der Literaturwissenschaft, 1968; Von Mainz nach Weimar, 1969; Pop International, 1971; Streitobjekt Heine, 1975; Stile, Ismen, Etiketten. Zur Periodisierung der modernen Kunst, 1978; Die Kultur der Weimarer Republik, 1979 (mit Frank Trommler); Sieben Arten an Deutschland zu leiden, 1979; Orte. Irgendwo. Formen utopischen Denkens, 1981; Konkretes Hören. Zum Inhalt der Instrumentalmusik, 1981; Adolph Menzel, 1986; Die Kultur der Bundesrepublik, 2 Bde, 1986–88; Der alte Traum vom neuen Reich. Völkische Utopien und Nationalsozialismus, 1988; Arnold Zweig, 1990; Grüne Utopien in Deutschland, 1991; Mehr als ein Liberaler. Über Heinrich Heine, 1991; Als Pimpf in Polen. Die Erweiterte Kinderlandverschikkung 1940–1945, 1993.

Jost Hermand

Geschichte der Germanistik

rowohlts enzyklopädie

rowohlts enzyklopädie

Herausgegeben von Burghard König

Originalausgabe
Veröffentlicht im Rowohlt Taschenbuch Verlag GmbH,
Reinbek bei Hamburg, Oktober 1994
Copyright © 1994 by Rowohlt Taschenbuch Verlag GmbH,
Reinbek bei Hamburg
Umschlaggestaltung Jens Kreitmeyer
Satz Sabon (Linotronic 500)
Gesamtherstellung Clausen & Bosse, Leck
Printed in Germany
2290-ISBN 3 499 55534 4

Inhalt

Vorwort   9

Von den Anfängen bis zum Ende des 18. Jahrhunderts   17
Humanistisches Nationalbewußtsein – Deutschsprachige
Rhetorikübungen – Der Einfluß der Aufklärung –
Entwicklungsgeschichtliches Denken

Nationale Romantik und Freiheitskriegsenthusiasmus   28
Rückwendung zur germanisch-mittelalterlichen Vorzeit –
Die Rolle des *Nibelungenlieds* – Nationaldemokratisches
Freiheitsverlangen – Der Rückschlag von 1815 – Textkritische
Objektivierungstendenzen

Die nationalliberale Welle   41
Zwischen Restauration und Revolution – Geschichten der
deutschen Nationalliteratur – Die ersten Germanistentage und
die Märzrevolution von 1848 – Die nachmärzliche
Tendenzwende

Die Saturiertheitsphase nach 1871   54
Nationalistischer Überschwang und Bildungsbeflissenheit –
Die Einrichtung germanistischer Seminare – Positivismus als
Ausdruck bürgerlicher Saturiertheit

Methodische Vielfalt um die Jahrhundertwende   66
Die geistesgeschichtliche Reaktion gegen den Positivismus –
Formanalysen unter dem Einfluß der Kunstgeschichte –
Neuromantische Literaturwissenschaft – Die stammlich-
heimatbezogene und die rassistische Richtung – Aktivitäten des

Germanistenverbands – Die kulturmissionarische
Kriegsbegeisterung von 1914

Während der Weimarer Republik 83
Die Gesellschaft für deutsche Bildung – Zur Vorherrschaft der
konservativ-geistesgeschichtlichen Richtung –
Psychoanalytische und soziologische Ansätze – Die
Generationstheorie – Der Aufbruch ins Dritte Reich

Unter dem Nationalsozialismus 98
Die «Thronerhebung der Volkheit» – Faschisierte
Geistesgeschichte – Deutschnationale und rassenkundliche
Germanistik – Literarisches Erbe und Gegenwartsschrifttum –
Die Integration in den Parteiapparat – Germanistischer
Kriegseinsatz und Innere Emigration

Die unmittelbare Nachkriegszeit 114
Das Schweigen über die Vergangenheit – Religiöse,
existentialistische und formalistische Tendenzen in den
Westzonen – Der erste Germanistentag in Leipzig im Jahr 1948

Die fünfziger Jahre in West- und Ostdeutschland 121
Zur westdeutschen Universitätssituation – Der neue
Germanistenverband – Die «Kunst der Interpretation» –
Gattungsgeschichtliche Gesichtspunkte – Einflüsse des «New
Criticism» – Formalistische «Moderne»-Theorien –
Literaturgeschichtliche Ansätze – Der Klassikkult in der frühen
DDR – Die Rolle von Georg Lukács – Ostdeutsche
Kursschwankungen nach 1956 – Die Konsolidierung in den
frühen sechziger Jahren

Vom kritischen Liberalismus zur Achtundsechziger Revolte 141
Neue Relevanzforderungen – Der Münchner Germanistentag
von 1966 – Aufarbeitung der demokratisch-liberalen
Traditionen – Literatursoziologische Arbeiten –
Rezeptionstheorien – Die Studentenrevolte von 1968 –
Praxisbezogene Reformmodelle – Die Neue Linke und die
basisbezogenen Gruppen

Tendenzwende in der Bundesrepublik 165
Der Rückschlag der Konservativen – Germanistik als
Massenfach – Berufsnöte

Neue Verwissenschaftlichungstendenzen 173
Ideologische Skepsis – Sozialgeschichte der Literatur –
Soziolinguistik – Medienwissenschaftliche Aspekte –
Kommunikations- und Rezeptionstheorien – Empirisch-
rationale Literaturwissenschaft – Systemtheoretische Ansätze –
Steigende Internationalisierung im Rahmen semiotischer und
strukturalistischer Sehweisen

Im Zeichen des subjektiven Faktors 194
Neusubjektive Wahrnehmungsformen in Ost- und
Westdeutschland – Der Einfluß der Psychoanalyse – Märchen-
und Mythenforschung – Juden als Außenseiter – Das Interesse
an der Homosexualität – Feministische Literaturwissenschaft

Diskursanalytische Verfahrensweisen 211
Zur Ideologie des französischen Poststrukturalismus – Seine
Aufnahme in der westdeutschen Germanistik – Die
internationale Postmoderne-Debatte

Zur gegenwärtigen Situation 225
Methodenverschleiß – Innergermanistische Betriebsamkeit –
Subjektive Entlastungsfunktionen – Kritiker dieser Tendenzen
– Gesamtgesellschaftliche Zielsetzungen

Anmerkungen 246
Auswahlbibliographie 251
Namenregister 268

Vorwort

Angesichts des verbreiteten Zweifels am Sinn historischer Erkenntnisweisen wirkt es geradezu vermessen, die Geschichte jenes in mannigfache Richtungen zerspaltenen Fachs beschreiben zu wollen, für das sich die Bezeichnung ‹Germanistik› eingebürgert hat. Haben nicht alle, die seit nunmehr über 20 Jahren auf Methodenpluralismus, Posthistoire und Poststrukturalismus schwören, immer wieder darauf hingewiesen, daß jede Rekonstruktion eines geschichtlichen Nacheinanders auf leicht zu entlarvende ‹Meistererzählungen› oder ‹Mythisierungen› hinauslaufe, die der Unzahl der verschiedenen und sich häufig widersprechenden Diskurse innerhalb der gesellschaftlichen Wirklichkeit notwendig Gewalt antun? Besonders im Bereich der sich avanciert dünkenden Kultur- und Geisteswissenschaften sind demzufolge – neben den bereits bestehenden, in ein entwicklungsgeschichtliches Kontinuum eingebundenen soziopolitischen, ideologiekritischen und stilanalytischen Sehweisen – in steigendem Maße anthropologische, linguistische, systemtheoretische, semiotische, psychoanalytische, geschlechtsspezifische sowie mentalitätsbezogene Diskurse poststrukturalistischer oder postmoderner Prägung getreten, nach denen es nur noch Konstanten und Differenzen, aber keine historisch bedingten Entwicklungsstränge mehr gibt. Aufgrund dieser methodologischen Verschiebungen ist auf erkenntnistheoretischer Ebene jene ‹Neue Unübersichtlichkeit› entstanden, die selbst manche ihrer Kritiker und Kritikerinnen nachdenklich gestimmt hat.

Solche Problematisierungen von vornherein abzulehnen liegt mir fern. Sie haben gegenüber vielen bisherigen Verkürzungen auf allzu lineare Interpretationsmuster politisch-ideologischer oder ästhetisch-formalistischer Art den Vorzug, wesentlich differenziertere Sehweisen entwickelt zu haben, um der Fülle des historisch überlieferten Materials wissenschaftlich gerecht zu werden. Dabei sollte allerdings im

Hinblick auf die Anhänger und Anhängerinnen solcher Anschauungen zwischen zwei Richtungen unterschieden werden: einerseits jenen, die hieraus – aufgrund forcierter Identitätsspekulationen – vornehmlich defätistische, wenn nicht gar pessimistische Folgerungen ziehen und an der Sinngebung von Geschichte überhaupt zu zweifeln beginnen, andererseits jenen, welche sich darum bemühen, die vom Poststrukturalismus entwickelten Sehweisen in ein neues, umfassenderes Konzept von Geschichtlichkeit einzubeziehen, um so – nach der Infragestellung älterer Historizitätsvorstellungen – wieder zu kollektiv-objektivierenden Gesichtspunkten zurückzufinden.

Für eine Geschichte der Germanistik würde ein solches Bemühen bedeuten, ihren Verlauf – im Rahmen einer mehr oder minder klar erkennbaren historischen Abfolge – nicht nur nach politischen, ideengeschichtlichen und methodologischen Gesichtspunkten oder im Hinblick auf ihre Hauptrepräsentanten und die von ihnen begründeten Schulen darzustellen, sondern hierbei auch andere Perspektiven, vor allem sozialpsychologischer, mentalitätsgeschichtlicher, institutionsbedingter und funktionsbezogener Art heranzuziehen, um so der Kritik an früheren Formen einer lediglich vorgetäuschten Totalität mit dem Konzept einer tiefer begründeten Totalität entgegentreten zu können, die auf einer wesentlich weiter gefaßten Synthese beruht. Bei einem so anspruchsvollen Versuch stellt sich freilich die Frage, wie sich ein solches Bemühen – bei der Fülle der inzwischen entwickelten neuen Sehweisen und zugleich der geradezu explosionsartigen Erweiterung unserer Materialkenntnisse auf diesem Gebiet – überhaupt realisieren läßt. Ist es nicht etwas großspurig, eine solche Leistung als einzelner erbringen zu wollen, statt sich in ein wohlausgesuchtes Wissenschaftsteam einzuordnen? Entsteht nicht dadurch erneut die Gefahr einer einlinigen Durchstrukturierung der geradezu unübersehbaren Stoffmassen im Sinne bestimmter Leitideen oder Meisterdiskurse?

Gefahren dieser Art sollen keineswegs geleugnet werden. Aber was wäre die Alternative zu einem solchen Unterfangen: etwa im Rahmen eines größeren Teams, und zwar ohne bestimmte Leitideen, an ein derartiges Projekt heranzugehen? Würde nicht ein solcher Versuch, der sich keine von allen Beteiligten anerkannten Ziele setzt und im Bereich des Abstrakt-Akademischen, Wertfreien und damit Ideenlosen zu bleiben sucht, nach wenigen Anläufen vor dem chaotischen Nebeneinander der vorgegebenen Materialmengen notwendig kapitulieren müssen? Der These, daß ein einzelner eine solche Aufgabe nicht mehr bewältigen könne, ließe sich daher mit der gleichen Berechtigung die These entgegensetzen, daß auch ein größeres Team bei einer solchen Aufgabe nicht von vornherein im Vorteil wäre. Mag auch der als Universalist auftretende einzelne nicht alle Bereiche einer derartig weitgespannten Geschichte gleichermaßen detailliert erforscht haben, er hat den in ein Gemeinschaftsprojekt Eingebundenen wenigstens den Vorteil einer größeren Koordinierungsfähigkeit voraus, während die mit der Bearbeitung eines Teilgebiets Betrauten über dem Besonderen nur allzu leicht das Allgemeine aus dem Auge verlieren. Und so läuft es letztlich auf das gleiche hinaus, sich als einzelner oder als Mitglied eines Wissenschaftsteams an eine Geschichte der Germanistik heranzuwagen. Hier wie dort müssen bei einem solchen Werk alle Partikulardiskurse zwangsläufig in einen Grunddiskurs eingebettet werden, um einem solchen Unternehmen überhaupt eine innere Kohärenz zu geben.

Die Funktion dieses Großdiskurses soll im folgenden jene vielbeschworene ‹Dialektik der Moderne›, das heißt der mit dem Aufstieg des Bürgertums verbundene Prozeß der Verstädterung, Industrialisierung und Liberalisierung, übernehmen, der in der zweiten Hälfte des 18. Jahrhunderts beginnt und selbst von den Kritikern und Kritikerinnen aller auf eine bestimmte Ideologie festgelegten Meisterdiskurse als der entscheidende politische, wirtschaftliche, soziale und kulturelle Großdiskurs der letzten 250 Jahre anerkannt wird, der im positiven wie negativen Sinn die Grundlage aller anderen Diskurse bildet. Dieser Prozeß hat sich nach der Meinung vieler von Anfang an auf eine höchst widerspruchsvolle Weise abgespielt, das heißt nicht nur zu Gewinnen, sondern auch zu Verlusten geführt. Und wie zu erwarten, sind auf diese Widersprüche höchst unterschiedliche Reaktionen erfolgt. All jene Wissenschaftler und Wissenschaftlerinnen, die allein von der Gewinnbilanz dieser Vorgänge fasziniert waren, haben in dieser Entwicklung vornehmlich einen Prozeß der Beseitigung der erstarrten feudalistischen Ordnungen zugunsten einer begrüßenswerten Enthierarchisierung und Liberalisierung gesehen, der bis heute andauere und in seinen Modernisierungsschüben zu einer weitgehenden Verfreiheitlichung aller Menschen beigetragen habe. Eher dialektisch denkende Angehörige der gleichen Disziplinen haben jedoch an dieser Entwicklung nicht nur das Positive, sondern auch den damit verbundenen Verlust kultureller, bildungsmäßiger und gesellschaftlicher Sinnstiftungen sowie die deutliche Zunahme entfremdender, konkurrenzbetonter, zweckinstrumentaler Tendenzen herausgestellt. Schließlich sei es durch die ‹Befreiung› in die Free-Enterprise-Gesellschaft mit all ihren materialistischegoistischen Begleiterscheinungen, schrieben sie, auch zu einer hemmungslosen Bevölkerungszunahme, unablässigen Beschleunigung der wirtschaftlichen Zuwachsrate und rücksichtslosen Ausplünderung der natürlichen Grundlagen des Lebens gekommen, welche allmählich immer bedrohlichere Züge anzunehmen beginne.

Im Hinblick auf diese Widersprüche wird die ideologische Diskussion bis heute von folgenden Gegensätzen bestimmt: Auf der einen Seite stehen Lehrende dieses Fachs, die weiterhin am Prinzip der unantastbaren Freiheit des einzelnen festhalten und vor den damit verbundenen kapitalistischen sowie ökologischen Gefahren weitgehend die Augen schließen, da ihnen alle Tendenzen zu gesamtgesellschaftlicher Verantwortlichkeit und damit ins Kollektive, welche sich in den letzten hundert Jahren vor allem auf der Ebene sozialistischer und faschistischer Diskurse geäußert haben, lediglich als totalitäre Verstöße gegen das Prinzip der pluralistisch-offenen Gesellschaft erscheinen. Auf der anderen Seite stehen jene, die in der fortschreitenden Verfreiheitlichung innerhalb der marktwirtschaftlichen Systeme vor allem Tendenzen ins Egoistische, Ausbeuterische, Narzißstische wahrnehmen und energisch auf eine kollektive Gesinnungsethik dringen, um sich dem immer deutlicher werdenden Katastrophenkurs entgegenzustellen. Während sich dabei die eine Gruppe gezwungen sieht, ihre liberalen Anschauungen trotz aller konkreten Entartungen ins Privilegierte und Ausbeuterische zu verteidigen, da diese aufs engste mit ihrem persönlichen Selbstverwirklichungsdrang zusammenhängen, muß die andere Gruppe stets kollektive Konzepte jenseits des Stalinismus und Hitlerismus beschwören, um sich so von Staatsformen abzusetzen, in welchen die von ihr herbeigewünschten Tendenzen lediglich auf höchst depravierte Weise zum Durchbruch kamen.

Und so ist auch die Geschichte der Germanistik, die in den letzten 200 Jahren sowohl an den liberalen als auch den nationalen und sozialistischen Bestrebungen auf engagierte Weise teilgenommen hat, notwendig ein Feld weltanschaulicher Auseinandersetzungen, das jedem Betrachter, der politisch ernst genommen werden will, klare Stellungnahmen abverlangt. Daher soll im vorliegenden Buch stets von folgenden Fragen ausgegangen werden: in welcher Form die Germanistik in diesen Prozeß eingebunden war, was sie zu den herrschenden oder kritischen Ideologieformationen beigetragen hat, wo sie lediglich als regimeverbundenes Ausführungsorgan aufgetreten ist, wie sie auf den Deutschunterricht an den Oberschulen einzuwirken versuchte, welchen Status sie innerhalb der Universitäts- und Bildungshierarchie einnahm, wo sie Lebenshilfe spendete, mit welchen Methoden sie an die von ihr interpretierten Werke heranging, welche politische, soziale und kulturelle Rolle ihre Professoren und in jüngster Zeit auch Professorinnen gespielt haben – sowie vieles andere mehr, um nicht in Einseitigkeiten befangen zu bleiben, sondern alles mit allem, so weit wie möglich, auf gut totalisierende Weise miteinander zu verbinden.

Ein solches Unterfangen wird nicht ohne bestimmte Gewichtungen, ja selbst Bewertungen und Urteile auskommen. Allerdings soll in diesen Abschnitten, so unumgänglich sie sind, jede unnötige Häme vermieden werden. Wo sich die Lehrenden dieses Fachs zu einem egozentrischen Karrierismus oder zu inhumanen Anschauungen bekannt haben, darf das nicht verschwiegen werden. Wo sie jedoch – im Rahmen der ‹Dialektik der Moderne› – aus blindem Idealismus nationalistische Ideen unterstützt, aus innerster Überzeugung sozialistischen Parteien beigetreten oder aus liberaler Gesinnung vor den negativen Aspekten der kapitalistischen Gewinngier die Augen geschlossen haben, wäre es arrogant, sie von vornherein abzukanzeln. In solchen Fällen sollten wir uns nicht ‹besser› dünken als viele der früheren Germanisten und Germanistinnen, sondern lieber fragen, warum sie – im Rahmen der ihnen offen stehenden Möglichkeiten – so und nicht anders gedacht, ja sogar gehandelt haben. Waren es nicht manchmal gerade die Bedeutenderen, die sich ‹geirrt› haben, während sich die Mittelmäßigen aufgrund ihrer Leisetreterei nichts zuschulden kommen ließen? Und auch sonst gilt es zu differenzieren. Schließlich gibt es unter Nationalisten an die gerechten Wünsche ihres Volks Denkende sowie üble Chauvinisten, unter Sozialisten für internationale Gleichheit und Brüderlichkeit Eintretende sowie miese Opportunisten und unter Liberalen gute Aufklärer sowie rein zweckinstrumental denkende Karrieristen. Das gleiche trifft auf andere Gruppen zu. Auch unter Grünen finden sich verantwortungsbewußte Überlebensstrategen sowie lediglich um ihr eigenes Wohlbefinden Besorgte und unter Feministinnen für eine endgültige Gleichstellung der Frau Kämpfende sowie problematische Exzentrikerinnen.

Solchen Urteilen gehen jedoch viele Germanisten und Germanistinnen gern aus dem Weg. Um sich nicht ins Nationalistische, Sozialistische, Linksliberale, Grüne oder Geschlechtsspezifische zu ‹verirren›, ziehen sie sich – falls sie sich überhaupt mit Wissenschaftsgeschichte beschäftigen – meist in den Bereich eines systemtheoretischen Denkens zurück, innerhalb dessen sich die Germanistik als eine in sich geschlossene disziplinäre Kommunikationsgemeinschaft beschreiben läßt, die mit den politischen und ideologischen Großprozessen ihrer Zeit nur in Ausnahmefällen diskursformierende Verbindungen eingegangen ist. Demzufolge läßt der Forschungsstand im Hinblick auf die weltanschauliche Orientierung der Germanistik weiterhin zu wünschen übrig. Es gibt zwar zahlreiche Studien zu einzelnen Gelehrten oder Instituten sowie den verschiedenen Methodologien dieses Fachs, aber kaum größere, epochenübergreifende Untersuchungen oder gar eine auch die historischen Hintergründe mitberücksichtigende Gesamtdarstellung der Germanistik. Dieser Zustand ist oft beklagt worden, doch eine nachhaltige Abhilfe läßt nach wie vor auf sich warten.

Erste Vorstöße in dieser Richtung wurden 1966 auf dem Münchner Germanistentag unternommen, wo Karl Otto Conrady, Eberhard Lämmert und Peter von Polenz zu einer Bewältigung der faschistischen Vergangenheit der Germanistik aufriefen. Darauf wurde 1972 in Marbach eine Arbeitsstelle zur Erforschung der Geschichte der Germanistik eingerichtet, die von Christoph König geleitet wird. Weitere wissenschaftstheoretische Arbeiten legten in den folgenden Jahren Ursula Burkhardt, Martin Doehlemann, Karl-Heinz Götze, Franz Greß, Johannes Janota, Jörg Jochen Müller, Bernd Peschken, Gunter Reiss, Klaus Röther und Gerhard Sauder sowie jene Germanisten und Germanistinnen vor, die sich in Freiburg, Göttingen, Hamburg, Heidelberg und Köln mit der NS-Vergangenheit der dortigen Institute beschäftigten. Mit den Anfängen der Germanistik im 18. und 19. Jahrhundert setzten sich in jüngster Zeit vor allen Jürgen Fohrmann, Peter Uwe Hohendahl, Uwe Meves, Bärbel Rompeltien und Klaus Weimar auseinander. Ebenso forschungsintensive Vorstöße auf diesem Gebiet, das noch immer eine Fülle blinder Flecken aufweist, unternahmen der DDR-Literaturwissenschaftler Rainer Rosenberg und einige seiner Schüler sowie die mit Jürgen Fohrmann und Wilhelm Voßkamp arbeitende Forschungsgruppe, zu der neben den beiden Genannten unter anderen Holger Dainat und Rainer Kolk gehören.

Im Gegensatz zu der höchst detaillierten, mehrbändigen «Geschichte der deutschen Literaturwissenschaft», an der die eben erwähnte Forschungsgruppe arbeitet, versteht sich vorliegendes Buch eher als eine ‹Kleine Geschichte der Germanistik›, bei welcher in ungeheuchelter Bescheidenheit der Hauptnachdruck auf dem Einführenden und Lesbaren liegen soll. Aus dieser Zielsetzung – wie auch aus verlegerisch bedingten Gründen der Umfangsbeschränkung – ergaben sich folgende Konsequenzen, die bei der Lektüre dieses Bands stets mitbedacht werden sollten: (1) eine weitgehende Konzentration auf den Bereich der mitteleuropäischen Germanistik, während die Auslandsgermanistik, deren Geschichte bisher kaum erforscht worden ist, nur im Rahmen der jüngsten Internationalisierungstendenzen mitberücksichtigt wird; (2) eine Privilegierung der Neugermanistik zugunsten der Mediävistik und Sprachwissenschaft, die nur dort stärker herangezogen werden, wo sie einen maßgeblichen Einfluß auf die Ideologie oder den institutionellen Status dieses Fachs ausgeübt haben; (3) eine Raffung bei der Darstellung des geschichtlichen Verlaufs vor 1900, welcher bereits öfters beschrieben wurde, zugunsten einer etwas ausführlicheren Behandlung des Zeitraums danach, der bisher noch keine zusammenfassende Darstellung erfahren hat; (4) eine Beschränkung auf die wichtigsten Strömungen und deren Hauptrepräsentanten, was hinsichtlich der letzten 50 Jahre sicher viele Fachkollegen und -kolleginnen verärgern wird, weil sie dadurch überhaupt nicht, nicht mit der gebührenden Ausführlichkeit oder nicht lobend genug erwähnt werden; (5) ein weitgehender Verzicht auf allzu theoriebeflissene Abstraktionen und Ausdifferenzierungen, die bei der Behandlung von Einzelaspekten nicht zu umgehen wären, jedoch bei der Darstellung größerer Zeiträume zwangsläufig von den ebenso wichtigen Gesamtverläufen ablenken würden; schließlich (6) eine Reduzierung des wissenschaftlichen Apparats, vor allem im Hinblick auf weiterführende Anmerkungen und eine höchsten Ansprüchen genügende Bibliographie.

Und noch ein Wort zum Schluß: ein Buch, das sich nicht scheut, neben dem individuellen Selbstverwirklichungsbedürfnis auch einem gesamtgesellschaftlichen Verantwortungsgefühl das Wort zu reden, wird bei einseitigen Identitätstheoretikern sicher auf Widerstand stoßen. Zum Glück gibt es jedoch im Fach Germanistik neben Vertretern und Vertreterinnen einer solchen Haltung immer noch genug andere, die sich nicht in den Bereich einer vornehmlich karrierebetonten Betriebsamkeit, narzißtischen Ichsuche oder partikularistisch orientierten *reader-response*-Vorstellung zurückgezogen haben, sondern trotz des merklichen Abflauens der Neuen sozialen Bewegungen dieser Disziplin nach wie vor eine dem Gesamtwohl dienende Funktion zu geben versuchen. Allen Kollegen und Freunden, die mich in solchen Anschauungen unterstützt oder mir nützliche Hinweise zur Geschichte der Germanistik gegeben haben, sei auch an dieser Stelle noch einmal herzlich gedankt.

Madison, im Januar 1994 *Jost Hermand*

Von den Anfängen bis zum Ende des 18. Jahrhunderts

Jede Geschichte hat ihre Vorgeschichte. Nachdem viele deutschbewußte Wissenschaftshistoriker die Germanistik lange Zeit aus dem national-romantischen Geist der antinapoleonischen Kriege abgeleitet haben, herrscht heutzutage eher die Tendenz, den Beginn dieser Disziplin bis ins 17. oder 16. Jahrhundert, wenn nicht gar bis ins Mittelalter zurückzuverfolgen. So gibt es Altgermanisten, die schon in den literaturhistorischen Exkursen salisch-staufischer Chroniken oder der Literaturrevue in Gottfrieds *Tristan* Vorformen germanistischer Bemühungen sehen. Spurensuchen dieser Art in allen Ehren! Aber den Charakter des Wissenschaftlichen, der im Rahmen einer Institutionsgeschichte – wie der Geschichte der Germanistik – im Vordergrund stehen muß, bekamen solche literaturkritischen Ansätze erst im Humanismus des frühen 16. Jahrhunderts, als sich an den inzwischen gegründeten Universitäten der historisch-philologische Eifer der dort lehrenden Professoren erstmals mit einem gegen die bevormundenden Übergriffe der römisch-katholischen Kirche gerichteten deutschen Nationalbewußtsein verband. Trotz des intensiven Studiums antiker Texte, das mit dieser Abwendung von den ‹dunklen› Seiten des Mittelalters zusammenhing, setzte so, wie die Schriften von Konrad Celtis, Sebastian Franck und Johannes Nauclerus belegen, aus patriotischen und dann auch protestantisch-konfessionellen sowie bürgerlich-sozialen Gründen ein lebhaftes Interesse an der germanisch-deutschen Frühgeschichte ein, das nicht nur der Beschäftigung mit der 1455 wiederentdeckten *Germania* des Tacitus, sondern auch den literarischen und volkskundlichen Aspekten der deutschsprachigen Literatur des Mittelalters zugute kam. Ja, ein gewisser Vadianus soll 1512/13 an der Wiener Universität sogar schon Vorlesungen über die altdeutsche Literatur des Mittelalters gehalten haben.

Daß diese Bemühungen, trotz des starken Interesses an patriotischen und philologischen Fragen, nicht zur Errichtung germanistischer Lehrkanzeln führten, hat vielerlei Gründe. Einer der wichtigsten war sicher das mangelnde Selbstvertrauen der bürgerlichen Intelligenz, deren Hauptvertreter sich 1524/25 nur in Ausnahmefällen mit den aufständischen Massen der Bauern und kleinen Handwerker verbanden, sondern – vor allem nach dem Sieg der fürstlichen und bischöflichen Territorialherren – zusehends in philologische, von politischen und sozialen Fragestellungen säuberlich abgegrenzte akademische Sonderbereiche auswichen. Wegen der erdrückenden Übermacht des Feudalismus und der gegenreformatorischen Tendenzen wandten sich viele der humanistisch geschulten Wissenschaftler wieder von der Volkssprachlichkeit ab und beschäftigten sich als Vertreter einer elitären Nobilitas litteraria in Zukunft lieber mit als ungefährlich geltenden antiken oder neulateinischen Texten. Die daraus resultierende Enge und Irrelevanz ihres Tuns kompensierten sie meist mit einer forcierten ‹Gelahrtheit› sowie einem über ihr politisches und gesellschaftliches Außenseitertum hinwegtäuschenden Standesdünkel. Und so blieb von der patriotischen Variante des frühbürgerlichen Humanismus, als der ersten Auflehnung gegen feudalistische und klerikale Bevormundung, im Verlauf des 16. Jahrhunderts nicht viel übrig. Statt dessen setzte ein erneuter Kult des Lateinischen ein. Im Bereich des Philologischen führte das zu Rhetorikübungen nach Werken von Quintilian, Cicero, Livius und Vergil, die immer nachdrücklicher als überzeitliche Vorbilder, als *exempla classica* eines gebildeten Stils hingestellt wurden, während die Aspekte des Nationalen und Zeitbezogenen fast völlig in den Hintergrund traten.

Erst im 17. Jahrhundert gingen einige Rhetorikprofessoren dazu über, ihre Studenten auch anhand deutschsprachlicher Exempla zu stilistischen Exerzitien anzuhalten. Das soll nicht heißen, daß sich hierin schon eine germanistische Philologie, geschweige denn germanistische Literaturwissenschaft im späteren Sinn angekündigt hätte. Der von diesen Professoren aufgestellte deutschsprachige Musterkatalog diente lediglich dazu, auch in der eigenen, bislang oft vernachlässigten Sprache auf guten Stil, das heißt auf Eleganz und Sauberkeit zu dringen, was allmählich zur Einführung von Kursen zur ‹Deutschen Beredsamkeit› sowie dem schrittweisen Übergang von der lateinischen zur deutschen Vorlesungssprache führte. Da jedoch hinter diesen Wandlungen keine ins Gesamtgesellschaftliche tendierende Bewegung stand, trug sie weder zu einer steigenden Relevanz dieser Fachrichtung noch zu einer

Standeserhöhung der sie praktizierenden Professoren bei. Neben den Theologen, Juristen und Medizinern blieben demzufolge die Vertreter der deutschsprachigen Rhetorik eher minderbeachtete Professoren, die nebenher häufig genug bezahlte Privatvorlesungen hielten, sich als Polyhistoriker auch auf anderen Gebieten betätigten und obendrein außeruniversitäre Ämter übernahmen, um so ihr dürftiges Gehalt aufzubessern.

Zu den wichtigsten Repräsentanten dieser Richtung zählten gegen Mitte des 17. Jahrhunderts, als der Wunsch immer lauter wurde, «man möge an den Universitäten doch deutsch sprechen und auch deutsche Beredsamkeit und Poeterey lehren»,[1] Augustus Buchner, Otto Prätorius, Christoph Kaldenbach, Johann Christoph Beckmann und vor allem Andreas Tscherning. Letzterer war seit 1645 Professor der Poesie in Rostock und gab 1658 ein Buch heraus, das schon im Titel die Haupttendenzen dieser neuen Richtung auf möglichst ‹elegante› Weise zusammenfassen sollte: *Kurtzer Entwurf und Abrieß einer deutschen Schatzkammer, von schönen und zierlichen poetischen Redensarten, Umschreibungen, und denen Dingen, so einem Getichte sonderbaren Glantz und Anmuth geben können, der studirenden Jugend zu einer Nachfolge, aus den vortrefflichsten deutschen Poeten als Opitz und Flemmingen insbesonderheit zusammengelesen, und in Ordnung gebracht*. Während im Späthumanismus allein die römischen Autoren als stilistische und poetische Vorbilder galten, wurden durch Bücher dieser Art erstmals auch einige deutsche Dichter, die sich der von Opitz eingeführten ‹neuen Manier› befleißigten, in den rhetorischen und literarischen Regelkanon eingeführt. Noch einen Schritt weiter ging Daniel Georg Morhof, der als Schüler Tschernings 1665 als Professor für Poesie und Eloquenz an die neugegründete Universität Kiel berufen wurde. Er eröffnete sein 1682 publiziertes Lehrbuch *Unterricht von der teutschen Sprache und Poesie, deren Ursprung, Fortgang und Lehrsätzen* mit einem Kapitel über die «Vortrefflichkeit der teutschen Sprache» und gab dann – unter regelpoetischen Gesichtspunkten – eine Gesamtdarstellung der Entwicklung der deutschen Literatur von der uralten Zeit der Barden über die Stauferära bis zur Erneuerung der deutschen Poesie durch Opitz. Trotz seiner unveränderten Hochschätzung der alten Römer, «von welchen doch alles herfließet»,[2] trug er damit wie kaum ein anderer zu einer steigenden Wertschätzung der deutschen Sprache und Literatur bei.

Aufgrund dieser Entwicklungen wurde es immer üblicher, sich an den Universitäten nicht nur in Vorlesungen über deutsche Beredsamkeit und Poesie, sondern auch in anderen Fächern der deutschen Sprache zu bedienen. Einer der wichtigsten Befürworter dieser Tendenz war Christian Thomasius, der zum Zwecke größerer Nützlichkeit und Publikumswirksamkeit 1687 an der Leipziger Universität selbst in juristischen Vorlesungen, die aufs engste mit dem römischen Recht verbunden waren, die Deutschsprachigkeit einführte. Ja, als 1694 die Universität Halle gegründet wurde, setzte sich dort in fast allen Vorlesungen das Deutsche als Unterrichtssprache durch. Eine ähnliche Wirkung übten die «Deutschen Gesellschaften» aus, die in diesem Zeitraum entstanden und auch im außeruniversitären Bereich der Akademien und Lesezirkel zu einer verstärkten Tendenz ins Deutschsprachliche beitrugen. Und doch, obwohl durch diese Entwicklungen die Beschäftigung mit deutscher Sprache und Literatur allmählich angesehener wurde, kam es selbst im frühen 18. Jahrhundert nicht umgehend zu der von einigen Vertretern dieser Richtung erhofften Ausbildung einer Deutschen Philologie oder Deutschen Literaturgeschichte, die sich an den Universitäten als allgemein respektierte Fächer etabliert hätten.

Daß die Einrichtung solcher Disziplinen unterblieb, hatte selbstverständlich nicht nur inneruniversitäre Gründe, sondern hing auch mit dem konkreten sozialen, wirtschaftlichen und kulturellen Entwicklungsstand des damaligen deutschen Bürgertums zusammen. Trotz der herrschenden Kleinstaaterei und der mangelhaften Ausbildung der ökonomischen Produktionsverhältnisse sympathisierte dieses Bürgertum zwar in seinen Bildungsschichten durchaus mit den aus England und Frankreich importierten Ideen der Aufklärung, blieb aber zahlenmäßig viel zu unbedeutend, um diese Ideen in die gesellschaftliche Praxis umzusetzen. Kurz, es dachte zwar ‹groß›, mußte sich aber wegen seiner ökonomischen Schwäche – angesichts der Übermacht der feudalistischen und klerikalen Mächte – weiterhin mit einer untergeordneten Rolle begnügen. Die Wende zur Aufklärung allein bewirkte insofern wenig, da ihr kein von sozialen und wirtschaftlichen Aufsteigergefühlen beseelter Nationalstolz zugrunde lag, der zu einer revolutionären Haltung gegenüber den herrschenden Mächten geführt hätte. Im Gegenteil, je aufgeklärter die bürgerlichen Bildungsschichten dachten, desto eher begeisterten sie sich für relativ abstrakte

Vorstellungen einer humanistisch orientierten Menschheitsentwicklung, die ohne jeden Praxisbezug blieben.

Im Bereich der Universitäten führte das zu einer steigenden Wertschätzung der Philosophie, die sich in den Jahrzehnten nach 1700 – unter dem Einfluß des Cartesianismus – allmählich aus ihren theologischen Fesseln befreite und im Rahmen der philosophischen Fakultät zur Wissenschaft einer vernunftgesteuerten Aufklärung schlechthin aufstieg. Indem auch einige Professoren der Poesie und Rhetorik mit dieser Entwicklung Schritt zu halten versuchten, befreiten sie sich zwar ebenfalls aus den Fesseln der ‹unaufgeklärten› Vergangenheit, was in ihrem Fall die strengen, ahistorischen Regeln der Rhetorik und Stilistik waren, wichen aber zugleich – aufgrund ihrer ins Universale ausgreifenden Spekulationen – vor einer gesellschaftsspezifischen Orientierung ihres Tuns aus und verscherzten somit die Chance, an der Herausarbeitung einer ideologisch relevanten Deutschen Philologie oder Deutschen Literaturgeschichte mitzuwirken. Und so traten zwar im Verlauf des 18. Jahrhunderts die schulmeisterlich gesinnten Rhetorikprofessoren und Präzeptoren der «Deutschen Gesellschaften» allmählich in den Hintergrund, ohne daß an ihre Stelle betont progressiv argumentierende Literaturwissenschaftler getreten wären.

Im einzelnen spielte sich das folgendermaßen ab. Bis zur Jahrhundertmitte, als an den Universitäten zwar schon die Deutschsprachigkeit und der Rationalismus dominierten, sich aber noch keine auf Emanzipation drängende Impulse bemerkbar machten, wurde das Feld des ‹Deutschen›, um es bewußt allgemein zu formulieren, weiterhin von Stilistik und Regelpoetik bestimmt. Die wenigen Professoren, die es auf diesem Gebiet gab, waren meist Extraordinarien, die neben Poesie und Rhetorik zum Teil auch Jurisprudenz, Philosophie, Geschichte, Natur- oder Völkerrecht usw. unterrichteten, ja im Laufe ihrer Karriere die Deutsche Beredsamkeit oft zugunsten besser besoldeter Fächer aufgaben. Was wir heute unter Germanistik verstehen, existierte also damals noch nicht. Was es gab, waren regelpoetische Anleitungen sowie Übungen in ‹deutscher Eloquenz›, die jedoch im Rahmen der philosophischen Fakultäten randständig blieben und in der zweiten Hälfte des 18. Jahrhunderts immer unwichtiger wurden.

Daß die Beschäftigung mit deutscher Literatur an den Universitäten überhaupt an Bedeutung gewann, verdankte sie vor allem dem Wirken Johann Christoph Gottscheds, der an der Leipziger Universität als Privatdozent für Schöne Wissenschaften und Wolffsche Philosophie begann, nebenher die «Deutsche Gesellschaft» leitete und daselbst 1730 außerordentlicher Professor der Poesie und 1734 ordentlicher Professor der Logik und Metaphysik wurde. Schon dieser Werdegang spiegelt die für die rationalistische Frühphase der Aufklärung bezeichnende Verquickung von Rhetorik, Regelpoetik und Philosophie wider. Geschult an Aristoteles und den französischen Klassizisten, versuchte Gottsched, seine Studenten einerseits mit an der Wirklichkeit orientierten Nachahmungslehren vertraut zu machen, hielt jedoch andererseits streng an einer Regelpoetik fest, die jedes rebellische Entwicklungsdenken von vornherein ausschloß und fast ausschließlich an ein zwar reformwilliges, aber letztlich den Status quo betonendes Bürgertum appellierte. Trotz seiner Betonung der ‹Vernünftigkeit› auf allen Gebieten blieb er deshalb in seinem literarischen Exempla-Kanon in vielem den an Opitz anschließenden Morhofschen Prinzipien der barocken Rhetorik und damit Gelehrsamkeit auf poetischem Gebiet verpflichtet.

Ebenso unkonkret blieben alle Bemühungen innerhalb der Poesievorlesungen dieses Zeitraums, das Wesen des Dichterischen auf sinnespsychologische Weise zu erklären oder seinen sittlich-veredelnden Charakter herauszustellen. Für die erste Richtung ist vor allem jene Ästhetik oder Theorie der schönen Künste charakteristisch, wie sie sich in den Schriften des Frankfurter Poesieprofessors Alexander Gottlieb Baumgarten und seines in Halle lehrenden Schülers Georg Friedrich Meier niedergeschlagen hat. In ihnen finden sich statt praktischer Anleitungen zu regelkonformen Dichtwerken oder einem gebildeten Stil tiefgründige Überlegungen zu einem Dichtungsvermögen, das zwar auf der ‹niederen›, aber in sich autonomen Erkenntnisweise der menschlichen Sinne beruht. Diese Spekulationen sind jedoch so allgemein gehalten, daß die Frage nach einer möglichen Gesellschaftsrelevanz überhaupt nicht auftaucht. Nicht ganz so gesellschaftsabgewandt verhielten sich die Vertreter der sittlich-veredelnden Richtung. Wohl die größte Breitenwirkung in diesem Bereich entfaltete Christian Fürchtegott Gellert, der ab 1751 an der Leipziger Universität als außerordentlicher Professor für Poesie, Rhetorik und Moral tätig war. Seine Vorlesungen zielten nicht auf die Einhaltung festgelegter Regeln hin, sondern betonten – im Gefolge sogenannter empfindsamer Strömungen – vor allem den Einfluß der schönen Wissenschaften auf Herz und Sitten. Er wollte weder junge Poeten zu mustergültigen Gedichten anleiten noch Studenten zu einem guten Stil verhelfen, sondern sie für die seelisch-sensibilisierenden Wirkungen von Literatur empfänglich machen. Wegen des großen Erfolgs, den Gellert damit hatte, wurden in der zweiten Hälfte des 18. Jahrhunderts an fast allen deutschen Universitäten Ordinariate oder Extraordinariate für die Theorie der schönen Wissenschaften bzw. Ästhetik eingerichtet, deren Inhaber sich entweder in abstrakten Gedankengängen über die Grundgesetze der Poesie ergingen oder deren versittlichende Wirkung im Sinne des Guten, Wahren und Schönen herausstrichen.

Eine wahrhaft gesellschaftsrelevante Note bekamen solche Bemühungen nur dort, wo sie das Interesse an Literatur mit einem Interesse an geschichtlichen Abfolgen und den sie regierenden Leitideen verbanden. Doch selbst auf diesem Gebiet drangen die Professoren für Poesie im Laufe des 18. Jahrhunderts nicht sofort ins konkret Politische, Soziale und Kulturelle vor, sondern blieben – aufgrund ihrer gesellschaftlichen und universitären Abseitsposition – lange Zeit im Bereich des Spekulativen oder einer wahllosen Sammeltätigkeit befangen, mit der sie ihre immense ‹Gelahrtheit› unter Beweis stellen wollten. Sogar jene Poetikprofessoren, die nicht einer antiquarischen Sammeltätigkeit frönten und wie Johann Christoph Adelung erste Geschichten der literarischen Geschmacksveredelung entwarfen, vermengten hierbei, da sie ihrer Fachrichtung noch keine soziale Zweckbestimmung geben konnten, ihren literarischen Diskurs häufig mit psychologischen, historiographischen und philosophischen Erwägungen, ja verhielten sich selbst metaphysischen und moralisierenden Fragestellungen gegenüber relativ offen.

Ein wichtiges Vorfeld dieser Tendenzen ins Literaturhistorische bildete die polyhistorische Universalwissenschaft des 16. und 17. Jahrhunderts. Ihr galt die Historie noch als ein ‹Schatz des Wissens›, aus dem sie allgemeingültige Lehren und Regeln des menschlichen Verhaltens abzuleiten suchte. Die sich daraus entwickelnde ‹Litterärhistorie› war demnach keine Literaturgeschichte in historisch-genetischer Absicht, sondern bestand aus einer kompendienartigen Aufzählung aller gelehrten und poetischen Werke der Vergangenheit. Wie schon Daniel Georg Morhofs Monumentalwerk *Polyhistor, Literatius, Philosophicus, et Practicus* (1688 ff) sollten solche Werke – jenseits aller wissenschaftstheoretischen Spekulationen und fachspezifischen Gesichtspunkte – vor allem zum Nachschlagen dienen. Diese Fachrichtung, welche eine enzyklopädische Vollständigkeit anstrebte und demzufolge ihre Fakten weniger historisch als systematisch, ja manchmal lediglich alphabetisch anordnete, erhielt sich bis weit ins 18. Jahrhundert und besaß an manchen Universitäten wegen ihrer zur Schau gestellten akribischen Belesenheit den «gleichen Status wie die Deutsche Rhetorik und die Theorie der schönen Wissenschaften».[3]

Eine allmähliche Verzeitlichung aus dem statisch Normativen ins historisch Aufeinanderfolgende, also aus dem Bereich der ahistorischen Exempla ins geschichtlich Besondere und schließlich aufgeklärt Emanzipatorische, läßt sich in dieser Richtung erst nach 1750 beobachten. Im Hinblick auf die deutsche Literatur bedeutete das, diese nicht mehr allein unter dem Aspekt der nachahmenden Verfertigung poetischer Werke, also der Perspektive der Kunst des Machens zu behandeln, sondern auch ihre historische Abfolge und eventuelle Gründe für den hierbei zu beobachtenden Wandel aufzudecken. Allerdings zog sich dieser Prozeß über mehrere Jahrzehnte hin. Selbst nach 1750 drängten sich in diesem Bereich immer wieder das Regelpoetische sowie eine immense ‹Gelahrtheit› im Sinne der älteren Polyhistorie in den Vordergrund, was zu einer gleichbleibenden Dominanz des Enzyklopädischen und Bibliographischen beitrug. Obwohl zu diesem Zeitpunkt Werke wie Otfrieds *Evangelienbuch*, das *Rolandslied*, Teile der *Manessischen Liederhandschrift* sowie des *Nibelungenlieds* bereits gedruckt vorlagen oder gerade neu entdeckt worden sind, war die Kenntnis der älteren deutschen Literatur, also der Literatur vor Opitz, weiterhin recht lückenhaft und ließ eine historisch-genetische Darstellung noch kaum zu. Doch nicht allein die mangelnde Kenntnis der älteren Literatur, auch der noch unausgeprägte Sinn für epochale Periodisierungskriterien stand der Herausbildung einer materialreichen und zugleich historisch fundierten deutschen Literaturgeschichtsschreibung weiterhin hemmend im Weg. Daher traten zwar in Büchern wie *Kurze Geschichte der deutschen Dichtkunst* (1767 ff) von Christoph Daniel Ebeling und *Versuch einer pragmatischen Literaturgeschichte* (1770) von Johann Jakob Rambach bis zu Darstellungen wie *Allgemeine Literärgeschichte zum Behuf akademischer Vorlesungen* (1804) von Paul Jakob Bruns und *Handbuch der allgemeinen Geschichte der literarischen Kultur* (1804–05) von Ludwig Wachler neben die bisherigen Bio- und Bibliographien erstmals historische Zusammenfassungen, aber letztlich verlor sich der rote Faden einer genetischen Abfolge immer wieder in einem Wust von Nebensächlichkeiten. Obendrein blieb in all diesen Darstellungen das eigentliche Telos weiterhin die unter formalästhetischen Gesichtspunkten gesehene ‹gute› Literatur – und nicht der durch sie beförderte Fortschritt der bürgerlichen Klasse oder gar der gesamten Menschheit.

Einen Wandel in dieser Hinsicht bewirkten erst die Ansichten Johann Gottfried Herders, der in seinen vielfältigen Schriften des letzten Drittels des 18. Jahrhunderts alle literarischen Phänomene aus ihren nationalhistorischen Voraussetzungen zu erklären versuchte und somit zu einem der wichtigsten Begründer einer an der Idee des organischen Wachstums orientierten Geschichtssicht wurde. Trotz seines philosophischen Universalismus verstärkte Herder damit alle Tendenzen, die in Richtung eines monistischen Historismus, einer Akzentuierung des Individuell-Besonderen und zugleich einer Verstärkung emanzipatorischer Tendenzen zur Beförderung der Humanität drängten. In Verbindung mit ähnlichen Absichtserklärungen der Aufklärung, die in diesem Zeitraum etwas stärker hervortraten, ermöglichte diese Sicht auch einigen Professoren der Schönen Wissenschaften, selbst die bisher vorwiegend regelpoetisch abgehandelte oder bibliographisch aneinandergereihte deutsche Literatur in geschichtlichen Zusammenhängen zu sehen und darzustellen. Allerdings erreichten dabei nur wenige, wie etwa der Göttinger Privatdozent für Ästhetik Gottfried August Bürger in seiner Schrift *Über Anweisung zur deutschen Sprache und Schreibart auf Universitäten* (1787), den aufklärerisch-philosophischen Höhenflug eines Herder und stießen deshalb bloß in Ausnahmefällen zu wahrhaft emanzipatorischen oder gar jakobinischen Tendenzen vor.

Die Gründe für diesen langsamen und schließlich steckenbleibenden Verlauf der deutschen Aufklärung im Bereich der universitären Literaturgeschichte sind mannigfacher Art. Auf politischer Ebene war es vor allem das Scheitern der Französischen Revolution, das auch in Deutschland zu unübersehbaren Rückschlägen führte. Demzufolge entwickelte das deutsche Bürgertum, das sowohl ökonomisch als auch numerisch innerhalb der deutschen Gesellschaftspyramide keine führende, sondern nur eine nebengeordnete Rolle spielte, auch in diesem Zeitraum keinen selbstbewußten Aufstiegswillen. Woher sollten also die Professoren der Schönen Wissenschaften, als die geistigen Exponenten dieser Schicht, inmitten des in Auflösung begriffenen «Heiligen Römischen Reichs» ihre politischen oder ideellen Zielsetzungen hernehmen? Im Gegensatz zu den französischen oder englischen Aufklärern hatten sie keinen gesellschaftlichen Rückhalt bei einem starken liberalen Bürgertum, das sie zu einer rebellischen Gesinnung beflügelt hätte. Und so blieben die Schönen Wissenschaften, die später – im Rahmen des allmählich stärker werdenden Bürgertums – zu Zentren des aufrührerischen Geistes werden sollten, weiterhin in einer marginalen Position. Ihre Vertreter fühlten sich in der zweiten Hälfte des 18. Jahrhunderts nicht als Volkstribunen oder Anwälte der Nation, sondern als kleine, an den Rand gedrängte Dozenten eines recht abstrakten, funktionslosen Fachs, das auf die rhetorische und regelpoetische Praxis verzichtet hatte, ohne dafür zu nationaler Bedeutsamkeit aufzusteigen. Daher blieb dieses Fach weiterhin im Grenzbereich zwischen Philosophie, Philologie, Geschichte und allgemeiner Ästhetik angesiedelt, statt – im Unterschied zu den juristischen, medizinischen und naturwissenschaftlichen Disziplinen – eine direkte Nutzanwendung seiner Lehren ins Auge zu fassen.

Aus diesem Grund wurden selbst in diesem Zeitraum noch keine Professuren für Deutsche Literaturgeschichte eingerichtet. Es gab zwar seit den achtziger Jahren an den Universitäten Kiel, Jena, Halle, Helmstedt, Erlangen und Göttingen alle paar Jahre eine Vorlesung über Werke der neueren deutschen Literatur, meist über Klopstocks *Messias* oder Wielands *Oberon*, aber selbst diese lassen sich nur mit einiger Mühe als ‹germanistisch› bezeichnen. In vielen Fällen waren sie – im Sinne der Rhetoriktradition – weiterhin mit «Übungen im mündlichen Vortrag» verbunden, ja manche dieser Vorlesungen wurden, vor allem in Kiel und Helmstedt, noch in lateinischer Sprache angekündigt. Die Professoren, die solche Vorlesungen anboten, waren häufig Philosophen oder Historiker, aber keine Literaturwissenschaftler im engeren Sinn. Obendrein läßt sich nachweisen, daß sie die betreffenden Werke größtenteils als stilistische Exempla, das heißt als Manifestationen eines besseren Geschmacks, oder als Ausgangspunkte ästhetischer Theoriebildungen behandelten, statt in ihnen auch historische Bausteine einer auf fortschreitende Emanzipation drängenden deutschen Nationalliteratur zu sehen.

Trotz mancher aufklärerischen Tendenzen war daher bis kurz nach 1800 die Situation im Hinblick auf den universitären Unterricht deutscher Literatur weiterhin recht desolat. Von Ausnahmen wie den vielbesuchten Vorlesungen Carl Leonhard Reinholds an der Jenaer Universität einmal abgesehen, blieb die Zahl der Vorlesungen für die an Gegenwartsliteratur Interessierten wie auch das Interesse an dieser Literatur nach wie vor gering. Daß diese Fachrichtung überhaupt fortexistieren konnte, verdankte sie weniger jener kleinen Clique, die um 1800 mit den Ideen jener ‹ästhetischen Erziehung› sympathisierte, wie sie von den Dichtern des Weimarer Musenhofs propagiert wurden, sondern jenen ‹rückwärtsgewandten Propheten›, welche sich in den gleichen Jahren wegen ihrer Mittelalterbegeisterung als Romantiker bezeichneten. Aber wirklich zu sich selbst kam diese Wissenschaftsrichtung erst dann, als sich im Ankampf gegen die Besetzung Deutschlands durch Napoleon innerhalb der romantischen Schwärmereien und der späteren Freiheitskriegsstimmung ein deutsches Nationalbewußtsein entwickelte, das – unter deutlicher Ablehnung der ‹französisierenden› Aufklärung – zur Stärkung seiner weltanschaulichen Positionen fast ausschließlich die germanisch-mittelalterlichen Traditionen der deutschen Literatur und Sprache als Legitimationshilfen heranzog.

Nationale Romantik und
Freiheitskriegsenthusiasmus

Daß es nach 1800 im Rahmen der gebildeten Schichten Deutschlands zum sprunghaften Anwachsen eines nationalen Selbstbewußtseins kam, das auch der germanistischen Forschung und Lehre einen ungeahnten Auftrieb gab, hängt also weitgehend mit der Zerschlagung des Heiligen Römischen Reichs durch die Armeen Napoleons zusammen, die 1806 den Preußen und 1809 den Österreichern entscheidende Niederlagen beibrachten. Diese nicht mehr freiheitsstiftend, sondern nur noch imperialistisch zu interpretierenden Ereignisse, welche das deutsche Bürgertum in seinem an französischen Vorbildern orientierten Aufklärungsdenken zutiefst verstörten, hatten zwangsläufig einen raschen Umschlag des abstrakten Universalismus des späten 18. Jahrhunderts in einen konkreten Nationalismus zur Folge, der sich das künftige Heil Deutschlands lediglich von einer Beseitigung der französischen Fremdherrschaft versprach. Auf geistiger und kultureller Ebene führten die sich daraus ergebenden Reaktionen und Überreaktionen – neben einer romantischen Verklärung des mittelalterlichen Sacrum imperium – vor allem zur Rückbesinnung auf den bereits von Tacitus beschworenen Freiheitsgeist der alten Germanen, das heißt zur Hoffnung auf eine von nationaldemokratischer Solidarität geprägte deutsche Republik oder zumindest konstitutionell abgesicherte Wahlmonarchie.

Aufgrund dieser Ereignisse läßt sich nach 1800 an manchen deutschen Universitäten ein bis dahin kaum in Ansätzen vorhandenes Interesse an jenen nordisch-germanischen, mittelalterlich-volkssprachlichen sowie protestantisch-altdeutschen Überlieferungen beobachten, die sich, wie es hieß, trotz aller ausländischen Überfremdungen in juristischer, sprachlicher und kultureller Hinsicht stets untergründig erhalten hätten. Diese eindeutig nationale Geschichtsauffassung wirkte sich auf die daraus entwickelnde Deutschkunde oder Germanistik vor allem folgendermaßen aus: in einer intensiven Sammeltätigkeit aller als spezifisch ‹deutsch› geltenden Dokumente der Vergangenheit, einer wesentlich genaueren Erforschung der deutschen Sprache in ihren verschiedenen Entwicklungsphasen sowie einer Literaturgeschichtsschreibung, welche nicht mehr das im christlichen oder aufklärerischen Sinn Universale, sondern das spezifisch Nationale, ja Volkhafte in den Vordergrund rückte.

Die ersten Anstöße zu dieser von außen, durch die imperialen Absichten Napoleons bewirkten Umkehrung lieferten jene Romantiker, die sich bereits in der zweiten Hälfte der neunziger Jahre des 18. Jahrhunderts – aus Abscheu vor den terroristisch-jakobinischen Aspekten der Französischen Revolution, für welche sie das mechanistisch-totalitäre Gedankengut der Aufklärung verantwortlich machten – einer mythisch-nationalen Sicht der Geschichte zugewandt hatten. Es waren daher neben deutschkundlich orientierten Wissenschaftlern wie Jacob und Wilhelm Grimm auch einige romantische Schriftsteller wie Clemens Brentano, Achim von Arnim, Ludwig Tieck und Joseph Görres, die nach 1800 die Bibliotheken und Archive nach germanisch-mittelalterlichen Dokumenten einer spezifisch nationalen Literatur durchforschten. Ihr besonderes Interesse galt den altdeutschen Sagen, Märchen, Volksliedern und sogenannten Volksbüchern, die sie als Ausdruck einer anonymen Volksseele empfanden und in denen sich – ihrer Meinung nach – das Deutsche am reinsten erhalten habe. Indem sie diese Werke abschrieben und neu herausgaben, wollten sie nicht nur auf die glorreiche nationale Kulturtradition hinweisen, sondern zugleich ihren dichtenden Zeitgenossen Vorbilder einer wahren deutschen Schreibweise geben und somit ein neues Zeitalter der nach nationaler Selbstdarstellung ringenden Volksseele heraufführen.

Von ebenso großem Einfluß auf die Anfangsphase der Germanistik war August Wilhelm Schlegel, der zwischen 1801 und 1804 in Berlin *Vorlesungen über schöne Literatur und Kunst* hielt, in denen er sich gegen die im Zeichen der Aufklärung entstandene deutsche Literatur nach 1750 wandte und statt dessen – mit deutlich verklärender Absicht – auf die deutsche Dichtung des Mittelalters zurückging. Ihren ritterlichen Charakter, wie er sich im *Parzival* und *Nibelungenlied* manifestiere, stellte Schlegel als eine gelungene Synthese aus nordischen und christlichen Elementen hin, die als Vorbild einer neureligiös-romantischen Gegenwartsliteratur dienen könne. Während solche Thesen bis zur Niederlage Preußens und der Auflösung des Heiligen Römischen Reichs weitgehend im Bereich des kulturell Identitätsstiftenden blieben, nahmen sie nach 1806, vor allem in den *Reden an die deutsche Nation* (1807–08) Johann Gottlieb Fichtes sowie den betont patriotischen Schriften von Ernst Moritz Arndt und Friedrich Ludwig Jahn, einen eindeutig politischen Charakter an. Erst jetzt bildete sich jene Welle nationaldemokratischer Gefühle heraus, die in ihrem Haß auf Napoleon und die französische Besetzung zusehends ins Republikanische tendierte. Allerdings wurden die dabei auftauchenden freiheitsbetonten Gefühle von den Fürsten sofort höchst geschickt zu ihren Gunsten ausgenutzt, also nur solange geduldet, wie sie sich zur Vertreibung Napoleons mißbrauchen ließen – und dann wieder unterdrückt.

Zu den positiven Charakteristika dieser Bewegung zählte zweifellos jene nationaldemokratische Freiheitssehnsucht, die oft in der Vorstellung einer *revolutio germanica*, mit anderen Worten: einer Rückumwälzung zur ursprünglichen ‹Freiheit, Gleichheit und Brüderlichkeit› der alten Germanen, kulminierte. Innerhalb dieser Gruppe, die lediglich eine Gleichstellung der Deutschen unter den anderen Nationen Europas anstrebte, herrschte also ein Geist, der sich politisch im guten Sinn als ‹patriotisch› bezeichnen läßt. Daneben traten jedoch schon in diesen Jahren überhebliche Nationalisten, ja Chauvinisten auf, die sich zwischen 1806 und 1812 – also der unmittelbaren Vorbereitungsphase der darauffolgenden Freiheitskriege – durch ihren Haß auf Napoleon verführen ließen, der deutschen Kultur nicht nur einen andersgearteten, sondern einen höheren Wert als den Kulturen der übrigen Völker Europas zuzusprechen.

Das Fach Germanistik, das sich im gleichen Zeitraum entwickelte, ist darum nicht nur ein Produkt der patriotischen, sondern auch der chauvinistischen Richtung. Seine ersten Vertreter stammten fast alle aus dem gehobenen Bürgertum, schlossen sich nach der Auflösung des Heiligen Römischen Reichs in der Hoffnung auf ein neues, besseres Deutschland den an vielen Orten gegründeten «Deutschen Bünden», «Deutschen Gesellschaften» oder «Gesellschaften für deutsche Sprache und Altertumskunde» an, lernten Mittelhochdeutsch und besuchten jene außeruniversitären Vorlesungen, die August Wilhelm Schlegel, Franz Christoph Horn, Joseph Görres, Friedrich Ludwig Jahn und Ernst Moritz Arndt in diesen Jahren über eine wahrhaft nationalgesinnte Dichtung hielten. Das Zentrum dieser deutschnationalen, das heißt antinapoleonischen Aktivitäten war eindeutig Preußen. Als die dortigen Reformer zur Unterstützung dieser Gesinnung 1810 die Universität Berlin gründeten, wurde darum auch ein Extraordinariat für Deutsche Sprache und Literatur eingerichtet, was unter den gegebenen Umständen eine Professur für mittelhochdeutsche Epen bedeutete.

Friedrich Heinrich von der Hagen, der diese Stelle erhielt, erfüllte die in ihn gesetzten Hoffnungen anfangs zu allseitiger Zufriedenheit. Er war ein philosophisch gebildeter Dilettant und preußisch-deutscher Patriot, der sich 1804 durch die zweiten Berliner Vorlesungen August Wilhelm Schlegels zur Neuausgabe des *Nibelungenlieds* anregen ließ, um so der trostlosen Gegenwart den Spiegel einer heroisch-gesinnten Vergangenheit entgegenzuhalten. Dieser «unsterbliche alte Heldengesang», schrieb er 1807 im Vorwort dieser Ausgabe, «der hier aus langer Vergangenheit lebendigt und verjüngt wieder hervorgeht: das Lied der Nibelungen, ist unbedenklich eins der größten und wunderwürdigsten Werke aller Zeiten und Völker, durchaus aus deutschem Leben und Sinne erwachsen und zu eigenthümlicher Vollendung gediehen». Genau besehen, sei dieses Werk das «vollkommenste Denkmal einer lange verdunkelten Nationalpoesie», das sicher alle Leser mit dem Mut auf die «dereinstige Wiederkehr deutscher Glorie und Weltherrlichkeit erfüllen» werde.[4] Hagen begann daher seine Berliner Lehrtätigkeit im Wintersemester 1810 auf 1811 mit einer Vorlesung über das *Nibelungenlied*, die er in Breslau, wohin er 1811 berufen wurde, bis 1822 Jahr für Jahr wiederholte. Auch Karl Besselstedt in Königsberg, Ludwig Christian Zimmermann in Gießen, Karl Schildener in Greifswald und Franz Joseph Mone in Heidelberg hielten im gleichen Zeitraum fast jedes Jahr eine Vorlesung über dasselbe Werk. Wohl den größten Publikumserfolg auf diesem Gebiet hatte der Berliner Geographieprofessor August Zeune, dessen Vorlesung über das *Nibelungenlied* im Wintersemester 1812 auf 1813 von 300 Studenten, also der Hälfte aller Berliner Studierenden, besucht wurde und der 1815, in der letzten Phase der Freiheitskriege, sogar eine «Feld- und Zeltausgabe» dieses Werks für die gegen Napoleon kämpfenden Soldaten herausgab.

Doch nicht nur das *Nibelungenlied*, auch eine Unzahl anderer ‹altdeutscher› Schriften verschiedenster Herkunft und Qualität wurde in den gleichen Jahren unter Titeln wie *Miscellaneen zur Geschichte der deutschen Literatur* (1807), *Museum für altdeutsche Literatur und Kunst* (1808–11), *Altdeutsche Wälder* (1813–16) und *Diutiska. Denk-*

mäler deutscher Sprache und Literatur (1826) von Wissenschaftlern, Schriftstellern, Privatgelehrten und sogenannten Schulmännern zum Druck gegeben. Bei den eher patriotisch eingestellten Herausgebern überwog hierbei die Tendenz, diese Texte ins Neuhochdeutsche zu übersetzen oder sie zumindest dem Neuhochdeutschen anzugleichen, um ihnen eine größere Breitenwirkung zu geben. Worum es diesen frühen Germanisten ging, war also weniger das Literarische als das Vaterländische im weitesten Sinn. Sie beschäftigten sich deshalb nicht nur mit den alten Epen, sondern auch der Geschichte der deutschen Sprache und des deutschen Rechts, wie überhaupt allem, worin sie – im Gegensatz zu den römisch oder französisch überfremdeten Dokumenten der Überlieferung – etwas spezifisch ‹Teutsches› sahen.

Wohl der überzeugendste Vertreter dieser kulturgeschichtlichen Richtung war Jacob Grimm, der oft beschworene ‹Vater der Germanistik›, der sich nicht nur für deutsche Literatur und Sprache, sondern auch deutsche Volkskunde, Mythologie, Linguistik, Rechts- und Urgeschichte interessierte – und alle diese Fächer zu einer Germanischen Altertumswissenschaft zu vereinigen suchte. Von besonderer Wichtigkeit für den Geist dieser Jahre waren die Veröffentlichungen von Jacob und Wilhelm Grimm, vor allem ihre *Kinder- und Hausmärchen* (1812–16) und *Deutschen Sagen* (1816–18) sowie ihre Editionen des *Hildebrandlieds* (1812), der *Lieder der alten Edda* (1815) und des zur Unterstützung der Kriegsfreiwilligen des Freiheitskriegs herausgegebenen *Armen Heinrich* von Hartmann von Aue (1815), in denen sie sich bemühten, ihren Zeitgenossen die germanisch-mittelalterliche Welt in all ihrer «Frische und Lebendigkeit» so «nah» wie nur möglich zu bringen.[5] Und zwar machten sie dabei kein Hehl, daß ihre eigentliche Liebe nicht der als fremd, selbstherrlich und individuell-frei hingestellten Kunstpoesie, sondern der von ihnen als einheimisch, ursprungsnah und konventionell-gebunden aufgefaßten Volkspoesie galt.

Was diesen patriotischen Aktivitäten, ohne die es sicher erst viel später zur Herausbildung des Fachs Germanistik gekommen wäre, zugrunde lag, war letztlich ein Nationalismus, der sich in seiner besseren, sprich: betont volkstümlichen Ausprägung sowohl gegen Napoleon als auch gegen die deutschen Fürsten wandte, also durchaus antihöfisch gesinnt war und an die Stelle der überlieferten Dynastien einen deutschen Nationalstaat setzen wollte. Das äußerte sich am deutlichsten in den Jahren 1812 bis 1815, auf dem Höhepunkt des patriotischen

Enthusiasmus, als viele junge Studenten freiwillig zu den Waffen eilten und mit der Hoffnung ins Feld zogen, nach dem Sieg über Napoleon in ein freiheitliches Deutschland und nicht in eine Fülle absolutistisch regierter Einzelstaaten zurückzukehren. Mit welcher Gesinnung sich vor allem die an Germanistik Interessierten an diesem Krieg beteiligten, ohne dazu ausdrücklich von ihren Fürsten aufgefordert zu sein, zeigt sich wohl am besten in dem von Ernst Moritz Arndt 1814 verfaßten Programm einer «Deutschen Gesellschaft», dem ersten Organisationsversuch germanistisch ausgerichteter Historiker, Rechtsgeschichtler und Sprachwissenschaftler, der eindeutig progressiven, das heißt antifeudalen Zielen nacheiferte. Unter scharfer Ablehnung der dynastischen Zersplitterung wollte sich diese Gesellschaft mit nationalpädagogischer Absicht für die Einheit aller Deutschen einsetzen. Daß dabei nicht nur patriotische, sondern auch massive antifranzösische Affekte ins Spiel kamen, hing nicht nur mit dem Kampf gegen Napoleon, sondern auch mit der radikaldemokratischen Abneigung dieser Gruppen gegen die traditionelle ‹Verwelschung› der deutschen Fürsten zusammen, von denen sich einige – im sogenannten Rheinbund – sogar mit Napoleon verbündet hatten.

Im Gegensatz zu vielen Romantikern, die bei ihrer nationalen Spurensuche nur allzu leicht in der Haltung des Pietätvollen verharrten und damit den Mächten des Ancien régime geradewegs in die Hände arbeiteten, schöpften also die eher freiheitsbetonten Gruppen, die sich mit ‹teutschem› Enthusiasmus in den Dienst der ideologischen Vorbereitung wie auch militärischen Ausführung der Freiheitskriege von 1813 bis 1815 stellten, aus der Rückwendung zur germanisch-altdeutschen Vergangenheit vor allem den Impuls, ihr nationales Identitätsverlangen zum Anlaß neuer Entwürfe ins Offene oder Utopische zu nehmen. Sie hofften mit germanistischem Eifer, daß aus Träumern endlich Täter, das heißt selbstbewußte Repräsentanten der Volkssouveränität würden, statt sich weiterhin den herkömmlichen Obrigkeiten zu unterwerfen. Als geistige Führer des Mittelstandes wollten sie zum Zwecke der nationalen Einheit in Freiheit und Gleichheit eine Volksbewegung in Gang setzen, die auch die Bauern und Handwerker in sich einschließen würde. Wenn sie mit germanistischer Intention von Volk und Nation sprachen, hatten sie also nicht den Herrschaftsanspruch der bürgerlichen Klasse, sondern ein Volkskonzept im Auge, das alle Klassen unterhalb des Adels und Klerus umfaßte.

Daß es dabei in der Hitze des Gefechts und schließlich im Gefühl des errungenen Siegs über Napoleon in den Verlautbarungen eines Arndt oder Jahn sowie vielen Schriften der 1815 gegründeten Burschenschaft im Hinblick auf die nordisch-deutsche Vergangenheit auch zu fragwürdigen Mythisierungen der nationalen Traditionen kam, war kaum zu vermeiden. Man muß demzufolge die germanistischen Dokumente dieser Jahre stets mit einer doppelten Optik lesen: mit dem Blick auf ihre nationaldemokratischen Bemühungen wie auch auf ihre chauvinistischen Übersteigerungen. Viele Schriften dieses Zeitraums sind nur zu verstehen, wenn man sich vergegenwärtigt, wie verheerend sich der Schock der Besetzung Deutschlands durch Napoleon auf die gebildeten Schichten dieses Landes ausgewirkt haben muß. Sie, die den Menschheitsideen der Aufklärung und der Französischen Revolution zugejubelt hatten, erlebten in diesen Jahren, daß die hehren Ideale von ‹Liberté, Égalité, Fraternité› in Frankreich in einen üblen Chauvinismus umgeschlagen waren. Und sie mußten zugleich einsehen, daß sich die Deutschen gegen diesen Chauvinismus nur mobilisieren ließen, wenn man sie ebenfalls in einen vaterländischen Rausch versetzte, und nicht, wenn man ihnen erhabene Menschheitsvorstellungen gepredigt hätte. Daher weist auch die Germanistik dieser Jahre nicht nur radikaldemokratische, sondern auch nationalistische Tendenzen auf, die nicht frei von problematischen Zügen sind.

Als 1814/15 auf dem Wiener Kongreß von den Fürsten die Restaurierung des Ancien régime beschlossen wurde, fühlten sich viele deutsche Patrioten wie vor den Kopf gestoßen. Sie hatten von einem nationalen Einheitsstaat geträumt und wurden mit der Tatsache konfrontiert, daß Deutschland in 39 souveräne Einzelstaaten, darunter vier Freie Reichsstädte, aufgespalten blieb. Manche warfen daraufhin die Flinte ins Korn und zogen sich ins Biedermeierliche zurück. Andere versuchten, wenigstens im Rahmen der Burschenschaft für eine Stärkung des Nationalbewußtseins einzutreten. Das kam vor allem bei den Feiern zur Erinnerung an die Völkerschlacht bei Leipzig sowie dem im Oktober 1817 von Burschenschaftern und Jahnschen Turnern veranstalteten Wartburgfest zum Ausdruck, deren Teilnehmer sich nachdrücklich zur Freiheit und Einheit des deutschen Volks bekannten. Wohl das größte Aufsehen erregte jedoch in diesem Umkreis die Ermordung des als reaktionär geltenden Dichters August von Kotzebue durch den Burschenschafter Karl Ludwig Sand im März 1819. Nach diesem Eklat erließ die Ministerkonferenz der deutschen Staaten im September des gleichen Jahrs die «Karlsbader Beschlüsse», deren Ziel es war, allen «demagogischen Umtrieben», wie es hieß, sowohl mit einer Verschärfung der Zensurbestimmungen als auch strengeren Polizeiüberwachung national gesinnter Professoren und Studenten entgegenzutreten.

Wie zu erwarten, wurden von diesen Maßnahmen in erster Linie jene betroffen, die sich als ‹Germanisten› empfanden. Zu den frühesten Opfern dieser Unterdrückungsmaßnahmen gehörte Friedrich Ludwig Jahn, der schon 1819 eingekerkert wurde. Joseph Görres mußte im gleichen Jahr wegen seiner Schrift *Teutschland und die Revolution* nach Frankreich fliehen. Ernst Moritz Arndt erhielt 1820 an der Bonner Universität Berufsverbot. Im selben Jahr zog es Wolfgang Menzel als aktiver Turner vor, in die Schweiz zu emigrieren. Wenige Jahre später verließ Jacob Grimm aus politischen Gründen Kassel, wo er wegen seiner aufmüpfigen Ansichten keine Hoffnung auf eine Beförderung im kurhessischen Staatsdienst hatte. Selbst der biedere Friedrich Heinrich von der Hagen wurde in diesen Jahren verdächtigt, sich zwischen 1810 und 1815 zu «unmittelbar auf den vaterländischen Boden gestellt» zu haben.[6] Noch schlimmer erging es vielen burschenschaftlich organisierten Studenten, die wegen ihrer nationalen Gesinnung reihenweise relegiert oder eingesperrt wurden. Ja, sogar ihr altdeutsches Kostüm, mit dem sie sich zu einer Standesgleichheit aller Deutschen bekennen wollten, wurde von den staatlichen Behörden verboten.

Aufgrund dieser Maßnahmen läßt sich nach 1815 und noch stärker nach 1819 ein deutliches Abebben der nationalen und antifeudalen Gesinnungen beobachten. Nach diesem Zeitpunkt durfte – einer Kabinettsordre des preußischen Königs zufolge – im Hinblick auf die Kriege von 1813 bis 1815 nur noch von Befreiungs-, aber nicht mehr von Freiheitskriegen die Rede sein. Und so traten die patriotischen Lieder und Forschungen im Laufe der zwanziger Jahre, falls sie überhaupt noch geduldet wurden, zusehends hinter einer unpolitischen Literatur und Wissenschaft zurück, die entweder ins Idyllisch-Biedermeierliche oder Geistlich-Reaktionäre tendierte.

Am stärksten wirkte sich diese Entwicklung auf die patriotisch oder nationaldemokratisch gestimmte Germanistik aus, die – nach einer kurzen Blütezeit auf der Höhe der Freiheitskriege – an den Universitäten der zwanziger Jahre nur eine kaum beachtete Nebenrolle spielte.

Obwohl die Zahl der Professoren allmählich zunahm, ging die Zahl der Studenten auf diesem Gebiet wieder zurück. Selbst Georg Friedrich Benecke, welcher an der Göttinger Universität, der zweitgrößten Deutschlands nach der Berliner Universität, noch in den zwanziger Jahren Vorlesungen über das *Nibelungenlied* hielt, zog dabei selten mehr als sechs bis zehn Studenten an. Dafür mögen auch rein pragmatische Gründe ausschlaggebend gewesen sein. Schließlich war das Studium der Germanistik – im Gegensatz zum Studium der Theologie, Jurisprudenz oder Medizin – damals noch kein Brot-, sondern ein Gesinnungsstudium. Aber es war auch die Furcht, als Deutschtümler oder gar als Demagoge verdächtigt zu werden, die viele Studenten von solchen Vorlesungen fernhielt.

Nicht minder deutlich machten sich diese Unterdrückungsmaßnahmen auf dem Gebiet der Literaturgeschichtsschreibung bemerkbar, das als besonders berufsgefährdend galt. Die wenigen Literaturgeschichten dieses Zeitraums wurden daher eher von Schriftstellern und Publizisten als von professionellen Germanisten geschrieben. Als Beispiel einer weithin konservativen Einstellung sei auf die *Geschichte der alten und neuen Literatur. Vorlesungen gehalten in Wien im Jahre 1812* (1815) von Friedrich Schlegel verwiesen, die zwar – verglichen mit älteren, enzyklopädisch angelegten Büchern dieser Art – voller literaturkritischer Einsichten steckt, jedoch das spezifisch historische Moment im Sinne einer Geschichte der deutschen Nationalliteratur vermissen läßt. Wegen dieses Verzichts auf durchgehende Entwicklungskonzepte geht dieser «Geschichte» jeder Sinn für größere Zusammenhänge ab. Und wo er dennoch auftaucht, bleibt er im Bereich eines reaktionären Katholizismus befangen, der sich jenem Fürsten Metternich unterstellt, dem dieses Buch nicht ohne Grund gewidmet ist.

Dagegen gibt es im gleichen Zeitraum zwei Literaturgeschichten, in denen noch etwas vom Geist der als Freiheitskriege aufgefaßten Kämpfe gegen Napoleon weiterwirkt, welchem die Germanistik so viele entscheidende Impulse verdankte. Die eine, *Vorlesungen über die Geschichte der teutschen Nationalliteratur* (1818–19) betitelt, stammt von Ludwig Wachler, der als Professor der Theologie, Geschichte und Philosophie an der Universität Breslau lehrte. Wachler verzichtete auf jede schriftstellerische Eleganz und stellte sich mit vaterländischer Gesinnung in den Dienst der Volkserziehung, das heißt machte das Nationale zum obersten Kriterium seiner Literaturbetrachtung, verwarf jedoch den Gedanken einer gewaltsamen Veränderung zugunsten einer Rechtfertigung des preußischen Status quo. Doch trotz solcher Zugeständnisse wurde er wenige Jahre später als ehemaliger Turner und Befürworter einer verstärkten Teutschheitsgesinnung vorübergehend von seinem Lehramt suspendiert.

Ebenso teutsch und zugleich kompromißbereit trat Wolfgang Menzel 1828 in seinem Buch *Die deutsche Literatur* auf. Zwar bekannte sich auch er zu einer deutschnationalen Haltung, die durchaus antifeudale Züge aufweist, wandte sich jedoch im gleichen Atemzug so scharf gegen die universalistisch eingestellte Aufklärung, daß er – unter Aufbietung aller protestantisch-gemütsreligiösen Traditionen – in eine dubiose Nähe zu den Literaturkritikern der geistlichen Reaktion dieser Jahre wie Ernst Wilhelm Hengstenberg und Johann Friedrich Wilhelm Pustkuchen geriet. Eine solche Haltung wurde von den restaurativ eingestellten Mächten – als im Laufe der zwanziger Jahre hinter dem deutschen Nationalismus als neuer, wesentlich gefährlicherer Gegner plötzlich der aus Frankreich eindringende Liberalismus auftauchte, den die nationalistisch eingestellten Germanisten ebenso ablehnten wie die Ideen der Französischen Revolution und die Napoleonischen Invasionsarmeen – durchaus honoriert. Menzel, der 1824 aus dem Schweizer Exil nach Stuttgart zurückkehrte, wurde deshalb schon ein Jahr später mit der Herausgabe des einflußreichen *Literaturblatts* des Cottaschen *Morgenblatts*, kurz: einer gleichsam literaturpäpstlichen Stellung, betraut. Und Hans Ferdinand Maßmann, einer von den Jahnschen Idealen begeisterten Festrednern beim Wartburgfest von 1817, erhielt 1828 wegen seiner ins Reaktionäre umgeschlagenen Teutschtümelei an der Münchner Universität sogar ein germanistisches Extraordinariat.

Nicht minder auffällig sind in den zwanziger Jahren die ideologischen Veränderungen auf dem Gebiet der Germanischen Philologie. Im Gegensatz zu Menzel und Maßmann, die sich weiterhin von ihrer teutschen Gesinnung leiten ließen und hofften, durch die Betonung der althergebrachten Elemente des deutschen Wesens noch immer im burschenschaftlichen Sinn aktuell zu sein, setzte auf diesem Gebiet ein allmähliches Abrücken von der nationalen Relevanzforderung zugunsten einer strengen Objektivität ein, die sich als steigende Philologisierung und damit Verwissenschaftlichung verstand. Der Hauptvertreter dieser Richtung war Karl Lachmann, der 1827 ein Ordinariat in Berlin erhielt, was eine wichtige Signalwirkung hatte. Während Jacob Grimm, der zwei Jahre später nach Göttingen berufen wurde, unter Germanischer Philologie zwar auch eine Wissenschaft, aber doch eine deutschbetonte Wissenschaft verstand, hinter der ein nationales Verantwortungsbewußtsein stehen sollte, ging es Lachmann, der von der Altphilologie herkam, bei der Beschäftigung mit der deutschen Sprache sowie der Edition altdeutscher Texte allein um das streng Wissenschaftliche. Wie der Philologe Johann Andreas Schmeller, der vor Maßmann für kurze Zeit an der Münchner Universität lehrte, lehnte er alle Tendenzen ins Nationalbewußte im Sinne einer *revolutio germanica* entschieden ab. In dem Versuch Friedrich Heinrich von der Hagens, sich mit einer Ausgabe des *Nibelungenlieds* an ein größeres Publikum zu wenden, sah Lachmann lediglich eine «wohlgemeinte, aber eitle und erfolglose Betriebsamkeit», wenn nicht gar «arbeitsscheue Liebhaberei».[7] Ebenso scharf ließ er sich über die Editionen Franz Joseph Mones und August Zeunes aus. Er selbst wollte sich als Philologe mit seinen textkritisch exakten Ausgaben des *Nibelungenlieds* (1826), Hartmanns *Iwein* (1827), der Gedichte Walthers von der Vogelweide (1827) und der Werke Wolframs (1833) nicht die «Achtung des Pöbels», sondern die «Achtung der Edlen» erwerben.[8]

Das Ergebnis der Lachmannschen Bemühungen, die schnell Schule machten, war die Etablierung einer Germanischen Philologie, die zwar durch ihre editorische Exaktheit die gewünschte wissenschaftliche Respektabilität errang, aber durch ihre offenkundige Uninteressiertheit an einer gesellschaftlichen Relevanz ihres Tuns notwendig esoterisch blieb. Für Lachmann waren die mittelhochdeutschen Werke keine nationalen Heiligtümer mehr, sondern rein literarische Texte. Er wollte weniger ein Professor des Deutschen im Sinne seiner von den Freiheitskriegen inspirierten Vorgänger als ein tüchtiger Philologe sein. Und damit engte er den von den Germanisten zwischen 1810 und 1820 ins Kulturgeschichtliche ausgeweiteten Fachbereich der deutschen Literatur aufs philologisch Spezialistische ein. Die Folge davon war, daß die Germanische Philologie ein relativ kleines Fach blieb, das nicht einmal mit der Klassischen Philologie, geschweige denn anderen geisteswissenschaftlichen Fächern wie der Philosophie oder Geschichte konkurrieren konnte. Daher gab es zwar gegen Ende der zwanziger Jahre an einer Reihe deutscher Universitäten Professoren, welche – neben anderen Fächern – auch Germanische Philologie lehrten, dies aber nicht mehr fürs Volk, also mit nationalpädagogischen Eifer, sondern nur für eine randständige akademische Elite taten.

Lediglich bei dem von Werk zu Werk eilenden Jacob Grimm läßt sich unter den philologisch ernstzunehmenden Germanisten auch in diesem Zeitraum ein deutliches Engagement für die deutschbezogenen Aspekte dieses Fachs beobachten. Dafür sprechen vor allem Bücher wie die *Deutschen Rechtsalterthümer* (1828) und die *Deutsche Mythologie* (1835), in denen er, wie schon in seinen früheren Sammelwerken, weiterhin den ältesten Überlieferungen des deutschen Volksgeistes auf die Spur zu kommen versuchte. Das gleiche gilt für seine *Deutsche Grammatik*, deren vier Bände zwischen 1819 und 1837 erschienen, wo er die historischen Prozesse der sprachlichen Wandlungen des Deutschen bis zum Skandinavischen und Gotischen zurückverfolgte und dabei die Gesetze der ersten und zweiten Lautverschiebung herausarbeitete. An die Stelle der älteren unkritischen Schul- und Pädagogengrammatik trat damit – zum Teil angeregt durch die Herderschen Sprachtheorien, die romantisch-patriotische Altertumskunde, Friedrich Schlegels Schrift *Über die Sprache und Weisheit der Indier* (1808) sowie das Buch *Über das Konjugationssystem der Sanskritsprache in Vergleichung mit jenem der griechischen, lateinischen, persischen und germanischen Sprache* (1816) von Franz Bopp – eine historisch-genetische Grammatik des Deutschen, die in der Sprache etwas natürlich Gewachsenes sah, dessen letzter Stand sich nur aus ihren verschiedenen, bis weit in die graue Urzeit des Indogermanischen zurückreichenden Ursprüngen erklären lasse. Ähnliche Ziele setzte sich Jacob Grimm später in seinem 1852 mit seinem Bruder Wilhelm begonnenen *Deutschen Wörterbuch*, in dem er den Wandel des gesamten deutschen Sprachschatzes bis zu seinen ältesten schriftlich fixierten Dokumenten zurückzuverfolgen suchte.

Doch trotz dieser vielfältigen Veröffentlichungen verhalfen weder Lachmann noch die Brüder Grimm der Germanischen Philologie zu einem merklichen Anwachsen der Hörerzahlen. Daß die Germanistik im Rahmen der Geisteswissenschaften überhaupt wahrgenommen wurde, verdankte sie lediglich den um 1830 erlassenen neuen Prüfungsbestimmungen. Die führende Rolle spielte dabei wiederum Preußen, wo am 20. April 1831 ein neues Reglement in Kraft trat, das von allen Kandidaten für das höhere Schulamt eine allgemeine Kenntnis der Geschichte der deutschen Sprache verlangte, die sie in einer Prüfung unter Beweis stellen mußten, die meist von Historikern, Philosophen oder Altphilologen abgenommen wurde. Aber selbst das reichte nicht aus, der Germanistik ein größeres Ansehen innerhalb der Philosophischen Fakultät zu verleihen. Dazu waren ganz andere institutionelle und inhaltliche Voraussetzungen nötig.

Die nationalliberale Welle

Weil sich die Germanistik wegen ihres nationalbetonten Charakters zwischen 1806 und 1812, im Zuge der ideologischen Vorbereitung der Freiheitskriege, einer breiten Zustimmung erfreute, wurde sie 1819 von den gleichen Unterdrückungsmaßnahmen betroffen, die im Gefolge der Karlsbader Beschlüsse auch die oppositionelle Presse und Literatur wieder auf einen dynastisch-restaurativen Kurs zu bringen suchten. Deshalb blieb dieses Fach trotz der erwähnten neuen Prüfungsbestimmungen für Lehramtskandidaten, von denen sich manche der deutschgesinnten Professoren eine Vermehrung der Studentenzahlen versprachen, bis in die dreißiger und vierziger Jahre eine relativ nebensächliche Disziplin, die unter den philologischen Fächern von staatswegen keineswegs die gleiche Unterstützung erfuhr wie die Klassische Philologie. So wurden etwa zwischen 1830 und 1840 nur drei neue germanistische Ordinariate eingerichtet, und zwar für August Heinrich Hoffmann von Fallersleben in Breslau, Wilhelm Grimm in Göttingen und Hans Ferdinand Maßmann in München. Im großen und ganzen galt die Deutsche Philologie, in deren Hörsälen oft nur fünf bis zehn Studenten saßen, weiterhin als eine ‹verhinderte› Wissenschaft. Vor allem außerhalb Preußens, das etwa 50 Prozent der Germanistikstudenten anzog, taten die Universitätsbehörden wenig oder nichts, um diesem Fach durch Stellenvermehrung oder Ausweitung ins Literaturgeschichtliche zu einer gesellschaftsrelevanten Stellung zu verhelfen.

Obwohl seit der Pariser Julirevolution von 1830 die politische Gärung auch auf Deutschland übergriff und zur Entstehung der mit liberalen Ideen sympathisierenden ‹jungdeutschen› Bewegung führte, kam es im Bereich der Deutschen Philologie nur sehr zögerlich zur Herausbildung einer nationalliberalen, geschweige denn radikaldemokratischen Literaturauffassung. Während ein Linksliberaler wie Heinrich

Heine im Pariser Exil in seiner Schrift *Die romantische Schule* (1835) in aller Offenheit gegen die dynastisch-restaurativen Tendenzen zu Felde zog, blieb auf germanistischem Gebiet eher das Asketisch-Philologische, Verstockt-Deutschtümelnde oder Geistlich-Konservative tonangebend. Die asketisch-philologische Richtung wurde am nachdrücklichsten von Karl Lachmann, die verstockt-deutschtümelnde von Hans Ferdinand Maßmann und Franz Joseph Mone repräsentiert. Für die geistlich-restaurative Richtung sind auf dem Gebiet der Literaturgeschichtsschreibung vor allem Heinrich Gelzer und August Friedrich Christian Vilmar bezeichnend, deren Darstellungen der deutschen Literatur zwar erst Anfang der vierziger Jahre erschienen, aber weitgehend auf Reaktionen gegen den jungdeutschen Geist zwischen 1830 und 1835 beruhen. Ihre Verfasser waren protestantische Theologen und verstanden es höchst geschickt, ihr religiöses Ethos mit ins Reaktionäre umgeschlagenen deutschtümelnden Tendenzen zu verbinden. Gelzer brachte sein Buch *Die deutsche poetische Literatur seit Klopstock und Lessing. Nach ihren ethischen und religiösen Gesichtspunkten* 1841, Vilmar seine *Vorlesungen über die Geschichte der deutschen Nationalliteratur* 1845 heraus. Nach ihrer Auffassung würde der deutsche Geist jede Grundlage verlieren, wenn er auf den christlichen Glauben verzichtete. Während Vilmar bei solchen Thesen bis zum Mittelalter zurückgriff, faßte Gelzer nur die letzten 100 Jahre ins Auge. In klarer Absetzung von Lessing und Wieland, ja selbst von Goethe und Schiller, die sie wegen ihrer Unchristlichkeit recht kritisch beurteilten, brachten sie Klopstock, dem Dichter des *Messias*, eine tiefe Verehrung entgegen. Um den inzwischen immer stärker gewordenen atheistischen Tendenzen entgegenzutreten, beriefen sich beide auf eine protestantische Obrigkeitsgesinnung und warnten nachdrücklich davor, den deutschen Geist einer leichtfertigen Liberalisierung und damit Veräußerlichung zum Opfer zu bringen.

Doch nicht alle Germanisten stellten sich in diesem Zeitraum in den Dienst der Reaktion oder wichen ins streng Philologische aus. Es gab auch solche, die offen gegen die herrschenden Obrigkeiten aufmuckten – und dies mit Berufsbehinderungen, Freiheitsstrafen oder Entlassungen büßen mußten. So wurde der als progressiv geltende Germanist Heinrich Kurz 1832 in Bayern zum ‹Staatsfeind› erklärt und zwei Jahre eingekerkert. Ludwig Uhland gab im gleichen Jahr sein Tübinger Ordinariat für deutsche Sprache und Literatur auf, da ihm als oppositionellem Abgeordneten im Württembergischen Landtag ständig Schwierigkeiten gemacht wurden. Theodor Mundt durfte sich wenige Jahre später als Parteigänger des Jungen Deutschlands nicht an der Berliner Universität habilitieren. Aus den gleichen Gründen wurde Robert Prutz Mitte der dreißiger Jahre eine Anstellung an der Jenaer Universität verweigert. Die sogenannten Göttinger Sieben, zu denen Jacob Grimm, Wilhelm Grimm und Georg Gottfried Gervinus gehörten, die gegen die unrechtmäßige Aufhebung des von den bürgerlichen Liberalen im Jahr 1833 ausgehandelten hannöverschen Staatsgrundgesetzes protestierten, gingen 1837 ihrer Ämter verloren und mußten wegen antiabsolutistischer Gesinnung binnen drei Tagen das Königreich Hannover verlassen. Friedrich Ludwig Jahn blieb, nachdem er aus dem Gefängnis kam, noch bis 1840 unter Polizeiaufsicht. Heinrich August Hoffmann von Fallersleben verlor wegen seiner aufmüpfigen *Unpolitischen Lieder*, deren erster Band 1840 erschien, zwei Jahre später seine Breslauer Professur. Friedrich Theodor Vischer erhielt 1844 aufgrund seines Eintretens für die Turner an der Universität Tübingen ein zweijähriges Vorlesungsverbot usw.

Aber nicht nur in ihren tagespolitischen Aktivitäten, das heißt ihrem Eintreten für konstitutionell garantierte Rechte, auch in ihren Vorlesungen und wissenschaftlichen Schriften legten einige Germanisten zwischen 1830 und 1848, also bis zum Beginn der Märzrevolution, eine entschieden nationalliberale Haltung an den Tag und sprachen wie Uhland davon, daß die «objektive Wahrheit» stets eine «subjektive» Relevanz haben müsse, um den «vergangenen Zuständen» eine «Bedeutung für die Gegenwart» zu geben.[9] Das äußerte sich am deutlichsten in ihren Literaturgeschichten, deren Autoren sich mit antifeudalistischer Gesinnung zu «Anwälten der Nation» aufwarfen und forderten, auch die Literatur in den Dienst der nationalen Einigungsbestrebungen zu stellen. Da es seit 1806 nur noch einen lockeren deutschen Staatenbund, aber kein deutsches Reich mehr gebe, propagierten sie, wie schon die Vertreter der nationaldemokratischen Freiheitsbewegung von 1806 bis 1815 und die sich an sie anschließenden Burschenschafter, nochmals das Konzept, den relativ homogenen Sprach- und Kulturverband Deutschland endlich in einen nationalen Einheitsstaat umzuschaffen, um so an die Stelle der vielen absolutistisch regierten Duodezfürstentümer ein rechtsstaatliches und zugleich reformfreudiges politisches Gebilde zu setzen.

Das weitaus größte Furore auf diesem Gebiet machte der Historiker Georg Gottfried Gervinus mit seiner fünfbändigen *Geschichte der poetischen Nationalliteratur der Deutschen*, die zwischen 1835 und 1842 erschien. In schroffer Ablehnung jeder pseudo-historischen Objektivität im Sinne Friedrich Karl von Savignys oder Leopold von Rankes, den konservativen Herausgebern der Berliner *Historisch-politischen Zeitschrift*, die im Rückblick auf die Geschichte lediglich herausfinden wollten, «wie es eigentlich gewesen ist»,[10] schreckte Gervinus keineswegs vor parteiischen Urteilen zurück. Allerdings bemühte er sich, seine Leitideen nicht einfach zu postulieren, sondern sie im Sinne seines Lehrers Friedrich Christoph Schlosser im vorgegebenen Material aufzusuchen. Und zwar ließen sich solche Ideen am besten anhand einer Geschichte der Literatur darstellen, wie er behauptete. Seine Literaturgeschichte sollte deshalb keine öde Faktensammlung oder pietätvolle Verklärung der Vergangenheit sein, sondern die Geschichte – anhand ihrer würdigsten Denkmäler – in ihrer ideellen Gesamtheit darstellen. Mit ihr wollte er alle Menschen erreichen, denen der Gedanke der Nation ein zentrales Anliegen war. Besonders zuwider waren Gervinus Wissenschaftler, die im Bereich der Deutschen Philologie und Geschichte den «ursprünglichen Verband mit der Pädagogik» zugunsten eines publikumsfernen Akademikertums aufgegeben hätten.[11] Lebenspraxis, nicht wirklichkeitsfremde Theorie war ihm das Entscheidende, wie er in dem von ihm 1835 gegründeten Periodikum *Deutsche Jahrbücher zur Aufnahme und Förderung eines gemeinnützigen Zusammenhangs von Wissenschaft, Kunst und Leben* betonte.

Entsprechend dieser Prämissen war Gervinus weniger an Belletristik als an Nationalliteratur interessiert. Was er im Rückblick auf die deutsche Dichtung am schärfsten ablehnte, war die feudalistisch-exklusive Adelsliteratur des Hochmittelalters sowie die höfisch-gelehrte Barockliteratur, während er die Durchbrüche zur Volksliteratur im 16. Jahrhundert lebhaft begrüßte. Den eigentlichen Höhepunkt der deutschen Literatur sah er jedoch in der Dichtung des späten 18. Jahrhunderts, kurz: der Deutschen Klassik, die ihm wie eine gelungene Synthese aus gelehrten und volkstümlichen Elementen erschien, auf die mit den literarischen Werken der Romantik und des Jungen Deutschland nur noch Belanglosigkeiten gefolgt seien. Nach diesem Zenit der deutschen Literatur, der schlechterdings nicht zu überbieten sei, müsse jetzt, erklärte Gervinus, eine Zeit der Tat, das heißt der politischen

Kultur folgen, in der nicht mehr das Dichten, sondern das Handeln im Vordergrund stehe. Die Literatur habe nur noch eine Vergangenheit, aber keine Gegenwart oder Zukunft mehr. Und so mündet seine *Geschichte der poetischen Nationalliteratur der Deutschen* zwangsläufig in die Aufforderung zu einem entschiedenen Aktivismus. Geschichte zu machen und nicht Geschichte zu schreiben, behauptete er, sei das eigentliche Gebot der Stunde. Demzufolge trat Gervinus bis 1848 – unter der Parole «Wir haben genug Literatur, aber keinen Staat» – auch in seiner tagespolitischen Publizistik immer entschiedener für eine rechtsstaatliche Verfassung und schließlich eine konstitutionelle Monarchie ein, um damit jene Ausflüchte ins Ästhetische zu überwinden, gegen die Heine bereits in seiner *Romantischen Schule* mit dem polemisch gemeinten Begriff der ‹Kunstperiode› ins Feld gezogen war.

Aufgrund der Wirkung, welche Gervinus mit seiner Literaturgeschichte hatte, die vor allem im liberalen Lager auf begeisterte Zustimmung stieß, ja wegen ihrer im nationalen Sinne totalisierenden Sehweise als die erste deutsche Literaturgeschichte schlechthin gelobt wurde, fühlten sich auch andere Germanisten dieser Jahre ermutigt, den von ihm eingeschlagenen Weg weiterzuverfolgen. Wohl am nachdrücklichsten tat das Wilhelm Zimmermann in seiner Gervinus gewidmeten *Geschichte der prosaischen und poetischen deutschen Nationalliteratur* (1846). Mit nationaldemokratischer Tendenz wird hier, wenn auch in verkürzter und bewußt populärer Form, der deutsche Volksgeist noch einmal gegen die höfische und gelehrte Exklusivität ausgespielt und zugleich die Deutsche Klassik als gelungene Synthese hoher und niederer Dichtungsabsichten charakterisiert. Ähnliche Ziele setzte sich Robert Prutz, der sich 1845 in seiner *Geschichte des deutschen Jornalismus* mit der gleichen Entschiedenheit zu Gervinus bekannte wie Zimmermann. Allerdings schenkte Prutz – im Gegensatz zu Gervinus, der sich in seiner *Geschichte der poetischen Nationalliteratur der Deutschen* hauptsächlich mit den Großwerken der deutschen Dichtung beschäftigt hatte – auch den publizistischen und journalistischen Werken, die für die Herausbildung eines deutschen Nationalgeistes unbedingt erforderlich gewesen seien, die nötige Beachtung. Ebenso entschieden trat Prutz in seinem gleichfalls 1845 erschienenen Buch *Die politische Poesie der Deutschen* für eine Überwindung der Kluft zwischen den Gebildeten und dem Volk ein, um so das bisher als privat geltende Interesse an Literatur endlich öffentlich zu machen.

Um diese Gesinnung in die Tat umzusetzen, riefen führende Germanisten dieser Jahre, also Vertreter der Geschichtswissenschaft, Germanischen Philologie und Deutschen Rechtsgeschichte, darunter Jacob Grimm, Ernst Moritz Arndt, Ludwig Uhland, Moriz Haupt, Georg Gottfried Gervinus, Friedrich Christoph Dahlmann und andere, 1846 zum ersten Deutschen Germanistentag auf. Um dem Ganzen einen möglichst symbolträchtigen Rahmen zu geben, fand diese Tagung im Kaisersaal des Frankfurter Römers statt, wo sich vom 24. bis 26. September des gleichen Jahrs 200 Gelehrte und Verwaltungsbeamte versammelten, von denen rund ein Drittel Universitätslehrer waren. Trotz der vorsichtig taktierenden Art Jacob Grimms, der die Leitung übernahm, glich dieser Germanistentag eher einer politischen Demonstration des vormärzlichen Nationalliberalismus als einem Gelehrtentreffen. Über Literatur wurde fast gar nicht geredet, zumal die Neuere deutsche Literatur an den damaligen Universitäten noch kein Lehrgegenstand war. Um so nachdrücklicher lehnten die dort Versammelten den Anspruch der dänischen Krone auf Schleswig-Holstein ab, sprachen sich gegen die Pressezensur und den Ultramontanismus aus, hörten sich Vorträge über die Bedeutung der deutschen Orts- und Personennamen an, riefen die deutschen Auswanderer in die USA auf, an ihrer Muttersprache festzuhalten, und setzten sich für die Einführung bürgerlicher Geschworenengerichte ein, um endlich das immer noch weiterwirkende adlige Justizmonopol zu brechen.

Ähnliches gilt für den zweiten deutschen Germanistentag, der 1847 in Lübeck stattfand. Auch hier waren es wiederum die Vertreter des linken Zentrums, also Historiker wie Dahlmann und Gervinus, die am nachdrücklichsten für bürgerliche Rechte im Rahmen eines nationalen Einheitsstaates eintraten. Allerdings kam es dabei in Lübeck, wie schon in Frankfurt, auch zu einigen Entgleisungen ins Nationalistische, nämlich zu Versuchen, alles Positive innerhalb der deutschen Geschichte, vor allem innerhalb des Rechts, der Sprache und der Literatur, auf germanische Ursprünge zurückzuführen und alles Negative den römisch-französischen Überfremdungen anzulasten. Den Germanisten im engeren Sinn, die nur das Deutsche gelten ließen, widersprachen jedoch einige Romanisten, das heißt Vertreter des Römischen Rechts, die sich nicht von chauvinistischen Vorurteilen blenden ließen. Es gab sogar Liberale, welche sich gegen die deutsche Ostkolonisation wandten und zugleich den deutschen Auswanderern in die USA empfahlen, sich dort so schnell wie möglich zu assimilieren. Und so schloß das Ganze nicht chauvinistisch, sondern mit Aufrufen zu einer größeren Lehr- und Lernfreiheit, einer Würdigung der ‹Göttinger Sieben›, von denen vier anwesend waren, sowie Bekenntnissen zu einem deutschen Nationalstaat mit freiheitlicher Verfassung im Sinne jenes allmählich erstarkenden Bürgertums, das nicht nur eine Lockerung der Presse- und Zensurgesetze, sondern auch eine möglichst rasche Beseitigung der wirtschaftlichen Behinderungen verlangte, um endlich zur führenden Macht im Staate aufsteigen zu können.

Als 1848 die Märzrevolution ausbrach, ließen sich deshalb viele der bereits in Frankfurt und Lübeck anwesenden Germanisten als Kandidaten für das Paulskirchenparlament aufstellen. Einige von ihnen, wie Jacob Grimm, Uhland, Dahlmann und Gervinus, wurden sogar gewählt. Doch auch andere berühmte Germanisten, darunter Ernst Moritz Arndt, Friedrich Ludwig Jahn, Friedrich Theodor Vischer und Eduard Böcking, nahmen als gewählte Mitglieder an den Sitzungen der Frankfurter Nationalversammlung teil. Zur gleichen Zeit war Wilhelm Zimmermann als Abgeordneter der Volkspartei im Württembergischen Landtag aktiv, während der Sprachwissenschaftler Moriz Haupt in Dresden den «Deutschen Verein» gründete und eine Volksversammlung einberief. Fast alle diese Germanisten waren in den Jahrzehnten zuvor Mitglieder Deutscher Gesellschaften, Turner oder Burschenschafter gewesen, hatten für die Abschaffung der Zensur sowie die Einführung der akademischen Lehrfreiheit gekämpft und bekannten sich jetzt zu einem Nationalliberalismus, als dessen Symbol sie die von der Nationalversammlung zum Reichsbanner erklärte schwarz-rot-goldene Fahne empfanden, die schon 1817 über der Wartburg und 1832 beim Hambacher Fest über der Maxburg geweht hatte. Doch obwohl sie sich energisch für nationale Einheit und demokratische Rechte einsetzten, blieben ihre Bemühungen umsonst. Nicht nur sie, alle Mitglieder des Paulskirchenparlaments mußten erleben, wie begrenzt ihre politischen Möglichkeiten angesichts der militärischen Überlegenheit der älteren Dynastien, vor allem Preußens und Österreichs, waren. Viele waren daher froh, daß sie 1849 – nach der gewaltsamen Auflösung der Nationalversammlung – überhaupt mit heiler Haut davonkamen.

Was folgte, war die sogenannte Nachmärzperiode, in der auch die Germanisten, wie die nationalliberal eingestellten Geschichts-, Rechts- und Sprachwissenschaftler weiterhin hießen, mit den gleichen Berufsbehinderungen, Prozessen und Entlassungen zu rechnen hatten, welchen sie bereits nach den Karlsbader Beschlüssen und den Jahren nach der Pariser Julirevolution ausgesetzt waren. Wilhelm Zimmermann verlor seine Stuttgarter Studienratsstelle schon 1849 und durfte bis 1854 nicht unterrichten. Joseph Hillebrand, der 1845 unter dem Titel *Die deutsche Nationalliteratur seit dem Anfang des 18. Jahrhunderts, besonders seit Lessing, bis auf die Gegenwart* eine unverhohlen nationalliberale Literaturgeschichte herausgebracht hatte, erhielt 1850 in Gießen Berufsverbot. Ebenso erging es 1851 Moriz Haupt in Leipzig. 1852 wurde in Rostock gegen Christian Wilbrandt ein Hochverratsprozeß angestrengt, worauf dieser seine Professur verlor und zwei Jahre im Gefängnis sitzen mußte. Einen ähnlichen Prozeß führte die badische Regierung gegen Gervinus, der als einer der Linken Ende 1848 den gewaltsamen Umsturz der politischen Verhältnisse gutgeheißen hatte und dafür 1853 mit dem Entzug seiner Venia legendi bestraft wurde. Auch Friedrich Theodor Vischer setzten die Stuttgarter Behörden solange unter Druck, bis er es 1855 vorzog, in die Schweiz zu emigrieren.

Mit all diesen Maßnahmen versuchten die dynastisch orientierten Ministerien und Universitätsverwaltungen, die Germanische Philologie als Fach weiterhin bewußt klein zu halten, um keine neue nationale Stimmung unter den Professoren oder Studenten aufkommen zu lassen. Neue Freiheiten erhielt die nationalliberale Bourgeoisie in der Folgezeit fast nur auf ökonomischem Sektor, während sie politisch und kulturell unter der Fuchtel des Absolutismus blieb. Im Zuge dieser Entwicklung gab sie schließlich die Idee einer gewaltsamen Durchsetzung konstitutioneller oder gar radikaldemokratischer Forderungen auf und setzte ihre politischen Hoffnungen zusehends auf die kleindeutsche Lösung der deutschen Frage unter Preußens Hegemonie, mit anderen Worten: schloß den berüchtigten Klassenkompromiß mit den Hohenzollern und der preußischen Aristokratie, als deren Hauptvertreter sich seit 1861 Otto von Bismarck profilierte.

Auf die Germanistik, die sich in den späten fünfziger und frühen sechziger Jahren immer stärker auf die wissenschaftsimmanente Beschäftigung mit deutscher Sprache und Literatur zurückzog, das heißt die juristischen und politisch-sozialen Aspekte mehr und mehr ausklammerte, hatte das vor allem folgende Auswirkungen: (1) die Reduzierung der nationalen Geschichte auf die Geschichte des deutschen

Geistes, (2) die Zunahme zeitlos-ästhetischer Wertungen, welche zu einer Verklärung der Weimarer Hofklassik zur Deutschen Klassik schlechthin beitrugen, sowie (3) die Anerkennung des politischen Status quo und der hieraus resultierende Verzicht, sich auf das Glatteis tagespolitischer Bekenntnisse zu begeben. Am deutlichsten läßt sich dieser Prozeß im Bereich der Literaturgeschichtsschreibung verfolgen, die stets ein guter Seismograph gesamtkultureller oder mentalitätsgeschichtlicher Veränderungen innerhalb germanistischer Aktivitäten ist.

Wie groß die Enttäuschung über die gescheiterte Achtundvierziger Revolution und die damit verbundene Tendenz zur entpolitisierenden Verinnerlichung war, beweist wohl am besten, daß im folgenden Zeitraum die betont konservative *Geschichte der deutschen Nationalliteratur* (1845) des Marburger Professors August Friedrich Christian Vilmar, in der das Nationale nicht mit dem Liberalen oder Demokratischen, sondern mit dem Christlichen verbunden wird, bis zum Jahr 1913 in 27 Auflagen erscheinen konnte, während die *Geschichte der poetischen Nationalliteratur der Deutschen* (1835–42) von Georg Gottfried Gervinus zusehends als anachronistisch galt. Alle Tendenzen ins Republikanische oder Sozialistische, wie sie 1848 zum Durchbruch gekommen waren, erschienen Vilmar als teuflische Irrwege, denen die angestammten Obrigkeiten, besonders die von Gott legitimierten Dynastien, mit der nötigen Schärfe entgegentreten sollten. Angesichts des Erfolgs solcher Bücher, die von den herrschenden Mächten mit allen ihnen zur Verfügung stehenden Mitteln unterstützt wurden, hatten jene, die nach 1848 weiterhin liberale Hoffnungen hegten, einen relativ schweren Stand. Und doch gab es auch in der Folgezeit immer wieder bürgerlich-selbstbewußte Germanisten, die sich den Mund nicht völlig verbieten ließen und weiterhin literaturgeschichtliche Werke publizierten, die sich nationalliberale Ziele setzten, zumal solche Tendenzen – nach dem preußischen Sieg über Österreich im Jahr 1866 – im Zeichen der Bismarckschen Vereinigungspolitik von den norddeutschen Obrigkeiten zur Durchsetzung der kleindeutschen Lösung der deutschen Frage zeitweilig durchaus gefördert wurden.

Zu den liberalsten Vertretern dieser Gruppe gehört zweifellos Hermann Hettner, der vor 1848 als Feuerbachianer angefangen hatte. Im Gegensatz zu Gervinus, dessen aktivistische Thesen ihm auf dem Gebiet der Kunst zu platt erschienen, verhielt er sich allerdings nach 1848 in politischer Hinsicht wesentlich vorsichtiger, ja gab nach 1854 jede Auseinandersetzung mit zeitpolitischen Fragen und Problemen der Gegenwartsliteratur auf und zog sich völlig in den Bereich der Vergangenheit zurück. Statt die Literatur weiterhin als treibende Kraft gesellschaftspolitischer Prozesse hinzustellen, interpretierte er sie jetzt, wie in seiner *Literaturgeschichte des 18. Jahrhunderts* (1856–70), immer stärker als Ausdruck von ‹Bildungszuständen›, zu deren wissenschaftlicher Deutung nicht nur historisch-politische, sondern auch theoretisch-ästhetische Maßstäbe nötig seien. Im Zuge dieser Entwicklung verwarf Hettner sowohl die idealistischen Konstruktionen der Hegel-Schule als auch die von Gervinus vertretene Überbewertung der Weimarer Klassik. Auch die These vom ‹Ende der Kunst›, die bei Hegel einen philosophischen und bei Gervinus einen aktivistischen Charakter hat, lag ihm fern. Was er schätzte, war eine bürgerlich-aufklärerische Literatur im Sinne des 18. Jahrhunderts, die weder zu falscher Idealisierung noch zu romantischer Weltflucht neigt, sondern sich vornehmlich mit den ideellen Fragen der eigenen Zeit auseinandersetzt, ohne dabei allzu präskriptive Züge anzunehmen.

Noch literaturimmanenter, das heißt philosophisch-ästhetisch orientiert, wirken manche Schriften von Theodor Wilhelm Danzel, vor allem sein Essay *Über die Behandlung der Geschichte in der deutschen Literatur* (1849). Auch Danzel verwarf mehrfach die von Gervinus aufgestellte These, daß die Literaturgeschichtsschreibung von den politischen Bedürfnissen der eigenen Gegenwart auszugehen habe, und stellte mit deutlich historisierender Absicht die «möglichst vollständige Anschauung eines vergangenen Kulturzustands» als das oberste Ziel germanistischer Arbeit hin.[12] Wie Hettner wandte er sich entschieden von den romantischen Deutschtümeleien der Burschenschafter, den überspannten Spekulationen der Hegelianer und den ständigen Aktionsaufrufen der Vormärzler ab. Statt sich wie Gervinus oder Prutz an große literaturgeschichtliche Synthesen heranzuwagen, beschränkte sich Danzel meist auf solide Einzelanalysen oder monographische Studien wie den ersten Band seines Lessing-Buchs (1848). Er wollte nicht von irgendwelchen vorgefaßten Konzepten, sondern den Tatsachen ausgehen. Demzufolge huldigte er der Anschauung, daß man bei der Betrachtung eines Kunstwerks in erster Linie nach seinen inneren Gesetzmäßigkeiten und den geschichtlichen Bedingungen seiner Entstehungszeit fragen solle. Im Unterschied zu Gervinus, der sich noch der Hoffnung hingegeben hatte, als einzelner aktiv in das politische Geschehen eingreifen zu können, verzichteten also Hettner und Danzel – trotz ihrer liberalen Gesinnung – bereits auf solche Aspirationen und begnügten sich zusehends mit einer akademischen Zuschauerrolle. Eine ähnliche Position bezog Rudolf Haym, der zwar in seinem Buch *Hegel und seine Zeit* (1857) an einem kritischen Räsonnieren festhielt, aber den Aktivismus eines Gervinus und seiner Anhänger ebenfalls scharf ablehnte und im Sinne der Nachmärzperiode wie Hettner und Danzel einen historischen Pragmatismus befürwortete. Das gleiche gilt für Rudolf von Gottschall, der in seiner *Geschichte der deutschen Nationalliteratur im 19. Jahrhundert* (1853) den realpolitischen Gegebenheiten der Nachachtundvierziger-Zeit durchaus Rechnung trug, sich jedoch keineswegs einer resignativen oder ins Ästhetische ausweichenden Stimmung hingab. Obwohl er sich entschieden gegen eine Reduzierung ins Positivistische einsetzte, verengte sich dabei seine Gegenposition, für die er den Begriff des ‹Kämpferischen› beizubehalten versuchte, zusehends auf die Verherrlichung eines Nationalbewußtseins im Sinne preußischer Lösungsversuche der deutschen Frage. Und auch ein Liberaler wie Julian Schmidt schwenkte bereits 1855 in seinem Buch *Die deutsche Nationalliteratur in der ersten Hälfte des 19. Jahrhunderts* auf jene politische Linie ein, die später in den Reichseinigungsbemühungen Bismarcks kulminieren sollte.

Auf die an den Universitäten realexistierende Deutsche Philologie wirkten sich diese Wandlungen, wie nach den Karlsbader Beschlüssen, vor allem in einer verstärkten Akademisierung des herrschenden Lehrbetriebs aus. Im Gegensatz zu publikumsbezogenen Publizisten wie Gottschall und Schmidt, die sich in steigendem Maße der Literatur des späten 18. und frühen 19. Jahrhunderts zuwandten, beschränkte sich die universitäre Germanistik nach 1848/49 – im Sinne des von Lachmann vorgezeichneten Wegs – fast ausschließlich auf die textphilologische Aufbereitung früh- oder hochmittelalterlicher Texte. Daß in diesem Bereich auch die neuere deutsche Literatur allmählich an Boden gewann, erfolgte erst aufgrund des von Bismarck unterstützten Nationalisierungskurses, durch den, wie in der ideologischen Vorbereitungsphase der Freiheitskriege von 1813 bis 1815, nach 1860 sogar entschieden deutschbetonte, ja sogar chauvinistische Fragestellungen einen karrierefördernden Charakter bekamen.

Wie zu erwarten, trugen sowohl die steigende Professionalisierung als auch die nationalistischen Tendenzen zu einer allmählichen Vermehrung der Lehrstellen für Deutsche Sprache und Literatur bei. Da es gegen Mitte der sechziger Jahre schon 34 Ordinarien, Extraordinarien und Dozenten auf diesem Gebiet gab, konnte man in der Folgezeit an fast allen deutschen Universitäten Germanistik studieren. Während anfänglich noch die Professoren für Deutsche Philologie, also Altgermanisten und Sprachwissenschaftler wie Moriz Haupt und Karl Müllenhoff in Berlin, Karl Simrock in Bonn und Karl Weinhold in Kiel, tonangebend waren, traten ihnen im Laufe der Jahre auch Professoren und Dozenten für Neuere deutsche Literatur und Ästhetik wie Rudolf Haym in Halle, Hermann Hettner in Jena und Karl Köstlin in Tübingen zur Seite. Allerdings waren die Unterschiede zwischen der Alt- und der Neugermanistik damals noch gering. In beiden herrschte das gleiche Bemühen, sich durch eine größtmögliche Akribie auszuzeichnen. Vor allem die Philologen der Berliner Schule beschäftigten sich – im Gefolge Lachmanns – in der von ihnen herausgegebenen *Zeitschrift für deutsches Altertum* fast nur noch mit textkritischen Einzelheiten, die für ein größeres Publikum nur wenig Interesse hatte. Aber auch viele Neugermanisten schlossen sich diesem Trend zur Akademisierung an, indem sie sich von der Gegenwartsliteratur fast völlig abwandten und selbst die Literatur des 18. Jahrhunderts und der klassisch-romantischen Periode vornehmlich unter einer historisch-objektivierenden Perspektive betrachteten, ohne dabei ein dialektisches Verhältnis zu ihrer eigenen Zeit herzustellen.

Wohl am deutlichsten äußerten sich diese Tendenzen auf den Tagungen der deutschen Philologen und Schulmänner während dieses Zeitraums, wo neben textphilologischen, dialektgeographischen und sprachwissenschaftlichen Fragestellungen vor allem die steigenden Leistungs- und Examenserwartungen zur Debatte standen, während sich für einen kritischen Tataktivismus im Sinne der von Gervinus aufgestellten demokratischen Forderungen fast niemand mehr stark machte. Um so mehr Aufsehen erregten in den sechziger Jahre die neuen staatlichen Prüfungsbestimmungen. Ungefähr ein Drittel aller Lehramtskandidaten mußte in diesem Jahrzehnt an den Universitäten eine Prüfung in Deutscher Philologie ablegen, um die Lehrberechtigung für die Prima und Sekunda an den Gymnasien zu erhalten. Und zwar wurden diese Prüfungen jetzt erstmals auch von Germanisten statt lediglich von Philosophen, Historikern und Vertretern der Klassischen Philologie abgenommen. Diese Änderungen innerhalb der Prüfungsordnungen führten zwar nicht sofort zu einer sprunghaften Zunahme, aber doch zu einem kontinuierlichen Anwachsen der Studentenzahl im Fachgebiet Deutsche Philologie. Aus diesem Grund ließen sich die staatlichen Behörden, vor allem im preußisch beeinflußten Bereich Norddeutschlands, keine Chance entgehen, durch eine in ihrem Sinn gelenkte Berufungspolitik einen deutlichen Einfluß auf die Entwicklung dieser Disziplin auszuüben. Und je näher die Bismarcksche Reichseinigung rückte, desto stärker wurde der Trend ins Staatsbewußte im Sinne einer preußisch-kleindeutschen Lösung, wodurch an die Stelle der nationalliberalen Tendenzen der Vormärzära zusehends konservative, wenn nicht gar reaktionäre Haltungen traten. Das zeigte sich besonders deutlich bei der Gründung des Norddeutschen Bunds im Jahr 1867, als sich die Mehrheit der Germanisten für eine nationale Einigung unter Preußens Führung aussprach und zugleich die Wehrtüchtigkeit zu einem der obersten Werte erhob, was für die unmittelbare Zukunft wenig Gutes verhieß.

Die Saturiertheitsphase nach 1871

Als 1871 – nach der siegreichen Beendigung des Deutsch-Französischen Kriegs – im Spiegelsaal zu Versailles das Zweite Kaiserreich ausgerufen wurde, erfüllte sich für viele Deutsche im Akt der nationalen Vereinigung ein langgehegter Traum, aber er erfüllte sich falsch. Während den Nationaldemokraten unter den Freiheitskämpfern von 1813 bis 1815 und den bürgerlichen Revolutionären von 1848–49 eine Republik oder zumindest konstitutionelle Monarchie vorgeschwebt hatte, in denen die Bourgeoisie die politische und ökonomische Führungsrolle übernehmen würde, siegte in Versailles die von Bismarck inthronisierte Hohenzollern-Dynastie, welche zwar einen wählbaren Reichstag neben sich duldete, der aber weitgehend unter dem Einfluß des vom Kaiser ernannten und nur von ihm absetzbaren Reichskanzlers stand. Daher begaben sich die letzten bürgerlichen Demokraten, die schon 1866 anläßlich des Siegs über die Österreicher erlebt hatten, daß die Mehrheit der Intelligenz diesen Kurs durchaus bejahte, nach 1871 erbittert ins politische Abseits und überließen das Feld den sich am Sieg über Frankreich sowie der Neugründung des Kaiserreichs berauschenden Nationalisten.

Für die Germanistik, die an all diesen Vorgängen aufs engste beteiligt war, hatte das folgende Konsequenzen: eine deutliche Abwertung aller liberalen, demokratischen oder gar revolutionären Hoffnungen und eine dementsprechende Zunahme aller reichsbetonten Tendenzen innerhalb der fachspezifischen Forschung, des universitären Lehrbetriebs und des gymnasialen Unterrichts. Allerdings läßt sich hierbei beobachten, daß sich neben der Fülle gründerzeitlicher Entladungen ins Nationale im Laufe der Jahre auch Gefühle der sozialen, ökonomischen und kulturellen Absättigung bemerkbar machten, die in der Germanistik sowohl zu einer musealen Verehrung Goethes und Schillers als auch zur Ausbreitung jenes wissenschaftlichen Positivismus führten, den schon genialische Außenseiter wie Friedrich Nietzsche in seinen *Unzeitgemäßen Betrachtungen* (1873–76) als antiquarisch oder bildungsphilisterhaft anzuprangern versuchten. Bei genauerer Untersuchung ist daher die Germanistik der ersten Phase des neuen Kaiserreichs nicht nur ein Produkt des gründerzeitlichen Chauvinismus, sondern weist aufgrund ihrer saturiert-ermatteten Haltung, der es an weitertreibenden Utopien fehlte, auch viele ahistorisch-objektivierende Züge auf.

Beginnen wir mit der Wendung ins Nationalistische. Den Auftakt hierzu bildeten jene Bekenntnisse führender Germanisten zum neuen Reich und seinem Kanzler, von denen es auch auf anderen Ebenen des gründerzeitlichen Kulturbetriebs wimmelt. In ihnen wurde der Germanistik die Aufgabe zuerteilt, sich mit militanter Entschiedenheit in den Dienst einer deutschbetonten Ethik zu stellen und so zu einer «machtstolzen nationalen Selbständigkeit» beizutragen.[13] Am deutlichsten äußerte sich dieser neue Geist in den rund 15 bewußt populär gehaltenen Geschichten der deutschen Nationalliteratur, die in den siebziger Jahren von Journalisten und Deutschlehrern, aber auch Hochschulgermanisten verfaßt wurden und zum Teil in vielen Auflagen erschienen. Wie die gründerzeitlichen Denkmäler deutscher Helden oder die nationalhagiographischen Romane und Dramen dieser Jahre sollten auch sie auf die ruhmreiche Vergangenheit des deutschen Volks und seiner besten Vertreter hinweisen, wobei den literarischen Großtaten der Weimarer Klassiker oft die gleiche Bedeutsamkeit wie den Siegen über Napoleon oder der Schlacht von Sedan zugesprochen wurde. Viele dieser Literaturgeschichten schlossen zudem mit dem optimistischen Ausblick, daß im neuen Reich die Literatur aufgrund des gestärkten Nationalbewußtseins sicher eine neue Blütezeit erleben werde – und wandten sich voller Empörung gegen die in den achtziger Jahren aufkommende gesellschaftskritische ‹Rinnsteinkunst› des Naturalismus.

Noch entschiedener kam dieser neue Geist in den germanistischen Erziehungsprogrammen zum Ausdruck. Das zeigte sich schon 1872 auf dem Philologenkonvent in Leipzig, dessen Teilnehmer sich nicht nur zu einer verstärkten Unterstützung der Auslandsdeutschen bekannten, sondern auch innerhalb des neuen Reichs eine an deutschbetonten Werten ausgerichtete Nationalpädagogik ins Auge faßten. Die wichtigste Voraussetzung hierzu sahen sie in einer Umwandlung der Germanistik in eine herkunftsstolze Deutschkunde, welche die Söhne der bürgerlichen Schichten schon auf den Schulen und Universitäten auf ihre nationalen Aufgaben vorbereiten sollte. In den folgenden Jahren mehrten sich deshalb die Stimmen, auf den Gymnasien das an der Antike orientierte humanistische Bildungsideal durch ein spezifisch deutsches Erziehungsprogramm zu ersetzen. «Jetzt, da wir aus einem literarisch-ästhetischen ein handelndes, aus einem rückwärtsgewandten ein vorwärtsschreitendes Volk, da wir eine *Nation* geworden sind», schrieb der Hallenser Germanist Konrad Burdach 1886 in chauvinistischer Verkehrung des von Gervinus herbeigesehnten Aktivismus, «muß das Ziel das *nationale Gymnasium*» sein.[14] An die Stelle der Verherrlichung der Antike, dieser «galvanisierten Leiche», fuhr er fort, müsse endlich ein der Größe der nationalen Vergangenheit entsprechender Deutschunterricht treten.

Wohl der bekannteste Vertreter dieses neuen Erziehungsideals war Rudolf Hildebrand, der 1869 – nach zwanzigjähriger Lehrtätigkeit als Gymnasiallehrer – wegen seines 1867 erschienenen Buchs *Vom deutschen Unterricht in der Schule* in Leipzig zum außerordentlichen Universitätsprofessor für Neuere deutsche Literatur ernannt wurde. Schon in dieser Studie hatte er den Deutschunterricht in den Mittelpunkt der gesamten gymnasialen Ausbildung gestellt. Noch markanter kam das in der 1887 von Hildebrand mitbegründeten *Zeitschrift für den deutschen Unterricht* zum Ausdruck, die einen eindeutig ‹vaterländischen› Standpunkt bezog. Im Sinne einer bewußten Deutschtumspädagogik wurde hier an die Stelle des ‹Bindungslosen› allein das für die Nation Brauchbare gesetzt. Aus diesem Grund traten ihre Herausgeber für eine entschiedene Bekämpfung alles Undeutschen und Vaterlandslosen, sprich: Naturalistischen, Jüdischen und Sozialdemokratischen, im Deutschunterricht ein und befürworteten statt dessen lediglich das im nationalen Sinn Identitätsstiftende. Daß sie hierbei mit apodiktischer Schärfe und Sicherheit auftraten, beweist wohl deutlich genug, wie sehr sie bei diesem Bemühen auf die Unterstützung der staatlichen Behörden rechnen konnten.

Aber Theorie und Praxis stimmten, wie so oft, selbst auf dieser Ebene nicht ganz überein. Das Ziel war zwar klar vorgezeichnet, aber im akademischen Lehrbetrieb und auch an den Gymnasien gab es selbst in den siebziger und achtziger Jahren noch immer einige alte Nationalliberale, die trotz ihres Verzichts auf ihre früheren demokratischen Hoffnungen nach 1871 nicht sofort in serviler Untertanenmentalität zu jenen übergelaufen waren, die nur noch Kaiser und Reich gelten ließen. Zugegeben, auch diese Schichten waren stolz auf das neue Reich, ihre Mentalität blieb jedoch eher bildungsbürgerlich als hohenzollernhörig oder völkisch. Enttäuscht über die Erfolge des Bismarck-Kurses verzichteten sie auf jedes tagespolitische Engagement und faßten fortan nur noch jene höhere Geistigkeit ins Auge, die man, wie sie meinten, allein durch an kulturellen Werten ausgerichtete Bildungsideale erreichen könne. So schrieb etwa der Goethe-Forscher Viktor Hehn 1880 mit genialischer Blasiertheit, daß «vor vierzig Jahren jeder reichere, umfassender gebildete Geist liberal» gewesen sei, jetzt jedoch den «Fortschritt» lieber den «Männern von der Bierbank» überlasse und auf die «höhere Kultur» vertraue.[15]

Eine ähnliche Haltung bezogen viele Studenten im Zweiten Kaiserreich, die sich aufgrund der verbesserten Einkommensverhältnisse ihrer gutbürgerlichen Väter von kaufmännischen oder juristischen Berufszielen abwandten und auf der Universität vornehmlich für ‹Geistiges› schwärmten. Unter der Zahl der Studierenden, die sich zwischen 1871 und 1914 etwa verfünffachte, steigerte sich dementsprechend der Anteil der Studenten der philosophischen Fakultät allein zwischen 1871 und 1880 von 30,4 auf 41,7 Prozent, ja stieg nach der Jahrhundertwende sogar auf 51,1 Prozent an. Dieser Vorgang wurde von vielen wilhelminischen Bildungsbürgern als Symptom eines unaufhaltsamen ‹kulturellen Aufstiegs› begrüßt. Und zwar nahm dabei die Germanistik, die bisher nur als ein von den staatlichen Stellen im Hinblick auf die Lehramtskandidaten gefördertes Fach galt, besonders stark zu und überflügelte schließlich – wegen des steigenden Interesses an der deutschen Kulturtradition – an Einfluß und Sozialprestige sogar die bis dahin höchstrenommierte Klassische Philologie.

Im Hinblick auf diese Wandlungen lassen sich folgende Beobachtungen machen. Wegen des bildungsbürgerlichen Kulturhungers sowie des steigenden Bedarfs an Deutschlehrern an den Gymnasien und Oberrealschulen erhielt die Germanistik erst jetzt den Status einer vollgültigen Wissenschaft, was sich in den vielen Gründungen Deutscher Seminare während dieses Zeitraums widerspiegelt. Den Anfang hatten 1858 die Rostocker und 1867 die Tübinger Universität gemacht, wo Karl Bartsch bzw. Adelbert Keller zu angesehenen Seminarleitern aufstiegen. Darauf folgten zwischen 1873 und 1895 19 weitere solcher Gründungen: 1873 in Heidelberg, Leipzig, Straßburg und Würzburg,

1874 in Freiburg, 1875 in Halle und Kiel, 1876 in Greifswald und Marburg, 1877 in Breslau, 1878 in Bonn und Jena, 1883 in Erlangen, 1886 in Gießen und Königsberg, 1887 in Berlin, 1889 in Göttingen, 1892 in München und 1895 in Münster. In der Anfangsphase des Zweiten Kaiserreichs richteten also alle deutschen Universitäten germanistische Institute ein, in denen neben deutscher Sprachgeschichte und mittelalterlicher Literatur auch die Werke der neueren Literatur eine stärkere Beachtung fanden. Allerdings wurden auf die neugermanistischen Extraordinariate und zum Teil auch Ordinariate recht mittelmäßige Fachvertreter wie Anton Birlinger, Friedrich Pfeiffer, Michael Bernays, Hermann Baumgart, Arthur Böthling, Clemens F. Meyer, Max Koch, Richard Weißenfels und andere berufen, von denen weder wissenschaftlich noch politisch bedeutsame Impulse ausgingen. Während Georg Gottfried Gervinus und Robert Prutz noch keine Bedenken gehabt hatten, sich als Wissenschaftler in den Dienst einer demokratischen Publizistik zu stellen, sonderten sich viele Neugermanisten dieser Jahre vom literaturinteressierten Publikum ihrer Zeit ab und widmeten sich fast ausschließlich dem mit gründerzeitlichem Standesdünkel betriebenen Wissenschaftsbetrieb. Sie wollten Institutskönige sein, sich mit Assistenten umgeben, mit Kollegen um Berufungen feilschen, neue Prüfungsordnungen aufstellen, schulbildende Übungen abhalten, Seminarbibliotheken einrichten und was es sonst an Verwaltungstätigkeiten gab. All das trug zwar zu einer steigenden Professionalisierung des Germanistikstudiums bei, welche den karrieristisch denkenden Assistenten und Lehramtskandidaten sehr entgegenkam, ließ aber diejenigen Studenten, die nach Höherem verlangten, notwendig unbefriedigt.

Durch diesen Prozeß der bürokratischen Institutionalisierung der Germanistik wurde sowohl der durch die Reichsgründung ausgelöste nationalistische Feuereifer als auch der bildungsbürgerliche Drang nach kultureller Erbauung zusehends in professionalisierte Bahnen gelenkt. Der sich daraus ergebende Lehr- und Forschungsbetrieb ist wegen seiner Tendenz zu ernüchternder Verwissenschaftlichung als Positivismus in die Geschichte der Geisteswissenschaften eingegangen. Man verstand darunter meist eine weitgehende Annäherung an die Naturwissenschaften und deren induktive Forschungsmethoden. Dies trifft jedoch nur zum Teil zu. Genau besehen, hat der Positivismus der siebziger und achtziger Jahre, der sich ansatzweise bereits in der Nachmärz-Ära herauszubilden begann, einen höchst zwiespältigen Charakter, da er trotz seiner oft proklamierten wissenschaftlichen Objektivität keineswegs auf eine durch die Bismarcksche Reichsgründung aus dem Demokratischen ins Nationalkonservative pervertierte Aufsteigergesinnung verzichtete, die sich immer wieder als subjektive oder chauvinistische Überheblichkeit äußerte. Während Auguste Comte in seinem *Cours de philosophie positive* (1830–42), der dieser Richtung ihren Namen gab, bei seiner Verteidigung des objektiv Bestehenden, das heißt der bürgerlichen Errungenschaften der Pariser Julirevolution von 1830, noch zum Teil vom Saint-Simonismus herkommenden, progressiven Vorstellungen ausgegangen war, verzichtete der gründerzeitliche Positivismus weitgehend auf die Comtesche Theorie eines gesetzmäßigen Fortschritts im Sinne des Demokratischen und verstand Bezeichnungen wie ‹positiv› oder ‹positivistisch› fast ausschließlich im Sinne des Unkritischen, kurz: einer Bejahung des durch Bismarck geschaffenen Status quo.

Auf den Wissenschaftsbetrieb der gründerzeitlichen Germanistik hatte das folgende Auswirkungen. Im Gegensatz zu allen hochfahrenden ‹idealistischen Spekulationen›, wie es in bewußter Ablehnung der eindeutig reaktionär-christlichen, aber auch demokratisch-progressiven Tendenzen der vorgründerzeitlichen Literaturwissenschaft hieß, bemühten sich viele der neu etablierten germanistischen Ordinarien und Extraordinarien nach 1871 um einen wissenschaftlichen Objektivismus, mit dem sie sich einerseits als fleißige, ernstzunehmende Wissenschaftler, andererseits als politisch angepaßte Vertreter der neuen, nur noch auf Ausbreitung, aber nicht mehr auf Demokratisierung drängenden Gesellschaftsordnung auszuweisen versuchten. Sie griffen deshalb alles Systematische, Hegelianische, Progressive als im falschen Sinn totalisierend an und beschränkten sich auf eine Fortschrittsvorstellung, die vorwiegend auf materialerschließenden Gesichtspunkten wie der Aufdeckung, Entzifferung und Veröffentlichung neuer Quellen und Dokumente beruhte. Viele Positivisten wollten lediglich in emsiger Kärrnerarbeit zum Ausbau einer Wissenschaft beitragen, die sich statt weltanschaulicher Ziele nur noch akademische Maßstäbe setzte. Daher liest man in den theoretischen Verlautbarungen dieser Ära immer wieder Äußerungen, sich allein auf das Vorgegebene, Empirische, Faktische zu beschränken und dieses im Sinn einer «lückenlosen Folge von Ursachen und Wirkungen» zu arrangieren.[16] Und so verschwanden im

Zuge der sich als ‹vorurteilsfrei› verstehenden positivistischen Erkenntnisweise nicht nur alle spekulativen, sondern auch alle kritischen Gesichtspunkte. An ihre Stelle trat im Rahmen dieser Richtung das rein Empirische, also das, was ein literarisches Werk einer faktisch nachzuweisenden Kausalität unterwirft. Kurz, die großen Leitideen der Geschichte wurden zusehends von entstehungs- und lebensgeschichtlichen Tatsachen verdrängt und damit die jeweils untersuchten Werke auf die sie auslösenden Anlässe oder bildungsbedingten Einflüsse zurückgeführt.

Als Hauptvertreter dieser Richtung galt schon zu Lebzeiten Wilhelm Scherer, an dessen Schriften sich besonders gut ablesen läßt, wie sich die angeblich objektivierende Tendenz des Positivismus mit einem deutlichen Drall ins Nationalistische verband. Um den «revolutionären Geist der Aufklärung» zurückzudrängen, bekannte sich Scherer von Anfang an zu einem «pietätvollen Sinn für das Bestehende», der sich in Deutschland vor allem durch das Wirken Mösers, Herders und Goethes sowie der Generation der Romantiker Bahn gebrochen habe,[17] denen die Deutschen des 19. Jahrhunderts ihre auf konservativen Wertvorstellungen beruhende nationale Identität zu verdanken hätten. Sein Positivismus bestand daher weitgehend in einer möglichst exakten Ausdeutung dieser ‹Gegebenheiten›, nämlich der nationalen Tendenzen innerhalb der deutschen Geschichte, und schottete sich bewußt gegen alle menschheitlichen, universalgeschichtlichen Perrspektiven ab. Wo also Scherer positivistisch sichtete und ordnete, geschah das – trotz aller Berufungen auf naturwissenschaftliche Kriterien sowie die einem kausalgenetischen Denken verpflichtete Formel des ‹Ererbten, Erlebten und Erlernten› – immer unter dem Gesichtspunkt des Deutschen, wodurch seine Arbeiten meist auf eine synkretistische Vermischung positivistischer und nationalistischer Tendenzen hinausliefen. Und zwar tat er das stets auf der Grundlage des Status quo der erreichten Höhe, also weniger im Sinne des Kämpferischen als im Sinne einer selbstbewußten Saturiertheit. Es wunderte daher kaum jemanden, daß gerade er 1872 an die neugegründete Reichsuniversität Straßburg berufen wurde und 1877 die einflußreiche Berliner Professur für Germanistik erhielt.

Aufgrund dieser Geschichtssicht entwickelte Scherer eine auf die deutsche Literatur bezogene Sehweise, die als ‹Blütezeitentheorie› bekannt wurde. Nach dieser Theorie steht der deutschen Literatur –

gleichsam naturgesetzlich – alle 600 Jahre eine Blütezeit ins Haus. Als historische Bezugspunkte faßte er dabei die Jahre 600, 1200 und 1800 ins Auge. Den Hauptakzent legte Scherer eindeutig auf die zwei letzteren, die Staufische und die Weimarer Klassik, um so im Sinne vieler gründerzeitlicher Legitimationsstrategien auf die Möglichkeit periodisch wiederkehrender Reichs- und Hochkulturvorstellungen hinzuweisen. Diese Theorie exemplifizierte er vor allem in seiner äußerst erfolgreichen *Geschichte der deutschen Literatur* (1880–83), die den Zeitraum von der althochdeutschen Literatur bis zu Goethes Tod behandelt und sofort drei Nachauflagen erlebte, da sie sowohl in ihrer Wissenschaftlichkeit als auch in ihrem Nationalgefühl, das heißt ihrer Synthese von positivistischer Gründlichkeit und deutschbewußter Gesinnung, genau der Mentalität der bismarckisch-wilhelminischen Bildungsbourgeoisie entsprach. Statt diese Gesellschaftsschicht im Gefolge August Friedrich Christian Vilmars, des erfolgreichsten Literaturhistorikers der Metternich- und Nachmärz-Ära, auf eine kleinbürgerlich-christliche Linie verpflichten zu wollen oder sie im Sinn von Georg Gottfried Gervinus zu einem nationalliberalen Aktivismus aufzurufen, sie also mit reaktionär-religiösen oder progressiv-demokratischen Forderungen aus ihrer ideologischen Saturiertheit aufzuscheuchen, bot sie ihnen zwei sich zwar widersprechende, aber desto effektvoller artikulierte Entwicklungskonzepte an: eine naturgesetzlich ablaufende Aufeinanderfolge von kulturellen Blütezeiten sowie ein unübersehbares «Fortrücken der großen Poesie vom Ideal reckenhafter Leidenschaftlichkeit zur Verklärung des ritterlichen Mannes und von da zum (Tatmenschen) Faust», wie Wilhelm Dilthey 1886, anläßlich Scherers Tod, erklärte.[18] Und damit bestärkte diese Literaturgeschichte, trotz ihrer scheinbaren Programmlosigkeit, ihre Leser in dem Gefühl, im Bismarck-Reich die Erfüllung eines alten deutschen Traums, nämlich den der Errichtung eines starken Nationalstaats, zu sehen, ohne sich hierbei des Verlusts an demokratischen Freiheitshoffnungen bewußt zu werden.

Im Gegensatz zu Scherer, bei dem noch ein gewisser Weitblick herrschte, huldigten viele seiner Kollegen und Schüler – ob nun auf sprachwissenschaftlichem, altgermanistischem oder neugermanistischem Gebiet – einem Positivismus, der in einer zwar wissenschaftlich fundierten, aber allzu objektivistischen Manier befangen blieb, die über dem Einzelnen in steigendem Maße das Allgemeine und damit zutiefst Geschichtsbezogene aus dem Auge verlor. Ihnen galt jedes literarische Werk lediglich als Glied einer unterschiedslosen Gesamtentwicklung, die im darwinistischen Sinn weder Sprünge noch Lücken zuläßt. Eine der Hauptmaximen dieser Richtung lautete daher ‹Ars non fecit saltum›. Sie verstand die enge Bindung an die Empirie, welche zu den zentralen Forderungen des Positivismus gehörte, immer stärker im Sinne des rein Stofflichen, wonach auch das historisch oder ästhetisch Unwichtige dieselbe Aufmerksamkeit für sich beanspruchen darf wie das entwicklungsgeschichtlich Bedeutsame. Auf diese Weise landeten viele Positivisten bei einem Objektivismus des Nebensächlichen, für den der historische Bezug nur noch ein formales Bindeglied war. Nicht der kühne Gedankensprung, die politische Perspektive oder der soziale Reformwille stand bei ihnen im Vordergrund, sondern ein fleißiges Zusammentragen kleiner und kleinster Bausteine zu einem Turmbau der reinen Faktizität, der mit allem ausgestattet war, bloß nicht mit einer sinnstiftenden Struktur. Diese Forscher huldigten lediglich den Postulaten der vollständigen Beschreibung, quellengeschichtlichen Erschließung und biographischen Einbettung der vorgefundenen Stoffmassen, um nur ja keinen charakteristischen Einzelzug auszulassen. Durch diese Verengung auf das eindeutig Empirische gab es kaum einen Positivisten, der nicht der Gefahr des Statistisch-Aneinanderreihenden, Lexigraphischen oder Belanglosen erlegen wäre. Allerorten machte sich ein Objektivismus breit, der auf einer erdrückenden Folge lebensgeschichtlicher Dokumente und historischer Belegstellen beruhte, unter denen selbst die Geburtsurkunden der Großmütter und die halbjährigen Verlagsabrechnungen eine prominente Rolle spielten. Der ursprünglich historische Bezug, soweit er überhaupt noch erkennbar blieb, wurde so zu einem Verknüpfungselement, das einen rein formal-genetischen Charakter hatte.

Dieser positivistische Objektivismus, für den es nur vordergründige Tatsachen gab, führte notwendig zu einem breiten Einbruch ausgesprochen mechanischer, sich von jeder interpretatorischen Absicht distanzierender Forschungsmethoden. Innerhalb dieser Form der Germanistik wurde bereits das bloße Zusammentragen der Fakten als wissenschaftliche Leistung angesehen, während sie das Befragen der aufgehäuften Stoffmassen meist auf einen späteren Zeitpunkt verschob. Das Gelehrtenideal des Positivismus war deshalb der zwar deutschbewußte, aber richtungslose Detailkenner, der – wie der berühmt-berüchtigte Heinrich Düntzer – seine immensen Stoffkenntnisse lediglich einem sorgfältig ausgeklammerten Teilgebiet zugute kommen ließ und sich mit entsagungsvoller Geste darauf beschränkte, die berühmten Lücken im Turmbau seiner Disziplin zu stopfen. Damit brach eine Zeit der Kleinarbeit an, durch die auch auf germanistischem Gebiet eine Methodik maßgeblich wurde, in der die Literatur, falls sie keine nationalen Aufgaben erfüllte, nicht mehr als aktiver Faktor, sondern nur noch als passives Faktum in Erscheinung trat.

Und doch wäre es unfair, den gründerzeitlichen Positivismus allein negativ zu beurteilen. Zugegeben, er beruhte auf einer national-gesinnten Saturiertheitsideologie, die sich aufgrund ihrer Utopielosigkeit keine hochgespannten Ziele mehr setzte, war aber gerade darum fähig, auf dem Gebiet der Quellenforschung, Textedition und Biographie all jenes Tatsachenmaterial zu erschließen, ohne das ein Großteil der späteren Forschung, die gern von den Höhen des Geistes auf die Niederungen des Positivismus herabsah, für ihre kühnen Gedankengebäude überhaupt keine Basis gehabt hätte. Das gilt vor allem für manche Arbeiten von Scherer-Schülern wie Erich Schmidt, Konrad Burdach, Richard Maria Werner und Eduard Schröder, die zwar von dem scharfen, aus der gründerzeitlichen Kulturkampfstimmung hervorgehenden Antiklerikalismus sowie dem kulturhistorischen Weitblick ihres Lehrers Abstand nahmen, ihn jedoch in der Akribie ihrer positivistischen Grundlagenforschung zum Teil weit übertrafen. Wohl das beste Beispiel dafür bietet die Klassik-Forschung, die in diesem Umkreis eine führende Rolle spielte, wo sich viele Vertreter dieser Richtung zwar weitgehend unkritisch verhielten und die literarischen Größen dieses Zeitraums vornehmlich als Repräsentanten einer bürgerlichen Status-quo-Gesinnung priesen, jedoch durch ihre philologisch-historische Genauigkeit im Detail davor bewahrt blieben, ins Geistesgeschichtliche oder gar Lebensphilosophisch-Irrationale abzugleiten. Im Bereich der großen Editionsvorhaben gilt das vor allem für die Ausgaben der Werke Herders von Bernhard Suphan (1877ff), Schillers von Karl Goedeke (1867ff) sowie Goethes im Rahmen der Weimarer Sophienausgabe (1887ff). Von gleicher Wichtigkeit für die spätere Forschung wurden die umfangreichen Biographien dieser Richtung wie Adolf Strodtmanns *Heine* (1867–69), Rudolf Hayms *Herder* (1877–90), Erich Schmidts *Lessing* (1884–92), Franz Munckers *Klopstock* (1888) und Jacob Minors *Schiller* (1889–90), die zwar in ihren Wertungen und Werkinterpretationen sowohl dem gründerzeitlichen als auch dem positivistischen Zeitgeist huldigen, aber in der Zusammenstellung der biographischen Fakten zum Teil bis heute gültig geblieben sind.

Nicht minder bedeutsam sind die großen Nachschlagewerke, Wörterbücher und Grammatiken dieses Zeitraums, welche ohne die in ihm herrschende positivistische Grundausrichtung vielleicht nie entstanden wären. Dafür spricht der in diesem Zusammenhang stets erwähnte *Grundriß zur Geschichte der deutschen Literatur*, den Karl Goedeke ab 1859 in zahlreichen Bänden veröffentlichte und der wegen der Fülle und Genauigkeit seiner biographisch-bibliographischen Angaben auf Jahrzehnte hinaus zum wichtigsten Kompendium der germanistischen Literaturgeschichtsforschung wurde. Das unter ganz «einfachen Gesichtspunkten geordnete Material» sollte all das bereitstellen, auf das spätere «geschichtliche Darstellungen» aufbauen könnten, wie es hier in positivistischer Bescheidenheit auf der ersten Seite heißt. Daß dabei der Stolz auf die deutschen ‹Klassiker› der vorherrschende Gesichtspunkt blieb, zeigt sich in der ungnädigen Behandlung Heines, der zwar wegen seines *Buch der Lieder* von Goedeke und vielen seiner Zeitgenossen weiterhin als ‹bürgerlicher› Autor geschätzt wurde, dessen Polemiken gegen die Nationalisten unter den deutschen Romantikern jedoch selbst die strengsten, angeblich vorurteilsfreien Positivisten als ‹widerliche› Entgleisungen empfanden.

Aus der Fülle an Wörterbüchern, Texteditionen und Grammatiken von altgermanistischer Seite, die sich ebenfalls als Grundlagenforschungen verstanden, sei im Hinblick auf diese Ära lediglich auf Werke wie Matthias Lexers *Mittelhochdeutsches Wörterbuch* (1869 ff), die von Hermann Paul und Wilhelm Braune herausgegebenen *Beiträge zur Geschichte der deutschen Sprache* (1874), die allgemein als Beginn der ‹junggrammatischen› Richtung gelten, Wilhelm Braunes *Gotische Grammatik* (1880), Friedrich Kluges *Etymologisches Wörterbuch der deutschen Sprache* (1881), die 1881 von Hermann Paul begonnene *Altdeutsche Textbibliothek*, Hermann Pauls *Mittelhochdeutsche Grammatik* (1881), Eduard Sievers' *Angelsächsische Grammatik* (1886), Wilhelm Braunes *Althochdeutsche Grammatik* (1886) sowie Otto Behagels *Geschichte der deutschen Sprache* (1891) hingewiesen, die wegen ihrer philologischen Genauigkeit und Erschließung neuen Materials einen wissenschaftlichen Maßstab setzten, den es vorher – unter Absehung der Schriften von Jacob Grimm, Karl Lachmann, Moriz

Haupt und Karl Müllenhoff – kaum gegeben hatte. Als die führenden Sprachwissenschaftler setzten sich hierbei jene Forscher durch, die als ‹Junggrammatiker› bezeichnet wurden und auf Dauer oder vorübergehend in Leipzig lehrten. Zu ihnen gehörten nicht nur Braune, Paul und Sievers, sondern auch Hermann Osthoff und Karl Brugmann, die sich 1878 im Vorwort ihrer *Morphologischen Untersuchungen* sowohl zu den naturwissenschaftlich fundierten Lautgesetzlehren August Schleichers als auch zu den Sprachforschungen Wilhelm Scherers bekannten, das heißt bei der Erforschung sprachlicher Gesetzmäßigkeiten neben mechanisch-naturwissenschaftlichen auch historisch-determinierte Gesichtspunkte gelten ließen. Und damit befürworteten sie selbst auf diesem Gebiet jenen spezifisch gründerzeitlichen Kompromiß, der auch für die Literaturgeschichtsschreibung dieser Jahre bezeichnend ist.

Methodische Vielfalt um die Jahrhundertwende

Als Deutschland durch die rasche Industrialisierung, Verstädterung und Akzeleration der Werbestrategien zwischen 1871 und 1914 aus einem relativ ‹rückständigen› Land zur zweitstärksten Industriemacht der Welt aufstieg, setzte auch in der Germanistik eine merkliche Beschleunigung im Wechsel der wissenschaftlichen Diskurse ein, deren Ergebnis eine komplexe Vielfalt neuer methodischer Ansätze war. So wie sich in der Kunst – im Zuge der boomartig einsetzenden wirtschaftlichen Konjunktur und der daraus resultierenden kulturellen Überproduktion – seit den frühen neunziger Jahren eine Fülle miteinander konkurrierender Ismen und Stile beobachten läßt, von denen vor allem der Naturalismus und der Impressionismus sowie die Heimatkunst und der Jugendstil von sich reden machten, spaltete sich auch die germanistische Sprach- und Literaturwissenschaft in eine Fülle miteinander konkurrierender Richtungen auf, die sich bemühten, den allmählich in seiner Saturiertheitsideologie erstarrenden und zu selbstgenügsam-entsagungsvoller Kleinarbeit neigenden Positivismus durch wissenschaftliche Sehweisen abzulösen, welche der gewandelten politischen, ökonomischen, sozialen und kulturellen Situation durch wesentlich anspruchsvollere Konzepte philosophischer, ästhetisch-formaler, geistidealistischer oder völkisch-nationaler Art zu entsprechen suchten.

Den Auftakt dazu bildete eine Richtung, die heute weitgehend als geistesgeschichtliche Methode bezeichnet wird, obwohl sie sich damals auch unter Bezeichnungen wie Ideen- oder Seelengeschichte durchzusetzen versuchte. In den Augen ihrer Vertreter, die fast alle einen philosophischen Neuidealismus befürworteten, der sich sowohl auf den angeblich voluntaristisch-heroischen Akt der Reichsgründung als auch das rasch anwachsende professorale Selbstbewußtsein stützte, sank der Positivismus – aufgrund seiner als ‹niedrig› geltenden Grundlagenforschung – in den Augen dieser Schicht zu einem Schreckbild kleinbürgerlicher Pedanterie ab. Was eben noch als wissenschaftliche Entsagung gegolten hatte, wurde von ihr zusehends als mit dem intellektuellen Rang eines Wissenschaftlers unvereinbare Nichtigkeitskrämerei angeprangert. Innerhalb der Germanistik waren hierbei die beliebtesten Abwertungsvokabeln, mit denen sich diese Richtung gegen den Positivismus wandte, Ausdrücke wie Motivriecherei, Parallelenjagd, Unterrocksschnüffelei oder literarischer Sansculottismus, die als Merkmale einer methodischen Depravierung hingestellt wurden, welche durch ihre Beschränkung auf das Detail jeden Wert- und damit Sinncharakter eingebüßt habe.

Die ersten Anzeichen einer wachsenden Abneigung gegen den Positivismus lassen sich gegen Mitte der neunziger Jahre beobachten. Anstatt die maßlos anschwellenden Stoffmassen weiterhin lediglich auf ihren biographischen Belegcharakter zu überprüfen oder nach naturwissenschaftlichen Kategorien zu klassifizieren, machte sich bei vielen jüngeren Germanisten nach diesem Zeitpunkt eine deutliche Abneigung gegen jede lexigraphische oder milieubedingte Verfahrensweise bemerkbar. Nicht mehr die vollständige Beschreibung des Stofflichen, sondern die Bedeutsamkeit bestimmter Leitideen galt ihnen als höchstes wissenschaftliches Ideal. Hinter den vielfältig aufgesplitterten Einzeldisziplinen und ihrer emsigen Fächerbetriebsamkeit versuchte diese Gruppe, ein philosophisch fundiertes Einheitsstreben aufzuspüren, das sich weniger für die positivistisch zertrümmerten Einzelfakten als das im weltanschaulichen Sinn Gemeinsame interessierte, um so die kleinlichen Analysen durch großzügige Synthesen abzulösen. Wie in idealistischer Zeit wollte sie wieder das ‹Wesenhafte› der Dinge in den Vordergrund rücken, was zu einer deutlichen Rückbesinnung auf erkenntnistheoretische Kategorien wie Epoche, Stil, Struktur, Ganzheit, Dynamik, Wesen oder Dasein führte. Das Leitbild dieser Richtung war demzufolge der freischöpferische Geist, der sich jeder positivistisch-genetischen Deutung entzieht und die Vorherrschaft bestimmter Leitideen herauszuarbeiten sucht. An die Stelle einer Betrachtungsweise, nach der sich jedes Kunstwerk nur aus einem faktisch belegbaren Kausalnexus erklären läßt, traten somit Interpretationsversuche, deren Hauptnachdruck auf dem Geistentsprungenen lag, das von allen empirisch überprüfbaren Voraussetzungen unabhängig ist. Was dabei theoretisch als Befreiung von der naturwissenschaftlichen Begriffsbildung bezeichnet wurde, erwies sich in der akademischen Praxis häufig als ein merklicher Verlust jener geschichtlichen Fundierung, die selbst in der letzten Phase des Positivismus noch immer eine wichtige Rolle gespielt hatte.

Die entscheidenden Antriebskräfte dieser neuidealistischen Welle kamen weitgehend aus dem Bereich des Philosophischen. Erste Impulse gingen zweifellos von Friedrich Nietzsche aus, dessen Schriften ab 1895 einen nachhaltigen Einfluß auf die geistige Szene auszuüben begannen. Dazu kam um 1900 der Einfluß der sogenannten Lebensphilosophie, wie sie Wilhelm Dilthey und zum Teil auch Karl Joël und Georg Simmel vertraten. Weitere Impulse zur Durchsetzung einer autonomen Geistes- und Seelenwissenschaft vermittelte das Buch *Die Grenzen der naturwissenschaftlichen Begriffsbildung* (1896–1902) von Heinrich Rickert, das sich – im Gegensatz zum naturwissenschaftlich orientierten Positivismus – zu einer eindeutig kulturwissenschaftlichen Sehweise bekannte. Eine ähnliche Hochachtung des Geistes findet sich im Rahmen des Neukantianismus Hermann Cohens und Paul Natorps, des Neufichteanismus Rudolf Euckens sowie der Wertphilosophie Hugo Münsterbergs, deren Nachdruck auf den ideellen Grundpositionen des menschlichen Geisteslebens auch von vielen Literaturwissenschaftlern als vorbildlich empfunden wurde.

Auf die geistesgeschichtlich orientierten Germanisten vor dem Ersten Weltkrieg übte zweifellos Wilhelm Dilthey den größten Einfluß aus. Nach Dilthey hat jeder Schriftsteller eine völlig einmalige Art, dem Leben zu begegnen und sich mit ihm auseinanderzusetzen. Das generalisierende Prinzip von Ursache und Wirkung, wie es im Positivismus herrschte, wird daher in seinen Schriften im Hinblick auf Fragen des Geistes und des Gefühls von vornherein abgelehnt. Durch diese konsequente Subjektivierung und zugleich Psychologisierung des Ästhetischen geriet das rational Erklärbare bei ihm zusehends an die Peripherie, wodurch als interpretatorische Kernzone manchmal nur der Bereich der schwerverständlichen ‹Lebensmächte› übrigblieb. Dementsprechend heißt es schon in Diltheys *Einleitung in die Geisteswissenschaften* (1883), in der er sich kritisch mit dem Positivismus Auguste Comtes und John Stuart Mills auseinandersetzte, daß sich ‹Geist› – im Gegensatz zu allem Naturbedingten – eher ‹verstehen› als ‹erklären› lasse. Auf diese Weise verschob sich in seinen Schriften das Wort ‹Geist› aus dem Vernunftgeklärten zum Teil in den Bereich des Intuitiven, ja Instinkthaften, und wurde so, wie der Begriff ‹Leben›, zu einem Urphänomen, das nur aus sich selbst heraus gedeutet werden kann.

Kein Wunder daher, daß sich die von Dilthey anvisierte Geisteswissenschaft zwangsläufig in eine lebensphilosophisch durchtränkte Seelenwissenschaft verwandelte, der als methodische Basis nicht ein wirklichkeitsverhaftetes Verknüpfen, sondern ein subjektives Erschauen zugrunde lag. Die zu interpretierenden Dichtungen wurde so aus dem Bereich der begrifflichen Erfassung weitgehend in den des kongenialen Nachempfindens transponiert. Dafür spricht vor allem seine Schrift *Die Erlebniskraft des Dichters* (1887), in der Dilthey das Literarische einfach mit dem ‹Erlebten› gleichsetzte. Und zwar meinte er mit solchen Erlebnisformen weder die Goetheschen ‹Gelegenheiten› noch die Schererschen Kategorien des ‹Ererbten, Erlebten und Erlernten›, die beide auf biographisch konkrete Kausalzusammenhänge zurückgehen, sondern jene komprimierten Erinnerungsbilder, wie sie uns im Traum oder Halbschlaf überfluten. Sie – und nicht bewußt erlebte Ereignisse – bildeten für ihn die entscheidenden Antriebsquellen der dichterischen Produktion.

Wohl das bekannteste Beispiel dieser Sehweise ist Diltheys Essay *Goethe und die dichterische Phantasie*, der 1906 in seinem Buch *Das Erlebnis in der Dichtung* erschien. Im Mittelpunkt des interpretatorischen Interesses steht hier vornehmlich die Phantasie des jeweiligen Dichters, die aus den untersten Seelenschichten hervorquelle und oft die Form einer befreienden Beichte oder eines wahrsagenden Berauschtseins annehme. Selbst das, was auf den Dichter aus der Welt der Geschichte oder der Ideen einströme, mache ihn lediglich für ein tieferes Verständnis seiner eigenen Erlebnisse empfänglich. Nach Dilthey ergreifen also die Lesenden nur Geschehnisse, bei denen sie das Gefühl des tatsächlich Erlebten haben und so zugleich Einblicke in ihre eigene Seele gewinnen. Durch diese hermeneutisch verfahrende Anmutungs- und Verstehungstheorie beschränkte er nicht nur den schöpferischen Prozeß, sondern auch die Rezeption eines literarischen Werks weitgehend auf den erlebnismäßigen Vorgang, im Du das Ich zu entdecken. Dazu paßt, daß sich Dilthey besonders intensiv für Briefe und autobiographische Schriften interessierte. Was ihn letztlich anzog, war weniger das ästhetisch Geformte als der ewig pulsierende Lebensstrom. Auf diese Weise kam er zu der folgenreichen Behauptung, daß der Dichter – wie der Prophet oder Heilige – den Philosophen an Weltverständnis weit übertreffe, da er sich nicht nur auf die rationale Erkenntnis stütze, sondern auch die Intuition, den Enthusiasmus, ja alle Organe seines

Wesens zur Ergründung einer umfassenden Weltanschauung heranziehe. Welche Konsequenzen sich aus dieser Psychologisierung der bisherigen Verstehensweisen ergeben würden, war leicht vorherzusehen. Indem Dilthey den sich im Ergriffensein von Gefühlsimpulsen manifestierenden ‹Geist› zur höchsten Instanz erhob, verlor die vom Bewußtsein unabhängige Wirklichkeit mehr und mehr an Gewicht. Daß damit der subjektive Faktor zusehends an Bedeutung gewann, war unausbleiblich. Dem entspricht, daß er das Interpretieren wiederholt als etwas höchst Persönliches hinstellte, welches nur einer geistigen Elite zugänglich sei. Wie bei Henri Bergson und Edmund Husserl wurde so die geistige Wesensschau zur entscheidenden Erkenntnisform erhoben, während die mühsam geleistete Arbeit der Positivisten dem Verdikt verfiel, der Kleinkram philologischer Mosaizisten oder biographistischer Kausalitätspedanten zu sein. Etwas schärfer formuliert, läßt sich darin auch der geistaristokratische Anspruch eines Bildungsbürgertums sehen, das jedes materialistische Bedingtheitsdenken schroff von sich wies, um nicht in seiner ‹machtgeschützten Innerlichkeit› irritiert zu werden.

Und zwar lassen sich diese meist als ‹lebensphilosophisch› umschriebenen Aspekte in allen drei Phasen von Diltheys Schaffen beobachten. Während ihm in der Gründerzeit die großangelegte Biographie als die höchste Form der Geschichtsschreibung erschienen war, neigte er in den späten achtziger und neunziger Jahren immer stärker zu einer Deutung intensiv erfühlter Erlebniskomplexe, die von den jeweiligen Lesern kongenial nachempfunden werden sollten. Um 1900 schloß sich dagegen auch Dilthey der allgemeinen Wende zu überindividuellen Strukturen und philosophisch definierten Einheitsvorstellungen im Rahmen neuidealistischer Systematisierungsversuche an. Jetzt drängte er darauf, alle menschlichen Lebensäußerungen, so unterschiedlich sie auch sein mögen, in einem umfassenden kulturphilosophischen Stufensystem symbolischer Ausdrucksformen unterzubringen. Wie den Romantikern schwebte ihm dabei das Ideal einer geistigen Komprimierung aller kulturellen, religiösen und politischen Phänomene einer bestimmten Epoche zu begrifflich klar konturierten Einheitskomplexen vor, aus denen er ‹Denkbilder› synthetisch-integrierter ‹Ganzheiten› abzuleiten versuchte. Im Gegensatz zum positivistischen Atomismus der voraufgegangenen Jahrzehnte wollte Dilthey, je älter er wurde, zu weltanschaulichen Typologien und kulturmorphologischen Einheitsvorstellungen vordringen, die er – trotz seiner psychologisch orientierten Blickrichtung – aus neuidealistischen Grundkategorien abzuleiten versuchte. Und so landete er schließlich bei einer Strukturpsychologie, die aus dem seelisch Erlebten immer stärker ins geistig Erschlossene tendierte.

Im Rahmen der von Dilthey beeinflußten Germanistik herrschte darum meist ein Autonomiedenken, das sich im Bereich geistbetonter Typologien bewegte und empirischen Kriterien wie Geschichte oder Gesellschaft nicht viel Beachtung schenkte. Auch hier stößt man häufig auf Vokabeln wie ‹Wesen›, ‹Essenz›, ‹Kulturdynamik› oder ‹ideelle Struktur›, in denen sich ein lebensphilosophisch-neuidealistischer Hang zum Konstruierten bemerkbar macht, der sich nur noch für die geistige Grundtendenz eines bestimmten Zeitabschnitts, Werks oder Dichters interessiert. Demzufolge landeten viele Vertreter dieser Richtung bei einer geistigen ‹Wesensschau›, die sich zwar bemühte, ins Universale auszugreifen, aber in ihrer Weltlosigkeit eher an den phänomenologisch orientierten Neukantianismus um 1900 als an den menschheitsbezogenen Universalismus eines Herder oder Hegel erinnert. Trotz schlagwortartiger Überhöhungen wie ‹Grundsubstanz›, ‹Daseinsmächtigkeit› oder ‹Weltbegriff›, in denen sich eine geistige Ausweitung in alle Sphären von Zeit und Raum anzudeuten scheint, herrscht deshalb in den Schriften der Geisteswissenschaftler dieser Jahre oft eine seltsame Leere. Gerade indem sie unentwegt nach dem Höchsten strebten, verfehlten sie häufig die von ihnen angestrebte ‹Totalität›. Aufgrund dieser geistigen Transzendierung des Geschichtlichen trat so an die Stelle einer philosophischen Durchdringung des jeweils Vorgegebenen zum Teil eine Sehweise, die unter Geist weniger etwas Vernunftgeklärtes als ein lebensphilosophisch mystifiziertes ‹Wesen› verstand.

Dafür zwei Beispiele. Der Germanist, der sich nach 1900 wohl am nachdrücklichsten auf Dilthey berief, das heißt die positivistische Methodologie Scherers und seiner Schule durch eine stärkere Berücksichtigung weltanschaulich-philosophischer Konzepte zu verdrängen suchte, war Rudolf Unger. Das Programm dazu lieferte er in seiner Schrift *Philosophische Probleme der neueren Literaturwissenschaft* (1908). In ihr gab er zwar zu, daß die Germanistik erst durch die strenge Vorgehensweise eines Lachmann und Scherer zu einer ernstzunehmenden Wissenschaft geworden sei, was vor allem für den Bereich der Textkritik, der Quellen-, Motiv- und Typenforschung sowie der Entstehungsgeschichte einzelner Werke gelte, aber als «philologistische» Methode vor den «tieferen und schwierigen Problemen der Literaturwissenschaft im Grunde versagt» habe.[19] Um dieses Manko wettzumachen, setzte er sich für eine geschichtsphilosophische Betrachtungsweise ein, welche die Abfolge verschiedener Literaturauffassungen als ein Nacheinander unterschiedlicher Weltanschauungen zu interpretieren versuchte, um so zu jenen Grundstrukturen des menschlichen Geistes vorzustoßen, aus denen sich ein System ethischer Werte entwickeln lasse. Wie Unger sich eine solche Literaturwissenschaft vorstellte, belegt sein Buch *Hamann und die Aufklärung* (1911), in dem alles Empirische so stark von ideologischen Bewußtseinsprozessen überdeckt wird, daß von den tatsächlichen Ereignissen nur geistige Impulse, Gärungen, Ströme, Siege oder Niederlagen übrigbleiben.

Ähnliche Vorstöße ins Geistesgeschichtliche unternahm der junge Friedrich Gundolf, der gleichfalls von Dilthey herkam, sich aber ebensostark von Nietzsche und Stefan George beeinflussen ließ. Auch ihm ging es bei der Interpretation von Literatur in erster Linie um die Lebensauffassung und Weltsicht des dahinterstehenden Dichters. Das beweist am eindringlichsten seine monumentalisierende Goethe-Monographie von 1916, in der die positivistisch nachweisbare Bedingtheit aller künstlerischen Äußerungen noch stärker als bei Unger zugunsten einer geistigen Substanzvorstellung in den Hintergrund tritt. In diesem Buch gibt es weder ein Vorher noch ein Nachher, sondern nur eine zu literarischer Form geronnene Wesenheit, genannt Goethe, deren Leben sich im Werk verkörperte. Während die gewöhnlichen Menschen, die Massenmenschen, wie es mehrfach heißt, in ihren Meinungen, Eigenschaften und Beschäftigungen von außen bedingt seien, erhebe sich das künstlerische Genie, dessen Dasein im Zeichen eines unerklärlichen Daimon stehe, über die Niedrigkeit positivistisch erfaßbarer Tatsächlichkeiten in den Bereich des Ewigen, Überzeitlichen, ja fast Mythischen und sei daher – in seinen Ur-Erlebnissen – mit geschichtlichen Kriterien überhaupt nicht zu fassen. Demzufolge lasse sich Goethe nicht als Mensch im gewöhnlichen Sinn, sondern nur als Reinkarnation einer der Ur-Ideen der Menschheit, nämlich der Ur-Idee der Kultur, verstehen.

Mit Ungers *Hamann und die Aufklärung* sowie Gundolfs *Goethe*, denen sich noch Fritz Strichs *Die Mythologie in der deutschen Literatur von Klopstock bis Wagner* (1910) und Ernst Bertrams *Nietzsche. Versuch einer Mythologie* (1918) zur Seite stellen ließen, erreichte die Geistesgeschichte ihren ersten Höhepunkt. Doch bevor die weitere Ausbreitung dieser Richtung behandelt werden soll, die sich weitgehend während der zwanziger Jahre abspielte, muß erst auf jene formtypologische Sehweise eingegangen werden, die sich im Zuge des neuidealistischen Methodenpluralismus ebenfalls um die Jahrhundertwende entwickelte und mit der geistesgeschichtlichen Sehweise zum Teil wirkungsmächtige Synthesen einging. Auch die Form- und Stilanalyse, die neben der Geistesgeschichte den zweiten großangelegten Versuch darstellte, die wahllos aufgehäuften Stoffmassen des Positivismus in ein gewisses System zu bringen, ging von Ganzheiten, besonders ‹Stil› und ‹Epoche›, aus, mit denen sie sich – im Sinne eines ästhetischen Autonomieverlangens – von allen zeit- und sozialgeschichtlichen Akzidentien freizumachen versuchte. Wichtige Impulse kamen hierbei von Kunsthistorikern, erst von Alois Riegl, der in seinem Buch *Stilfragen* (1893) dem positivistischem ‹Kunstmaterialismus› Gottfried Sempers das idealistische ‹Kunstwollen› als das oberste Leitziel aller künstlerischen Erfindungen entgegenstellte, und dann von Heinrich Wölfflin, der schon in seinen frühen Schriften, aber noch stärker in seinen *Kunstgeschichtlichen Grundbegriffen* (1915) alles Biographische und Individuelle zugunsten einer autonom gesetzten Stilauffassung entfernte. Das Ziel seiner Betrachtungsweise war eine ‹Kunstgeschichte ohne Namen›, die auf einer systematischen Reduzierung der gesamten europäischen Kunst auf ästhetische Grundkategorien wie die des Malerischen und Linearen, des Flächenhaften und Tiefenhaften sowie der vielheitlichen Einheit und einheitlichen Vielfalt beruhte, aus denen er periodisch wiederkehrende Formen des künstlerischen Ausdrucksverlangens abzuleiten versuchte, ohne dabei auf die dahinterstehenden politischen, sozialen und kulturellen Bedingungen einzugehen.

Auf die Methodik der Germanistik wirkte sich das folgendermaßen aus. Angeregt durch die Schriften Riegls und Wölfflins sowie die in dem Jahrzehnt vor dem Ersten Weltkrieg erscheinenden kunstphilosophischen Arbeiten Max Dessoirs, Johannes Volkelts, Hermann Nohls und Eduard Sprangers läßt sich auch hier eine Neigung zu klar umrissenen Stiltypologien beobachten. Dementsprechend interpretierten manche Germanisten die gesamte Literaturgeschichte plötzlich entweder als eine periodische Wiederkehr realistischer und manieristischer, klassischer und romantischer sowie offener und geschlossener Stile oder als eine lückenlose Folge von Stilen wie Gotik, Renaissance, Barock, Rokoko, Klassik, Romantik, Biedermeier, Realismus, Naturalismus und Impressionismus. Statt bei solchen Periodisierungsbemühungen von historisch nachweisbaren Epochen auszugehen und damit den formtypologisch definierten Stilkategorien eine materialistische Grundierung zu geben, begnügten sich die Vertreter dieser Richtung entweder mit rein stilanalytischen Untersuchungen, die lediglich die formalen Kriterien eines bestimmten Stils auf einen gemeinsamen Nenner zu bringen versuchten, oder gingen dazu über, einen von der Kunstgeschichte aufgestellten Epochenbegriff, etwa den Begriff Gotik, auf geistesgeschichtliche Weise in den Bereich einer philosophisch-psychologischen Betrachtungsweise zu erheben und von gotischer Weltanschauung oder vom gotischen Menschen zu sprechen, um so eine neue Grundform menschlicher Lebens- und Welterfahrung herauszuarbeiten.

Von wegweisender Bedeutung war dabei die Schrift *Wechselseitige Erhellung der Künste. Ein Beitrag zur Würdigung kunstgeschichtlicher Begriffe* (1917) von Oskar Walzel, in der die Wölfflinschen Stilkategorien, welche dieser vor allem aus dem Gegensatz der Kunst der Renaissance und des Barocks abgeleitet hatte, auch auf die Dichtung des 16. und 17. Jahrhunderts übertragen werden. Ähnliches unternahm Fritz Strich in seinem Aufsatz *Der lyrische Stil des 17. Jahrhunderts*, der 1916 in der Muncker-Festschrift erschien, wo er – im Gegensatz zum linearen Meistergesang um 1500 – die farbig-asyndetische Worthäufung nach 1620 als spezifisch ‹barock› charakterisierte. Fast noch folgenreicher war, daß sich die Anhänger dieser Sehweise bemühten, die Wölfflinschen Grundbegriffe auch auf den Gegensatz von Klassik und Romantik anzuwenden. Beispielhaft dafür ist der 1918 in der Zeitschrift *Wissen und Leben* publizierte Aufsatz Theophil Spoerris *Vom Wesen des Romantischen*, der sich vornehmlich auf Begriffspaare wie Begrenzung und Auflösung, Gliederung und Verschmelzung sowie Bindung und Lösung stützte. Andere bevorzugten auf diesem Gebiet eher Kontraste wie Stetigkeit und Sprunghaftigkeit, Geradlinigkeit und Verschränkung, absolute und relative Klarheit sowie pointierte und zerfließende Breite. Im Laufe der Jahre kam es bei solchen Vergleichen zu einer wahren Typisierungssucht, bei der man die geistesgeschichtlichen Kriterien Diltheys mit den formtypologischen Kategorien Wölfflins zu weitgespannten Synthesen zu verschmelzen suchte. Die entscheidenden Arbeiten auf diesem Gebiet erschienen jedoch erst in den frühen zwanziger Jahren und bleiben darum einer Charakterisierung der Germanistik der Weimarer Republik vorbehalten.

Im Hinblick auf die Jahrhundertwende und die Zeit des Ersten Weltkriegs muß dagegen noch jene neuromantische und nationalistische Germanistik behandelt werden, die sich als dritte Hauptströmung innerhalb der neuidealistischen Überwindung des Positivismus verstand. Im Gegensatz zu den geistesgeschichtlichen Bemühungen, wo die Führung mehr bei den Philosophen lag, und den formtypologischen Untersuchungen, die weitgehend von der Kunstgeschichte beeinflußt wurden, spielte auf diesem Sektor die Germanistik die aktivste Rolle, da sich manche ihrer Vertreter am stärksten für die nationalen Traditionen der deutschen Kultur verantwortlich fühlten. Der treibende Impuls war hierbei meist das forcierte Ringen um eine innere Auffüllung der fassadenhaften Struktur des wilhelminischen Reichs, dessen offizielle Kulturpolitik immer noch im Zeichen des gründerzeitlichen Hurrapatriotismus stand und daher all jene, die aufgrund des politischen und ökonomischen Aufschwungs auch einen kulturellen Aufschwung erwartet hatten, zutiefst unbefriedigt ließ. Auf diese Weise kam es innerhalb dieser Schicht zu einem Kulturverlangen, das sich an allem orientierte, was den Eindruck des Ewig-Romantischen, Stammlich-Heimatlichen oder Rassisch-Germanischen erweckte.

Auf dem Gebiet der neuromantischen Literaturwissenschaft trugen vor allem die Romantik-Bücher von Ricarda Huch (1899–1902) und Oskar Walzel (1908), die Novalis-Studie Wilhelm Diltheys in *Das Erlebnis und die Dichtung* (1905) sowie der Band *Die deutsche Romantik und die Landschaftsmalerei* (1912) von Hugo von Kleinmayr zur merklichen Belebung eines deutsch-bewußten Kulturwillens bei. Eine ähnliche Wirkung ging von den Autoren des Eugen Diederichs Verlags aus, bei denen sich nach 1900 eine deutliche Nationalisierung der lebensphilosophisch orientierten Neuromantik beobachten läßt. Hinter dem Begriff des Romantischen tauchte hier zusehends der Oberbegriff des Deutschen auf, der – in scharfer Ablehnung der ‹westlichen Zivilisation› des Großstädtischen, Technischen und Liberalen – mit allen Attributen einer deutschbewußten Innerlichkeit sowie eines angeblich ebenso deutschen Drangs ins Metaphysische ausgestattet wurde. Ein typischer Vertreter dieser Richtung war Richard Benz, der in seiner

Zeitschrift *Blätter für deutsche Art und Kunst* (1915–16) die Gotik und die Romantik als die beiden ‹deutschesten› Epochen bezeichnete, da sie in ihrem religiös gefärbten Irrationalismus zu einer geistigen Wesensschau tendierten, in welcher sich die deutsche Volksseele am reinsten verkörpere.

Für die stammlich-heimatbetonte Richtung innerhalb dieser nationalistisch gestimmten Germanistik vor dem Ersten Weltkrieg, die mit den damals weitverbreiteten Heimatkunsttendenzen korrespondierte, werden als die beiden Hauptrepräsentanten meist August Sauer und Josef Nadler angeführt. Sauer, der als Schüler Scherers 1886 auf den Lehrstuhl für Deutsche Philologie in Prag berufen wurde, wandte sich schon in den neunziger Jahren allmählich vom Positivismus ab und bekannte sich schließlich nach 1900 immer stärker zu einer Literaturgeschichte ‹von unten›, deren Grundlage die deutschen Landschaften und Stämme sein sollten. Das deutsche Wesen beruhte für ihn vornehmlich auf dem «Einfachen, Primitiven, Gesunden», das sich im Laufe der Jahrhunderte immer wieder gegen von außen kommende Phänomene wie «Hyperkultur, Ästhetentum, Spekulation, Künstelei, Spielerei und Virtuosentum» zur Wehr gesetzt habe, wie er 1907 in seiner damals vieldiskutierten Prager Rektoratsrede erklärte.[20] Nur wer solche Reaktionen unterstütze, behauptete er, werde auch in Zukunft zur Stärkung der deutschen Volksseele beitragen. Deshalb forderte Sauer alle Germanisten auf, sich stärker als bisher in den Dienst einer «stammheitlichen Volkskunde» zu stellen.

Am entschiedensten folgte ihm darin sein Schüler Josef Nadler, der die deutsche Literatur aus sämtlichen internationalen Verflechtungen herauslöste und das Stammliche zum alleinigen Merkmal nationaler Wesensart erhob. Schon in den beiden ersten Bänden seiner *Literaturgeschichte der deutschen Stämme und Landschaften*, die 1912 bzw. 1913 herauskamen, bemühte er sich, alle ästhetischen Wertkriterien mit pseudopsychologischen und geoliterarischen Argumenten zu untermauern. Wie bei Sauer werden hier der Gefahr der ausländischen Überfremdung immer wieder die stammlichen, sippenhaften und heimatlichen Erbanlagen, kurz: die Kräfte aus «Blut und Erde» entgegengesetzt.[21] Um bei aller Konstanz des Ererbten auch der historischen Entwicklung gerecht zu werden, teilte Nadler die deutschen Stämme in germanische Altstämme (Alemannen, Bayern, Franken, Schwaben, Thüringer) und aus der Vermischung mit den Slawen entstandene Neustämme (Sachsen, Schlesier, Brandenburger) ein. Bei der Charakterisierung einzelner Dichter glaubte er manchmal, als Stammeskundler bereits alles gesagt zu haben, wenn er Wolfram von Eschenbach und Jean Paul als Franken und Schiller als Schwaben charakterisierte. Ebenso problematisch war sein Versuch, die Romantik als die höchste geistige Leistung der ostdeutschen Neustämme zu feiern. Doch trotz dieser Entgleisungen ins Völkische tendierte Nadler vor dem Ersten Weltkrieg noch nicht ins eindeutig Rassistische, sondern blieb bei der Anwendung solcher Kriterien weitgehend im Rahmen einer nationalistisch orientierten Geistesgeschichte befangen, der noch immer idealistisch verschwommene Konzepte wie Wesenheit, Essenz und Dynamik zugrunde lagen.

Die Rassisten gingen dagegen bei ihrer Literaturbetrachtung allein von blutsmäßigen Kriterien aus. Für sie gab es keine geistigen oder seelischen Dispositionen, sondern nur das arische Blut. Dementsprechend teilte ein damals recht erfolgreicher Literaturhistoriker wie Adolf Bartels die deutschen Dichter mit eindeutig präfaschistischer Tendenz lediglich in Deutsche und Juden ein. Ebenso schematisch verfuhren jene von ariosophischen Konzepten besessenen Rassenfanatiker, die sich auf die Schriften von Arthur de Gobineau und Houston Stewart Chamberlain beriefen, das heißt nur die ‹Edelrasse› der Arier als kulturschöpferisch hinstellten, während sie alle anderen Rassen als kulturell und damit auch literarisch minderwertig abkanzelten. Dafür sprechen unter anderem Bücher wie *Die Germanen und die Renaissance in Italien* (1905) von Ludwig Woltmann, *Vom aufsteigenden Leben* (1910) von Willibald Hentschel und *Die Überlegenheit der germanischen Rasse* (1915) von Ludwig Wilser, die stets auf die These hinauslaufen, daß der germanischen Rasse wegen ihrer kulturellen Überlegenheit nicht nur die geistige, sondern auch die politische Weltherrschaft zustehe.

Soviel zu den fünf Hauptreaktionen gegen den Positivismus zwischen 1895 und 1918, die sich an geistesgeschichtlichen, formtypologischen, neuromantischen-nationalistischen, heimatlich-stammlichen und arisch-rassistischen Konzepten orientierten. Auf den ersten Blick wirken diese Strömungen recht unterschiedlich. Was sie allerdings verbindet, ist die unübersehbare Sehnsucht nach einem neuen Gemeinsinn, die sich jedoch nicht mehr demokratisch, sondern nur noch als unklarer Drang nach neuen Ganzheiten geistiger, stilistischer, neuromantischer, regionalistischer und völkischer Art äußert. Angesichts der rapiden Industrialisierung und Kommerzialisierung während der zweiten Phase des wilhelminischen Reichs, in der eine wirtschaftliche Hochkonjunktur ersten Ranges herrschte, fühlten sich die Vertreter dieser Richtungen ideologisch zusehends an den Rand gedrängt, wußten aber ihrem Verlangen nach Höherem – aufgrund ihrer bildungsbürgerlichen Weltfremdheit und ihres Eingebundenseins in ein deutschkundliches Fach wie die Germanistik – keine andere Form zu geben, als sich auf Begriffe wie Wesen, Stil, Tradition, Heimat oder Rasse zu berufen. Genau besehen, manifestierten sich in diesen Schlagwörtern die Sehnsüchte jener Professoren, die sich zwar nicht mehr wie in den Jahren 1813 und 1848 als Anwälte demokratischer oder nationalliberaler Gesinnungen fühlten, sondern sich inzwischen mit der Erfüllung ihrer nationalen Erwartungen im wilhelminischen Reich abgefunden hatten, aber immer noch hofften, daß die Germanistik – aufgrund ihrer engen Bindung an den deutschen Nationalismus – weiterhin eine ideologisch wertesetzende Führungswissenschaft bleiben würde.

Noch stärker als auf methodologischer Ebene kamen diese Wünsche und Ansprüche auf den schulpädagogischen Tagungen der germanistischen Berufsorganisationen dieses Zeitraums zur Sprache, wo sich die gleiche Diskrepanz zwischen weltanschaulichem Anspruch und gesellschaftlicher Randständigkeit beobachten läßt. Aufgrund dieses Widerspruchs kam es ständig zu programmatischen Erklärungen, in denen sich ein höchst konkretes, aber unklar formuliertes Unbehagen an der ideologischen Abseitslage dieses Fachs äußerte. Um ihre Standeskompetenz zu vergrößern, begrüßten daher viele Germanisten und Schulmänner alle Verordnungen Kaiser Wilhelms II., die nationalen Aspekte der Erziehung zu verstärken und an die Stelle des Studiums lateinischer Texte den deutschen Aufsatz in den Mittelpunkt der Gymnasialbildung zu rücken. Diese Erlasse, welche dazu führten, daß der Deutschunterricht ab 1891 an den Gymnasien um fünf Wochenstunden aufgestockt wurde, fanden ihre eifrigsten Befürworter in den Herausgebern der *Zeitschrift für den deutschen Unterricht*, die sich nachdrücklich dafür einsetzten, den Literaturunterricht an den Oberschulen in eine Erziehung zu ‹vaterländischer› Gesinnung umzuwandeln, das heißt auch die Lektüre und Interpretation der Weimarer Klassiker zur Stärkung des Nationalstolzes der sie lesenden

Schüler zu benutzen und sie somit gegen den ‹gemeingefährlichen› Ungeist der Sozialdemokraten und anderer ‹vaterlandsloser Gesellen› aufzuputschen.

Vor allem in dem letzten Jahrfünft vor dem Ersten Weltkrieg ging diese Tendenz immer stärker ins Chauvinistische über. So rief etwa der Marburger Ordinarius Ernst Elster, der sich in den späten achtziger Jahren als positivistisch arbeitender Herausgeber der Werke Heinrich Heines einen Namen gemacht hatte, auf dem 1909 in Graz stattfindenden deutschen Philologentag die dort versammelten Germanisten und Schulmänner auf, sich in Lehre und Forschung stärker als bisher, das heißt «recht klar und freudig», zu «unserer deutschen Art» zu bekennen.[22] Auf der gleichen Linie lagen die ideologischen Ziele des Deutschen Germanistenverbandes (DGV), dessen Gründung vor allem von dem Frankfurter Oberlehrer Johann Georg Sprengel betrieben wurde, der neben der Pflege des literarischen Erbes zugleich die Stärkung des nationalen Selbstbewußtseins als das Hauptanliegen aller schulreformerischen Bemühungen hinstellte. Das Gründungskomitee dieses Verbandes wandte sich daher im Jahr 1912 in einem Aufruf, der von führenden Universitätsgermanisten wie Ernst Elster, Karl Helm, Friedrich Kluge, Friedrich von der Leyen, Harry Maync, Jacob Minor, Friedrich Panzer, Julius Petersen, August Sauer, Franz Schultz und Theodor Siebs unterzeichnet wurde, an alle Germanisten, nachdrücklich dafür einzutreten, daß der «Unterricht des Deutschen an unseren höheren Schulen» endlich jene zentrale Bedeutsamkeit erhalte, die ihm «in Rücksicht auf Volkstum und Erziehung» zukomme.[23] Sprengel formulierte diese Ziele auf der ersten Versammlung des DGV, die Ende 1912 in Frankfurt stattfand, noch unmißverständlicher, indem er sagte: «Nicht das Bedürfnis, die germanistische Forschung anzuregen, zu verbessern, hat den Anlaß zu unserem Unternehmen gegeben, auch nicht etwa das bloße Verlangen nach einem Fachverein; vielmehr die Erkenntnis einer unvollkommenen und matten Wechselwirkung unserer völkischen Kulturwerte und der sie ergründenden, vermittelnden Deutschwissenschaft mit dem allgemeinen deutschen Geistesleben. Denn jede Kultur im höheren Sinne muß nationale Kultur sein; nur aus den Eigenkräften quillt geheimnisvoll Streben, Größe und Glück einer Nation, wie nur das eingeborene Blut über Wert und Unwert eines Menschen entscheidet – es gibt kein Mittel, ihm statt des eigenen fremdes in die Adern zu flößen.»[24] Und fast niemand opponierte gegen solche Thesen. Im Gegenteil, die meisten Germanisten sahen zu diesem Zeitpunkt im DGV einen Kampfbund für völkisch-nationale Geistesbildung, dessen Hauptabsicht darin bestehen müsse, deutschbetonte Ideale aufzurichten, die es wert seien, «daß man um ihretwillen lebte und stürbe».[25]

Im Jahr 1913, anläßlich der Jahrhundertfeier der Völkerschlacht bei Leipzig, die auf allen Gebieten eine Hochflut nationaler Ergüsse auslöste, wurden auf dem Marburger Germanistentag die volksbewußten Töne sogar noch schriller. Friedrich Kluge verwarf hier noch einmal den Lateinunterricht als unzeitgemäß und stellte die deutsche Sprache wegen ihrer wesentlich kraftvolleren Ausdrucksweise als die alleinige, durch nichts zu ersetzende Grundlage der gymnasialen Bildung hin. Durch sie, erklärte er, sei Deutschland im 19. Jahrhundert zu einem nationalen Einheitsstaat geworden, und durch sie, fuhr er fort, werde der deutsche Geist eines Tages die Weltherrschaft antreten. Kluge rief daher alle Germanisten auf, zu einer Reinigung der deutschen Muttersprache beizutragen und keine Fremdwörter mehr zu dulden, da Sprachverfall zugleich Kulturverfall bedeute. Doch nicht nur er, auch andere Germanisten zogen in Marburg scharf gegen die Tendenz zu Felde, an den Gymnasien weiterhin junge Griechen und Römer statt junge Deutsche heranzubilden. Fast alle setzten sich für deutschvölkische Erziehungsideale ein, die dazu beitragen sollten, der innenpolitischen Aufspaltung in mehrere, sich scharf befehdende Parteien entgegenzuwirken und in außenpolitischer Hinsicht das Zusammengehörigkeitsgefühl der Deutschösterreicher, Deutschniederländer, Deutschbelgier und Deutschschweizer mit den im Zweiten Kaiserreich lebenden Deutschen zu stärken.

Auf der Grundlage einer so geschlossenen Ideologieformation konnte es nicht ausbleiben, daß die gleichen Germanisten – trotz ihrer methodologischen Differenzen – in den ersten Augusttagen des Jahres 1914 den vom Kaiser mit der Parole «Ich kenne keine Parteien mehr, ich kenne nur noch Deutsche» verkündeten Krieg begeistert begrüßten und gelobten, sich voll und ganz in den Dienst der nationalen Sache zu stellen. In diesem Krieg sahen viele Germanisten die seit langem herbeigesehnte Chance einer Stärkung des nationalen Selbstbewußtseins – und damit auch der Stärkung ihrer eigenen Rolle als Gralshüter deutscher Sprache und Literatur. Sie wurden deshalb nicht müde, die Schlachten in Frankreich als reinigende Stahlbäder hinzustellen, in denen das weitgehend zersplitterte deutsche Volk wieder seine ursprüngliche Geschlossenheit zurückgewinne. Aus diesem Grund priesen 1914-15 fast alle Germanisten den preußisch-deutschen Militarismus als eine der edelsten Formen des deutschen Geistes und zeigten sich in einer *Erklärung der Hochschullehrer des Deutschen Reiches* empört darüber, daß die Feinde Deutschlands zwischen «dem Geiste der deutschen Wissenschaft und dem, was sie den preußischen Militarismus nennen», einen unüberbrückbaren Gegensatz sähen. Solchen Anschauungen setzten sie die These entgegen: «Im deutschen Heere ist kein anderer Geist als in dem deutschen Volke, denn beide sind eins, und wir gehören auch dazu.» [26] Als besonders militante Sprecher dieser völkischen Erneuerungsbewegung machten zu diesem Zeitpunkt Germanisten wie Konrad Burdach, Alfred Götze, Walther Hofstaetter, Friedrich Kluge, Gustav Neckel, Friedrich Panzer, Robert Petsch, Gustav Roethe, Johann Georg Sprengel, Richard Weißenfels und Philipp Witkop auf sich aufmerksam, die immer wieder forderten, die Sprach- und Literaturgeschichte durch eine verstärkte Einbeziehung völkischer Elemente in eine Deutschwissenschaft umzuwandeln, um so zur Stärkung des nationalen Selbstbewußtseins beizutragen und endlich all jenen vaterlandslosen Sozialdemokraten, liberalen Kritikastern und journalistischen Befürwortern eines welschen Tingeltangels, die sich als Parasiten im deutschen Volkskörper eingenistet hätten, den Garaus zu machen.

Bei der sozialen und weltanschaulichen Homogenität der Germanistenschaft dieser Jahre waren solche Reaktionen, unter denen sich fast keine pazifistisch gestimmten finden, nicht verwunderlich. Diese Schicht unterstützte in geschlossener Front den vom Kaiser verkündeten Kampf um einen erweiterten ‹Platz an der Sonne› und zog zur Rechtfertigung solcher Bestrebungen, wie oft gezeigt worden ist, neben kulturmissionarischen sogar chauvinistische und rassistische Argumente zu Hilfe. Dennoch wäre es kurzschlüssig, eine solche Haltung nur als ideologische Verblendung oder nackten Imperialismus anzuprangern. Zugegeben, das war sie auch, aber sie ging letztlich darüber hinaus. Überall dort, wo diese Germanisten von deutscher Volkswerdung, das heißt einer durchgreifenden Überwindung der Eigensucht zugunsten eines größeren Ganzen, sprachen, kam darin zugleich ein deutliches, wenn auch ideologisch zumeist mißverstandenes Unbehagen an den durch den wirtschaftlichen Aufschwung Deutschlands zur zweitstärksten Industriemacht der Welt bewirkten sozialen Entfremdungserscheinungen zum Ausdruck, welche sich sogar im Universitätsalltag als zunehmende Bürokratisierung, verschärfte Konkurrenz und damit wechselseitige Mißgunst äußerten.

Das zeigt sich besonders deutlich dort, wo sich diese Germanisten nach Kriegsbeginn in ihren Schriften im Zeichen ‹deutscher Kultur› gegen die Entartungen der ‹westlichen Zivilisation› wandten. Als ihren Hauptgegner empfanden sie zu diesem Zeitpunkt nicht mehr das seit 1812 verteufelte Frankreich, sondern England, das Land der Händler, wie es Werner Sombart 1915 nannte, das sich in seiner Politik lediglich von Geschäftsinteressen leiten lasse. Wenn sie darum den Krieg als ‹Erlösung›, ja als ‹völkische Revolution› begrüßten, taten sie das nicht nur aus chauvinistischen Gründen, sondern auch aus Affekt gegen die rapide um sich greifende Industrialisierung und Verstädterung, als den beiden Haupterscheinungsformen einer verschärften Durchsetzung kapitalistischer Wirtschaftsstrukturen. Allerdings waren die meisten Germanisten aufgrund ihrer bürgerlichen Klassenideologie noch unfähig, ihre gefühlsmäßigen Aversionen als antikapitalistisch zu begreifen. Was ihnen vorschwebte, war eine Lösung der politischen, wirtschaftlichen und gesellschaftlichen Probleme im Sinne eines deutschbewußten Konservatismus, den sie mit dem Anspruch eines nationalen Gemeingeists ins Idealistische zu überhöhen versuchten. Und damit fielen sie immer stärker jenen Illusionen zum Opfer, welche die Taktiker unter den Deutschnationalen und dann den Nationalsozialisten höchst geschickt für ihre Zwecke auszuschlachten verstanden.

Während der Weimarer Republik ──

Nach dem vorher Gesagten nimmt es nicht wunder, daß die Abdankung des Kaisers und das Ende des Ersten Weltkriegs, die im November 1918 zur Ausrufung der Republik führten, auf die Germanistik nur einen geringen Einfluß ausübten. Da sich 1919, nach der Verabschiedung der neuen Verfassung durch die Weimarer Nationalversammlung, an den Universitäten weder institutionell noch personell etwas änderte, das heißt die wilhelminischen Vertreter dieser Disziplin ohne irgendwelche ideologischen Auflagen weiterlehren konnten, blieb auch der Geist dieser Berufsgruppe weitgehend derselbe. Ja, im Laufe der nächsten Jahre, als sich einige Germanisten durch den wachsenden Einfluß der Linksparteien sowie der als ‹amerikanisch› empfundenen Massenmedien in ihrer Rolle als Repräsentanten einer nationalen Führungswissenschaft vorübergehend verunsichert fühlten, wurde der Korpsgeist dieser Disziplin eher reaktionärer als progressiver.

Vor allem in Berlin, wo sich die politische und kulturelle Umorientierung besonders deutlich manifestierte, sperrten sich Germanisten wie Andreas Heusler, Arthur Hübner, Julius Petersen und Gustav Roethe gegen jeden Einbruch ‹republikanischer› Vorstellungen und konnten dabei mit einer breiten Zustimmung unter den weitgehend deutschnational, völkisch-soldatisch oder altpreußisch-monarchistisch gesinnten Studenten rechnen. Von der Revolution der ‹Sozis› distanzierten sich hier fast alle. Hübner betätigte sich 1918–19 als deutschnationaler Diskussionsredner im Berliner Norden, Roethe blieb bei seinem vaterländischen Phrasenschwall sowie seiner autoritären Frauenverachtung, ließ also weiterhin keine Studentinnen zu seinen Seminaren zu, und Petersen war empört, wie sich einer Notiz vom 15. November 1922 aus den Tagebüchern von Harry Graf Kessler entnehmen läßt, als er hörte, daß in den ‹ehrwürdigen› Räumen der Berliner Universität – unter Anwesenheit des sozialdemokratischen Reichspräsidenten Friedrich Ebert und des sozialdemokratischen Reichstagspräsidenten Paul Löbe – eine Gerhart-Hauptmann-Feier abgehalten werden sollte, die er bis zur letzten Minute zu verhindern suchte. Und auch die Studenten entschieden sich in Zweidrittelmehrheit, an dieser Feier nicht teilzunehmen, «weil Hauptmann, nachdem er sich als Republikaner bekannt habe, nicht mehr als charakterfester Deutscher zu betrachten sei». Und das, obwohl der neue Staat dieses Fach finanziell in jeder Weise unterstützte, ja die germanistischen Hochschullehrer aufgrund ihres akademischen Prestiges geradezu hofierte.

Es gab zwar einige Vertreter dieser Disziplin, die sich nach 1923 – wie Thomas Mann in seiner Rede *Von deutscher Republik* – als Vernunftrepublikaner vorübergehend auf den Boden der neugeschaffenen Tatsachen stellten und sich sogar zu Teilkompromissen mit dem nur widerwillig anerkannten Weimarer System bewegen ließen, indem sie auch einige als «neusachlich» geltende Gesichtspunkte in ihre Forschungsinteressen aufnahmen und die rechtsliberale Deutsche Volkspartei Gustav Stresemanns unterstützten; die Mehrheit hielt jedoch starr an ihren als idealistisch aufgefaßten deutschnationalen Vorstellungen fest und sperrte sich gegen jeden Kompromiß mit der in ihren Augen ‹schlechten Wirklichkeit› der neugeschaffenen Situation. Und zwar lassen sich hierbei im Hinblick auf die ideologische und methodologische Entwicklung drei Phasen unterscheiden: (1) die politische Turbulenzphase der Jahre 1918 bis 1923, in der sich die geistesgeschichtlichen Interpretationsverfahren – unter dem Einfluß des Expressionismus – mit strukturtypologischen und phänomenologischen Gesichtspunkten verbanden, (2) die Stabilisierungsphase zwischen 1923 und 1929, in der die Germanistik – neben geistesgeschichtlichen Sehweisen – zum Teil auch soziologische, psychoanalytische und stoffgeschichtliche Perspektiven gelten ließ oder in ihrem Sinn umzufunktionieren suchte, und (3) die neue Turbulenzphase von 1929 bis 1933, in der sie sich zusehends existentialistischen, deutschnationalen, präfaschistischen und schließlich nationalsozialistischen Tendenzen anschloß.

Wie stark in der ersten Phase – trotz mancher expressionistischen Züge – der deutschvölkische Geist der Vorkriegszeit weiterwirkte, belegen am besten die Aktivitäten des Deutschen Germanistenverbandes. Nachdem seine Mitglieder im Jahr 1919 erst einmal verbittert geschwiegen hatten, beriefen sie 1920 einen Germanistentag in Frankfurt ein, auf dem sie sich – voller Wut über die Niederlage Deutschlands im Ersten Weltkrieg – sowohl gegen den gewinngierigen Materialismus der unmittelbaren Nachkriegszeit als auch gegen alle Tendenzen ins Internationalistische wandten und sich zu einer deutschvölkischen Gesinnung bekannten, die nach den voraufgegangenen Ereignissen dringender denn je geworden sei. Vor allem Johann Georg Sprengel und Friedrich Panzer, die schon vor 1914 zu den Hauptsprechern dieses Verbands gehört hatten, sprachen sich offen gegen die aufsplitternde Parteienwirtschaft der Weimarer Republik aus und setzten sich für eine höhere, aus dem deutschen Volkstum erwachsende politische Instanz ein, für die sie zwar noch keinen Namen hatten, die aber bereits deutlich präfaschistische Züge trug. Mit tatkräftiger Unterstützung des damals noch in Frankfurt lehrenden Julius Petersen traten sie auf dieser Tagung entschieden dafür ein, den Deutschen Germanistenverband (DGV) in eine Gesellschaft für Deutsche Bildung (GfDB), also eine Vereinigung aller Deutschkundler, umzuwandeln, die sich energisch für eine ‹Erneuerung unseres Volks und Vaterlands› im Sinne deutschnationaler Ideen einsetzen sollte. Und diesem Vorschlag wurde mit überwältigender Mehrheit zugestimmt. Ohne überhaupt auf die Möglichkeit einer Wendung ins Republikbezogene einzugehen, priesen fast alle an dieser Konferenz Teilnehmenden noch einmal Diltheys Konzept der intuitiven Identifikation, das sie im Sinne einer Einfühlung in die höchsten Werte des deutschen Wesens verstanden – und verwarfen sowohl den positivistischen Historismus als auch jede andere Spielart eines materialistisch-mechanischen Denkens als ‹undeutsch›. Um diese Ziele in die Praxis umzusetzen, trat die GfDB in den folgenden Jahren energisch für die Einführung eines neuen Schultyps ein und wollte als einzige Fremdsprache nur noch das Englische, und zwar wegen seiner ‹germanischen› Herkunft, dulden, während sie das Lateinische noch stärker als bisher zurückzudrängen versuchte.

Mit der gleichen Entschiedenheit unterstützte der Verbandsvorsitzende Friedrich Panzer 1924 auf dem Berliner Germanistentag eine völkische Ausrichtung der GfDB und bekannte sich in seinem Festvortrag *Literaturwissenschaft und Deutschkunde* abermals zu Dilthey, der durch seine «geistesgeschichtlichen Zielsetzungen» den Weg «von der Individualität über den Typus zur Totalität» gebahnt habe, um so dem «inneren Gesetz der Gesamtentwicklung des deutschen Wesens auf die Spur zu kommen», statt es weiterhin dem «Mechanismus einer naturwissenschaftlichen Betrachtung» zu unterwerfen.²⁷ Es sei die Aufgabe des Tages, erklärte Panzer, die Wissenschaft von deutscher Sprache und Literatur im Sinne einer «allumfassenden Deutschkunde» in eine «Erzieherin zum Volkstum» umzuwandeln, um gegen jenen Bedeutungsschwund anzukämpfen, welchen die Germanistik durch die Niederlage der Deutschen im Weltkrieg erlitten habe, den es jetzt durch verstärkte nationalpädagogische Aktivitäten wieder wettzumachen gelte. Ja, Gustav Roethe bedauerte zur gleichen Zeit, daß der deutschen Jugend die «wundervolle Volksschule der allgemeinen Wehrpflicht» fehle und sich ein «flacher Eudämonismus» verbreite, dem sowohl die Alt- als auch die Neugermanisten mit einer Rückbesinnung auf die «Größe unseres germanischen Heldentums, die glänzende Kunst des mittelalterlichen Rittertums, den Geist der Mystik und Reformation», das «Faustische» im Werk Goethes sowie den «Rolandsgeist» Bismarcks entgegentreten müßten.²⁸

In Forschung und Lehre führte dieser gleichbleibende, wenn nicht verstärkte Drang ins Nationale entweder zu großspurigen Verklärungen des deutschen Wesens schlechthin oder zur Bevorzugung jener Perioden innerhalb der deutschen Geistesgeschichte, in denen sich das Deutschtum besonders rein, also ohne fremdvölkische Beimischungen, ausgedrückt habe. Es verwundert daher nicht, daß im Bereich dieser nationalen Ganzheitssehnsüchte, die sich weitgehend auf völkerpsychologische, kulturmorphologische oder phänomenologische Prämissen stützten, Begriffe wie ‹Ast›, ‹Geist›, ‹Schicksal›, ‹Grenzüberschreitung› oder ‹Seinsmächtigkeit›, mit denen die Geisteswissenschaftler dieser Ära bis zu den tiefsten Schichten des deutschen Wesens vorzudringen suchten, immer häufiger wurden. Um dabei nicht völlig im Chaos verschwommener Simultanvorstellungen unterzutauchen, bedienten sie sich entweder bestimmter Polaritätskonzepte, das heißt versuchten, die Fülle des historischen Materials auf zwei bis fünf menschliche Grundtypen zu reduzieren, oder bemühten sich, ‹gesetzmäßige› Periodenfolgen zu entwickeln, bei denen das spezifisch Deutsche stets den Sieg über das sogenannte Fremdbestimmte davonträgt.

Im Bereich der polaren Typologien stützten sich die dieser Richtung angehörigen Germanisten in den frühen zwanziger Jahren gern auf Nietzsches Zweiteilung in Dionysiker und Apolloniker oder Diltheys Dreiteilung in Materialisten, objektive Idealisten und subjektive Idealisten, zogen aber auch Ernst Kretzschmars Dreiteilung in Pykniker,

Leptosomen und Athletiker sowie Richard Müller-Freienfels' Fünfteilung in Sensoriker, Motoriker, Imaginative, Reflektierte und Emotionale heran. Ebenso beliebt waren in diesem Bereich die von Oswald Spengler in seinem *Untergang des Abendlandes* (1918–22) vorgeschlagene Einteilung in antik-apollonische, arabisch-magische und abendländisch-faustische Menschen oder die völkerpsychologische Gegenüberstellung von Deutschen und Franzosen, wie sie Eduard Wechsler in seinem Buch *Esprit und Geist* (1927) vornahm. Besonders Oskar Walzel tat sich auf diesem Gebiet hervor, der 1922 in seinem Sammelband *Vom Geistesleben alter und neuer Zeit* zwischen einem gotisch-deutschen und einem goethisch-deutschen Menschen unterschied, während er sich 1924 in *Gehalt und Gestalt* wieder stärker an Dilthey anlehnte und von einem antik-renaissancehaften, germanisch-gotischen und organisch-deutschen Dichtertyp sprach.

Das unausbleibliche Gegenstück zu diesen Typologisierungsbemühungen war die gesetzmäßige Periodisierung der gesamten deutschen Literaturgeschichte, welcher die Geisteswissenschaftler dieser Ära eine konsequente Folge sich ‹organisch› ablösender Gestaltungsweisen unterzuschieben suchten, deren Deutschheit meist mit Adjektiven wie unbegrenzt, transzendental, synthetisch, organisch, individuell oder ausdrucksstark umschrieben wurde. Die erste Epoche, die in den Sog dieser geistesgeschichtlichen Periodisierung geriet, war die Gotik, welche bereits die Romantik als einen besonders reinen Ausdruck des deutschen Wesens gefeiert hatte. Nicht nur ein Deutschtümler wie Hans Much stellte sie 1922 in seinem Buch *Vom Sinn der Gotik* als die ausdrucksstärkste Kunst eines germanisch-artbewußten Jenseitsverlangens hin, auch Oskar Walzel und Richard Benz spielten sie in diesen Jahren wiederholt als etwas Essentiell-Deutsches gegen die undeutsche Romanik und Renaissance aus. Als zweite Epoche eines spezifisch deutschen Ausdrucksverlangens galt allgemein der Barock. Da es sich hierbei weitgehend um literaturwissenschaftliches Neuland handelte, waren der Tendenz ins Nationale auf diesem Gebiet kaum Grenzen gesetzt, was vor allem die Studien über den ‹deutschen Barock› von Herbert Cysarz, Emil Ermatinger, Willi Flemming und Rudolf Lochner belegen, die – im Gegensatz zu neopositivistisch oder gattungsgeschichtlich orientierten Arbeiten von Barockforschern wie Richard Alewyn und Walter Benjamin – meist in der Glorifizierung einer inbrünstig-irrationalen Schöpferkraft kulminierten, welche in ihrer mystischen Intensität als besonders genuiner Ausdruck des deutschen Wesens hingestellt wurde.

Eine ebenso bequeme Möglichkeit, zu einer Wesensbestimmung des Deutschen zu gelangen, bot die Romantik, die bereits um 1900 in der nationalbetonten Germanistik eine zentrale Rolle gespielt hatte. Wohl der beste Beleg dafür ist der umfassende Forschungsbericht *Die Wesensbestimmung der deutschen Romantik* (1926) von Julius Petersen, in dem die neuere Germanistik fast durchgehend mit der Romantikforschung gleichgesetzt wird. Petersen konnte sich dabei sowohl auf die Arbeiten Wilhelm Diltheys, Rudolf Ungers und Paul Kluckhohns als auch das Buch *Deutsche Klassik und Romantik* (1922) von Fritz Strich berufen, in dem das Romantische als der «innerlichste Trieb» der «deutschen Natur» hingestellt wird, dem ein germanischer Affekt gegen das Rationale und Formbestimmte zugrunde liege.[29] Wie stark sich dadurch zwischen 1920 und 1925 der Begriff Romantik in ein Wesenselement des Deutschen schlechthin verwandelte, das keinerlei historische Bestimmbarkeit mehr hatte, beweist ein Buch wie *Ein Jahrtausend deutscher Romantik* (1924) von Josef August Lux, welches nicht nur das Romantische in der Romantik, sondern auch das Romantische in der Gotik und im Barock herauszuarbeiten versuchte.

Zusammenfassend läßt sich sagen, daß die Geistesgeschichte der zwanziger Jahre weiterhin von den Impulsen Diltheys zehrte, diese jedoch, wie schon die neuromantische Literaturwissenschaft nach 1900, immer stärker ins Nationalistische verengte. In schroffer Ablehnung einer ‹voraussetzungslosen› Geschichts- und Naturwissenschaft, wie sie im Positivismus geherrscht habe, ging es vielen ihrer Vertreter – trotz mancher Ausschweifungen ins idealistisch Spekulative oder Phänomenologische – weitgehend um eine immanente Selbstentfaltung des deutschen Geistes. Daß dieser Prozeß zum Teil in hegelianische Dreischrittkonstruktionen eingekleidet wurde, sollte nicht darüber hinwegtäuschen, wie unwichtig hierbei das spezifisch Geschichtliche blieb. So sah etwa Hermann August Korff, ohne Zweifel einer der prominentesten Vertreter dieser Richtung, in seinem mehrbändigen *Geist der Goethezeit* (1923–40) im Phänomen der deutschen Klassik lediglich eine weltanschauliche Synthese aus Rationalismus (Aufklärung) und Irrationalismus (Sturm und Drang), die sich im Bereich einer rein ideellen Morphologie abzuspielen scheint, jedoch immer wieder auf nationale Ursprünge zurückgeführt wird. Und so wie Korff dachten auch Herbert Cysarz, Emil Ermatinger, Gerhard Fricke, Paul Kluckhohn, Franz Koch, Julius Petersen, Hermann Pongs, Walther Rehm, Fritz Strich und Oskar Walzel, um nur die bekanntesten Geistesgeschichtler dieser Ära zu nennen, für die sich in der deutschen Literatur nicht irgendwelche politischen, ökonomischen oder sozialen, kurz: zeitgeschichtlich greifbaren Tendenzen, sondern vornehmlich ins Ewige reichende Emmanationen des deutschen Geistes oder der deutschen Seele widerspiegelten. Dafür sprechen nicht nur Studien wie *Die Auffassung der Liebe in der deutschen Literatur des 18. Jahrhunderts und der Romantik* (1922) von Kluckhohn oder *Der Todesgedanke in der deutschen Dichtung* (1928) von Rehm, sondern auch das Buch *Logik und Systematik der Geisteswissenschaften* (1927) von Erich Rothacker sowie viele Aufsätze der 1923 von Kluckhohn und Rothacker gegründeten *Deutschen Vierteljahrsschrift für Literaturwissenschaft und Geistesgeschichte*, die schnell zum repräsentativen Organ dieser Richtung aufstieg.

Trotz ihrer hochgespannten philosophischen Aspirationen glitt durch diesen Drang ins Deutschbetonte die germanistische Geistesgeschichte nur allzu oft ins Chauvinistische ab. Das zeigt sich am deutlichsten dort, wo sie die großen Autoren des Mittelalters, des Barocks, der Klassik und der Romantik als ins Zeitlose tendierende nationale Großdichter herausstrich, die es in aller Entschiedenheit gegen die korrumpierenden Tendenzen undeutscher Kultureinflüsse, vor allem die aus den USA importierten Massenmedien sowie die ‹zersetzenden› Einflüsse des internationalen Geschäftswesens, zu verteidigen gelte. Vertreter anderer ideologischer Ausrichtungen hatten deshalb in der Germanistik der zwanziger Jahre kaum eine Chance und mußten sich mit Randpositionen innerhalb der offiziellen Institutionen begnügen. Lediglich in den Jahren zwischen 1923 und 1929, also der Periode der sogenannten relativen Stabilisierung und Liberalisierung der Weimarer Republik, konnten sich neben den Geisteswissenschaftlern auch einige Vernunftrepublikaner zu Wort melden und sich auf die von der Neuen Sachlichkeit propagierten ‹Forderungen des Tages› einlassen, was zu einem vorübergehenden Interesse an stoff- und gattungsgeschichtlichen, psychoanalytischen, soziologischen, ja sogar halbwegs republikbezogenen Ausrichtungen führte.

Die Hinwendung zum Empirisch-Konkreten, der zum Teil angestaute Affekte gegen die geistesgeschichtlichen Überspanntheiten zugrunde lagen, manifestierte sich unter anderem in einer stärkeren Berücksichtigung motiv- und stoffgeschichtlicher sowie genre- und gattungsgeschichtlicher Aspekte. Vor allem innerhalb der Motiv- und Stoffgeschichte, welche von Paul Merker, Willy Krogmann und Josef Körner angeregt wurde, führte die Abneigung gegen die beliebten Grenzüberschreitungen ins Philosophische und Kulturmorphologische zu einer merklichen Reduzierung auf exakt nachweisbare Beeinflussungen oder direkte Übernahmen, die selbst den Vorwurf des Positivistischen in Kauf nahm. Ähnliches gilt für die detaillierten Untersuchungen zur Geschichte der deutschen Ode und des deutschen Lieds, die Karl Viëtor und Günther Müller in diesen Jahren vorlegten. Auch sie bemühten sich, von der alleinigen Fixierung auf irgendwelche weltanschaulichen ‹Hintergründe› wieder zu den textimmanenten Gegebenheiten der germanistischen Forschung, in ihrem Fall den genrespezifischen Ausprägungen bestimmter literarischer Werkgruppen zurückzulenken. Und solange sie dabei im Bereich traditioneller Gattungen wie Ode, Lied, Ballade oder Novelle blieben und sich nicht mit ‹undeutsch-zersetzenden› Genres wie Satire, Parodie, Agitprop-Lyrik, Reportage oder anderen politischen Gebrauchsformen abgaben, wurden sie von den Vertretern der Geistesgeschichte durchaus geduldet. Es gab sogar Germanisten, welche selbst die Gattungs- und Genreforschung aus dem Geschichtlichen ins Wesensmäßige zu erheben suchten und im Zuge solcher Bemühungen schließlich vom ‹Balladesken› oder ‹Novellistischen› schlechthin sprachen.

Als ebenso neusachlich galt damals die Anwendung psychoanalytischer Interpretationsweisen im Bereich der germanistischen Forschung. Im Gegensatz zur herrschenden Geistesgeschichte wurde auf diesem Sektor erstmals versucht, die Mechanik des menschlichen Un- oder Unterbewußten aufzudecken, statt im Hinblick auf Psychologisches weiterhin lediglich einem nebulösem Gerede über die deutsche Seele zu frönen. Während die Traditionsgermanisten im Bereich des Gemüts- und Gefühlshaften fast ausschließlich den nationalen Antriebskräften nachgegangen waren, beschäftigten sich die Vertreter der psychoanalytischen Richtung vornehmlich mit den nach konkreter sexueller Erfüllung drängenden Kräften des Unbewußten, kurz: der Libido. Und zwar stützten sie sich hierbei weniger auf die Schriften Sigmund Freuds als die seiner Schüler, besonders auf Werke wie *Dichtung und Neurose* (1909) von Wilhelm Stekel, *Das Inzest-Motiv in Dichtung und Sage. Grundzüge einer Psychologie des dichterischen Schaf-*

fens (1912) von Otto Rank sowie *Die Bedeutung der Psychoanalyse für die Geisteswissenschaften* (1913) von Hanns Sachs, in denen die Motivation zum Dichten allein auf libidinöse, neurotische oder narzißtische Antriebsquellen zurückgeführt, also aus dem Bereich des Ideellen ins Psychologische versachlicht wird.

Aufgrund solcher Tendenzen brachten auch Literaturwissenschaftler wie Leo Spitzer, Walter Muschg und sogar Hermann Pongs in den zwanziger Jahren einige psychoanalytische Gesichtspunkte in ihre germanistischen Untersuchungen ein. Doch die Mehrheit der geistesgeschichtlich orientierten Germanisten verwarf die Psychoanalyse wegen ihrer entheroisierenden und wertnegierenden Tendenzen. Vor allem die Rückführung bisher als edel geltender seelischer Antriebe auf unedle, niedere Triebe galt ihr als ‹undeutsch›, wenn nicht gar ‹semitisch›. Wenn diese Gruppen überhaupt psychologische Erklärungsgründe gelten ließen, dann nur im Bereich der Diltheyschen Einfühlungstheorie oder jener sich von Freud abspaltenden, das heißt wieder ins Seelische tendierenden Richtung, als deren Haupt damals Carl Gustav Jung galt. Ihnen gefiel, als Jung 1930 schrieb, daß Werke wie Goethes *Faust* oder Nietzsches *Zarathustra* nur von Dichtern geschrieben werden konnten, in denen noch immer jene Impulse «vibrierten», die der «deutschen Seele» seit Urzeiten eingegraben seien. Noch erfreuter waren sie, als derselbe Jung 1933 den Unterschied zwischen seiner Sehweise und der Freuds als den Gegensatz «der germanischen und der jüdischen Psychologie» bezeichnete.[30]

Ebenso scheel wurden von den nationalistisch eingestellten Geisteswissenschaftlern jene Germanisten angesehen, die sich in den zwanziger Jahren auf gesellschaftswissenschaftliche, rezeptionsgeschichtliche, sozialliterarische oder gar marxistisch-materialistische Fragestellungen einließen. Auf diesem Gebiet blieb es daher bei kleinen Gruppen oder Einzelgängern. welche sich je nach weltanschaulicher Ausrichtung an Ferdinand Tönnies, Karl Lamprecht, Ernst Troeltsch, Max Weber, Karl Mannheim oder Werner Sombart anschlossen.

Eine Richtung ging hierbei typenbildend vor und hielt sich an das Diktum Max Webers, daß die Soziologie im Gegensatz zur «individuellen Geschichtsschreibung» vornehmlich «Typenbegriffe» und «generelle Regeln des Geschehens» aufstellen solle, um auch die geistigen Erzeugnisse in die Mechanik des Gesellschaftslebens einzubeziehen.[31] Dafür sprechen Aufsätze wie *Soziologie und Literaturgeschichte*

(1928) von Arnold Hirsch und *Probleme der Literatursoziologie* (1931) von Ernst Kohn-Bramstedt, in denen das soziologische Verfahren als eine Richtung zwischen den Natur- und Kulturwissenschaften hingestellt wird, der weniger das «psychologische» Erkennen als das generalisierende «Verstehen» zugrunde liege.[32] Doch selbst solche Forderungen, die mit dem Begriff des ‹Verstehens› der Seelen- und Lebensphilosophie einen weiten Schritt entgegenkamen, wurden von den Vertretern der Geistesgeschichte weitgehend abgelehnt. Erfolg hatten deshalb innerhalb dieser Richtung nur jene, die ihre soziologischen Charakterisierungen ins Strukturpsychologische transponierten, das heißt Typen wie ‹den› Junker oder ‹den› Bürger nicht als Repräsentanten bestimmter Klassen, sondern als Vertreter unterschiedlicher Seelenhaltungen interpretierten. Wer dagegen im Gefolge Franz Mehrings oder anderer Marxisten versuchte, auf die determinierende Rolle der Klassenherkunft hinzuweisen, konnte sicher sein, als undeutscher oder artvergessener Materialist angeprangert zu werden.

Einen etwas größeren Anklang fand dagegen jene wirkungs- oder geschmackssoziologisch eingestellte Richtung, deren wichtigste Leistung die *Soziologie der literarischen Geschmacksbildung* (1923) von Levin L. Schücking war. Da hier das Soziologische vorwiegend auf die Rolle der auswählenden Instanzen, also der Verleger, Intendanten und Kritiker, beschränkt blieb, gingen die Geistesgeschichtler mit diesem Buch nicht so scharf ins Gericht. Dabei wurden in ihm die einzelnen Schriftsteller durchaus als Geschmacksträgertypen bestimmter sozialer Gruppen interpretiert und somit das Konzept eines durchgehenden ‹Zeitgeists› letztlich ad absurdum geführt. Auch Alfred Kleinberg berücksichtigte in seiner Studie *Die deutsche Dichtung in ihren sozialen, zeit- und geistesgeschichtlichen Bedingungen* (1927) eine Fülle sozioökonomischer Aspekte, blieb jedoch methodisch recht eklektisch und leistete sich zwischendurch sogar manchen idealistisch-unkonkreten Schmus.

Eine ähnliche Vermischung soziologischer Gesichtspunkte mit abstrakt geistesgeschichtlichen oder irrational-biologistischen Argumenten findet sich im Bereich der sogenannten Generationstheorie, die ihre größte Wirksamkeit zwischen 1925 und 1933 entfaltete. Hinter dieser Richtung stand anfänglich das Bemühen, den bisher rein wesensmäßig definierten Epochenbegriffen der Geistesgeschichte endlich einen etwas konkreteren Charakter im Sinne der soziologischen Konzepte

Karl Mannheims zu geben, also neben den Altersgruppen auch die sozialen Bezüge als determinierende Faktoren bei der Herausbildung kultureller Phänomene einzubeziehen. Wohl den besten germanistischen Beitrag zu solchen Überlegungen leistete Richard Alewyn mit seinem Aufsatz *Das Problem der Generation in der Geschichte*, der 1929 in der *Zeitschrift für deutsche Bildung* erschien. Alewyn ging hier nicht nur vom Phänomen der Gleichaltrigkeit aus, sondern unterschied zugleich zwischen sozial, national und regional determinierten Gruppen. Allerdings betonte er, daß dies mehr auf die älteren Epochen zutreffe, während sich seit der Mitte des 19. Jahrhunderts ein allmählicher Homogenisierungsprozeß bemerkbar mache, durch den die soziologischen und geographischen Differenzen immer unwichtiger würden und eine relativ unterschiedslose Massengesellschaft im Entstehen sei, die sich nur noch nach Altersgruppen gliedern lasse.

Ein solcher Aspekt war fraglos zukunftsträchtig, wurde jedoch wie alle soziologischen Ansätze zwischen 1930 und 1933 von der Woge des immer breiter anschwellenden ‹völkischen› Gedankenguts beiseite gespült. Im Rahmen der Generationstheorie kommt das vor allem in Büchern wie *Das Gesicht der Zeit* (1930) von Broder Christiansen und *Die Sendung der jungen Generation* (1932) von Günther Gründel zum Ausdruck, in denen – nach der Generation der Neuen Sachlichkeit – bereits eine völkisch-gestimmte Generation der unmittelbaren Zukunft anvisiert wird. Doch zu diesem Zeitpunkt fielen ohnehin fast alle in der Mitte der zwanziger Jahre diskutierten Konzepte psychoanalytischer oder soziologischer Art einer steigenden Eindeutschung zum Opfer. Selbst manche, die noch kurz zuvor von Typen, Klassen oder Gruppen gesprochen hatten, akzentuierten jetzt – angesichts der Wahlerfolge der Nationalsozialisten – immer stärker das Biologische, Seinshafte, Nationale, ja letztlich Germanisch-Arische.

Von besonderer Wichtigkeit war hierbei auf philosophischer Ebene – neben den Autoren der Konservativen Revolution – die Wirkung, welche Martin Heideggers *Sein und Zeit* (1927) ausübte, obwohl in diesem Werk das Ästhetische nur eine geringfügige Rolle spielt. Heidegger, der in seiner Frühzeit unter dem Einfluß eines phänomenologisierenden Expressionismus Husserlscher Prägung gestanden hatte, faszinierte vor allem durch seine deutschbetonte und zugleich bewußt mystifizierende Sprachgebung, die ständig um Wörter wie das ‹Seiende›, ‹Daseiende› oder ‹Wesende› kreist, wodurch beim Lesen der Eindruck des Essentiellen, ja Unwiderleglichen entstehen soll. Dieser von Heidegger suggerierte Aufbruch zum Sein, der auf die Destruktion aller bisherigen Auffassungen von Gesellschaft und Geschichte hinauslief, wurde von vielen seiner Anhänger als Kampfansage gegen die Welt des ‹Man› und des ‹Gestells›, das heißt die wesenlose Welt des bürgerlichen Liberalismus, des marxistischen Sozialismus sowie des amerikanisierten Technikkults der Weimarer Republik aufgefaßt – und führte somit unter den Geistigen dieser Zeit zu einem weiteren Anschwellen der ohnehin schon starken Tendenzen ins irrational Wesenhafte, das sich inhaltlich am leichtesten mit einer aus dem Zeitlosen abgeleiteten ‹Eigentlichkeit› des deutschen Geistes füllen ließ.

Die Spanne von 1930 bis 1933 war daher, nach dem kurzen, von der deutschbewußten Geistesgeschichte kaum beachteten Zwischenspiels neusachlicher Tendenzen, die Zeit eines hektisch angekurbelten Chauvinismus, in der sich eine von völkisch-seinshaftem Geist erfüllte Germanistik erneut zur nationalen Führungswissenschaft aufwarf und die Stärkung der ‹deutschen Art› als alleinige Norm der literaturwissenschaftlichen Forschung und Lehre ausgab. Nach den Worten ihrer Hauptvertreter waren es Jahre der ‹Einkehr in das eigene Wesen›, das heißt ‹Schicksalsjahre› der deutschen Nation am Scheideweg zwischen deutschbetonter Selbstfindung oder westlich-zivilisatorischer, vor allem amerikanischer und jüdischer Überfremdung. Um sich ihrer nationalpädagogischen Aufgabe würdig zu erweisen, gab sich deshalb die Germanistik immer stärker als eine artbewußte Deutschkunde oder Deutschwissenschaft aus, die ihre Hauptaufgabe darin sah, gegen die ‹Verlotterung› der deutschen Sprache und Literatur anzukämpfen. Und zwar sollte sie das auf betont volkhafter Basis tun, um nicht nur der geistigen Elite, sondern auch den von der höheren Kultur ausgeschlossenen Volksgenossen den Zugang zu den ‹ewigen Quellen› des deutschen Wesens zu eröffnen.

Die Hauptmerkmale der Germanistik der zwanziger Jahre blieben daher – von den erwähnten Einbrüchen eines vernunftsrepublikanischen Geists um die Mitte des Jahrzehnts einmal abgesehen – weitgehend die gleichen wie in der Phase vor dem Ersten Weltkrieg, ja wurden aus Ressentiment gegen die als undeutsch empfundene ‹Sozi-Republik› oder ‹Systemzeit› sogar noch militanter. Während sich vor 1914 viele Germanisten von der Welle eines gestärkten Nationalbewußtseins einfach mittragen oder mitreißen ließen, standen sie jetzt eindeutig in der

Opposition zu einem von ihnen abgelehnten westlich-zivilisatorischen ‹Ungeist›, der ihnen besonders in seinen technologischen und kommerziellen Ausprägungen als eine entmenschlichende Erniedrigung erschien. Obwohl sie in den oberen Rängen als nichtabsetzbare Könige in ihren Instituten weiterhin schalten und walten konnten, wie es ihnen beliebte, fühlten sie sich – wie auch viele Richter und Ministerialräte – als Teil einer unterdrückten Minderheit gegen die vaterlandsvergessenen Erfüllungspolitiker der Weimarer Koalition, vor allem der als links geltenden Sozialdemokraten unter ihnen, die sie für den verräterischen ‹Dolchstoß› von 1918 sowie die ‹Schmach von Versailles› verantwortlich machten, durch die das Deutsche Reich nicht nur Teile wertvollen Volksbodens, sondern auch seine kulturelle Identität eingebüßt habe, die es mit allen Mitteln wiederzuerringen gelte.

Die Mehrheit der Germanisten dieses Zeitraums war daher zutiefst antidemokratisch eingestellt und huldigte einer Ideologie, die aus dem Wilhelminisch-Monarchistischen immer stärker ins Völkische und schließlich Präfaschistische überging. Vor allem die Volkstumsfanatiker dieser Berufsgruppe gaben den deutschbewußten Schlagwörtern der Vorkriegsära jetzt die ‹zeitgemäßere› Form nationalistischer Heimins-Reich-Parolen, um sich nicht nur an die sogenannten Reichsdeutschen, sondern auch die Elsässer, Lothringer, Luxemburger, Danziger, Westpreußen oder Österreicher zu wenden. Die gleiche Zielrichtung hatten die irrationalen, biologischen, stammeskundlichen oder rassistischen Volkstumsanschauungen, mit denen diese Schicht, und zwar wesentlich schärfer als in wilhelminischer Zeit, einerseits gegen die äußeren Feinde der ehemaligen Entente, andererseits gegen die inneren Feinde unter den ‹artvergessenen› Sozialdemokraten, Homosexuellen und Juden zu Felde zog. Vor allem nordisch ausgerichtete Germanisten wie Gustav Neckel und Hans Naumann stellten diesen ‹Feinden deutschen Wesens› eine aus germanischer Art stammende Tatgesinnung entgegen, die auf einem durch nichts zu ersetzenden völkischen Gemeinschaftswillen beruht, der seine höchste Erfüllung in der Einheit von Führer und Volk erlebe.

Wohl am deutlichsten äußerte sich diese Gesinnung auf den Tagungen der Gesellschaft für Deutsche Bildung, die Anfang der zwanziger Jahre an die Stelle des älteren Germanistenverbandes getreten war. Die Zahl der Mitglieder dieser Gesellschaft stieg bis zum Jahr 1929, also bis zum Beginn der Weltwirtschaftskrise, auf 3242 an. Nicht nur die sogenannten Schulmänner, wie die Oberschullehrer damals noch hießen, auch die Hochschulgermanisten gehörten fast alle der GfDB an. Das offizielle Organ dieser Gesellschaft war die *Zeitschrift für Deutsche Bildung* (ab 1925), die von Ulrich Peters beim Diesterweg Verlag herausgegeben wurde und in der weniger fachspezifische als nationalpädagogische Fragestellungen im Vordergrund standen. Was diese Gesellschaft besonders energisch ablehnte, waren irgendwelche staatlichen Reformen des Schulwesens von seiten ‹liberaler› Kultur- und Erziehungsminister, denen sich vor allem Pädagogen wie Klaus Richert und Klaudius Bojunga entschieden widersetzten. Allerdings schlossen sich ihren Protesten nicht alle Germanisten an. Besonders zwischen 1923 und 1929, also den vielberufenen Jahren der relativen Stabilisierung der Weimarer Republik, gab es selbst in dieser Profession einige, die sich auf den Boden der neugeschaffenen Tatsachen zu stellen versuchten.

Doch letztlich behielten sogar in diesem Zeitraum die völkisch eingestellten Kreise eindeutig die Oberhand. Das zeigte sich 1925 auf dem Düsseldorfer Germanistentag, dessen Hauptsektionen den Schwerpunkten «Literaturgeschichte», «Deutsche Volkskunde» sowie «Parzival und Nibelungenlied» gewidmet waren. Neben eher gemäßigt argumentierenden Germanisten wie Fritz Brüggemann und Franz Schultz führten hier Hans Naumann, Ulrich Peters, Klaudius Bojunga und Walther Linden das große Wort, die energisch für die Durchsetzung deutschkundlicher Vorstellungen eintraten. Noch schärfer wurden solche Töne auf dem Danziger Germanistentag von 1927. Hier dominierten eindeutig die Nationalisten, ja Chauvinisten, die unter Hinweisen auf die Deutschordensritter sowie die Grenz- und Auslandsdeutschen die überragende Rolle der deutschen Kultur in den slawischen Ostgebieten herausstrichen und dabei selbst vor imperialistischen Ansprüchen nicht zurückschreckten. Der letzte Germanistentag vor der Machtübergabe an die Nationalsozialisten fand 1930 in München statt. Die Eröffnungsrede hielt Friedrich Panzer, der sich in bewährter «Vaterlandstreue» zu den nationalpädagogischen Aufgaben der Germanistik bekannte und entschieden gegen jene Wissenschaftler auftrat, welche, «selber halt- und heimatlos, die Menschheit gern in einen einzigen großen Völkerbrei verrühren möchten».[33] Auch in München wurde erneut unter dem Motto «Eine Sprache, ein Volk, ein Reich!» mit großem Beifall der Auslandsdeutschen, besonders der Deutschösterreicher, gedacht, deren tiefstes Sehnen darin bestehe, endlich heim ins Reich zu kehren. Am eindeutigsten bekannten sich hier wiederum Hans Naumann und Gustav Neckel zum angestammten Deutschtum und stellten die ‹artbetonte› Sehweise über alle sogenannten literaturwissenschaftlichen Interpretationsansätze.

Wegen der wirtschaftlichen Notlage wurden solche Tagungen danach erst einmal eingestellt. Doch in der Folgezeit bedurfte es ohnehin keiner weiteren nationalistischen Aufrufe mehr, um die bildungsbürgerliche Germanistenelite in ihrer antidemokratischen und deutschbetonten Haltung zu bestärken. Diese Schichten waren schon seit der Gründerzeit antiaufklärerisch, antiliberal, antiumstürzlerisch, kurz: antimodernistisch eingestellt. Sie erhofften sich eine Wiedererstarkung Deutschlands und damit auch seiner Kultur nur von einem völkisch-idealistischen Gemeinwillen, der – im Sinne der klassisch-romantischen Traditionen – wieder ‹höhere Werte› anstrebt als die von den Sozialdemokraten und anderen ‹Novemberverbrechern› gegründete Weimarer Republik, in der eine oberflächliche Vergnügungssucht, ein fetischisierter Technikkult und eine profitorientierte Kommerzialisierung vorherrschten, deren gemeinsamer Nenner ein egoistischer Materialismus sei. Auch ohne dazu aufgefordert zu sein, begrüßte daher die überwältigende Mehrheit der Germanisten zwischen 1930 und 1933 das Anwachsen der völkischen Bewegung und sandte im Juni 1932, nachdem der national-konservative Franz von Papen die sozialdemokratische Regierung in Preußen gewaltsam abgesetzt hatte, der neuen Regierung ein von Friedrich Panzer entworfenes Dankschreiben für diesen ‹kühnen› Handstreich und versicherte ihr die volle Unterstützung der Gesellschaft für Deutsche Bildung. Das gleiche taten Hochschulgermanisten wie Ernst Elster, Karl Helm, Gustav Neckel, Ferdinand Schneider und Walter Ziesemer in einem am 30. Oktober 1932 in der Zeitung *Der Tag* abgedruckten Ergebenheitsschreiben, in dem sie sich nochmals voll und ganz hinter Papen stellten. Nicht minder begeistert waren die meisten Germanisten, deren Zahl – dank großzügiger Unterstützung von seiten der Weimarer Republik – zwischen 1910 und 1932 von 87 auf 196 Ordinarien und Dozenten anstieg, als wenige Monate darauf die Macht an Adolf Hitler übergeben wurde.

Unter dem Nationalsozialismus

Als Adolf Hitler am 30. Januar 1933 vom Reichspräsidenten Paul von Hindenburg das Reichskanzleramt übertragen wurde, brach unter den Konservativen, Deutschnationalen, Altvölkischen und Nationalsozialisten jeglicher Couleur ein gewaltiger Jubel aus. Schließlich hatten viele von ihnen auf diesen ‹Tag des Heils› nicht erst seit den Septemberwahlen des Jahrs 1930, als die NSDAP ihren entscheidenden Durchbruch erlebte, sondern bereits seit dem Zusammenbruch des Zweiten Kaiserreichs im Jahr 1918 gewartet. Die Weimarer Republik war diesen Parteien, Bünden und Organisationen als etwas Fremdes erschienen. In ihr hatten sie weniger einen wahrhaft deutschen Staat als ein anarchistisches Konglomerat verschiedenster Interessengruppen, wenn nicht gar einen ‹Kampf aller gegen alle› gesehen, dessen naturgesetzliches Ergebnis der Schwarze Freitag des Jahrs 1929 gewesen sei. Wo allein der Mammon, der Kommerz, die niedrigste Ichsucht herrschten, erklärten sie, müsse jedes Gefühl für ein nationales, kulturbetontes Gemeinwohl zwangsläufig absterben. Darum habe gegen Ende der Republik kaum noch jemand auf Maximen wie ‹Zwietracht zerstört, Eintracht mehrt› oder ‹Einer für alle, alle für einen› gehört, sondern sei blindlings irgendwelchen egoistischen Zielen nachgelaufen und demzufolge ins Verderben gestolpert.

Die Begeisterung der mittelständischen Republikgegner kannte daher in den folgenden Wochen keine Grenzen. Wie zu erwarten, waren es unter den Geisteswissenschaftlern vor allem die Germanisten, die sich vor Freude über den Sieg der nationalen Idee gegen alle als ‹fremdvölkisch› aufgefaßten Kommerzialisierungs-, Technisierungs- und Demokratisierungsschübe kaum zu fassen wußten. «Nun ist das Morgen zum Heute geworden», schrieb der damals hochangesehene Berliner Ordinarius Julius Petersen 1934 in seinem Buch *Die Sehnsucht nach dem Dritten Reich*, «Weltuntergangsstimmung hat sich in Aufbruch verwandelt. Das neue Reich ist gepflanzt. Der ersehnte und geweissagte Führer ist erschienen.»[34] In Anknüpfung an die national gesinnte Geistesgeschichte der zwanziger Jahre setzten zu diesem Zeitpunkt viele deutschkundlich orientierte Germanisten ihre Hoffnung auf einen geradezu eruptiven Durchbruch deutscher Seele und deutschen Geistes, mit anderen Worten: einen nationalen «Wandlungsvorgang», wie Heinz Kindermann schrieb, «der letztlich metaphysischen Ursprungs ist und dessen innere Werte verstandesmäßig nie voll erfaßt werden können».[35] Kein Wunder daher, daß es in den germanistischen Manifesten, Aufrufen und programmatischen Essays, die nach 1933 erschienen, von Wortzusammenstellungen wie ‹Thronerhebung der Volkheit›, ‹nationale Wiedergeburt›, ‹innerseelischer Erneuerungsvorgang› oder ‹neue Gemeinschaft der österlich Auferstehenden› nur so wimmelte, als habe man es mit religiösen Erbauungstexten zu tun.

Im Gefolge dieser Entwicklung gaben sich viele Germanisten, wie schon vor 1914, erneut dem ihr Selbstbewußtsein stärkenden Gefühl hin, Vertreter einer nationalen Führungswissenschaft zu sein, denen im neuen Reich – als den Gralshütern deutscher Sprache und Literatur – eine besonders wichtige Rolle zufallen werde. Während in anderen Geisteswissenschaften die nationalsozialistische Gleichschaltung zum Teil auf Widerstand stieß, schlossen sich die Germanisten, welche sich schon vor 1933 mehrheitlich zu einer deutschnationalen Gesinnung bekannt hatten, nach der Machtübergabe sofort voller Begeisterung der NSDAP oder anderen nationalsozialistischen Organisationen an. Als darum am 10. Mai 1933 vor allen deutschen Universitäten die dem neuen Regime unerwünschten Bücher, also solche von linken oder jüdischen Autoren, auf den Scheiterhaufen geworfen wurden, waren es häufig Professoren der Germanistik wie Hans Naumann in Bonn, die bei diesen von der NS-Regierung unter dem Motto «Wider den undeutschen Geist» mit großem Aplomb inszenierten Aktionen – vom Jubel ihrer Studenten umtost – die Brandreden hielten.

Im Gegensatz zu den Professoren anderer Disziplinen brauchte deshalb von den Germanisten fast niemand von seinem Amt zurückzutreten. In diesem Fach gab es 1933 kaum sogenannte Fremdrassige, geschweige denn prononcierte Linke. Juden hatten die geisteswissenschaftlichen Fakultäten, wie der Fall Walter Benjamin beweist, bereits in den zwanziger Jahren den Zugang zur Dozentur meist verwehrt. Daher mußten nach 1933, von dem Heidelberger Ordinarius Richard

Alewyn und einigen jüngeren deutsch-jüdischen Wissenschaftlern und Wissenschaftlerinnen wie Eduard Berend, Walter A. Berendsohn, Käte Hamburger, Werner Milch, Ernst Alfred Philippson und Richard Samuel abgesehen, nur wenige ins Exil. Friedrich Gundolf, der einzige Jude, der in diesem Fach wegen seiner deutschnationalen Gesinnung ein hohes Ansehen besessen hatte und in den zwanziger Jahren das Gebäude der Philosophischen Fakultät in Heidelberg mit der Inschrift «Dem lebendigen Geist» versehen ließ, war bereits 1931 gestorben. Wer mit einer Jüdin verheiratet war und nach 1933 weiterzulehren versuchte, hatte selbst dann einen schweren Stand, wenn er eine entschieden deutschnationale Gesinnung an den Tag legte. Der Gießener Neugermanist Karl Viëtor ging daher 1937 an die Harvard University, während der Altgermanist Friedrich von der Leyen im gleichen Jahr in Köln von seinem Amt zurücktrat. Philipp Witkop ließ sich Mitte der dreißiger Jahre in Freiburg von seiner jüdischen Frau scheiden und meldete darauf seinem Rektor, daß er mit einer politisch und rassisch ‹unbedenklichen› Frau eine neue Ehe eingegangen sei.

Das soll nicht heißen, daß alle Germanisten nach 1933 ausschließlich als Fürsprecher der NS-Regierung aufgetreten sind. Neben gläubigen Idealisten und Fanatikern gab es auch in diesem Fach zahlreiche Mitläufer und Opportunisten, die sich dem neuen Zeitgeist lediglich anpaßten. Daher hielten in den dreißiger Jahren, ob nun im Bereich der deutschen Philologie oder der mittelalterlichen und neueren Literatur, viele Germanisten die gleichen Vorlesungen und Seminare wie zuvor. Dennoch läßt sich in dem, was sie publizierten, selbst nachdem die Anfangseuphorie abgeklungen war, eine gleichbleibende Tendenz ins Militante, Chauvinistische oder Rassistische beobachten. Allerdings erfolgte dabei keine ideologische Vereinheitlichung. Es wäre darum unsinnig, von einer wirklich kohärenten nationalsozialistischen Literaturwissenschaft zu sprechen. So wie die NS-Ideologie aufgrund ihrer nicht zu entwirrenden Mischung aus idealistischen, pseudoreligiösen, realpolitischen und propagandistischen Komponenten nie zu einer klaren Parteilinie gerann, blieb auch die Germanistik dieser Jahre ein Konglomerat verschiedenster weltanschaulicher Ausrichtungen. Lediglich in ihrer Ablehnung des Jüdischen sowie der Verherrlichung des Deutsch-Völkischen und Deutsch-Militanten war sie konstant, während sie sonst recht disparat blieb. Vor allem in der germanistischen Literaturgeschichtsschreibung herrschte in den dreißiger Jahren ein deutlicher Zug ins Eklektische. Meist knüpfte sie recht wahllos an die neuromantische Lebensphilosophie der Jahrhundertwende, die phänomenologische Wesensschau, die nordisch-gotisierende Geistesgeschichte, die Landschafts- und Stammeskunde, den völkischen Existentialismus, den Gedankenkreis der Konservativen Revolution sowie die arisch ausgerichtete Rassenkunde an.

Wirklich neue Gesichtspunkte sind deshalb in dieser Ära, die so stolz auf ihren Umbruchscharakter war, kaum entwickelt worden. Doch das wurde von einer Bewegung, welche für die Rückkehr zu den Quellen des wahren Deutschtums eintrat, gar nicht erwartet. In ihr hatten gerade jene Ansichten die höchste Wertschätzung, die sich durch ein besonders ausgeprägtes Traditionsbewußtsein auszeichneten. Während allerorten die Fabriken und Autobahnen des neuen Reichs aus dem Boden gestampft wurden, beschwor darum die Germanistik weiterhin eine Wiedergeburt aus dem ewigen Born deutscher Art, deutschen Geistes und deutschen Bluts, was von den Größen der Partei als ideologische Verbrämung ihrer Weltherrschaftspläne durchaus gutgeheißen wurde. Je ‹verquaster› sich also die Germanistik gab, desto mehr wurde sie gelobt. Von ihr wurden von den NS-Rektoren keine wirklich konkreten Aussagen, sondern lediglich hochtönende Besinnungsfloskeln verlangt, die den Anschein des Idealistischen erweckten.

Nicht viele Worte brauchen über das Weiterwirken der neuromantischen Lebensphilosophie, der phänomenologischen Wesensschau sowie der nordisch-gotisierenden Geistesgeschichte in den dreißiger Jahren verloren zu werden. Im Rahmen dieser Richtung kam es noch einmal zu einer nachdrücklichen Hochschätzung all jener bereits zwischen 1900 und 1933 beschworenen Tendenzen des deutschen Geistes ins Ewige, Romantische, ja Mythische, was sich vor allem an den Hauptwerken der staufisch-gotischen, barocken sowie klassisch-romantischen Literatur zeigen lasse, in denen sich das deutsche Wesen gegen alle westlichen Überfremdungen durchsetze und zu reinster Form verkläre. Allerdings verschärften sich dabei die programmatischen Erklärungen dieser Richtung, die in den Anfangsjahren des Dritten Reichs vor allem in Blättern wie *Zeitschrift für deutsche Bildung*, *Zeitschrift für Deutschkunde*, *Die neueren Sprachen* oder dem in *Dichtung und Volkstum* umbenannten *Euphorion* erschienen, zusehends ins Kämpferische. Aus dem, was einmal eine deutsch-organische Lebenswissenschaft war, werde jetzt immer stärker eine «Deutschwissenschaft», wie Karl Viëtor 1933 begeistert schrieb, bei der wieder eine «stark willentliche Haltung» und «heroische Idole» im Vordergrund ständen.[36] Ja, ein Germanist wie Hermann August Korff behauptete zu diesem Zeitpunkt voller Stolz, mit seinen aktionsbetonten Werken das «geistig mit vorbereitet zu haben», was jetzt in «politischer Form» in die Wirklichkeit übertragen werde.[37] Und das war nicht nur ein Lippenbekenntnis, sondern entsprach durchaus den Tatsachen.

Auch die stammeskundliche Sicht innerhalb der Germanistik der NS-Periode geht, wie wir wissen, bis auf die Zeit um die Jahrhundertwende zurück. Nachdem August Sauer auf diesem Gebiet die ersten Fundamente gelegt hatte, errichtete sein Schüler Josef Nadler schließlich jenen Monumentalbau einer *Literaturgeschichte der deutschen Stämme und Landschaften*, deren erster Band 1912 und deren letzter Band schließlich 1941 erschien. Schon in den ersten Bänden dieses Werks herrscht eine Sehweise der deutschen Literatur, die deutlich von der bäuerlichen Substanz des deutschen Volks ausgeht und alle Verstädterungsprozesse als westliche Überfremdungen ablehnt – eine Sicht, welche in den Folgebänden immer stärker wurde. Von den germanistischen Neuerscheinungen nach 1933 lassen sich vor allem Bücher wie *Schwabentum in der Geistesgeschichte. Versuch über die weltanschauliche Einheit einer Stammesliteratur* (1933) von Heinz Otto Burger, *Wesen und Wort am Oberrhein* (1935) von Adolf von Grolman und *Deutscher Geist in westfälischer Dichtung. Blut und Bildung in der Geschichte eines Stammes* (1936) von Wilhelm Brepohl dieser Richtung zuordnen. Eine ähnliche Gesinnung lag jenen Publikationen zugrunde, die sich im Zeichen einer ‹gesamtdeutschen› Literaturauffassung dem Schrifttum der Grenz- und Auslandsdeutschen zuwendeten, um auch diesen Bereich – mit unverhohlen imperialistischer Zielsetzung – in die germanistische Stammesforschung einzubeziehen. Dafür sprechen Studien wie *Gegenwartsdichtung in Österreich* (1935) von Franz Koch, *Die auslandsdeutsche Dichtung unserer Zeit* (1936) von Wilhelm Schneider, *Die sudetendeutsche Dichtung der Gegenwart* (1938) von Adalbert Schmidt, *Die großen Themen der sudetendeutschen Schrifttumsgeschichte* (1938) von Herbert Cysarz und *Literaturgeschichte des Deutschtums im Ausland* (1939) von Karl Kurt Klein, in denen vornehmlich die aus Blut und Boden erwachsende stammliche oder völkische Wesensart der in diesen Gebieten entstandenen deutschsprachigen Literatur herausgestrichen wird. Von diesen Schriften beeinflußte Literaturwissenschaftler sowie völkisch argumentierende Publizisten wie Adolf Bartels, Paul Fechter und Albert Soergel stellten deshalb die von internationalen Trends ‹überformte› Literatur der modernen Städte, die keine stammesbetonten Qualitäten aufweisen könne und weitgehend das Produkt ‹artvergessener› Sozialisten und Juden sei, gern als ‹undeutsch› oder ‹depraviert›, kurz: als ‹Asphaltliteratur› hin, während sie die aus den ewigen Quellen der heimatlichen ‹Scholle› gespeiste Literatur – wie Fritz Martini in seiner Habilitationsschrift *Das Bauerntum in der deutschen Literatur* von 1941 – als die echte, wahre, eigentliche Dichtung der Deutschen hochjubelten. Und auch die gleichgeschalteten Literaturkritiker in den Zeitungen und anderen Presseorganen des Dritten Reichs stimmten solchen Thesen fast einhellig zu.

Nicht minder unoriginell, aber ebenso wirksam erwies sich nach 1933 jene Sehweise, die sich mit dem Terminus ‹völkischer Existentialismus› umschreiben läßt. Sie schloß sich weitgehend an die Heideggerschen Seinsspekulationen der späten zwanziger Jahre an und fühlte sich durch Heideggers Rektoratsrede von 1934, in der sich dieser eindeutig zu Hitler – als dem für Deutschland einzig gültigem Gesetz – bekannte, noch zusätzlich legitimiert. Auch in den folgenden Jahren machte Heidegger aus seiner Aufgeschlossenheit für alles ‹tathaft› gesteigerte Leben sowie dem notwendigen Bezug zum ‹Volklichen› kein Hehl. Das beweist unter anderem seine kleine Schrift *Hölderlin und das Wesen der Dichtung* (1937), in der er die «Stiftung des Seins» weitgehend mit der «Ursprache eines Volks» zusammenfallen läßt.[38] Völkischer Ursprung, Wesentlichkeit, Existenz, Schicksal, Aufbruchsstimmung und nationales Telos verschwammen darum als Schlagworte bei seinen Anhängern schnell zu Synonymen. Überhaupt wurde in diesen Gruppen zwischen Tat und Wissenschaft kein gravierender Unterschied mehr gemacht. In beiden Bereichen forderten sie plötzlich dieselbe Verantwortung dem ‹Sein› gegenüber. Besonders deutlich läßt sich diese von Heidegger beeinflußte Haltung im Bereich der Kleist- und Hölderlin-Forschung beobachten, wo ständig von ‹ungebrochenem Schicksalsvertrauen›, ‹germanischer Härte›, oder ‹irrationaler Seinsgläubigkeit› die Rede war. Auch die Hebbel- und Grabbe-Sekundärliteratur, wie überhaupt die Auseinandersetzung mit dem ‹Tragischen› bzw. der ‹Tragik des Seins›, liebte solche existentiellen Härten. Wohl am aufschlußreichsten sind in diesem Zusammenhang die Werke von Klemens Lugowski und Gerhard Fricke, in denen das Völkisch-Politische und das Existentielle fast bruchlos ineinander übergehen.

Die theoretischen Grundlagen dieser Sehweise lieferten vor allem Hermann Pongs und Horst Oppel. So leitete Pongs in seinem Buch *Das Bild in der Dichtung* (1935), das auf der Heideggerschen These von der Überlegenheit des Bildes über den Begriff beruht, das innerste Wesen aller großen Dichtungen aus der «bildschaffenden Ekstasis» ab,[39] die sich bei jedem Volk anders äußere. Im Gegensatz zu einer mehr rhetorisch ausgerichteten Interpretation der dichterischen Bildlichkeit legte er den Hauptakzent auf die Gefühls- und Triebmetaphern, deren Ursprung nicht im Bereich der Bildung, sondern im Völkisch-Seinshaften liege. Noch deutlicher wurde Pongs in der von ihm und Julius Petersen herausgegebenen Zeitschrift *Dichtung und Volkstum*, wo er das «Einschwingen der Ich-Entscheidung in die Gesamtentscheidung» als den Urgrund jeder seinsverbundenen Haltung hinstellte, die sich dem «Ganzen des Volksgeistes» verpflichtet fühle.[40] Im gleichen Sinne schrieb Oppel 1939 in seiner Programmschrift *Die Literaturwissenschaft der Gegenwart*: «Die Kunst sprengt zugleich die Eigenform des Menschen auf, indem sie ihn in die Schicksalshaftigkeit des Seins im Ganzen mit hineinnimmt.»[41]

Doch so hochtrabend äußerten sich nur die von Heidegger beeinflußten NS-Germanisten. Die anderen gebrauchten, wenn sie sich für eine volksbewußte Sprach- und Literaturwissenschaft einsetzten, meist jene Begriffe und Schlagwörter, welche bereits die ältere Deutschkunde propagiert hatte. Das gilt vor allem für Schriften wie *Aufgaben einer nationalen Literaturwissenschaft* (1933) von Walther Linden, *Dichtung und Volkstum* (1933) von Benno von Wiese, *Volkhafte und politische Dichtung* (1936) von Karl Justus Obenauer, *Dichtung und Volkheit* (1937) von Heinz Kindermann sowie *Die Entdeckung des Volkes in der deutschen Geistesgeschichte vom Sturm und Drang bis zur Romantik* (1937) von Gerhard Fricke, in denen lediglich die neuromantischen Ganzheitsvorstellungen zwischen 1900 und 1933 im Ton einer neuen, faschisierten Dringlichkeit vorgetragen wurden, um sich damit zu dem durch Hitler und der NSDAP verkündeten ‹Aufbruchswillen› zu bekennen. Anstatt sich weiterhin methodologisch zu verzetteln und somit dem Chaos des Pluralismus anheimzufallen, wurde in solchen Schriften das Volkhafte immer stärker mit dem Parteilichen, das heißt dem sich im Willen des Führers verkörperten ‹Gesamtwillen der deutschen Nation› gleichgesetzt. Karl Justus Obenauer kleidete das in die relativ harmlos klingenden Worte: «Heute sehen wir wieder ganzheitlicher, weil wir wieder in einer ganzheitlichen Welt leben.»[42] Dagegen erklärte Hans Naumann wesentlich unverblümter: «Wir wollen nicht mehr die Untergrabung der Autorität. Wir wollen die Unterordnung. Wir wollen ein Schrifttum, dem Familie und Heimat, Volk und Blut, das ganze Dasein der frommen Bindungen wieder heilig ist. Das uns zum sozialen Gefühl und zum Gemeinschaftlichen erzieht, sei es in der Sippe, sei es im Beruf, sei es in der Gefolgschaft oder in Stamm und Nation.»[43]

Von dieser Verklärung des Deutsch-Völkischen war es nur ein kleiner Schritt zu jenen Theorien, die aus einem seinsmäßigen oder fundamentalistischen Verständnis des Nationalen zu einer eindeutig biologisch-rassistischen Interpretation des Volkhaften übergingen. Noch am harmlosesten war in diesem Bereich die sogenannte morphologische Literaturbetrachtung, wie sie unter anderem Günther Müller praktizierte, die neben ihrer unterschwelligen Tendenz ins biologisch Volkhafte einen beachtlichen Restbestand goethezeitlicher Anschauungen beibehielt. Wenn in diesem Bereich vom Wachsen, Blühen und Welken bestimmter Kulturen die Rede war, wurde das von manchen, die sich weiterhin als phänomenologisch oder ontologisch orientierte Geisteswissenschaftler ausgaben, häufig rein kulturzyklisch verstanden. Andere, dem Nationalsozialismus näherstehende Germanisten bemühten sich dagegen bei der Anwendung solcher Ansichten, hieraus eine ‹Lebensraum›-Theorie zu entwickeln, der das bereits von Arthur Moeller van den Bruck proklamierte ‹Recht der jungen Völker› zugrunde lag, mit dem sich auch die imperialistischen Ziele der NSDAP rechtfertigen ließen.

Wohl am stärksten äußerte sich diese NS-Gläubigkeit innerhalb der Germanistik der dreißiger Jahre, wo sie sich aufs ideologische Glatteis des Rassischen begab und auch die Literatur in den Bereich der im ‹Blutsmäßigen› verankerten nationalen Instinkte einbezog. Wie auf anderen Gebieten berief sie sich dabei oft auf Autoren, die bereits zwischen 1900 und 1914 als Vertreter einer Völkischen Opposition aufgetreten waren und erste Ansätze zu einer spezifisch deutsch-germanischen Rassenästhetik entworfen hatten. Auf diese Weise kamen die Schriften präfaschistischer Autoren wie Willy Pastor, Ludwig Woltmann, Otto Seeck, Willibald Hentschel und Ludwig Schemann, die vor dem Ersten Weltkrieg nur den Anhängern gewisser völkischer Bünde und Kreise bekannt waren, plötzlich zu hohen Ehren und stiegen mit Büchern wie *Kunst und Rasse* (1928) oder *Kunst aus Blut und Boden* (1934) des alten *Kunstwart*-Anhängers und Heimatschützers Paul Schultze-Naumburg in den Rang vielzitierter Dokumente nordischer Wiedergeburtstheorien auf. Dieselbe Ehre widerfuhr Hans F. K. Günther, der 1926 in seinem Buch *Rasse und Stil* eine ‹allnordische› Kunstlehre entwickelt hatte, welcher – wie dem Manifest *Die nordische Seele* (1926) von Ludwig Ferdinand Clauß – das irrational-verschwommene Konzept einer rassischen Fundierung aller geistigen und kulturellen Leistungen zugrunde liegt.

Im Gefolge solcher Theorien galt in der nordisch orientierten Germanistik nur noch das als künstlerisch bedeutsam, wo sich eine arisch-germanische Herkunft nachweisen ließ. ‹Fremdrassiges›, vor allem jüdisches, wurde dagegen verworfen und schließlich auf den Index gesetzt. Als wichtigsten Kronzeugen dieser Sicht der deutschen Literaturgeschichte empfanden viele Adolf Bartels, den Detlef Cölln 1937 in seiner Bartels-Monographie als einen der wichtigsten ‹Vorkämpfer› einer wahrhaft ‹völkischen› Gesinnung feierte. Bezeichnend für eine solche Literaturauffassung sind nicht nur die 1937 erschienenen Broschüren *Goethe und die Juden* von Franz Koch sowie *Die literarische Vorherrschaft der Juden in Deutschland 1918 bis 1933* von Wilhelm Stapel, sondern auch unzählige Aufsätze, in denen selbst auf anderen Gebieten durchaus achtenswerte Germanisten wie Friedrich von der Leyen, Joachim Müller, Robert Petsch und Friedrich Sengle deutschjüdische Autoren von Heine und Börne bis Toller, Werfel und Wassermann als Parasiten am deutschen Volkskörper diffamierten. Wohl am schärfsten faßte Josef Nadler diese Tendenzen 1941, dem Jahr der berüchtigten Wannsee-Konferenz, im letzten Band seiner *Literaturgeschichte des Deutschen Volkes. Dichtung und Schrifttum der deutschen Stämme und Landschaften* zusammen, wo er erklärte: «Glaube, Wille und Ordnung des nationalsozialistischen Werkes sind darauf gerichtet, aus dem Volkskörper alle fremdrassigen Lebenszellen auszustoßen sowie dem ursprünglichen, volkhaft-germanischen und rassisch-nordischen Binnenkern seine Vormacht zurückzugeben.»[44]

Als Beispiel dafür, wie dieser pseudowissenschaftliche Ungeist theoretisch untermauert wurde, sei auf die *Gedanken zu einer biologischen Literaturbetrachtung* (1939) von Ludwig Büttner hingewiesen, die sich gegen jede «historische oder unmetaphysische» Erklärungsweise von Literatur wandten und als oberstes Kriterium der Interpretation allein den rassenseelischen Begriff «nordisch» gelten ließen.⁴⁵ Mit diesem Terminus, der weder psychologisch noch ethnologisch klar zu definieren war, konnten die Arierfanatiker unter den Germanisten schließlich alles beweisen, alles fordern, alles dem Machtanspruch des deutschen Volkes unterstellen. In ihren Schriften, die unter Titeln wie *Der germanische Ehrbegriff in der Literatur, Von deutscher Tapferkeit* oder *Das Kriegserlebnis im jüngsten Schrifttum* erschienen, hört man bereits jene Schritte dröhnen, in denen der Aufbruch des deutschen Volks zur Weltherrschaft widerzuhallen scheint. Sogar ernstzunehmende Literaturwissenschaftler bezeichneten es daher nach der Machtübergabe an die Nationalsozialisten als den «tiefsten Instinkt der nordischen Rasse», sich «jauchzend in die Schwerter der Feinde zu stürzen», wie es 1934 in dem Aufsatz *Die rassischen Kräfte im deutschen Schrifttum* von Heinz Otto Burger heißt.⁴⁶

Wie nicht anders zu erwarten, war das vordergründige Ergebnis dieser scheinbaren ‹Revolutionierung› der germanistischen Wissenschaft ein arisierender Kunstimperialismus, der alles, was in der deutschen Literatur Rang und Namen hatte, zu faschisieren suchte. Das Wort ‹deutsch› wurde hierbei in neuromantisch-chauvinistischer Tradition stets mit Qualifikationen wie heroisch, irrational, intuitiv, metaphysisch, schöpferisch und aristokratisch gleichgesetzt, während man die Literatur der nichtgermanischen Völker als zivilisatorisch-dekadent oder ‹entartet› abkanzelte. Auf diese Weise kam es nach 1933 zu ähnlichen Arierschnüffeleien und Deutschtumserklärungen, wie sie schon für die Bücher der Nordfanatiker vor dem Ersten Weltkrieg bezeichnend sind, um so auch auf literarischem Gebiet die ‹rassische› Überlegenheit des deutschen Volks herauszustreichen.

Welche Folgen eine solche Sicht für die Literaturgeschichtsschreibung sowie den Literaturunterricht haben mußte, ist leicht vorherzusehen. Vor allem die Nordistik stand viele Jahre völlig unter dem Einfluß eines arischen Rassenhochmuts und stellte die isländischen Sagas, die *Edda* wie auch die altgermanischen Heldenepen zum Teil höher als die *Ilias* oder die *Äneis*. Der gleiche Kult wurde mit dem *Nibelungenlied* und dem spezifisch deutschen Minnesang eines Walther getrieben, welcher den der französischen Troubadours angeblich weit übertreffe. Danach folgten als höchster Ausdruck des deutschen Wesens die Meistersinger, der *Simplicissimus*, die am ‹Nordmenschen› Shakespeare orientierten Werke des Sturm und Drang sowie schließlich – als weltliterarische Gipfelleistungen ersten Ranges – die Meisterwerke der deutschen Klassik und Romantik. Mit solchen Urteilen schloß sich die NS-Germanistik, wie auf vielen Gebieten, weitgehend der neuromantischen Geistesgeschichte der Jahrhundertwende und der zwanziger Jahre an. Mit eigenen Wertungen trat sie erst da auf, wo es um die Beurteilung der deutschen Literatur seit der Mitte des 19. Jahrhunderts ging. Während sie sich bis Romantik und Biedermeier durchaus an die bisher üblichen Epochenbezeichnungen hielt, lehnte sie für die Zeit nach 1871 Stiletiketten wie Naturalismus, Impressionismus, Expressionismus oder Neue Sachlichkeit ab – und teilte im Hinblick auf diesen Zeitraum, wie sich in den literaturgeschichtlichen Darstellungen von Helmut Langenbucher, Walther Linden, Heinz Kindermann, Franz Koch, Karl Justus Obenauer, Erich Trunz, ja selbst dem frühen Emil Staiger nachlesen läßt, die deutsche Literatur weitgehend in ‹artvergessene› und ‹volkhafte› Dichtungen ein, was zu einer grotesken Überbewertung von Autoren wie Hans Grimm, Hans Johst, Erwin Guido Kolbenheyer, Hans Friedrich Blunck, Curt Langenbeck und Will Vesper führte.

Fast alle Arbeiten, die sich mit der jüngsten Literaturentwicklung befaßten, mündeten daher in eine Apologetik der ‹deutschen Wiedergeburt›, hinter der meist irgendeine rassengöttliche ‹Vorsehung› steht, wie sich Hitler gern ausdrückte. Und so stößt man gerade in der Literaturgeschichtsschreibung immer wieder auf den mystifizierenden Grundzug der NS-Germanistik. Statt sich einer rein ‹rubrizierenden› Methode zu bedienen, faßte sie nur das ins Auge, was Herbert Cysarz bereits 1930 die «fortgebärende Totalrenaissance des deutschen Geistes» genannt hatte.[47] Aus diesem Grund kam sie ständig auf die Unvergleichlichkeit der deutschen Literatur zu sprechen, der selbst in Zeiten tiefster Erniedrigung, wie zuletzt der Weimarer ‹Systemzeit›, aus den Quellen des bis ins Germanische zurückreichenden Volkstums unablässig jene Kräfte zugeflossen seien, in denen sich die eigentliche Größe des deutschen Wesens ‹offenbare›.

Soviel zu den einzelnen Richtungen innerhalb der NS-Germanistik, die zwar alle in der Idee der Stärkung des völkischen Selbstbewußtseins kulminierten, jedoch die Akzente auf ‹Nation›, ‹Substanz›, ‹Volk›, ‹Blut› und ‹Wesen› jeweils anders setzten. All das läßt sich aufgrund der vorliegenden Schriften relativ leicht rekonstruieren. Schwieriger ist es dagegen, den organisatorischen Apparat dahinter aufzudecken, da es auf diesem Gebiet weitgehend an relevanten Akten fehlt und auch von den behördlichen Erlassen und Broschüren vieles den Bomben und späteren Säuberungen der Bibliotheken zum Opfer gefallen ist. Daher läßt sich hierzu nur folgendes, wenn auch nach dem bisher Geschriebenen unschwer Vorherzusehendes sagen. Die erste Kontaktaufnahme zwischen dem schon 1920 zur Gesellschaft für Deutsche Bildung umgewandelten Germanistenverband und der NS-Regierung fand bereits in den ersten Februartagen des Jahrs 1933 statt. Auf einer Tagung des Hochschulausschusses der GfDB, die einberufen wurde, «um keine Zeit zu verlieren, den fruchtbaren Augenblick zu versäumen», wie es hieß, nahmen unter anderem Hans Heinrich Borcherdt, Walther Hofstaetter, Friedrich Maurer, Friedrich Neumann, Friedrich Panzer und Karl Viëtor teil.[48] Besonders der Altgermanist Neumann drang hier darauf, die GfDB sofort in die nationalsozialistische Bewegung einzubringen und alle Germanisten aufzurufen, sich hinter diese Entscheidung zu stellen.

Den endgültigen Anschluß an die Partei vollzog die GfDB am 1. und 2. April 1933 im Frankfurter Hochstift, wo im Rahmen einer ‹Kulturpolitischen Aussprache› zwischen Vertretern der GfDB und der NSDAP eine weitgehende Einmütigkeit festgestellt wurde. Kurz darauf stieg Friedrich Neumann zum neuen Vorsitzenden der GfDB auf, der allen Mitgliedern dieser Gesellschaft riet, sich unverzüglich zur neuen Regierung zu bekennen und sich zu einem radikalen Handeln im Sinne der völkischen Idee zu entscheiden. Er selbst gab dazu das Signal, indem er Anfang Mai als neuer Rektor der Universität Göttingen zur Verbrennung der von den Nationalsozialisten auf den Index gesetzten Bücher aufrief, worauf sein neugermanistischer Kollege Gerhard Fricke die erforderliche Brandrede hielt. Ebenso eindeutig ist der von Friedrich Neumann verfaßte Aufruf zur Reichstagswahl und zum Austritt Deutschlands aus dem Völkerbund, der Anfang November 1933 in der Broschüre *Bekenntnis der Professoren an den deutschen Universitäten und Hochschulen zu Adolf Hitler und dem nationalsozialistischen Staat* erschien und unter anderem von Luise Berthold, Paul Böckmann, Ernst Elster, Theodor Frings, Karl Helm, Kurt May, Harry Maync, Walther Mitzka, Ulrich Peters, Robert Petsch, Hermann Schneider, Ludwig Wolff und Ferdinand Wrede unterzeichnet wurde.

Doch auch andere prominente Germanisten wie Gerhard Fricke, Hermann August Korff, Hans Naumann, Friedrich Panzer, Julius Petersen, Karl Viëtor und Günther Weydt ließen es in diesen Wochen und Monaten nicht an feurigen Bekenntnissen zum neuen Staat und seinen Machthabern fehlen.

Um die GfDB noch stärker in den Parteiapparat zu integrieren, wurde sie im März 1935 bei einer Tagung in Bayreuth dem Nationalsozialistischen Lehrerbund angeschlossen und sollte ihre Mitglieder fortan darauf verpflichten, sich in Forschung und Lehre allein an die nationalsozialistische Weltanschauung zu halten, das heißt für eine betont völkische Linie, stärkere Pflege der deutschen Muttersprache sowie Erforschung der germanischen Ursprünge des deutschen Geistes einzutreten. Doch das war zu diesem Zeitpunkt kaum noch nötig, da sich inzwischen fast alle Hochschulgermanisten – mehr oder minder eindeutig – in den Dienst der staatlichen Ideologie gestellt hatten. Und so erübrigte sich schließlich die auf das Dritte Reich hinführende Rolle der GfDB, obwohl sie nominell noch bis 1945 weiterexistierte.

Was sich zur gleichen Zeit in den germanistischen Seminaren abspielte, lag auf derselben Linie. Wer Jude war, mußte gehen, ja manchen von ihnen wurde – neben anderen Vertretern ‹undeutscher Art› wie Thomas Mann – sogar der Doktor- oder Ehrendoktortitel aberkannt. Von den führenden Ordinarien und vor allem den Dozenten, die sich wie Paul Böckmann, Fritz Martini und Erich Trunz für einen Lehrstuhl qualifizieren wollten, traten fast alle der NSDAP bei. In den germanistischen Publikationen dieser Jahre, die sich nicht schon durch ihre Themenstellung als ‹völkisch gesinnt› auswiesen, tauchten wenigstens in den Vorworten oder Widmungen häufig Lippenbekenntnisse zum neuen Reich auf. In der Sprachgebung wurde von vielen ein bewußt deutscher Duktus bevorzugt und zugleich alles Fachspezifische und Fremdwortreiche als ‹undeutsch› abgelehnt. Im Hinblick auf den Deutschunterricht an den Oberschulen setzten sich maßgebliche NS-Germanisten und NS-Pädagogen wie Theodor Herrle für die bereits von Rudolf Hildebrand in der *Zeitschrift für den deutschen Unterricht* vor der Jahrhundertwende aufgestellten Postulate ein, nämlich an die Stelle eines Fachunterrichts, der lediglich totes Wissen aufhäufe, einen charakter- und willensbildenden Unterricht im Sinne einer ‹politischen Lebenswissenschaft› zu setzen, die sich allein der Stärkung des deutschen Selbstbewußtseins verpflichtet fühlt.

An die Öffentlichkeit wandten sich die Hochschulgermanisten nur noch einmal, und zwar in ihrer offiziellen Unterstützung des im Herbst 1939 von Hitler angezettelten Zweiten Weltkriegs und den sich daran anschließenden Bekenntnissen zum geistigen Fronteinsatz aller Wissenschaftler im Dienste des ‹Befreiungskampfes des deutschen Volkes›. Als ihren Hauptbeitrag zu diesem Krieg empfand die Mehrzahl der Germanisten, neben gelegentlichen Reden und Aufsätzen zur Kriegsthematik, jenes fünfbändige Sammelwerk *Von deutscher Art in Sprache und Dichtung*, das Anfang Juli 1940 auf einer Tagung in Weimar beschlossen wurde, an der auch der Reichserziehungsminister Bernhard Rust teilnahm und auf der Franz Koch das Hauptreferat über *Deutsche Dichtung als Kampffeld deutschen Glaubens* hielt. Und zwar wurde das Gesamtprojekt – unter der Leitung von Gerhard Fricke und Franz Koch – in folgende neun Themenkreise eingeteilt: 1. Die Sprache (Friedrich Maurer), 2. Frühzeit (Otto Höfler), 3. Mittelalterliche Dichtung (Ludwig Wolff), 4. Durchbruch deutscher Glaubenskräfte (Josef Quint), 4. Bildungsdichtung und ihr Gegenspiel (Benno von Wiese), 5. Die schöpferische Selbstverwirklichung in der Goethezeit (Karl Justus Obenauer), 7. Gefährdung und Selbstbehauptung im Kampf um die deutsche Wirklichkeit (Heinz Kindermann), 8. Dichtungsformen und 9. Mächte und Ideen (beide Franz Koch).

Dieser Aufgabe stellten sich – neben den bereits Genannten – vor allem Paul Böckmann, Hans Heinrich Borcherdt, Heinz Otto Burger, Herbert Cysarz, Paul Kluckhohn, Werner Kohlschmidt, Fritz Martini, Kurt May, Paul Merker, Josef Nadler, Hans Naumann, Friedrich Neumann, Friedrich Panzer, Julius Petersen, Wolfdietrich Rasch, Franz Strunz und Leo Weisgerber. Andere, wie Friedrich Beißner, Max Kommerell und Walther Rehm, ließen sich dagegen nicht auf dieses Mammutprojekt ein. Die Grundtendenz dieser Bände ging weit über die bisherige Stärkung des völkischen Selbstbewußtseins hinaus und sollte den durch die Eroberung Polens und Frankreichs ausgelösten deutsch-arischen Führungsanspruch in ganz Europa unterstützen. Heinz Otto Burger begann deshalb seinen Beitrag zum letzten Band dieses Projekts mit dem nicht mißzuverstehenden Satz: «Durch die nationalsozialistische Revolution und den Krieg hat sich das deutsche Volk nicht allein seine gleichberechtigte Stellung unter den europäischen Völkern wieder erobert, es kann sich vielmehr bereits anschicken, den ganzen Erdteil zu erobern.»[49]

Wegen dieses breiten Einverständnisses bewahrten sich zwar einige Hochschulgermanisten im Hinblick auf die faschistische Ideologie eine *reservatio mentalis*, wagten jedoch nicht, ihr öffentlich entgegenzutreten. Selbst der vielbeschworene Rückzug in die ‹Innere Emigration›, wie er sich im Bereich der abendländisch-humanistischen und religiösgebundenen Literatur des gleichen Zeitraums beobachten läßt, war innerhalb der Germanistik nur im Rahmen genau abgezirkelter Grenzen oder einer zu vielen Kompromissen bereiten Haltung möglich. Ein gutes Beispiel dafür bietet die Biedermeier-Forschung der dreißiger Jahre, in der sich auf den ersten Blick ein Rückzug ins Idyllische und Unheroische, in die gute alte Zeit der Metternichschen Restaurationsepoche vermuten ließe. Dafür sprechen etwa die Biedermeier-Aufsätze Wilhelm Bietaks, Paul Kluckhohns und Günther Weydts, die 1935 in der *Deutschen Vierteljahrsschrift für Literaturwissenschaft und Geistesgeschichte* erschienen, in welchen den magisch-irrationalen Tendenzen der Romantik das biedermeierliche Leitbild der Ruhe und Beständigkeit entgegengestellt wird. Doch solchen Interpretationsansätzen wurde nicht nur von Hermann Pongs heftig widersprochen, der schon im gleichen Jahr in der Zeitschrift *Dichtung und Volkstum* sogar das Biedermeier ins ‹Dämonische› zu erhöhen versuchte, um auch diesem Abschnitt der deutschen Geistesgeschichte einen heroischen Glanz zu geben, sondern auch von jenen Nadlerschen Stammeskundlern, welche die Biedermeier-Forschung lediglich dazu benutzten, um Mörike als ‹den› Schwaben, Droste-Hülshoff als ‹die› Westfälin, Gotthelf als ‹den› Berner Oberländer usw. hinzustellen. Deshalb schrieb Paul Kluckhohn kurz darauf mit einlenkender Tendenz, daß es Bietak, Weydt und ihm vor allem darum gegangen sei, die «volksverwurzelten» Autoren der «konservativen Kultur des Biedermeier» gegen die wurzellosen «Zeitdichter» des «Jungen Deutschland und verwandter Erscheinungen» auszuspielen.[50] Und so kam es in der Folgezeit selbst auf diesem Gebiet zu einem seltsamen In- und Nebeneinander altkonservativer, geistesgeschichtlicher, stammeskundlicher, völkisch-existentialistischer und faschisierter Sehweisen, die sich nicht pauschal der ‹Inneren Emigration› zuschreiben lassen. Ähnliches gilt für andere als nichtfaschistisch geltende Reservate der germanistischen Forschung wie die Gattungs- und Motivgeschichte, deren Untersuchungen meist eine zutiefst konservative Ausrichtung hatten oder sich, wie die *Geschichte der deutschen Ballade* (1936) von Wolfgang Kayser, im Sinne der Partei nachdrücklich um die Herausarbeitung deutsch-völkischer Elemente bemühten.

Genauer betrachtet, gibt es daher nur wenige innerhalb Deutschlands erschienene germanistische Publikationen, von einigen Dichterausgaben oder anderen positivistisch orientierten Arbeiten abgesehen, die nach 1933 keine Tendenzen ins Faschistoide oder eindeutig Faschistische aufwiesen. Wie die Leitziele in den ideologischen Verlautbarungen der NSDAP waren diese Tendenzen allerdings oft widersprüchlich oder zumindest unzusammenhängend. Dennoch durchdrangen sie als politisches Fluidum fast alle sprach- und literaturwissenschaftlichen Veröffentlichungen dieses Zeitraums, und zwar selbst da, wo sich ihre Autoren um eine bürgerlich-nichtfaschistische Integrität bemühten oder sich – wegen geringfügiger Abweichungen von der jeweiligen Parteilinie – als Widerständler vorkamen. Es ist deshalb nicht einfach, die Germanisten der NS-Ära in harmlose, weil ungläubige Mitläufer und verwerfliche, weil zutiefst überzeugte Parteigänger zu sortieren. Doch selbst wenn sich solche Unterscheidungen treffen ließen, wäre damit noch nicht alles gesagt. Schließlich gab es unter den Mitläufern sowohl vorsichtig taktierende Nichtfaschisten als auch berechnende Opportunisten und unter den Parteigängern sowohl gläubige Idealisten als auch zynische Gewaltnaturen. Man täte darum gut daran, sich im Hinblick auf den Nationalsozialismus – dem nicht nur ein skrupelloser Welteroberungsdrang, sondern auch ein ins Völkische ‹depravierter Sozialismus› zugrunde lag, wie sich Bertolt Brecht einmal ausdrückte – in Zukunft eine dialektisierende Sicht anzugewöhnen, die weniger zwischen halbwegs guten Mitläufern und zutiefst bösen Parteigängern als zwischen einer Fülle verschiedenster Typen wie realpolitisch kalkulierenden Faschisten, karrierebesessenen Egomanen, völkisch gesinnten Altkonservativen, leicht entflammbaren Idealisten und anderen Weltanschauungsträgern dieser Art unterschiede. Schließlich hofften die wahrhaft Gläubigen unter diesen Germanisten tatsächlich, daß nur eine entschiedene Wendung zu einer nationalen Gemeinschaftlichkeit und einer in ihrem Dienst stehenden Dichtung das deutsche Volk aus dem materialistisch-egoistischen Sumpf der Weimarer Republik retten könne, weshalb sie nach dem Ende des Dritten Reichs zutiefst enttäuscht waren, als sie zur Einsicht kamen, wie unbarmherzig die braunen Machthaber ihre völkischen Ideale ins Größenwahnsinnige, ja Bestialische korrumpiert hatten.

Die unmittelbare Nachkriegszeit

Daß die Germanistik nach der militärischen Niederlage des deutschen Faschismus im Mai 1945 keinen sofortigen Positionswechsel vollzog und an eine ideologische Bewältigung ihrer unrühmlichen Vergangenheit ging, hat mehrere Ursachen. Dafür waren erst einmal personelle Gründe ausschlaggebend. Weil sich während des Kriegs kaum jemand habilitiert hatte, von den jüngeren Germanisten manche an der Front gefallen waren und aus dem Exil – außer Richard Alewyn, Johannes Klein, Wolfgang Liepe und Werner Milch – fast niemand zurückkam, sahen sich die von den Alliierten in allen vier Besatzungszonen eingesetzten Universitätsrektoren gezwungen, viele der durch ihre völkische und später nationalsozialistische Gesinnung kompromittierten Professoren im Amt zu belassen. Suspendiert wurden unter anderen Ernst Bertram, Henning Brinkmann, Herbert Cysarz, Gerhard Fricke, Heinz Kindermann, Fritz Martini, Friedrich Neumann, Hermann Pongs und Erich Trunz, von denen jedoch einige schon nach wenigen Jahren ihre Stellen zurückerhielten, da es kaum jemanden gab, der sie hätte ersetzen können.

Und so blieben die meisten germanistischen Lehrstühle nach 1945 weiterhin mit ehemaligen Nationalsozialisten oder sogenannten Minderbelasteten sowie Vertretern der ‹Inneren Emigration› besetzt. Im Lehrbetrieb dieses Fachs herrschte demzufolge eine Germanistik des Verschweigens und Vertuschens, die etwas ausgesprochen Maskenhaftes hatte. Weder antifaschistische Äußerungen noch Schuldbekenntnisse wurden laut. Fast keiner der Germanisten trat politisch an die Öffentlichkeit oder nahm Kontakte zu den neugegründeten Parteien auf. Die meisten zogen sich möglichst unauffällig in den Seminarbetrieb zurück und wählten für ihre Veranstaltungen weitgehend Themen wie Mittelalter, Klassik oder Romantik – also das Große, Wertbetonte, Beständige ‹in der Erscheinungen Flucht›. Lieblingswerke dieser

Ära waren deshalb wie eh und je das *Nibelungenlied*, der *Faust*, die Gedichte Hölderlins oder der *Heinrich von Ofterdingen*, mit denen sich die Größe, ja Unvergänglichkeit der älteren deutschen Literatur herausstreichen ließ. Und zwar wurden diese Werke meist aus allen historischen, politischen und sozialen Zusammenhängen herausgenommen und ohne Heranziehung von Sekundärliteratur – vor allem nicht der, die zwischen 1933 und 1945 erschienen war – als isolierte Meisterwerke hingestellt. Ihren Höhepunkt erlebte diese Form der Germanistik 1949, dem 200. Geburtsjahr von Goethe, in dem landauf, landab ein Ton des Rühmens und Preisens vorherrschte und mit Vorliebe ein Drama wie Goethes *Des Epimenides Erwachen* gespielt wurde, in dem sich der deutsche Genius in ‹Zeiten der Wirren› in eine Höhle zurückzieht, dort in einen Heilschlaf verfällt und die Bühne erst wieder betritt, als sich die Dämonen des Kriegs und der Gewalt verzogen haben. Goethe wurde überhaupt gern als wichtigster Entlastungszeuge für die These herangezogen, daß sich Literatur und Gewalt stets widersprächen und man die Geistigen, die stets in der ‹Inneren Emigration› gelebt hätten, nicht für irgendwelche Rückfälle ins ‹Dämonische› verantwortlich machen könne.

Vor allem in den drei westlichen Besatzungszonen legten die meisten Germanistikprofessoren nach 1945 keine persönlichen Schuldbekenntnisse ab, sondern priesen weiterhin die Größe der deutschen Kultur und Literatur, wenn auch nicht mehr unter nationalem, sondern abendländisch-humanistischem oder christlichem Vorzeichen. Und zwar fanden sie dafür in ihren Hörern und Hörerinnen, die als ‹gebrannte Kinder› des Faschismus ebenfalls politikmüde waren, ein äußerst aufnahmebereites Publikum. Diese Studenten und Studentinnen wollten weder Kritisches über den Nationalsozialismus noch Positives über die Demokratie hören, sondern sehnten sich nach Trost, nach Lebenshilfe, nach ‹höheren Werten›. Schließlich stammten sie überwiegend aus jener elitär ausgebildeten Abiturientenschicht, die bis 1955 lediglich 4,5 Prozent der westdeutschen Jugendlichen umfaßte. Der Kulturenthusiasmus dieser Schicht war so groß, daß Theodor W. Adorno, der 1949 als Soziologe aus dem nordamerikanischen Exil nach Frankfurt zurückkehrte, bereits ein Jahr später unter dem Titel *Auferstehung der Kultur in Deutschland?* in den *Frankfurter Heften* schrieb, daß er es kaum fassen könne, nach zwölf Jahren Hitler-Barbarei einem solchem Kulturhunger zu begegnen. Allerdings war er hellsichtig genug, in dieser universitären Beschwörung alles Hochkulturellen zugleich eine bewußte Verdrängung der faschistischen Ära zu erkennen.

Am deutlichsten läßt sich dieser Trend zum bewußten Absehen von der unmittelbaren Vergangenheit in den drei Westzonen beobachten, wo nach einigen recht harmlosen Appellen zur politischen Umbesinnung ab Herbst 1947, mit dem Beginn des Kalten Kriegs, die antifaschistischen Parolen von einer antikommunistischen Propaganda abgelöst wurden, durch die sich viele der ehemaligen Nationalsozialisten bestätigt fühlten, schon immer gegen den richtigen Feind gekämpft zu haben. Die meisten Germanisten – als die angeblichen ‹Opfer› des Totalitarismus, wie sie das nannten – schlossen sich jedoch in der Folgezeit weder der einen noch der anderen Richtung an. Sie unterstützten lieber eine ideologische ‹Kehre› aus dem Politisch-Kollektiven ins Unpolitisch-Subjektive, welche im Laufe der späten vierziger und frühen fünfziger Jahre dreierlei Formen annahm: (1) die eines Rückzugs auf die ewigen Werte des Religiösen, (2) die einer Umwandlung der völkischen Wesens- und Seinslehren in einen solipsistisch ausgerichteten Existentialismus und (3) die einer geradezu kultischen Beschwörung der älteren Autonomieästhetik.

Zu Anfang überwog erst einmal die Einkehr ins Religiöse, ob nun in neoprotestantischer oder neokatholischer Observanz. Obwohl in diesem Bereich der Gesamtverlauf der deutschen Geschichte meist als ein ahistorisches Schlachtfeld gläubiger und ungläubiger Mächte hingestellt wurde, finden sich hier die einzigen Arbeiten, in denen die Germanistik das Thema des Faschismus aufgriff, wenn auch nur im Sinne der weitverbreiteten ‹Abfall von Gott›-Theorien. Statt sich allerdings hierbei dem Schuldbekenntnis Martin Niemöllers anzuschließen, verharrten viele Germanisten selbst auf diesem Gebiet weitgehend bei unpolitischen Besinnungs-, Wandlungs- oder Einkehrformeln, das heißt priesen die großen religiösen Trostdichter des Mittelalters, der Reformation und des Barocks, ja wiesen sogar auf einige Vertreter der ‹Inneren Emigration› wie Werner Bergengruen, Elisabeth Langgässer, Gertrud von Le Fort oder Reinhold Schneider hin, zogen sich aber sonst weitgehend ins Unkonkrete irgendwelcher numinös-mystischen Schwärmereien zurück oder beklagten – wie Benno von Wiese in seinem Buch *Die deutsche Tragödie von Lessing bis Hebbel* (1948) – im Sinne der ‹Verlust der Mitte›-Theorien Hans Sedlmayrs das allmähliche Verschwinden der Theodizee im Kreuzfeuer des aufklärerischen Atheismus des 18. Jahrhunderts.

Hand in Hand mit dieser religiösen Einkehr ging jene existentialistische Welle, die durch Martin Heideggers vieldiskutierte ‹Kehre› ausgelöst wurde, mit der er die Abkehr von seinen faschistischen Verfehlungen zu umschreiben versuchte. Von kaum zu unterschätzender Wirkung war in diesem Zusammenhang sein Aufsatz *Der Ursprung des Kunstwerks*, der 1949 in seinem Sammelband *Holzwege* erschien. Wahre Kunstwerke werden hier als Instrumente des «Entbergenden» hingestellt, in denen sich das «Sein des Seienden» enthüllt.[51] Letztlich sah also Heidegger in der Kunst vornehmlich eine ‹Lichtung›, einen Durchstoß aus der alltäglichen Welt des Seienden in die ewige Offenheit des Seins. Aus diesem Grund sprach er ihr alle Bedeutungsqualitäten zu, die sich mit Begriffen wie Mitte, Ganzheit, Wesensfülle und Göttlichkeit verbinden. Mit anderen Worten: Sie war für ihn ‹Wahrheit›, und zwar eine Wahrheit, die unmittelbar aus dem Absoluten stammt und daher jenseits aller politischen, psychologischen und sozioökonomischen Voraussetzungen steht. Alles geschichtlich Determinierte wurde dagegen von Heidegger als bloßes ‹Man›, Welt des ‹Geredes› oder ‹Weg in die Irre› abgewertet. Was in diesen Bereich gehört, war für ihn lediglich etwas Vordergründiges und Scheinhaftes, hinter dem sich eine im ‹Sein› verankerte Wahrheitsschicht verbirgt, die sich jedem rationalen Zugriff entzieht und nur in der magisch erlebten Welt der Kunst ins helle Licht der Unverborgenheit tritt.

Die im Banne Heideggers stehenden Germanisten dieser Jahre sahen demzufolge im Dichten vornehmlich ein «Sich-ins-Werk-Setzen der Wahrheit des Seienden», das heißt den Versuch, in das Gestrüpp der bereits völlig vom «Man» überwucherten Alltagswelt eine aufhellende Schneise zu schlagen.[52] In Werken dieser Art, kurz: Werken des ‹Stiftenden› oder ‹Gründenden›, fühlten sie sich in eine Welt versetzt, die sich nur den Menschen mit dem erforderlichen ‹Gespür› offenbart, während sie den Banausen auf Ewigkeit verschlossen bleibt. Bei einer so rigorosen Scheidung zwischen Sein und Wirklichkeit fiel alles Erlernbare zwangsläufig unter den Tisch. Wie schon bei Dilthey herrschte hier lediglich das kongeniale ‹Sich-Hinein-Versetzen› ins Zentrum der ‹Unverborgenheit›, nur daß sich der Akzent vom ‹Leben› auf das ‹Sein› verschob. Der Freiburger Germanist Erich Ruprecht forderte daher schon 1949 die Literaturwissenschaft im Sinne Heideggers auf, Dichtungen als in sich selbst geschlossene Ganzheiten «nur noch aus sich selbst zu erhellen».⁵³ Weitere Impulse dieser Art kamen von dem Züricher Germanisten Emil Staiger und seinen Anhängern, welche das existentielle Verhältnis zur Zeit als eine poetische Grundbefindlichkeit herausstellten, die sogar für die Wahl der dichterischen Ausdrucksmittel ausschlaggebend sei. Staiger ging deshalb in seinen *Grundbegriffen der Poetik* (1946) ausdrücklich von der Heideggerschen Vorstellung der drei Ekstasen der Zeit aus, mit denen er Charakterisierungen wie ‹lyrisch›, ‹episch› und ‹dramatisch› einen neuen, stärker seinsbezogenen Bedeutungshintergrund zu geben versuchte.

Im Anschluß an solche Arbeiten setzte genau das ein, was Heidegger an sich vermeiden wollte, nämlich ein allgemeines ‹Gerede›. Das existentialistische Vokabular wurde zum Jargon. Besonders in den germanistischen Wesenserhellungen der Jahre um 1950 war darum viel von ‹Seinsdurchleuchtung›, vom ‹Existenzwunder der Dichtung›, vom literarischen ‹Gespür›, von ‹seinshafter Bindung an das Du› oder vom menschlichen ‹Angerührtsein› die Rede. Eine unglaubliche Prätention des ‹Betroffenseins› verbreitete sich. Alles wurde zum existentiellen ‹Anliegen›, wenn nicht gar undurchdringlichen ‹Geheimnis›, das sich nur in gleichnishaft-chiffrierter Sprache andeuten läßt. Empirisches, das diesen Vorgang des unmittelbaren ‹Ergriffenseins› nur stören würde, wurde daher bedenkenlos beiseite geschoben. «Dichtung enthält kein Urteil über einen Sachverhalt, dem sie sich anzugleichen hätte», schrieb Johannes Pfeiffer, «sondern Dichtung beschwört eine bildhafte, eine selbstgenügsam-schwebende Wirklichkeit, über die hinauszufragen sinnwidrig wäre.»⁵⁴ An anderen Stellen sprach er von der «Wiederbringung der Dinge in den Ursprung» oder nannte Dichtung einen «ethisch-metapsychischen Dienst am Sein».⁵⁵ Wer hätte da noch gewagt, von sozial determinierter Literatur oder wissenschaftlicher Objektivität zu sprechen? All das wäre ja ein Verstoß gegen jene «Seinsgläubigkeit» gewesen, die Otto Friedrich Bollnow kurze Zeit später als das Innewerden in einer «neuen Geborgenheit» umschrieb.⁵⁶

Dieselbe antihistorische Grundhaltung herrschte in jener germanistischen Sehweise, die sich – aus Berührungsangst allem Politischen und Ideologischen gegenüber – der älteren Autonomieästhetik verschrieb. Auch hier verraten einige Zitate mehr als jede spätere Charakterisierung. So erklärte Karl Viëtor 1945, daß das «Wunder der dichterischen Gestalt» ein «Phänomen sui generis» sei, welches sich mit außerliterarischen Mitteln nie erfassen lasse.[57] Kurt May setzte sich 1947 für eine Art «Diätkur» ein und empfahl allen Germanisten, für eine Eigengesetzlichkeit der Literaturwissenschaft einzutreten, die sich im Sinne einer Beschränkung auf den Kunstcharakter der dichterischen Sprache mit einer «darbietenden» Interpretation begnügt.[58] Was Dichtung zur Dichtung mache, schrieb Horst Oppel im gleichen Jahr, lasse sich nur in «strenger Bindung an die dichterische Gestalt erkennen».[59] Ihre erste Zusammenfassung erfuhren diese Tendenzen 1948 in Wolfgang Kaysers wirkungsreichem Buch *Das sprachliche Kunstwerk*, in dem der Hauptakzent ebenfalls auf autonom gesetzten bau- und gattungsgeschichtlichen Aspekten liegt. Auch Kayser sah in Dichtung nicht einen «Abglanz von irgend etwas anderem», sondern lediglich ein «in sich geschlossenes sprachliches Gefüge».[60] Daher wandte er sich, der in den dreißiger Jahren – wie Viëtor, May und Oppel – mit dem Nationalsozialismus sympathisiert hatte, entschieden gegen jede Ausweitung der Germanistik ins Geistesgeschichtliche oder Interdisziplinäre und erhob die Gestaltqualität des einzelnen Werks zum alleinigen Maßstab jeder sich um das ‹Wesen› des Dichterischen bemühenden Interpretation. Das gleiche tat Paul Böckmann 1949 im ersten Band seiner *Formgeschichte der deutschen Dichtung*, nachdem auch er vor 1945 viel von ‹Volk› und ‹nationaler Verpflichtung› geredet hatte.

Sowohl der nach dem Krieg einsetzenden Wendung zum Existentiellen als auch zur dichterischen Gestaltqualität lag letztlich derselbe Impuls zugrunde. Mit beiden wollten sich die Germanisten einer sie belastenden Auseinandersetzung mit der faschistischen Vergangenheit durch ein Ausweichen ins Unpolitische entziehen. Sie ließen sich nicht einmal dazu herab, die faschistische Germanistik als eine Entgleisung ins Unwissenschaftliche oder einmalige Panne hinzustellen, wie das später üblich wurde, sondern schwiegen sich über sie – und damit auch ihre eigene Vergangenheit – einfach aus. Und so blieb die Germanistik in den drei Westzonen eine postfaschistische Tabuzone, deren ideologische Windstille etwas höchst Trügerisches hatte. Ihre wichtigsten Vertreter legten zwar den Faschismus nach 1945 schnell ad acta, waren aber unwillig, sich der erwünschten Democratic Re-education zu unterziehen, und zelebrierten statt dessen lieber mit priesterlicher oder ästhetisierender Gebärde den ‹weltenthobenen› Charakter aller wahrhaft großen Dichtung.

Anders und doch ähnlich verliefen diese Wandlungsprozesse in der sowjetischen Besatzungszone. Auch hier blieben die meisten der durch ihre Identifizierung mit der NS-Ideologie arg vorbelasteten germanistischen Lehrstuhlinhaber weiterhin im Amt, da es niemanden gab, der an ihre Stelle treten konnte. Die Vorlesungsverzeichnisse aller vier Besatzungszonen wiesen daher anfangs große Ähnlichkeiten auf. Hüben wie drüben wurden vor allem die humanistisch-klassischen und zum Teil auch romantischen Großwerke des literarischen Erbes interpretiert, ohne daß jemand zugleich auf ihren politischen oder sozialgeschichtlichen Stellenwert eingegangen wäre. Als im November 1948 unter der Leitung von Theodor Frings in Leipzig eine erste «Germanistische Fachkonferenz für Fragen der literaturhistorischen Lehre und Forschung» stattfand, stieß deshalb der aus dem Exil zurückgekehrte Jurist und Publizist Hans Mayer, der sich gegen die bedauerliche Abstraktheit des herrschenden Germanistikbetriebs wandte und statt dessen eine stärkere Zusammenarbeit der Philologie und Literaturwissenschaft mit der Geschichte und Soziologie forderte, auf taube Ohren. Die meisten der anwesenden Germanisten verschanzten sich zu diesem Zeitpunkt auch in der sowjetischen Besatzungszone noch hinter Einwänden, daß man nach den rein inhaltsbezogenen Kriterien des Nationalsozialismus erst einmal die Formqualitäten des literarischen Erbes herausstreichen müsse und es zudem heute überhaupt keine ‹Klassen› mehr gebe. Aus diesem Grund kam eine Reform der Lehrpläne, trotz mancher Beschlüsse der SED zu einer neuen Kulturpolitik, nicht recht vom Fleck. Selbst die Publikationen von Georg Lukács, den Thomas Mann den bedeutendsten Literaturwissenschaftler des 20. Jahrhunderts genannt hatte, änderten an dieser Situation nicht viel. Darum kann man zu diesem Zeitpunkt, obwohl neben Hans Mayer auch Werner Krauss und Ernst Bloch bereits in Leipzig wirkten, im Hinblick auf die sowjetische Besatzungszone noch kaum von einer materialistischen Literaturwissenschaft sprechen. Und so war im Herbst 1949, als kurz vor der Gründung der beiden deutschen Staaten in Weimar und Frankfurt am Main große Goethe-Feiern stattfanden, der Grundtenor der offiziellen Reden relativ ähnlich. Hier wie dort wurde Goethe – nach den mannigfachen Verfehlungen des deutschen Geistes – als einer der wenigen großen deutschen Dichter gefeiert, der allen Versuchen einer platten Ideologisierung widerstanden habe und dem daher der Rang eines zeitlosen Olympiers zukomme.

Die fünfziger Jahre in
West- und Ostdeutschland

Die bundesrepublikanische Germanistik der frühen fünfziger Jahre ist relativ leicht zu überschauen. Etwa 80 Professoren standen damals 5000 Studenten gegenüber, was im Vergleich zu heute geradezu idyllisch wirkt. Es gab allerdings weder eine staatliche Studienförderung noch großzügige Stipendien. Im Gegenteil, die meisten Universitäten ließen sich noch Studiengebühren zahlen. Da jedoch die Mehrheit der Germanistikstudenten und -studentinnen aus finanziell bessergestellten Familien stammte, wurde das nur von den wenigen ‹Armen›, die sich ihren Lebensunterhalt selbst verdienen mußten, als undemokratisch empfunden. Die meisten dieser Studierenden, die in der ‹Kulturhunger›-Phase der unmittelbaren Nachkriegszeit Abitur gemacht hatten, betrachteten sich als gesellschaftsabgewandte Intellektuelle. Sie verachteten die Massenmedien, lasen nur Werke anspruchsvollster Art, schrieben Gedichte im Stil Rainer Maria Rilkes oder Gottfried Benns und hätten es als unwürdig erachtet, sich mit so ‹niedrigen› Themen wie Politik auseinanderzusetzen. Viele von ihnen kapselten sich völlig in einer Welt des elitären Ästhetizismus ein und fühlten sich nicht primär als Wissenschaftler, sondern als ‹Geistige›. Als Johannes Klein 1952 die Marburger Germanistikstudenten und -studentinnen aufforderte, ihm ihre Gedichte einzureichen, taten das von 350, die damals dort studierten, 290. Überhaupt war der Kulturidealismus dieser Schicht noch weitgehend ungebrochen, zumal sich niemand Sorgen um die Zukunft zu machen brauchte, weil alle wußten, daß nach dem Abschluß ihres Studiums genug Stellen im höheren Schuldienst auf sie warteten.

Die Ordinarien dieses Fachs waren zu diesen Zeitpunkt noch ‹Könige› in ihren Instituten, denen kaum jemand zu widersprechen wagte. Über ihre nationalsozialistische Vergangenheit wurde wegen der allgemeinen Tabuierung dieses Themas kaum eine Stimme laut. Deshalb fühlten sich die meisten von ihnen – nach einer kurzen Labilitätsphase – schon um 1950 wieder recht sicher auf ihren Lehrstühlen, zumals sie sahen, daß selbst einige der schwer belasteten NS-Germanisten nach der Einstellung der Spruchkammerverfahren ihre Professuren zurückerhielten und sogar Martin Heidegger ab 1951 wieder in Freiburg lehren durfte. Da auch Konrad Adenauer viele Konzessionen an ehemalige Nazis machte und einige mit höchsten politischen Ämtern betraute, schreckten ehemalige NS-Literaturwissenschaftler wie Gerhard Fricke und Erich Trunz, die beide zu diesem Zeitpunkt wieder auf germanistische Lehrstühle berufen wurden, in den fünfziger Jahren nicht einmal davor zurück, ihre im Dritten Reich publizierten Aufsätze mit geringfügigen Änderungen neu herauszugeben. Ja, Henning Brinkmann und Leo Weisgerber, von denen der eine 1934 das Buch *Die deutsche Berufung des Nationalsozialismus*, der andere 1936 in dem NS-Blatt *Die Westmark* den Aufsatz *Die Muttersprache als völkische Schicksalsmacht* veröffentlicht hatte, gründeten 1950 unverdrossen die betont konservative Zeitschrift *Wirkendes Wort*.

Dasselbe gestärkte Selbstvertrauen zeigte sich in den bereits 1949 einsetzenden Bemühungen, den Germanistenverband neu ins Leben zu rufen. Die Anregungen dazu gingen vor allem von Paul Böckmann, Hans Heinrich Borcherdt und Franz Schultz aus, die alle drei eine braune Vergangenheit hatten. Der erste Germanistentag, den diese Gruppe einberief, fand 1950 in München statt. Von den früheren NS-Germanisten taten sich hier neben Borcherdt besonders Benno von Wiese, Friedrich Maurer und Heinz Otto Burger hervor, die dem drohenden ‹Untergang des Abendlandes›, wie er sich im Überhandnehmen des Massenhaften und Technologischen anbahne, mit idealistisch-verblasenen oder neuchristlichen Parolen entgegenzutreten versuchten. Doch wirklich neu konstituierte sich der Deutsche Germanistenverband (DGV) erst auf einer 1952 in Münster stattfindenden Tagung, an der ungefähr 800 Schul- und Universitätsgermanisten teilnahmen, welche Jost Trier zum 1. Verbandsvorsitzenden wählten. In den Reden dieser Tagung sowie der folgenden in Nürnberg (1954), Frankfurt am Main (1956) und Hamburg (1958) zeichnete sich eine konservative bis reaktionäre ideologische Linie ab, die sich auch in den ab 1954 viermal im Jahr erscheinenden *Mitteilungen des Deutschen Germanistenverbandes* widerspiegelte. Obwohl ständig auf die enge Verbindung von Universität und Schule hingewiesen wurde, wandte sich der DGV kaum mit irgendwelchen Reformvorschlägen an die Öffentlichkeit oder die zuständigen Behörden. Im Gegensatz zu seinen vielfältigen Aktivitäten in der Zeit vor dem Ersten Weltkrieg, der Weimarer Republik wie auch der NS-Ära verhielt er sich in den fünfziger Jahren wesentlich zurückhaltender. Demzufolge wurde in den *Mitteilungen* das Dritte Reich nur selten erwähnt oder bewußt verschleiernd als die Zeit des ‹Ungeistes› hingestellt, in der ein ‹böses Schicksal› über Deutschland hereingebrochen sei. Eine ähnliche Abwehrhaltung bezogen viele Germanisten der eigenen Zeit gegenüber, von der sie sich mit betont kulturpessimistischer Attitüde als einer Epoche der «entpersönlichten Massengesellschaft», wenn nicht gar des «Chaos» oder der «Wirrnis» abkehrten.[61] Positiv bewertet wurden in diesem Umkreis meist nur die bereits von den Vertretern der Inneren Emigration gepriesenen Vorstellungen des Abendländisch-Humanistischen, Christlichen oder Allgemein-Menschlichen, also jene ‹höheren› Wertkonzepte des Traditionsreichen oder gar Ewigen, in denen die ‹Idee Mensch› ihre reinste Verwirklichung erfahren habe.

Die gleiche Hochschätzung brachten diese Germanisten dem Wesen des Poetischen an sich entgegen. Nachdem sie die Literatur noch kurz zuvor nur allzu direkt mit dem politischen Geschehen verbunden hatten, erhoben sie die gleiche Literatur jetzt eindeutig in den Bereich des subjektiv oder ästhetisch Autonomen. Wie schon in der unmittelbaren Nachkriegszeit sollte Dichtung vor allem in die Welt der ewigen Werte einführen, das heißt Lebenshilfe bieten, existentielle Betroffenheit auslösen oder wesensdeutende Weltstiftung sein. Und zwar lassen sich bei diesem Versuch, die Literatur aus allen politischen, sozialen und kulturellen Bedingungen herauszunehmen, im Hinblick auf das methodische Vorgehen der westdeutschen Germanistik der fünfziger Jahre mindestens drei Richtungen unterscheiden: eine konservativ-humanistische, eine hermeneutisch-existentialistische und eine strukturalistisch-formbetonte.

Die Methodik der konservativ-humanistischen Richtung wird meist als ‹Kunst der Interpretation› bezeichnet. Ihr ging es fast ausschließlich um die Analyse einzelner Meisterwerke, bei der man sich mit viel Emphase bemühte, die geistigen, seelischen und ästhetischen Qualitäten des jeweils behandelten Werks herauszustreichen. In dieser Richtung herrschte daher eine deutliche Scheuklappenmentalität allen politischen und sozialen Implikationen gegenüber. Bei den Älteren läßt sich das nur als bewußter Eskapismus interpretieren. Bei den Jüngeren stand eher der Glaube dahinter, auch mit geringen Vorkenntnissen sofort in das ‹eigentliche› Wesen der betreffenden Werke eindringen zu können. Vieles blieb deshalb bei solchen Analysen dem persönlichen Fingerspitzengefühl überlassen. Darum war es nur folgerichtig, daß diese Richtung den Terminus Literaturwissenschaft gern durch Begriffe wie Dichtungskunde oder Kunstwerkbeschreibung ersetzte.

Eng damit verbunden war der Nachdruck, den die Befürworter solcher Tendenzen auf die literarische Wertfrage legten. Während historisch denkende Germanisten jedes Dichtwerk stets im Rahmen eines größeren Ganzen gesehen hatten und auch auf Werke ‹minderer› Qualität eingegangen waren, beschäftigten sich die Werkimmanenzler nur noch mit ‹Meisterleistungen›. Nicht die ‹unfreie Literatur› interessiert uns, hieß es um 1955 häufig, sondern die Inkommensurabilität des ‹Genies›. Die ‹untere Sphäre›, wo sich die Literatur mit dem ‹Zeitgeist› berühre, wurde von dieser Richtung fast völlig vernachlässigt und nur jene Spitzenleistungen ins Auge gefaßt, in denen sich die Literatur zu den einsamen Höhen wahrer Dichtung erhebe. Auch die ästhetische Wertungsfrage führte daher oft zu einer merklichen Enthistorisierung, die sich auf das Primat der Kunstautonomie stützte und alle sogenannten außerliterarischen Gesichtspunkte schroff von sich wies. Eine geschichtliche Betrachtungsweise galt in diesem Umkreis nur dann als angemessen, wenn es sich um Produkte der literarischen ‹Grundsuppe› handelte. Dichtungen höheren Ranges wurden hingegen stets mit dem Prädikat der absoluten Souveränität, wenn nicht gar des Monarchischen ausgezeichnet.

Emil Staiger charakterisierte 1955 diese «Kunst der Interpretation» als eine Methode, die sich allein von der sprachseelischen Qualität eines bestimmten dichterischen Gebildes anmuten läßt, das heißt ihren «inneren Rhythmus» aufzuspüren versucht, «ohne nach rechts und nach links und besonders hinter die Dichtung zu sehen».[62] Als Formel gebrauchte er hierfür den vielzitierten Satz, daß wir nur «das begreifen, was uns ergreift». Letztlich wollte er Dichtung also nicht verstehen oder zergliedernd analysieren, sondern sich mit einem «reichen und empfindsamen Herzen» kongenial in sie einstimmen. «Das allersubjektivste Gefühl gilt mir als Basis der wissenschaftlichen Arbeit», schrieb er, «ich kann und will es nicht leugnen.»[63] Staigers interpretatorisches Verfahren war deshalb stets das der Leserbetroffenheit.

Sich als Kenner auf «lebensmächtige» Werke einzulassen, in denen sich das Reinmenschliche offenbare, erschien ihm als das höchste Glück eines musisch gestimmten Germanisten.

Er und andere sprachen darum gern vom hermeneutischen Aufdecken des ‹inneren Lebens› eines als autonom erfahrenen dichterischen Gebildes, also dem, was Erich Trunz 1952 in seinem Aufsatz *Über das Interpretieren deutscher Dichtungen* als die beschwörende Bewunderung der «inneren Form» bezeichnete.[64] Allerdings berufen sich diese Germanisten bei ihren emphatischen Einfühlungsbemühungen, die in der interpretierenden Praxis häufig auf ein paraphrasierendes Nachdichten hinausliefen, um 1955 nicht mehr auf Dilthey, wie das im Rahmen der Geistes- und Seelengeschichte der zwanziger Jahre üblich war, sondern eher auf Martin Heidegger oder Hans-Georg Gadamer. An Heidegger schätzte diese Richtung nach wie vor dessen These, daß sich im Dichten jenes ‹Sein des Seienden› offenbare, das im Alltag lediglich zerredet werde. Eine solche These mußte für all jene Germanisten, die nach ihrer Verwicklung in die NS-Ideologie nach einer neuen Sinnstiftung suchten, bei der sie sich weltanschaulich nicht festzulegen brauchten, äußerst verführerisch sein. Schließlich ließ sich gerade das Sein des Seienden als das über jeden Ideologieverdacht Erhabene, das Wahrhafte hinter allen Dingen hinstellen, das sich jeder politischen und sozialen Festlegung entziehe. Auf diese Weise stieg die nach dem Sein des Seienden fragende Interpretation in den fünfziger Jahren zur anspruchsvollsten Form einer philosophierenden Weltbetrachtung überhaupt auf und gab vielen Germanisten das Gefühl, Vertreter einer höchst bedeutsamen, auf nichtssagende Begriffstheoreme verzichtenden und allein nach dem im bildhaften Wort anwesenden Sinn des menschlichen Daseins fragenden Disziplin zu sein.

Im Zuge dieser Entwicklung wurde das germanistische Interpretieren bei den Anhängern dieser Richtung mehr und mehr zum ‹mitschwingenden Fühlen›, zur ‹Wesenserhellung›, zur ‹Bloßlegung des Seins›, zur ‹Sinnentschlüsselung›, die sich um der ‹Wahrheit› willen bemühte, das Echte, Ursprüngliche, Eigentliche vom Unechten, Abgeleiteten, Uneigentlichen abzutrennen. Hinter einer als oberflächlich abgewerteten ‹Wirklichkeit› suchte diese Form der Germanistik nach dem Zeitlosen, dem Ewiggültigen, dem Bleibenden im Vergänglichen. Ihre Deutungen beruhten daher meist auf einer andächtigen, ehrfürchtigen Haltung dem einzelnen Dichtwerk gegenüber und wandten sich scharf gegen jede ‹entweihende› Kritik. In Ablehnung der als nihilistisch oder materialistisch-egoistisch verworfenen ‹Moderne›, der Welt der Verneinung und Destruktion, bevorzugte sie das Positive, Heilende und Gültige, wie es Otto Friedrich Bollnow, Else Buddeberg und Johannes Pfeiffer nannten, um so aus dem Zustand des von Hans-Egon Holthusen nachdrücklich beschworenen ‹Unbehaustseins› wieder in den Zustand der Geborgenheit zurückzukehren.

Doch nicht nur die Anschauungen Heideggers, auch die seines Schülers Hans-Georg Gadamers wurden in der zweiten Hälfte der fünfziger Jahre im Rahmen dieser ‹wesenserhellenden› Richtung aufgegriffen. Wie sein Lehrer versuchte Gadamer aus jenem hermeneutischen Zirkel auszubrechen, der bei Dilthey – trotz aller psychologischen Einfühlungstheoreme – in die Sackgasse des Objektivismus und Historismus geführt habe, indem er in seinem eigenen hermeneutischen Verfahren, das er in seinem Hauptwerk *Wahrheit und Methode* (1960) entwickelte, die Frage des historisch-psychologischen Verständnisses von Geschichte auf ontologische Fragen des Verstehens von Sinn überhaupt zurückführte. Statt die Suche nach der Wahrheit an ein naturwissenschaftlich objektiviertes Weltverständnis zu binden, ging Gadamer von dem bereits durch den Zustand des Auf-der-Welt-Seins mitgegebenen Vorverständnisses der Wahrheit aus, das heißt stellte das philosophische Verstehen als einen subjektiven Prozeß im Rahmen objektiver Prozesse hin, bei dem Ontologisches und Ideologisches kaum voneinander zu trennen seien. Durch diese Sicht wurde in den hermeneutischen Verstehenszirkel ein Unsicherheitsfaktor eingebracht, der jedes apodiktische «Herrschaftswissen» in Frage stellte und den jeweiligen Erkenntnisprozeß in ein «Ineinanderspiel der Bewegung der Überlieferung und der Bewegung des Interpreten» verwandelte.[65] Doch dies waren bereits Gedankengänge, die ihre volle Entfaltung, wenn auch in verwandelter Form, erst einige Jahre später in den Verstehens- und Kommunikationsmodellen eines Jürgen Habermas und Hans Robert Jauss erlebten.

In den fünfziger Jahren blieb dagegen innerhalb der westdeutschen Germanistik erst einmal die Schule der strikten Werkimmanenz vorherrschend, die sich am wirkungsreichsten in den von Benno von Wiese herausgegebenen Interpretationssammlungen *Die deutsche Novelle von Goethe bis Kafka* (1956–62) und *Das deutsche Drama vom Barock bis zur Gegenwart* (1958) niederschlug. Neben den konservativ-humanistischen und existentialistisch gefärbten Tendenzen drängte sich jedoch im Laufe der Jahre auch eine strukturbetont-formalistische Sehweise in den Vordergrund. Letztere akzentuierte weniger das Sein des Seienden als die zu künstlerischer Gestalt gewordene Form literarischer Werke. Unter Berufung auf das Buch *Das sprachliche Kunstwerk* (1948) von Wolfgang Kayser, in dem es fast ausschließlich um das Literaturhafte der Literatur geht, wollte sie das «Wortkunstwerk als Wortkunstwerk, die einzelne Dichtung in ihrem Wesen als ‹Dichtung› erschließen», wie sich Heinz Otto Burger ausdrückte.[66] Im Gegensatz zur Staiger-Schule ging es ihr weniger um menschlich bedeutende Inhalte als um die Sprachlichkeit der Literatur, das heißt um Stil, Vers, Rhythmus, Reim, Klangfarbe, Metapherngeflecht, Genrebestimmtheit, kurz: um die ‹Bauformen›. «Dichtung lebt und entsteht», hieß es hier, «nicht als Abglanz von irgend etwas anderem, sondern als in sich geschlossenes Gefüge.»[67] Statt sie in den «Strudel eines historischen oder nationalen Relativismus» zu reißen, empfahl darum diese Richtung, sie lediglich an jenen sprachlichen und gattungshaften «Gesetzen» zu messen, «nach denen sich das sprachliche Kunstwerk bildet».[68]

Und so schlug erst jetzt die große Stunde der Gattungsgeschichte, die zwar Karl Viëtor schon 1923 in seinem Plan zu einer *Geschichte der deutschen Literatur nach Gattungen* ins Auge gefaßt hatte, der aber dann die geistesgeschichtlichen und völkisch-nationalsozialistischen Tendenzen entgegengetreten waren. Erste Ansätze dazu lieferte Paul Böckmann 1949 in seiner *Formgeschichte der deutschen Dichtung*, welche die Literatur wieder in den «dichtungsgeschichtlichen Zusammenhang» ihrer «formalen Gestaltungsmöglichkeiten» zu rücken versuchte.[69] Was Böckmann zu diesem Zeitpunkt verschlug, wurde in der Folgezeit von vielen, darunter Eberhard Lämmert in *Bauformen des Erzählens* (1955), Käte Hamburger in *Die Logik der Dichtung* (1957), Volker Klotz in *Geschlossene und offene Form im Drama* (1960) und Franz K. Stanzel in *Typische Formen des Romans* (1964), aufgegriffen, die auf detaillierte Weise die formspezifischen Gestaltungsweisen verschiedener Genres herauszuarbeiten suchten, um so zu allgemein gültigen Gattungs- und Strukturformen vorzudringen, in denen sich sowohl baugesetzliche als auch wertästhetische Normen manifestierten.

Während sich Staiger und seine Schule dem jeweils betrachteten Werk meist im Zustand des Angemutetseins, der liebenden Verehrung oder der kongenialen Einfühlung genähert hatten, stand bei den an Karl Viëtor, Günther Müller, Wolfgang Kayser und Paul Böckmann orientierten Gattungstheoretikern eher ein sachlich-zergliederndes Interesse an der Literatur im Vordergrund, das sich betont ‹professionell› gab. Die Vertreter dieser Richtung bemühten sich, in erster Linie Philologen zu sein, das heißt, nach den ‹Ausschweifungen› ins Politische und Soziale wieder ‹von vorn› anzufangen, indem sie sich auf die sprachlich gestaltete, objektivierte Form beschränkten und so bei einer Sehweise landeten, der nicht nur die ideologischen Implikationen einer bestimmten Dichtung, sondern auch die Anlässe zu ihrer Entstehung sowie ihrer Aufnahme beim zeitgenössischen Publikum oder ihrer Wirkung auf die Nachwelt zum Opfer fielen. Genau betrachtet, wollte diese Richtung weder Literaturgeschichte noch Literaturontologie, sondern Dichtungswissenschaft betreiben, indem sie alles ‹Außerliterarische› entschieden von sich wies und sich allein mit der sprachlich oder gattungshaft gestalteten Form beschäftigte. Alles, was diesem formalen Anspruch nicht entsprach, wurde daher von ihr – ähnlich wie bei Staiger und seiner Schule – aus der Innenzone der dichterischen Großleistungen ausgeschlossen und ins Vorfeld des zweitrangigen Schrifttums verwiesen, wodurch auch diese Richtung bei den großen Meisterleistungen landete, die sie unter Berufung auf ältere Autonomiekonzepte als normative Modelle aufstellte.

Während sich die interpretatorischen Bemühungen dieser Richtung anfangs vornehmlich im Rahmen eines rein innerdeutschen Diskurses entfalteten, der – von Kayser abgesehen – an ausländischen Entwicklungen der Literaturwissenschaft kaum interessiert war, drangen gegen Ende der fünfziger Jahre auch jene vom New Criticism entwickelten Kriterien in sie ein, die in den USA als Reaktion auf die sozialkritischen Tendenzen der roten dreißiger Jahre entstanden waren. In bewußter Abkehr von allen historischen und biographischen Details hatte sich diese Richtung auf das beschränkt, was sie – im Gefolge T. S. Eliots – als das wahrhaft Zeitlose aller großen Kunst empfand. Die Hauptschlagworte des New Criticism waren daher Begriffe wie ‹imagery›, ‹structure›, ‹technique›, ‹metaphor›, ‹close reading› sowie ‹textual approach›. Immer wieder ging es hier ausschließlich um den ‹Kunstcharakter› der jeweils behandelten Dichtung, um ihre poetische Struktur, statt auch ihren Aussagewert zu berücksichtigen. Um der berüchtigten ‹genetic fallacy› aus dem Weg zu gehen, wollten die Vertreter dieser

Richtung nicht erklären, sondern nur beschreiben. Kaysers Vorstellung vom ‹geschlossenen sprachlichen Gefüge› entsprach im Umkreis dieser Methode der Begriff ‹poetic whole›. Das Vorhandensein der objektiven Wirklichkeit wurde dementsprechend von vielen New Critics als völlig irrelevant hingestellt. Überhaupt versuchten sie, das Inhaltliche soweit wie möglich auszuschalten. So sprach Cleanth Brooks im Hinblick auf die zugrundeliegenden Realitätskonflikte lediglich von ‹tension›, William Epson von ‹ambiguity› und J. C. Ranson von ‹structure›.

Eine ähnliche Tendenz lag dem russischen Formalismus zugrunde, der zur gleichen Zeit auf die deutschen Werkimmanenzler einzuwirken begann. Er hatte sich bereits in den zwanziger Jahren gegen eine rein politisch oder sozialkritisch ausgerichtete Literaturwissenschaft gewandt und die These von der sprach- und formimmanenten Evolution des Ästhetischen vertreten, die von historischen Ereignissen nur modifiziert, aber nicht gelenkt werde. Auch hier, wie die Schriften von Boris Eichenbaum, Viktor Schklowskij, Roman Jakobson und Jurij Tynianow belegen, war bereits damals von ‹reiner Wortkunst› oder vom ‹selbstgenügsamen Wort› die Rede gewesen. In Dichtern hatte diese Richtung in erster Linie ‹Macher› gesehen, deren Technik sich vor allem an bestimmten Werkstrukturen oder phonetischen Gesten ablesen lasse. Aus diesem Grund galt ihr Hauptinteresse ebenfalls dem Metierhaften, dem ‹Literaturhaften der Literatur›. Ähnliche Anschauungen hatten in den dreißiger Jahren die polnischen Integralisten sowie der Prager Linguistik-Kreis vertreten. Es verwundert daher nicht, daß René Wellek, der aus dem Prager Linguistik-Kreis kam, und Austin Warren, einer der nordamerikanischen New Critics, die sich 1939 in den USA begegneten, schon nach kurzer Zeit eine auffällige Übereinstimmung ihrer methodologischen Grundeinstellung bemerkten. Das belegt vor allem ihre gemeinsam verfaßte *Theory of Literature*, die erstmals 1949 herauskam.

Daß gerade dieses Buch auf die westdeutsche Germanistik der späten fünfziger und frühen sechziger Jahre einen nachhaltigen Einfluß ausübte, hing weitgehend damit zusammen, daß es sich in seinen Beispielen nicht nur im Bereich anglo-amerikanischer Forschungsrichtungen bewegte, sondern auch auf die geistesgeschichtlichen und stilkritischen Traditionen der deutschen Literaturwissenschaft zurückgriff. Ebenso wichtig war, daß sich Wellek und Warren nachdrücklich gegen jeden ‹extrinsic approach› wandten, der sich in den Dienst außerliterarischer

Faktoren stelle. Ein Zu-Sich-Selbst-Kommen der Literaturwissenschaft versprachen sie sich nur von einem ‹intrinsic approach›, welcher vorwiegend auf Phänomene wie Form, Sprache, Stil, Genre, Euphonie, Rhythmus, Metrik, Reim, Bild, Metapher und Symbol eingehe. Kurz, weniger das Inhaltliche interessierte sie als die poetische Einbildungskraft. Dieser mit einem aus der Wirklichkeit entlehnten Wahrheitsbegriff beikommen zu wollen verstieß nach der Meinung Welleks und Warrens gegen das innerste Wesen der Literatur. Ihr wissenschaftliches Leitbild war daher der ‹teacher-critic› oder ‹man of letters›, der sich nicht nur durch eine große Belesenheit auszeichnet, sondern auch einen Sinn für das spezifisch Metierhafte der jeweiligen Gegenwartsliteratur besitzt.

Unter dem Einfluß solcher Ansichten befreiten sich die westdeutschen Sprach- und Genretheoretiker der späten fünfziger Jahre allmählich von ihrer bisherigen Klassikzentriertheit und faßten auch Teile der ‹westlichen› Moderne ins Auge. Vor allem die Jüngeren unter ihnen fühlten sich nicht mehr genötigt, unentwegt die ins Existentielle oder Ästhetische verklärten Großwerke des deutschen Literaturerbes zu beschwören, um sich von der NS-Vergangenheit zu entlasten, sondern wandten im Zuge des wirtschaftlichen Aufschwungs dieser Jahre ihren Blick wieder nach ‹vorn›, selbst wenn sie dieser Blickrichtung noch kein weltanschauliches Telos zu geben vermochten. Und so blieb auch in dieser Richtung – wie im nordamerikanischen New Criticism oder in der französischen Explication des Textes – weitgehend das Formale ausschlaggebend. Statt eine politische oder soziale Avantgarde zu befürworten, herrschte hier ein weltanschaulich entleerter Modernismus elitärer Prägung vor, der sich aufgrund des gängigen Ideologieverdachts zu einer ‹poésie pure› bekannte, die fast ausschließlich aus ästhetischen Formeln und Zeichen zu bestehen schien. Demzufolge stößt man in den Arbeiten dieser Richtung ständig auf Vokabeln wie Kolorit, Gewebe, Kontraste oder Strukturen, als habe man es auch in der Literatur, wie in der abstrakten Malerei, nur noch mit Farben und Linien, aber nicht mehr mit inhaltlichen Aussagen zu tun.

Zu Anfang war es vor allem die Lyrik, die wegen ihrer angeblichen absoluten Form als das Nonplusultra dieser Moderne galt, während der inhaltsgebundenen Prosa eher eine untergeordnete Rolle innerhalb der dichterischen Hierarchie eingeräumt wurde. Von großer Wichtigkeit erwies sich hierbei das Buch *Die Struktur der modernen Lyrik*

(1956) von Hugo Friedrich, in dem – im Gegensatz zu den ‹Verlust der Mitte›-Thesen Hans Sedlmayrs – an der modernen Literatur gerade das als positiv herausgestrichen wurde, was noch kurz nach dem Krieg als problematisch oder gar verdammenswert galt: nämlich die ‹Abstraktion›, der ‹Traditionsbruch›, die ‹leere Idealität›, das ‹Dissonantische›, die ‹Sprengung der Grenzen›, der ‹absolute Blick›, der ‹Monologismus› sowie die ‹sinnliche Irrealität›. Im Gefolge solcher Thesen hieß einer der letzten, 1964 von Wolfgang Iser herausgegebenen Bände dieses ins Formale entleerten Progressivismus *Lyrik als Paradigma der Moderne*, in dem, wie bei Hugo Friedrich oder in Walter Höllerers Buch *Zwischen Klassik und Moderne* (1958), die elitär-provokanten *Fleurs du Mal* (1857) von Charles Baudelaire als das entscheidende Umbruchswerk von einer klassisch-realistischen Nachahmungsliteratur zu einer bewußt modernistisch-artifiziellen Dichtungweise hingestellt wurde.

Im Bereich des Dramas war es vor allem Peter Szondi, der 1956 mit seiner *Theorie des modernen Dramas* einen wirkungsmächtigen Versuch unternahm, die Geschichte der neueren Dramatik – im Sinne einer auf die ‹Moderne› hindrängenden Entwicklung – als einen Wandel von der geschlossenen zur offenen Form hinzustellen. Trotz einiger Bezugnahmen auf Georg Lukács und Theodor W. Adorno ging es auch Szondi in dieser Studie, welche auf der Grundüberzeugung beruht, daß «die Geschichte der Kunst nicht von Ideen, sondern von deren Formwerdung bestimmt wird»,[70] noch primär um gestalterische Aspekte. Doch nicht nur Szondi, auch andere Germanisten dieser Jahre ließen bei der Betrachtung ‹moderner› Dramen jene metaphysischen oder tragischen Züge, mit denen sich manche Dramenhistoriker nach 1945 beschäftigt hatten, kurzerhand beiseite und rückten lediglich das im formalen Sinn Innovative gewisser Strukturelemente in den Vordergrund. Das gleiche taten jene Formanalytiker, die sich um 1955 dem Phänotyp des modernen Romans zuwandten. Auch sie waren nicht mehr an inhaltlichen Fragen interessiert, ja fanden jede der Wirklichkeit entlehnte Ploterfindung obsolet und konzentrierten sich vornehmlich auf Werke wie Rilkes *Malte*, Benns Rönne-Erzählungen und andere sich an sie anschließende experimentelle Prosawerke.

Die Mentalität, die dieser Lust an der formalen Innovation zugrunde lag, läßt sich am besten mit dem Begriff ‹konformer Nonkonformismus› umschreiben. Schließlich waren die Kronzeugen dieser ‹Moderne› nicht mehr die demokratisch-liberalen oder gar politisch-revolutionären Werke der Vergangenheit, sondern jene betont formalistischen Werke, mit denen sich – im Sinne ästhetischer Autonomiekonzepte – das Leitbild einer nichtavantgardistischen Moderne aufstellen ließ. Die Germanisten und Germanistinnen, die sich mit dieser Sicht gegen den Antimodernismus Emil Staigers auf der einen und Georg Lukács' auf der anderen Seite zur Wehr zu setzen versuchten, beriefen sich gern auf die sogenannte Kunstrevolte zwischen 1910 und 1925 und wandten sich der Erforschung von Lyrikern wie Trakl, Heym und Benn oder Erzählern wie Kafka zu. Manche taten das, da sie nach ihren ‹Verfehlungen› im Dritten Reich einen Persilschein brauchten, andere, weil sie im Zuge der technischen Innovationen der Wirtschaftswunderjahre diese Form der ‹Moderne› als die einzig zeitgemäße empfanden. Von linksgerichteten Werken der Moderne, ob nun den Dramen Brechts, dem Theater Piscators oder den Filmtheorien Benjamins, war deshalb kaum die Rede. Die Moderne dieser Jahre war die unpolitische, formalistische Moderne und nicht jene Moderne, die ihre Formexperimente zu gesellschaftsverändernden Zwecken eingesetzt hatte. Dafür spricht ein Buch wie *Die Welt als Labyrinth* (1959) von Gustav René Hocke, in dem die gesamte abendländische Literatur seit dem Manierismus lediglich in Richtung Fragmentarismus, Montage, Destruktion, Absurdität usw. überprüft wird. Überhaupt wurde von dieser Richtung nur in der Vergangenheit herumgesucht, um auf Vorläufer eines elitären Modernismus zu stoßen und so den eigenen Moderne-Konzepten eine ähnliche Gewichtigkeit wie den Klassik-Konzepten der Werkimmanenzler zu geben. Das wirkte zwar auf den ersten Blick höchst gegenwartsverpflichtet, lief aber aufgrund der formalistischen Grundorientierung dieser Sicht meist auf die gleiche Enthistorisierung hinaus, die auch für die ‹Kunst der Interpretation› typisch ist.

Eine historisch objektivierende Betrachtung von Literatur blieb darum in der westdeutschen Germanistik der fünfziger Jahre relativ selten. Wo überhaupt Bekenntnisse zu einem verstärkten Geschichtsbewußtsein auftauchten wie in den Aufsätzen *Literaturwissenschaft als Auslegung und Geschichte* (1954) von Erich Trunz sowie *Auslegung und Erkenntnis* (1957) von Clemens Heselhaus, waren sie lediglich als einschränkende Korrektive zur herrschenden Werkimmanenz gedacht. Auch Heinz Otto Burger bekannte sich zwar 1952 im Vorwort der von ihm herausgegebenen *Annalen der deutschen Literatur* zu der Anschauung, daß nur der «Bezug auf die Geschichte» der Literaturwissenschaft «eine gewisse Einheit» gewährleiste, schrieb aber im gleichen Atemzug, daß «das A und O der Literaturwissenschaft» heute auf einem interpretatorischen Verfahren beruhe, welches sich auf die Kriterien der «Typologie, Anthropologie und Ontologie» stütze. Etwas nachdrücklicher trat Hugo Kuhn in seinem Aufsatz *Dichtungswissenschaft und Soziologie* (1952) – im Hinblick auf die höfische Ritterdichtung und ihre unleugbare Wechselbeziehung von gesellschaftlicher Wirklichkeit und dichterischer Fiktion – für eine verstärkte Berücksichtigung historischer, vor allem sozialgeschichtlicher Kenntnisse ein. Doch der entschiedenste Befürworter einer solchen Sehweise war zu diesem Zeitpunkt Friedrich Sengle, der 1949 eine Wieland-Biographie und 1952 das Buch *Das deutsche Geschichtsdrama* herausgebracht hatte. Er verwarf 1952 in seinem Aufsatz *Zum Problem der modernen Dichterbiographie* sowohl die Beschränkung auf die Werkinterpretation, welche durch das «rigorose Abschneiden der Fäden, die vom Werk nach allen Richtungen laufen», notwendig zu «gekünstelten Deutungen» führe, als auch die «ontologische Wendung der Literaturwissenschaft», für die Dichtung nur noch jener Ort sei, «wo sich in bevorzugter Weise das Sein ‹offenbart›». Wer in der «Verachtung der Geschichte» so weit gehe wie diese beiden Richtungen, erklärte Sengle, solle schließlich «den Mut haben, der gefährlichen Historie ganz den Abschied zu geben und Philosophie oder Theologie betreiben».[71]

Doch so stark der Historie verpflichtete Stimmen verhallten zu diesem Zeitpunkt noch im Leeren. Es gab zwar hier und da einige Forderungen, nach all den Irrwegen der Germanistik wieder auf den Boden der «geschichtlichen Wirklichkeit» zurückzukehren, wie Fritz Martini schrieb,[72] aber aufs Ganze gesehen blieb die methodische Ausrichtung der westdeutschen Germanistik, trotz einiger von Theodor W. Adorno, Martin Greiner und Robert Minder ausgehender soziologischer Impulse, bis in die frühen sechziger Jahre unverändert. Historisches und Gesellschaftswissenschaftliches wurden weiterhin in kulturgeschichtliche Randzonen verbannt. Daher fand selbst Arnold Hausers *Sozialgeschichte der Kunst und Literatur* (1935), die im anglo-amerikanischen Bereich eine recht beachtliche Wirkung hatte, in Westdeutschland nur ein geringes Echo. Wer hier als Germanist das Wort ‹Soziologie› verwendete, traf sofort eine ideologische Entscheidung, da bei dieser Vokabel in den meisten westdeutschen Ohren sofort das Wort ‹Marxismus› mitklang. Und das war eine Sache, die man – im Hinblick auf den

Kalten Krieg – lieber der ostdeutschen Literaturwissenschaft überließ. Wenden wir uns daher erst einmal diesem Bereich zu, bevor der durch eine intensivere ‹Vergangenheitsbewältigung› ausgelöste Liberalisierungsprozeß der bundesrepublikanischen Germanistik der sechziger Jahre beschrieben werden soll.

Selbst in der im Herbst 1949 gegründeten DDR änderte sich in den frühen fünfziger Jahren die Situation der Germanistik nicht über Nacht. Ja, in manchen Teilbereichen verlief die Entwicklung in beiden Teilen Deutschlands noch eine Weile recht ähnlich. Solange es keinen anders ausgebildeten akademischen Nachwuchs gab, ließen sich die meisten Universitätsinstitute – trotz mancher politischer Absichtserklärungen – nicht einfach auf einen neuen Kurs umpolen. Daher wirkten auch in der DDR bis in die fünfziger Jahre, wenn nicht noch länger jene Professoren weiter, welche dort bereits vor 1945 Germanistik gelehrt hatten und nicht gesinnt waren, noch einmal den ‹Fehler› eines massiven Engagements für eine bestimmte Ideologie zu begehen. Viele DDR-Germanisten – wie Hermann August Korff in Leipzig, Ferdinand Josef Schneider in Halle und Joachim Müller in Jena – wichen daher den sie zu einem politischen Standpunkt verpflichtenden Werken der ‹Moderne› weitgehend aus und blieben bei einem unverbindlichen Klassikkult. Und es widersprach ihnen auch niemand. In den Anfangsjahren der DDR brauchte keiner zu den ins Olympische erhobenen Klassikern zu flüchten. Im Gegenteil, hier wurde der Kult der Klassik geradezu von Staats wegen verordnet.

Bereits Franz Mehring und Georg Lukács, die Begründer der marxistischen Ästhetik, hatten in der Literatur der Goethezeit das bedeutsamste nationale Kulturerbe schlechthin gesehen und dadurch in den Sozialismus ‹verrettet›, wie sich Bertolt Brecht ausdrückte. Um ihr diesen Status zu geben, stellten Mehring und Lukács die Weimarer Klassik als den absoluten Höhepunkt der bürgerlichen Literaturentwicklung von 1750 bis 1848 hin, das heißt interpretierten sie im Sinne jener progressiv-humanistischen Intentionen, die auch in den Idealen der Französischen Revolution und Hegels Geschichtsphilosophie zum Ausdruck kämen. Von den hohen Würdenträgern der frühen DDR – darunter Walter Ulbricht, Johannes R. Becher, Helmut Holtzhauer und Alexander Abusch – wurde deshalb die Weimarer Klassik gern zum Gipfelpunkt der deutschen Literatur schlechthin erhöht, und im Hinblick auf *Faust II* von den Bürgern und Bürgerinnen der DDR als einem ‹freien Volk auf freiem Grund› gesprochen. Wohl am nachdrücklichsten äußerte sich diese unmittelbare Identifikation mit den Klassikern der bürgerlichen Literatur bei den Goethe-, Lessing-, Schiller- und Heine-Feiern zwischen 1949 und 1956, bei denen unentwegt von ‹unserem Goethe›, ‹unserem Lessing›, ‹unserem Schiller› und ‹unserem Heine› die Rede war und der DDR-Sozialismus – im Sinne der vielgebrauchten ‹Vollstrecker›-These – als die politische Verwirklichung des bürgerlichen Humanismus hingestellt wurde.

Besonders wichtige Rollen bei dieser Hochwertung des klassischen Kulturerbes – im Sinne einer nationalen Volksfrontpolitik – spielten einerseits marxistisch orientierte Goethe-Forscher wie Georg Lukács und Gerhard Scholz, andererseits in geistesgeschichtlichen Kategorien denkende Germanisten wie Hermann August Korff, der 1953 in Leipzig sein bereits in den zwanziger Jahren begonnenes Werk *Geist der Goethezeit* abschloß. Innerhalb dieser Forschungsrichtung, die sich jeder nur denkbaren staatlichen Unterstützung erfreute und vor allem dem Ausbau der nationalen Forschungs- und Gedenkstätten in Weimar zugute kam, legten unter anderem Germanisten und Germanistinnen wie Liselotte Blumenthal, Edith Braemer, Hans-Dietrich Dahnke, Karl-Heinz Hahn, Siegfried Streller, Hedwig Voegt und Ursula Wertheim in Form von Monographien sowie Aufsätzen für das *Goethe-Jahrbuch* und die 1955 gegründete Zeitschrift *Weimarer Beiträge* viele wichtige Einzelforschungen vor. Diese Arbeiten hatten entweder einen strikt positivistischen Charakter, um sich nicht allzu deutlich auf aktualisierende Theoriebildungen einlassen zu müssen, oder bemühten sich, unter betont marxistischer Perspektive dem bis dahin existierenden Bild der Goethezeit durch die stärkere Berücksichtigung der sogenannten Spätaufklärer und deutschen Jakobiner eine größere politische Relevanz zu geben. Wer sich im Rahmen dieser Politisierung allerdings bis zu Stellungnahmen vorwagte, durch welche die rein positiv gesehenen Klassiker Goethe und Schiller wegen ihrer ablehnenden Haltung der Französischen Revolution gegenüber in ein ideologisches Zwielicht gerieten, wurde von staatlicher Seite meist mehr oder weniger unsanft auf die herrschende ‹Vollstrecker›-These zurückverwiesen.

Doch der wesentlich problematischere Aspekt dieser Klassikverkultung war die programmatische Abwertung der bürgerlichen Literatur nach 1848. Auch sie ging vornehmlich auf den Einfluß von Lukács zurück, der in den meisten Werken der sogenannten modernen Literatur, soweit sie sich nicht an klassischen Modellen orientierten, entweder die Überbetonung der Form (Formalismus) oder die Überbetonung des Stofflichen (Naturalismus) bemängelte und hierbei – vor allem in Bänden wie *Skizze einer Geschichte der neueren deutschen Literatur* (1955), *Probleme des Realismus* (1955) sowie *Beiträge zur Geschichte der Ästhetik* (1956) – selbst vor dem Verdikt des ‹Dekadenten› nicht zurückgeschreckt war. Lukács, der nicht nur die Klassiker, sondern auch bürgerliche Realisten wie Balzac, Stendhal, Puschkin, Gogol, Scott, Keller, Tolstoj und Fontane schätzte, ließ darum innerhalb der deutschen Literatur des 20. Jahrhunderts nur ‹kritische Realisten› wie Heinrich und Thomas Mann, Lion Feuchtwanger, Arnold Zweig usw. gelten, deren Werke sich durch eine ‹klassische› Synthese von typenhafter Figurengestaltung, realistischer Handlungsführung und traditionsverpflichteter Romanform auszeichneten. Andere ‹moderne› Autoren, einschließlich mancher sozialistisch-orientierter, fanden hingegen vor seinen Augen keine Gnade. Diese Anschauungen wurden nicht nur von dem DDR-Kulturminister Johannes R. Becher unterstützt, der 1955 im Hinblick auf Lukács erklärte: «Wir wurden mündig erst in Deiner Lehre», sondern auch von vielen jüngeren DDR-Germanisten geteilt. Vor allem Walter Dietze, Horst Haase, Hans Kaufmann, Werner Mittenzwei, Hans Richter, Siegfried Streller und Hans-Günther Thalheim, die in diesen Jahren als Doktoranden gegenüber älteren, zum Teil faschistisch vorbelasteten Ordinarien aufgrund ihres politischen Engagements einen schweren Stand hatten, erblickten in den frühen fünfziger Jahren in den Schriften von Georg Lukács den ersten entscheidenden Durchbruch zu einer marxistischen Literaturtheorie. Doch auch Gerhard Scholz, Ernst Bloch, Hans Mayer und Werner Krauss hatten auf einige von ihnen einen kaum zu unterschätzenden Einfluß, der sie schließlich befähigte, konservativen Professoren wie Hermann August Korff oder Joachim Müller, die ihnen an Faktenkenntnis weit überlegen waren, wenigstens auf dem Gebiet der Theoriebildung mit fundierten Argumenten entgegenzutreten. Für sie war Lukács zu diesem Zeitpunkt noch kein ‹Reaktionär›, zumal sich selbst Hans Mayer, der zwar in Leipzig auch für einige von Lukács weniger favorisierte Autoren eintrat, in diesem Zeitraum – im Hinblick auf die Hochschätzung des ‹klassischen Jahrhunderts› – noch nachdrücklich zu Lukács bekannte, mit dem ihn obendrein die Bewunderung der Werke Thomas Manns verband.

Zu einer Änderung dieser Sehweise sollte es erst durch die politischen Ereignisse von 1956 kommen. Dies war das Jahr, in dem Chruschtschow auf dem XX. Parteitag der Kommunistischen Partei der UdSSR in Moskau durch seine berühmte Anti-Stalin-Rede eine Tauwetter- oder Liberalisierungswelle auslöste, die auch auf andere Länder des sogenannten Ostblocks übergriff, was vor allem in Ungarn zu Aufständen gegen die stalinistische Kaderherrschaft führte, die nur mit Hilfe der Roten Armee niedergeschlagen werden konnten. Da sich Lukács an diesen Aufständen aktiv beteiligte, entkam er nach ihrem Scheitern nur mit knapper Not der Hinrichtung. Er blieb zwar danach in Ungarn, verlor jedoch seine bisherige Vorbildfunktion im Rahmen der marxistischen Literaturtheorie, ja wurde in manchen Ländern des Ostblocks, darunter der DDR, jahrelang nur als Konterrevolutionär hingestellt oder totgeschwiegen – und sah sich schließlich gezwungen, einige seiner letzten Werke im Westen zu publizieren.

Aufgrund dieser Entwicklung entstand innerhalb der DDR-Germanistik eine höchst gespannte Situation. Einerseits griffen führende DDR-Literaturwissenschaftler wie Alexander Abusch, Inge Diersen, Hans Kaufmann, Hans Koch und Hans-Günther Thalheim mehrfach den ‹bürgerlichen› Grundzug der Lukácsschen Literaturauffassung an, der eine abstrakte, über den Klassen stehende Haltung zugrunde liege und die dadurch zu einer Unterschätzung der Volksmassen in der Literatur geführt habe, wie sich in Aufsätzen der *Weimarer Beiträge* der späten fünfziger Jahre und dem 1960 publizierten Sammelband *Georg Lukács und der Revisionismus* nachlesen läßt, ja bezogen auch gegen Hans Mayer, als einen seiner Hauptschüler, wegen dessen Hochschätzung gewisser bürgerlicher Autoren der zwanziger Jahre eine offensive Position. Andererseits blieben viele der von Lukács vertretenen Anschauungen, vor allem seine Verehrung der Weimarer Klassik sowie seine Realismus-Auffassung, wenn auch unter Weglassung seines Namens, weiterhin Teil der öffentlichen Lehrmeinungen. Hans Koch hatte daher 1960 durchaus recht, als er in seinem Aufsatz *Aufgaben der marxistisch-leninistischen Literaturwissenschaft im Siebenjahrplan* erklärte: «Der Revisionismus Lukácsscher Prägung ist bei uns im wesentlichen politisch geschlagen und ideologisch zurückgedrängt; er ist literaturtheoretisch und -historisch jedoch noch längst nicht überwunden.»[73]

Auch die im April 1959 von Walter Ulbricht einberufene 1. Bitterfelder Konferenz änderte daran nicht viel, auf der zwar viel von den neuen, das heißt stärker basisbezogenen, sozialistischen Aufgaben der Literatur und Literaturwissenschaft die Rede war, jedoch Ulbricht selbst relativ starr an seiner ‹Vollstrecker›-These festhielt, nämlich im Sozialismus die gesellschaftliche Verwirklichung des goethezeitlich-humanistischen Traums einer befreiten Menschengemeinschaft zu sehen, ohne vorher die dafür erforderlichen ökonomischen, gesellschaftlichen und kulturellen Voraussetzungen zu schaffen. Das Ergebnis dieser wie auch der folgenden Bitterfelder Konferenz war daher ein doppeltes: Zum einen kam es durch sie zu einer neuen Akzentuierung der Weimarer Klassik, deren Hauptbefürworter – paradoxerweise – der allseits verdammte Lukács gewesen war, zum anderen zu ersten Ansätzen einer intensiveren Aufarbeitung des sozialistischen Erbes der deutschen Literatur, für das bisher kein großes Interesse bestanden hatte.

Aufgrund dieser Entwicklung war in der DDR-Germanistik der Folgezeit viel von ‹Erbeaneignung› die Rede. Die Weimaraner hielten sich dabei weitgehend an das Klassische Erbe. Ja, selbst manche, die sich mit dem Jungen Deutschland, dem Vormärz oder Heine beschäftigten und dabei ausgesprochen ‹linke› Standpunkte vertraten, verzichteten bei ihren Arbeiten nicht, wenigstens in der Titelgebung auf das ‹Klassische› hinzuweisen, wie die Bücher *Junges Deutschland und Deutsche Klassik* (1957) von Walter Dietze und *Politisches Gedicht und klassische Dichtung. Heinrich Heine: Deutschland. Ein Wintermärchen* (1959) von Hans Kaufmann belegen. Andere DDR-Germanisten, darunter Manfred Haeckel und Ursula Münchow sowie die Mayer-Schüler Friedrich Albrecht, Klaus Kändler und Alfred Klein, verstanden dagegen unter dem relevanten ‹Erbe› eher die linken Traditionen seit dem späten 19. Jahrhundert, also die Schriften der naturalistischen und sozialdemokratischen Schriftsteller der Jahrhundertwende sowie der Autoren des Bundes proletarisch-revolutionärer Schriftsteller der zweiten Hälfte der Weimarer Republik.

Aufs große und ganze gesehen, hatte damit die ostdeutsche Germanistik – trotz aller durch die politischen Ereignisse des Kalten Kriegs und der durch ihn ausgelösten kulturellen Verhärtungen und Kursschwankungen – um 1960 eine Einstellung zum literarischen Erbe erreicht, die sich deutlich von den geistesgeschichtlichen und nationalsozialistischen Literaturauffassungen der Vergangenheit wie auch den werkimmanenten und modernistisch-formalistischen Methodenansätzen ihres westlichen Nachbarlandes unterschied. Es war ihr Ziel, alle jungen Menschen, auch die bisher von der Kultur Ausgeschlossenen, im Rahmen sogenannter Arbeiter-und-Bauern-Fakultäten sowie durch die Herausgabe billiger Werkausgaben, wie der *Bibliothek deutscher Klassiker* beim Volksverlag in Weimar, mit dem großen progressiven Erbe der deutschen Literatur vertraut zu machen. Letztlich wollte sie die gesamte DDR in ein Leseland verwandeln, da sie in den Werken der Literatur das beste Instrument einer Verstärkung jenes ‹realen Humanismus› erblickte, den die bürgerlichen Klassiker zwar anvisiert, aber nicht in die Tat umgesetzt hätten – und den es jetzt zu verwirklichen gelte.

Die meisten jüngeren Vertreter und Vertreterinnen dieses Fachs empfanden darum um 1960 die Beschäftigung mit der deutschen Literatur als jenen in eine bessere Zukunft weisenden ‹geschichtlichen Auftrag›, für den Werner Krauss bereits 1950 in *Sinn und Form* eingetreten war. Nach den Überspitzungen im Rahmen der Formalismus-Debatte der frühen fünfziger Jahre und den Angriffen auf sogenannte revisionistische Gesichtspunkte nach dem Ungarn-Aufstand, welche die Wichtigkeit der Literatur nicht in Frage gestellt, sondern eher unterstrichen hatten, faßten sie endlich das gesamte Spektrum aller gesellschaftlich relevanten Werke der Vergangenheit und Gegenwart ins Auge. Trotz weiterbestehender Spannungen entstand so ein germanistisches Diskussionsfeld, innerhalb dessen sowohl eine etwas kritischere Auseinandersetzung mit dem klassischen Literaturerbe als auch eine wesentlich positivere Bewertung jener Literatur möglich wurde, die sich unter jakobinischem, vormärzlichem, naturalistischem, expressionistischem und sozialistischem Vorzeichen gegen die Übermacht der bürgerlichen Klasse und ihrer Literatur aufgelehnt hatte. Zugleich arbeitete sie erste Kriterien für eine literaturgeschichtliche Periodisierung im Sinne des historischen Materialismus heraus, mit denen sie in der Folgezeit an eine großangelegte *Geschichte der deutschen Literatur* herangehen konnte, an der sich sowohl die Universitätsgermanistik als auch das Zentralinstitut für Literaturgeschichte der Akademie der Wissenschaften der DDR beteiligten. Eine ähnliche Aufbruchsstimmung liegt jenen Studien zugrunde, mit denen sich damals jüngere Germanisten und Germanistinnen wie Ernst Schumacher und Werner Mittenzwei für die Dramen Bertolt Brechts oder Silvia und Dieter Schlenstedt für die frühen Werke Hermann Kants und Volker Brauns einsetzten. Jedenfalls schien sich zu diesem Zeitpunkt, bei aller Ablehnung der formalistischen Literaturtheorien des ‹Westens›, wie sie in dem Buch «*New Criticism» und die Entwicklung der bürgerlichen Literaturwissenschaft* (1962) von Robert Weimann zum Ausdruck kommt, eine auf sozialistischen Prämissen beruhende Liberalisierung anzubahnen, die zwar durch die 1965 einsetzenden restriktiven Maßnahmen der SED wieder zurückgedämmt wurde, aber für die weitere Entwicklung der DDR-Germanistik höchst folgenreich blieb.

Vom kritischen Liberalismus zur Achtundsechziger Revolte

Eine neue Phase in der Geschichte der Bundesrepublik setzte im Jahr 1961 ein. Ausgelöst wurde sie durch die Kanzlerkandidatur des ehemaligen Exilanten Willy Brandt für die SPD, den Verlust der absoluten Mehrheit der CDU/CSU bei den Bundestagswahlen dieses Jahrs, die durch den Jerusalemer Eichmann-Prozeß immer unabweislicher werdende Forderung nach einer durchgreifenden ‹Vergangenheitsbewältigung› sowie die darauf folgende *Spiegel*-Affäre (1962) und schließlich den Rücktritt Konrad Adenauers als Bundeskanzler (1963). Diese Ereignisse bewirkten eine deutliche Abwendung jüngerer Intellektuellengruppen vom Status-quo-Denken oder bestenfalls konformistischen Nonkonformismus der fünfziger Jahre und führten zu einer merklichen Polarisierung der gesamten kulturpolitischen Szene. Und im Gefolge dieser Entwicklung spaltete sich auch die westdeutsche Germanistik in drei Richtungen, die sich mit den Adjektiven ‹konservativ›, ‹reformbetont› und ‹rebellisch bis umstürzlerisch› umschreiben lassen.

Die Konservativen unter den Germanistikprofessoren, die nach Jahren des Vertuschens und dann eines neugewonnenen Selbstvertrauens plötzlich besorgt waren, daß auch in ihrer NS-Vergangenheit herumgewühlt würde, hatten das Gefühl, daß es nach diesem Zeitpunkt mit christlichen Heilslehren, einer abwiegelnden Beschwörung des ewigen Seins oder einem rein ästhetischen Formalismus nicht mehr getan war, sondern man einer möglichen Kritik der Liberalen mit einer neuen Strategie entgegentreten müsse. Aus diesem Grund sprachen sich führende Vertreter dieser Schicht für eine ‹Rückkehr zum Philologischen› – als dem eigentlichen Handwerk der Germanistik – aus, worunter sie, wie Willi Flemming in seinem Buch *Bausteine zu einer systematischen Literaturwissenschaft* (1965), vor allem Editionsfragen, gattungspoetische Gesichtspunkte sowie ästhetische Wertfragen verstanden. Daher galt ihr vielberufener ‹Dienst am Wort› weiterhin den klassischen und romantischen Meisterwerken, während sie der ‹Moderne› nach wie vor möglichst aus dem Wege gingen, um sich nicht auf ideologische Entscheidungsfragen einlassen zu müssen. Sie wollten am Konzept einer ‹objektiven›, das heißt in ihrem Sinn entpolitisierten Wissenschaft festhalten. Am deutlichsten drückte sich in dieser Hinsicht Benno von Wiese aus, der 1963 sowohl den «ästhetischen Formalismus» als auch den «theologisierenden Existentialismus» verwarf und sich mit vorgetäuschter Emphase zur «Philologie» als der «alten, längst erprobten Grundwissenschaft» bekannte.[74]

Doch solche Konfessionen bekümmerten jene Intellektuellen und Wissenschaftler, die sich dem liberalen Reformkurs verschrieben, wenig. Sie empfanden solche Stimmen in ihrer betont unzeitgemäßen Art als ausgesprochen hochmütig. Ihr Ideal war nicht die Beibehaltung der angeblich zu keiner Konzession bereiten Wissenschaft vom ‹reinen Geist› und der ihr zugrundeliegenden Bildungsprivilegien, sondern eine Umgestaltung des westdeutschen Bildungssystems im Sinne großzügiger Schul- und Hochschulreformen, um endlich jene im Grundgesetz dieses Staats anvisierte Demokratisierung im Erziehungswesen durchzuführen, die in den fünfziger Jahren immer wieder zugunsten elitärer Gesichtspunkte zurückgedrängt worden war. Wie Jürgen Habermas in seinen Aufsätzen zur Hochschulreform von 1959 und Georg Picht in seinem Buch *Die deutsche Bildungskatastrophe* (1964) wiesen sie darauf hin, daß der Anteil der Abiturienten und Abiturientinnen erst um 1960 von 4,5 auf 6 Prozent angewachsen sei und sich diese Schicht nach wie vor weitgehend aus den Kindern finanziell bessergestellter Familien rekrutiere. Doch nicht nur für eine größere soziale Gerechtigkeit als wichtigster Voraussetzung einer glaubwürdigen Demokratie setzten sich diese Reformer ein, sondern auch für eine wesentlich zeitgemäßere Bildung, die sich nicht in die frühbürgerlichen Reservate des ‹Klassischen› zurückzieht und sich statt dessen an dem orientiert, was ihnen als die westliche ‹Moderne› erschien.

Doch solche Stimmen verhallten in den frühen sechziger Jahren weitgehend ungehört. Weder für die akademische Nachwuchsförderung noch die germanistische Forschung wurde staatlicherseits viel getan. Anträge zur Errichtung von Forschungsinstituten oder Akademien fand der westdeutsche Wissenschaftsrat, der eindeutig naturwissenschaftlich und technologisch verwertbare Fächer favorisierte, im Hinblick auf die Geisteswissenschaften vor 1965 nicht dringlich genug. Bis zum Jahr 1966 gab es daher in der Germanistik, was die Zahl der Lehrstühle betraf, nur geringe Veränderungen. Die meisten germanistischen Seminare, 26 an der Zahl, hatten vier Professoren und jeweils zwei bis drei Assistenten, während die Zahl der Studierenden, die sich diesem Fach zuwandten, zwischen 1956 und 1966 immerhin von 8240 auf 13 540 anstieg. Aufgrund dieser Verhältnisse blieben die germanistischen Reformkonzepte bis zur Mitte der sechziger Jahre bloße Theorien und führten lediglich zu innerfachlichen Diskussionen. Und auch diese verliefen lange Zeit recht zahm. Obwohl Jürgen Habermas 1962 in seinem Buch *Strukturwandel der Öffentlichkeit* energisch für den Abbau konservativer Wertsysteme und die Errichtung einer kritischen Öffentlichkeit plädierte, verharrte die Germanistik aufgrund der Vorherrschaft vieler politisch vorbelasteter Altordinarien weiterhin im Abseits. Hier wurde zu diesem Zeitpunkt noch nicht alles kritisch ‹hinterfragt›, wie das bereits in der unter dem Einfluß der Frankfurter Schule und Wolfgang Abendroths stehenden Soziologie, Politologie und Geschichtswissenschaft üblich wurde, sondern weiterhin das ‹Bewährte› in den Vordergrund gerückt.

Um so beachtenswerter sind jene Literaturwissenschaftler, die schon um 1960 mit Kriterien wie ‹Geschichtsbewußtsein› und ‹Öffentlichkeitsarbeit› ihre Kritik an der herrschenden Autonomieästhetik anmeldeten. So schrieb Peter Demetz bereits 1959, daß die Germanistik noch immer an ihren «spätromantischen Ursprüngen» kranke, das heißt die «Konstruktion interpretatorischer Wolkenkuckucksheime über existenzphilosophischen Nebelbänken» betreibe.[75] Levin L. Schücking warf dem gleichen Fach zwei Jahre später vor, daß es lediglich der «beständigen Nabelschau der ‹autonom› gewordenen Kunst» huldige.[76] Ebenso entschieden trat Horst Rüdiger dafür ein, «auch die gesellschaftlichen Voraussetzungen der Literatur intensiver zu untersuchen, als es in Westdeutschland bisher üblich» war, und verwarf alle Versuche, sich mit ontologischer oder formalästhetischer Blickrichtung allein auf das «esoterische» Kunstwerk zu konzentrieren.[77] Solche Stimmen, zu denen sich auch die von Hans-Egon Hass und Walter Muschg gesellten, führten schließlich dazu, daß auf dem Mannheimer Germanistentag von 1962 auch die Frage des Verhältnisses von «Literaturgeschichte und Interpretation» auf die Tagesordnung gesetzt wurde.

Doch das allein genügte den zu einer durchgreifenden Vergangenheitsbewältigung entschlossenen Reformern unter den jüngeren Germanisten keineswegs. Diese Gruppe, zu der vor allem Karl Heinz Borck, Karl Otto Conrady, Eberhard Lämmert, Herbert Singer und Peter Wapnewski gehörten, berief sich hierbei auf Publikationen wie die Broschüre *Der Sündenfall der deutschen Germanistik* (1959) von Rudolf Walter Leonhardt, die Dokumentation *Literatur und Dichtung im Dritten Reich* (1963) von Joseph Wulf sowie die 1964 in der *Zeit* erschienene Polemik Walter Boehlichs gegen die Wahl des ehemaligen NS-Germanisten Hugo Moser zum Rektor der Bonner Universität und drang nachdrücklich darauf, den 1966 in München stattfindenden Germanistentag unter das Thema «Germanistik im Dritten Reich» zu stellen. Benno von Wiese, der damalige 1. Vorsitzende des Germanistenverbands, sperrte sich zwar eine Weile gegen diese Idee, konnte sich aber den Forderungen der Liberalen schließlich nicht länger verschließen und willigte ein, diese Tagung unter dem Titel «Nationalismus in Germanistik und Literatur» durchzuführen, um so auch andere Themen als nur ‹fachspezifische› in die Debatte einzubeziehen. Auf dieser Tagung, der 1965–66 an einigen Universitäten Ringvorlesungen zur Rolle der Germanistik unterm Faschismus vorangegangen waren, setzten sich besonders Karl Otto Conrady, Eberhard Lämmert und Peter von Polenz erstmals entschieden mit der Geschichte dieses Fachs vor dem Hintergrund der verhängnisvollen Entwicklung der dreißiger Jahre auseinander. Dieser Weg in die ‹Irre›, erklärten sie, sei weder durch eine Autonomisierung der Dichtung noch durch eine unverbindliche Gesellschaftsenthobenheit der sie interpretierenden Germanistik wiedergutzumachen, sondern verlange eine aktive Liberalisierung der Gesamtdisziplin. Ja, Conrady wies in München in aller Offenheit darauf hin, welch unwürdige Rolle nicht nur notorische NS-Größen wie Josef Nadler, Hans Naumann, Heinz Kindermann, Franz Koch und Hermann Pongs, sondern auch weiterhin als ‹bedeutend› geltende Germanisten wie Gerhard Fricke, Wolfgang Kayser, Paul Kluckhohn, Julius Petersen und Karl Viëtor in jenen Jahren gespielt hätten.

Obwohl von den Altordinarien nur ein Drittel an dieser Tagung teilnahmen, waren dennoch manche der Anwesenden über Bloßstellungen dieser Art, besonders wenn sie Lebende betrafen, höchst empört. Dafür spricht eine Replik Benno von Wieses, der solche kritischen ‹Hinterfragungen› mit den Worten abzuwiegeln versuchte: «Wo die Germanistik ihre bisherige Tradition so weit verrät, daß sie überhaupt keine Traditionen mehr hat; wo sie bei dem Wort national nur noch errötet und sich schämt; wo sie die große Literatur des 18. und 19. Jahrhunderts für die Erbärmlichkeiten verantwortlich macht, die sich erst im 20. Jahrhundert ereignet haben – da hat sie sich selbst aufgegeben.»[78]

Noch immer empört über diesen Bloßstellungsakt, griff Benno von Wiese am 5. November 1966, eine Woche später, dieses Thema in der Literaturbeilage der *Welt* nochmals auf und wandte sich unter dem verräterischen Titel *Der Tag Null – eine Illusion* energisch gegen ein abruptes Abbrechen aller germanistischen Traditionen sowie gegen jene Politisierungstendenzen, für die sich auf der gleichen Seite der Hamburger Assistent Peter Schütt unter dem Titel *Für eine Öffnung nach links* einzusetzen versuchte. Was Schütt damals unter ‹links› verstand, war vor allem folgendes: (1) ein Paradigmawechsel von klassisch-romantischen zu aufklärerisch-demokratischen Werken, also den Werken eines Seume, Börne, Heine, Weerth, Herwegh und Freiligrath, (2) eine Ablösung der stammes- und volkskundlichen Tendenzen innerhalb der Sprachwissenschaft zugunsten soziologisch orientierter Forschungsrichtungen, (3) eine methodisch konsequente Einbeziehung sogenannter außerliterarischer Faktoren aus Geschichte, Psychologie und Gesellschaftskunde, (4) ein größeres Interesse an historiographischen und philosophischen Werken, vor allem denen von Hegel, Marx und Feuerbach, (5) eine stärkere Berücksichtigung von bisher als niedrig, wenn nicht gar trivial verschrieener Literatur, (6) eine Auseinandersetzung mit im Westen lebenden Sozialisten wie Ernst Bloch, Hans Mayer und Alfred Kantorowicz sowie (7) einen konsequenten Abbau der älteren Ordinarienherrschaft, um so eine «Demokratisierung der fachwissenschaftlichen Hierarchie» herbeizuführen, die eine Vielfalt miteinander konkurrierender Methoden und Meinungen erlauben würde.

Solche Thesen entsprachen der Stimmung vieler Junggermanisten dieser Jahre, welche die geschmäcklerische Altherrenmentalität der werkimmanenten Methode nicht mehr ausstehen konnten und seit 1960–61 nach wirksamen Gegentrends Ausschau hielten. Statt das bisherige Professorenregime weiterhin unkritisch zu akzeptieren, versuchten sie nach dem Germanistentag von 1966, der von vielen westdeutschen Zeitungen mit aufsehenerregenden Schlagzeilen als das Ende einer zwanzigjährigen Vertuschungsphase kommentiert wurde, endlich offen über die beschämende Vergangenheit ihres Fachs zu reden. Als erstes suchten diese Reformer die ‹braunen› Aufsätze der führenden Ordinarien hervor, welche diese nach dem Krieg in ihren Schriftenverzeichnissen meist weggelassen hatten. Im Falle Heinz Otto Burgers, Wilhelm Emrichs, Friedrich Maurers, Hugo Mosers, Wolfdietrich Raschs, Friedrich Sengles und Benno von Wieses, die zu den angesehensten Vertretern dieses Fachs gehörten und gehofft hatten, daß ihre antisemitischen oder betont völkisch akzentuierten Aufsätze den Bibliothekssäuberungen nach 1945 zum Opfer gefallen seien, führte das zu schweren Konfrontationen zwischen ihnen und ihren Schülern, die plötzlich aus einem unkritischen zu einem kritischen Bewußtsein erwachten. Dennoch war die Macht und das Durchsetzungsvermögen dieser Ordinarien so groß, daß keiner von ihnen aufgrund dieser Enthüllungen zur Rechenschaft gezogen wurde oder gar Berufsverbot erhielt. Trotz einiger Proteste blieben die meisten dieser Professoren bis weit in die siebziger, ja achtziger Jahre in Amt und Würden und traten weiterhin als wohlbestallte ‹Hüter der Tradition› gegen jene ‹naseweisen› Rebellen auf, welche nach dem Münchner Germanistentag von 1966 die Grundpositionen dieses Fachs immer stärker zu hinterfragen begannen.

Innerhalb der kritischen, reformbetonten Germanistik, die sich erst außerhalb der Universitäten, dann jedoch auch innerhalb der germanistischen Institute etablierte, herrschten zu Anfang zwei Haupttendenzen: erstens die Infragestellung des bisherigen literarischen Kanons, der im Zuge einer politischen Generalüberholung durch einen neuen, wesentlich liberaleren, auf Enthierarchisierung und damit Demokratisierung hindrängenden ersetzt werden sollte, und zweitens ein lebhaftes Interesse an einer neuen, den Faschismus nicht einfach ausblendenden, sondern kritisch überwindenden Methodenlehre, um so – nach den vielfachen Verfehlungen dieses Fachs und seiner mangelhaften ideologischen Entsorgung in den Jahren zwischen 1945 und 1966 – der Germanistik endlich eine politisch und gesellschaftlich vorwärtsweisende, das heißt liberale bis linksliberale Ausrichtung zu geben.

Im Hinblick auf den literarischen ‹Paradigmawechsel›, der damals oft beschworen wurde, läßt sich folgendes sagen. Während die Werkimmanenzler der fünfziger und frühen sechziger Jahre fast ausschließlich die klassisch-romantischen Meisterwerke, und zwar wegen ihrer Formqualität, Seelenfülle oder Seinsmächtigkeit, als interpretationswürdig hingestellt hatten, beschäftigten sich die Vertreter der kritischen Welle nach 1966 zusehends mit den liberalen, demokratischen, auf eine publizistische Öffentlichkeit hindrängenden Werken der Vergangenheit. Ihr besonderes Interesse galt dabei den Schriften der Aufklärer, vor allem Lessings, der deutschen Jakobiner, der Jungdeutschen, der Vormärzler, der Naturalisten, der Vertreter eines kritischen Realismus, der linksliberalen Autoren der Weimarer Republik sowie aller Schriftsteller, die nach 1933 aufgrund der Machtübergabe an die Nationalsozialisten Deutschland verlassen und ins Exil gehen mußten.

Im Bereich des 18. und frühen 19. Jahrhunderts waren es hauptsächlich Textanthologien, welche zwischen 1965 und 1970 unter Titeln wie *Von deutscher Republik. 1775–1795*, *Das Junge Deutschland* und *Der deutsche Vormärz* in der Sammlung Insel oder der Reclamschen Universalbibliothek erschienen, die im Rahmen dieser linksliberalen Welle zu wahren Bestsellern aufstiegen. Doch selbst Einzelwerke von Georg Forster, Carl Ignaz Geiger, Georg Friedrich Rebmann, Adolf Freiherr Knigge, Ludwig Börne, Adolf Glassbrenner, Georg Weerth, Ferdinand Freiligrath und Georg Herwegh, die bis dahin fast ausschließlich von Heinrich Scheel, Gerhard Steiner, Claus Traeger und Hedwig Voegt in der DDR ediert worden waren, erregten plötzlich neben den Schriften Walter Grabs zu den norddeutschen Jakobinern auch in der Bundesrepublik eine erstaunliche Aufmerksamkeit und wurden in den germanistischen Seminaren und Proseminaren der folgenden Jahre, die sich mit Fragen der ‹politischen Alphabetisierung Deutschlands› beschäftigten, zu vielgelesenen Übungstexten. In ihnen, wie auch in der 1968 von Klaus Briegleb begonnenen Ausgabe der *Sämtlichen Schriften* Heinrich Heines, fanden die Liberalen bis Linksliberalen endlich Texte, mit denen sie der erdrückenden Übermacht der klassisch-romantischen Tradition wirksam entgegenzutreten hofften.

Etwas langsamer lief das Interesse an den linksdemokratischen und revolutionären Traditionen der deutschen Literatur des späten 19. und frühen 20. Jahrhunderts an, da die ‹Moderne› in der Germanistik der voraufgegangenen Jahre ohnehin im Schatten des ‹klassischen› Jahrhunderts von 1750 bis 1850 gestanden hatte. Den Auftakt dazu bildete nach 1966 die Auseinandersetzung mit dem bisher fast völlig ‹verschollenen› Naturalismus, den linksradikalen Tendenzen des Spätexpressionismus sowie den verschiedenen Ausprägungen liberaler und sozialistischer Literatur der Weimarer Republik. Ja, selbst die antifaschistischen Autoren des Exils, die wie Bertolt Brecht, Anna Seghers, Friedrich Wolf und Arnold Zweig zwischen 1945 und 1949 nach Ostberlin gegangen waren und darum in Westdeutschland, von den Arbeiten Walter Hincks und Reinhold Grimms zu Brecht einmal abgesehen, fast keine Beachtung gefunden hatten, wurden zu diesem Zeitpunkt von einigen aufmüpfigen westdeutschen Assistenten und Doktoranden als die Autoren eines anderen, besseren Deutschlands neu entdeckt und mit anderen linksgerichteten Exil-Autoren wie Heinrich Mann, Lion Feuchtwanger und Oskar Maria Graf gebührend in den Vordergrund gerückt. Eins der Ergebnisse dieser Entwicklung war jene Forschungsrichtung, die aufs engste mit den Namen Helmut Müssener, Alexander Stephan, Hans-Albert Walter und Lutz Winckler verbunden ist, welche in diesen Jahren immer wieder erklärten, daß sich die vielbeschworene ‹Politisierung› der Germanistik, wie sie erstmals auf dem Münchner Germanistentag von 1966 gefordert worden sei, am besten an der Beschäftigung mit den antifaschistischen Werken des Exils exemplifizieren lasse.

Mit den ersten Textausgaben radikaldemokratischer bis linker Werke sowie der sie begleitenden Untersuchungen zu Einzelaspekten des deutschen Jakobinismus, des Vormärz, der Literatur der Weimarer Republik sowie des Exils, welche der längst fälligen Vergangenheitsbewältigung dienen sollten, setzte sich diese Art der Germanistik Aufgaben, die sie noch Jahre, wenn nicht Jahrzehnte beschäftigen sollte. Wie zu erwarten, begnügte sie sich hierbei nicht mit einer krämerisch-positivistischen Aufarbeitung, sondern versuchte, im Verein mit den neuen Werken zugleich ein neues Theoriebewußtsein zu entwickeln. Statt an diesen Texten im Sinne der älteren werkimmanenten Methode lediglich die ästhetische Qualität hervorzuheben, stellten die Reformgermanisten und -germanistinnen die in ihnen zum Ausdruck kommende Gesellschaftskritik als Vorbild einer neuen Engagiertheit hin, deren Hauptakzent auf einer stärkeren Relevanz ihres eigenen Tuns liegen sollte. Dementsprechend war plötzlich überall von den alten und den neuen ‹Ansichten› einer Germanistik die Rede, zwischen denen es kaum noch Gemeinsamkeiten gebe. Während dieser Zustand von den politisch vorbelasteten oder schlichtweg konservativen Germanisten als ‹Krise› empfunden wurde, die zum Verfall dieses ehrwürdigen Fachs führen könne, sahen die Liberalen in dieser Wende nicht nur eine Chance, endlich mit einer kritischen Vergangenheitsaufarbeitung zu beginnen, sondern auch ihrem Fach eine völlig neue weltanschauliche Zielsetzung zu geben.

Demzufolge wurde in den Jahren zwischen 1966 und 1970 eine Fülle von Vorschlägen und Thesen diskutiert, wie man der aus dem Nationalismus in den Faschismus korrumpierten Germanistik ein reformorientiertes, das heißt gesellschaftskritisches und zugleich gesellschaftsveränderndes Telos geben könne. Als Vorbild einer solchen Haltung diente in vielen Fällen die sogenannte Frankfurter Schule, vor allem Theodor W. Adorno, der als einer der wenigen Vertreter des antifaschistischen Exils nach dem Krieg eine Professur in Westdeutschland übernommen hatte und dadurch das Ansehen eines kritischen Außenseiters genoß. Seine zusammen mit Max Horkheimer verfaßten Schriften zum ‹autoritären Charakter› der faschistischen Persönlichkeitsstruktur, die in den fünfziger Jahren fast keine Wirkung gezeigt hatten, stiegen daher nach 1966 – neben den betont aufklärerischen Schriften von Jürgen Habermas – fast meteorhaft zu den wichtigsten Texten der ‹neuen› Germanistik auf und gaben all jenen, die bisher nur antiautoritär aufgemotzt hatten, ein wesentlich schärferes Bewußtsein dafür, wogegen sich ihr Unmut eigentlich richtete. Während sie sich vorher lediglich instinkthaft, ja existentiell gegen die Welt ihrer Väter, Lehrer und Professoren aufgelehnt hatten, faßten sie nach der Lektüre dieser Schriften die Hoffnung, daß sich eine fortschreitende Demokratisierung und damit ‹Mündigkeit› des einzelnen am besten im Rahmen einer kritischen Öffentlichkeit verwirklichen lasse.

Worin allerdings diese Mündigkeit – außer einer verstärkten Kritikfähigkeit – bestehen solle, erfuhren diese Gruppen weder bei Adorno noch bei Habermas. Und so blieben ihre Hoffnungen auf eine positive, wenn nicht gar utopische Zielsetzung im Hinblick auf die Werke dieser Autoren letztlich unbefriedigt. Doch solche Zielsetzungen gab es auch in der Philosophie und Geschichtswissenschaft, welche die jungen Germanisten und Germanistinnen in diesen Jahren wesentlich häufiger als Nebenfächer wählten denn je zuvor, kaum zu holen. Da sich die westdeutsche Gesellschaft vornehmlich als ein ökonomisches Rahmengebilde verstand, das im Gegensatz zu den totalitären Ländern des Ostens keiner ideologischen Zielsetzungen bedürfe, sondern lediglich den ‹persönlichen Entfaltungsdrang des einzelnen› favorisiere, wie sich der Wirtschaftsminister Ludwig Erhard in den fünfziger Jahren ausdrückte, entwickelte sich zwar innerhalb der kritischen Gruppen dieses Zeitraums ein auf die liberalen Formulierungen des Grundgesetzes zurückgreifendes Demokratieverständnis, jedoch kein wirkliches Staatsbewußtsein. Ihre Ideale tendierten – nach dem Debakel des Nationalsozialismus – eher ins Europäische oder aufgeklärt Kosmopolitische. Trotz aller rebellischen Absichtserklärungen blieben daher ihre Reformvorschläge – aufgrund ihres tiefen Affekts gegen jede Form des Nationalen und zugleich der von Adorno pauschal verurteilten ‹verwalteten Welt› der Gegenwart – häufig recht abstrakt.

Auf der Grundlage dieser Haltung kam es zwar in der Germanistik nach 1966 zu vielen kritischen Äußerungen über den auch nach dem Faschismus beibehaltenen ‹autoritären› Charakter der westdeutschen Universitäten, aber kaum zu Änderungsvorschlägen, die einen gesamtgesellschaftlichen Charakter gehabt hätten. Ein gutes Beispiel dafür ist das Buch *Synthetisches Interpretieren. Zur Methodik der Literaturwissenschaft* (1968) von Jost Hermand, das in seinem kritischen Anfangsteil, nämlich der Abrechnung mit den Verfehlungen der geistesgeschichtlichen, völkisch-faschistischen, existentialistischen sowie formalistischen Tendenzen innerhalb der Germanistik zwischen 1900 und 1965 relativ konkret verfuhr, jedoch in seinem auf utopische Postulate hinauslaufenden zweiten Teil, welcher sich auf einen kulturwissenschaftlich fundierten und zugleich ins Fortschrittlich-Synthetisierende drängenden Linkshegelianismus zu stützen versuchte, etwas blaß ausfiel. Doch das gilt auch für andere Studien dieser Art. Gut waren an ihnen meist nur die aufmüpfig klingenden Partien, während ihre vorwärtsweisenden Abschnitte – wegen ihres liberalen und somit illusionär-idealistischen Charakters – meist recht unverbindlich blieben.

Aufgrund dieser Einstellung drang die reformbetonte Richtung selten bis zu wirklich konkreten, das heißt materialistisch fundierten und zugleich dialektischen Geschichtskonzepten vor. Und zwar gilt das selbst für die zwei wichtigsten Forschungsansätze, mit denen sie in den Methodenstreit dieser Jahre einzugreifen versuchte: die Literatursoziologie und die Rezeptionstheorie. Mit beiden dieser Konzepte wagte sie sich zwar – nach den spekulativen Ausflügen ins Geistesgeschichtliche und Ontologische sowie der Beschränkung auf das Werkimmanente und Formalistische – in den Bereich der sozialen Erfahrung vor, ging aber nie so weit, sich auf geschichtskonkrete Ableitungstheorien einzulassen, die sich an einem sozialhistorischen Kausalitätsbegriff und damit implizierten Wechselbezug zwischen den sozioökonomischen Faktoren einerseits und den kulturellen Überbauphänomenen andererseits orientiert hätten.

Beginnen wir mit jenen Studien, die sich in den frühen sechziger Jahren – meist in deutlicher Abgrenzung vom ‹östlichen› Materialismus – im Rahmen des entstehenden Methodenstreits für eine Mitberücksichtigung literatursoziologischer Gesichtspunkte einzusetzen suchten. In scharfer Kritik an Georg Lukács, der seit seinem Buch *Geschichte und Klassenbewußtsein* (1923) in der Parteilichkeit für das Proletariat die einzige Möglichkeit einer radikalen Aufhebung der ‹verdinglichten› Verhältnisse unterm Kapitalismus gesehen hatte, verstand sich diese Richtung vornehmlich als eine objektivierende Korrektur an der idealistischen Weltenthobenheit der westdeutschen Nachkriegsgermanistik. Sie stützte sich deshalb weder auf die Schriften englischer oder französischer Marxisten der fünfziger Jahre noch auf die sozialengagierten Werke der DDR-Germanistik des gleichen Zeitraums, sondern schloß sich statt dessen eng an jene wertfreie, ‹bürgerliche› Literatursoziologie im Sinne Max Webers an, als deren ‹klassische› Werke gegen Mitte der sechziger Jahre Levin L. Schückings *Soziologie der literarischen Geschmacksbildung* (1931) und Walter H. Brufords *Die gesellschaftlichen Grundlagen der Goethezeit* (1936) neu entdeckt wurden. Doch auch vereinzelte Vorstöße ins Literatursoziologische in der Nachkriegszeit wie die von Hugo Kuhn und Martin Greiner, die damals wegen der gängigen Werkzentriertheit kaum beachtet worden waren, erfuhren jetzt die ihnen gebührende Würdigung. Was die neue literatursoziologische Richtung an diesen Autoren besonders schätzte, war vor allem das empirisch Exakte. Sie ging daher allen Verallgemeinerungen ins Anthropologische wie auch der Festlegung auf eine bestimmte Parteilinie peinlichst aus dem Weg und beschränkte sich – im Sinne der Literatur- und Kunstsoziologie eines Alphons Silbermann – fast ausschließlich auf positivistisch konstatierbare Tatsachen wie die literarischen Produktionsbedingungen und Geschmacksbildungsprozesse.

Für die Theoriebildung dieser Richtung war im Hinblick auf die Germanistik das Buch *Die Hauptrichtungen der Literatursoziologie und ihre Methoden* (1964) von Hans Norbert Fügen für kurze Zeit von zentraler Wichtigkeit. Fügen berief sich in ihm nachdrücklich auf Webers Postulat der als liberal-pluralistisch geltenden ‹Wertfreiheit› und bekannte sich zu einer empirischen Literatursoziologie, die sich im idealtypologischen Sinn als ‹klassifizierend› verstand. Was er in den Vordergrund rückte, waren weder das einmalig Individuelle noch das bewußt Klassenbetonte, sondern bestimmte Grundformen des menschlichen Verhaltens, aus denen er verallgemeinernde Schlußfolgerungen zu ziehen versuchte. So unterschied Fügen im Hinblick auf die Produzenten von Literatur zwischen gesellschaftskonformen, gesellschaftskonträren und gesellschaftsabgewandten Autoren, ohne damit bestimmte Werturteile zu verbinden. Die gleiche positivistisch-empirische Haltung legte er im Hinblick auf das Verhältnis von Produzenten, Vermittlern und Konsumenten an den Tag, wo er im Rahmen einer Autoren-, Medien- und Publikumssoziologie zwar auch auf Phänomene wie soziale Herkunft, wirtschaftliche Situation, die Rolle von Verlagen, Buchhandlungen und Bibliotheken sowie die Geschmacksbildung der verschiedenen sozialen Leserschichten einging, sich aber hierbei jeder Form eines ‹eingreifenden› Denkens im Sinne Brechts enthielt.

Da die Praxis der Literatursoziologie wie die jeder empirisch verfahrenden Wissenschaft eine breite Materialkenntnis voraussetzt, blieben solche Theorien in den sechziger Jahren erst einmal unerfüllbare Postulate. Lediglich auf dem Gebiet der Trivialliteratur kam es zu ersten Forschungsansätzen dieser Art, was Studien wie *Der Trivialroman* (1962) von Walter Nutz, *Der Trivialroman in der zweiten Hälfte des 18. Jahrhunderts* (1964) von Marion Beaujean, *Der aktuelle Unterhaltungsroman* (1964) von Wolfgang R. Langenbucher und *Die Entstehung der modernen Unterhaltungsliteratur* (1964) von Martin Greiner belegen, mit denen sich Helmut Kreuzer in seinem Aufsatz *Trivialliteratur als Forschungsproblem* auseinandersetzte, der 1967 in der *Deutschen Vierteljahrsschrift* erschien. Im Gegensatz zu Walter Killy, der 1961 in seinem Büchlein *Deutscher Kitsch* den Begriff ‹Trivialität› – von hochmütig-formalistischer Warte aus – noch rein abwertend verstanden hatte, stellte Kreuzer die sogenannte niedere Literatur nachdrücklich als ein wichtiges Erkenntnisobjekt der Literaturgeschichte hin, ohne deren Kenntnis weder die oft beschworenen höheren Werke noch die für die literarischen Verhältnisse innerhalb einer bestimmten Epoche nötigen Grundstrukturen zu erkennen seien. Er selbst versuchte das in seinem Buch *Die Boheme. Beiträge zu ihrer Beschreibung* (1968) an einem Phänomen zu exemplifizieren, bei dem das angeblich Höhere und das angeblich Niedere – im Rahmen einer höchst konkreten sozialliterarischen Situation – oft eine untrennbare Synthese eingehen.

Die zweite Richtung, die mit dem literatursoziologischen Ansatz aufs engste korrespondierte, war die Rezeptionsforschung, die weitgehend durch Veröffentlichungen wie *Literaturgeschichte als Provokation der Literaturwissenschaft* (1967) von Hans Robert Jauss, *Für eine Literaturgeschichte des Lesers* (1967) und *Literatur für Leser* (1971) von Harald Weinrich sowie *Die Appellstruktur der Texte* (1970) und *Der implizite Leser* (1972) von Wolfgang Iser angeregt wurde. Vor allem die Schrift von Jauss, die auch in der edition suhrkamp erschien, reizte mit ihrer Tendenz zur strikten Historisierung die älteren, noch immer auf den Ewigkeitscharakter eingeschworenen Fachvertreter zu heftigem Widerspruch heraus. Schließlich wurde in ihr nicht mehr von den begnadeten Intentionen des Dichters und seines in die Tiefen der menschlichen Existenz reichenden Ausdruckswillens oder meisterlichen Gestaltungsvermögens gesprochen, sondern der Nachdruck des literaturwissenschaftlichen Forschens aus dem Intentionalen in steigendem Maße in den Bereich der Distribution und Rezeption verschoben, das heißt die Literatur von den Lesenden her gesehen und damit eine klare Wendung ins Soziologische vollzogen. Was bei diesem Interpretationsansatz anfangs noch stark den Verstehensmodellen Hans-Georg Gadamers verpflichtet war, also das dialogische Verhältnis der Lesenden zum gelesenen Werk betonte, konkretisierte sich dadurch – unter dem Einfluß der linksliberalen Gruppen dieser Jahre – schnell aus dem Anthropologischen ins Historische und führte durch die Einführung von Begriffen wie ‹geschichtlicher Erwartungshorizont›, ‹Wirkung auf Lebenspraxis› sowie ‹Verwerfung des historischen Objektivismus› zur Wiedergewinnung eines geschichtlichen Verständnisses von Literatur, das es in dieser Form in der bundesrepublikanischen Germanistik der fünfziger und frühen sechziger Jahre kaum gegeben hatte.

Allerdings ging auch in dieser Richtung, trotz ihrer entschiedenen Tendenz ins Gesamtgesellschaftliche, der spezifisch liberale Eigensinn nie ganz verloren. Zwar wurde hier nicht nur von literarischer Geschmacksbildung oder anderen allgemein bleibenden wirkungsästhetischen Konzepten gesprochen, sondern auch höchst konkret auf die Bedeutung der jeweiligen Verteilersysteme, der literarischen Kritik sowie der Schul- und Bildungsinstitutionen bei der Reaktion der Lesenden auf die von ihnen gelesenen Texte, ja sogar die unterschiedliche Wirkung der gleichen Texte auf verschiedene Leserschichten oder gar Klassen hingewiesen, aber bei aller Tendenz zur konsequenten Historisierung und Soziologisierung eine Wendung zu materialistischen Ableitungstheorien ausdrücklich vermieden, um nicht in den Verdacht zu geraten, über dem kollektiven Charakter solcher Rezeptionsprozesse die selbst in den massenmedialen Kommunikationssystemen der jüngsten Vergangenheit erhalten gebliebenen subjektiven Einzelreaktionen aus dem Auge zu verlieren. Mit solchen Thesen, nämlich den Forderungen, sich in der Literaturwissenschaft sowohl gegen eine museale Rekonstruktion als auch vulgäre Aktualisierung zu wenden und statt dessen im Einheits- und Verschmelzungshorizont der Lesenden «das Vergangene immer enger mit dem Gegenwärtigen zu verknüpfen», wie sich Jauss ausdrückte,[79] wurde zwar wieder der dialektische Charakter jeder geschichtlichen Praxis herausgestellt, aber eine eindeutige Parteilichkeit im Hinblick auf eine bestimmte Leserschicht zugunsten abstrakter Modernitätskonzepte umgangen.

Eine solche Haltung führte sowohl zu kritischen Reaktionen von DDR-Literaturwissenschaftlern wie Robert Weimann, Manfred Naumann und Claus Traeger, die an dem Jaussschen Rezeptionsmodell vor allem den ‹konsumistischen›, das heißt gesellschaftsneutralen Aspekt bemängelten, als auch von westdeutschen Germanisten wie Friedrich Sengle, die darin einen Angriff gegen jede Möglichkeit einer literaturgeschichtlichen Objektivierung sahen. Überhaupt polarisierten sich zu diesem Zeitpunkt nicht nur die politischen, sondern auch die wissenschaftstheoretischen Positionen geradezu von Monat zu Monat und nahmen schließlich immer aggressivere Formen an. Und zwar hing das weitgehend mit der 1966–67 einsetzenden Wirtschaftskrise und der damit verbundenen Verstärkung alt- und neofaschistischer Tendenzen zusammen, gegen die sich selbst die 1967 in Bonn geschlossene Große Koalition aus CDU/CSU und SPD anfangs als ohnmächtig erwies. Auf seiten der sich allmählich radikalisierenden Studenten führte diese Entwicklung zu außerparlamentarischen Aktionen, welche sich immer stärker vom Hörsaal auf die Straße verlagerten. Bestärkt fühlten sich diese Gruppen darin vor allem durch die weltweiten Anti-Vietnamkrieg-Proteste, das entschiedene Auftreten des Sozialistischen Studentenbunds (SDS) sowie die Aufstände der Pariser Studenten im Mai 1968, die sie mit großem Jubel begrüßten. Sie reagierten deshalb 1967 auf die Erschießung des Westberliner Studenten Benno Ohnesorg und 1968 auf das Attentat auf Rudi Dutschke, den maßgeblichen Kopf innerhalb des SDS, mit einer Fülle von Sit-Ins, Teach-Ins sowie Streiks, studentischen Vollversammlungen und Demonstrationen, die schnell aus dem Friedlichen ins Gewalttätige eskalierten.

Während sich der Münchner Germanistentag von 1966, trotz mancher persönlichen Konfrontationen, noch durchaus in akademischen Formen abgespielt hatte, nahm daher 1968 der Westberliner Germanistentag geradezu tumultuarische Formen an. Hier konnten von vierzehn Vorträgen nur acht gehalten werden, so erbittert war inzwischen der Widerstand gegen eine ‹irrelevante›, das heißt einfühlsam-existentielle, modernistisch-elitäre, ja selbst literatursoziologisch oder rezeptionstheoretisch eingestellte Germanistik ohne genau umrissenen politischen Praxisbezug geworden. Was auf seiten der Studenten und Assistenten, aber auch einiger reformorientierter Professoren auf dieser Tagung gefordert wurde, war nicht nur eine verstärkte politische Vergangenheitsbewältigung, sondern eine methodische Neubesinnung des Fachs Germanistik schlechthin, um dieser aus Angst vor jeder Ideologisierung weltfremd gewordenen Disziplin endlich einen gesellschaftskritischen und damit politisch relevanten Charakter zu geben. Im Zuge dieser Aufbruchsstimmung war plötzlich allerorten von einer revolutionären ‹Umgestaltung der Germanistik› die Rede, wobei man zum Teil so weit ging, die Forderung aufzustellen, sich in Zukunft – im Widerspruch zur bisherigen Klassikverkultung oder dem Ausweichen ins Modernistisch-Elitäre und Rezeptionsästhetische – vornehmlich mit der Literatur der bisher Unterdrückten sowie ihrer politischen und sozialen Belange zu beschäftigen, um so die Germanistik in eine progressiv orientierte Gesellschaftswissenschaft zu verwandeln.

Zu den wichtigsten Forderungen und Leistungen dieser ersten Umbruchswelle gehörten unter anderem folgende: (1) eine verstärkte Auseinandersetzung mit dem Faschismus, wie sie sich in Bänden wie *Literatur unterm Hakenkreuz* (1969) von Ernst Loewy und *Völkisch-nationale und nationalsozialistische Literaturtheorie* (1973) von Klaus Vondung niederschlug, (2) ein kritisches Abstandnehmen von der Klassikzentriertheit der bisherigen Germanistik, für das der von Reinhold Grimm und Jost Hermand herausgegebene Sammelband *Die Klassik-Legende* (1972) bezeichnend ist, (3) eine engagierte Aufarbeitung der demokratisch-revolutionären Traditionen innerhalb der deutschen Literatur, die zu Publikationen wie der von Walter Grab edierten Reihe *Deutsche Revolutionäre Demokraten* (1971–73), den Bänden zur Exilliteratur (1972 ff) von Hans-Albert Walter sowie der von Gert

Mattenklott und Klaus Scherpe betreuten Reihe *Literatur im historischen Prozeß* (1973 ff) führte, (4) eine neue Auseinandersetzung mit den verschiedenen Formen der Avantgarde, die bis 1965 als historisch veraltet gegolten hatten, in Veröffentlichungen wie dem von Hans-Jürgen Schmitt herausgegebenen Band *Die Expressionismusdebatte* (1973) und dem Buch *Theorie der Avantgarde* (1974) von Peter Bürger, (5) eine Ausweitung der Germanistik in die Bereiche bisher als unkünstlerisch, das heißt als ‹niedrig› verschrieener Ausdrucksformen wie der von Wolfgang Emmerich neu herausgestellten *Proletarischen Lebensläufe* (1974) sowie (6) eine kritische Auseinandersetzung mit den manipulierenden Tendenzen innerhalb der gegenwärtigen Massenmedien, vor allem des Rundfunks und des Fernsehens, aber auch der Springer-Presse, die Horst Holzer, Knut Hickethier und Friedrich Knilli als Vehikel einer genau geplanten Maschinerie des ‹social engineering› zu entlarven suchten.

Im Gefolge solcher Publikationen, die vor allem bei Verlagen wie Athenäum, Hanser, Metzler, Rowohlt und Suhrkamp erschienen, entwickelte sich zwangsläufig ein immer stärkeres Verlangen nach einem unmittelbaren Praxisbezug, um nicht mit der Forderung nach größerer gesellschaftlicher Relevanz im ideologischen Abseits zu bleiben. Viele Autoren germanistischer Programmschriften – und zwar von Jürgen Kolbes Sammelband *Ansichten einer künftigen Germanistik* (1969) über das zweibändige Werk *Methodendiskussion. Arbeitsbuch zur Literaturwissenschaft* (1971), das Jürgen Hauff, Albrecht Heller, Bernd Hüppauf, Lothar Köhn und Klaus-Peter Philippi herausgaben, bis zu Dieter Gutzens *Einführung in die neuere deutsche Literaturwissenschaft* (1976) – rückten daher nicht nur Theoretisches in den Vordergrund, sondern versuchten, den ‹Gebrauchswert› ihrer Bücher obendrein durch instruktive Textbeispiele, Unterrichtsmodelle oder repertorienartige Frageabschnitte zu erhöhen. Ja, in manchen dieser Einführungen wurde von der bisherigen Form der Auseinandersetzung mit Literatur für ein anspruchsvolles Publikum von Kollegen und anderen an Literatur Interessierten bewußt Abstand genommen und im Sinne der in diesen Jahren propagierten Reformpädagogik weniger der bildende als der ausbildende Charakter schulischer und universitärer Literatur- und Sprachvermittlung ins Auge gefaßt.

Daß diese Reformmodelle auf ein äußerst lebhaftes Interesse stießen, hängt nicht nur mit den gesellschaftspolitischen Hoffnungen der hinter ihnen stehenden Autoren und Autorinnen zusammen, sondern spiegelt zugleich die konkreten Veränderungen an den Schulen und Universitäten dieser Jahre wider. Nachdem die Zahl der westdeutschen Abiturienten und Abiturientinnen zwischen 1945 und 1965 relativ konstant geblieben war, das heißt nie die Sechsprozentgrenze überschritten hatte, stieg sie in diesem Zeitraum plötzlich sprunghaft an. Und das führte nicht nur zu neuen Richtlinien für den Deutschunterricht an den Schulen, sondern auch zu tiefgreifenden Umbildungen im Lehrangebot der älteren Universitäten sowie der zwanzig zwischen 1965 und 1975 neugegründeten Universitäten und Gesamthochschulen. Obendrein wurden zwischen 1966 und 1972 fünf der früheren Pädagogischen Hochschulen in die Universitäten eingegliedert, was zu einer weiteren ‹Verschulung› des germanistischen Lehrbetriebs beitrug. Während es den Studenten und Studentinnen bisher relativ freigestanden hatte, in welcher Reihenfolge sie die von ihnen ausgesuchten Vorlesungen, Proseminare und Seminare belegten, setzten sich jetzt die entscheidenden Reformgremien – im Zuge ständig veränderter Curricula-Modelle – nicht nur für ein vorbereitendes Grundstudium, sondern auch für Zwischenprüfungen, Mittelseminare und Magisterprüfungen ein, um den durch die überfüllten Oberschulen nur mangelhaft vorbereiteten Studenten und Studentinnen einen leichteren Zugang zu einer Form der Germanistik zu ermöglichen, die sich immer stärker in ein kaum mehr zu überschauendes Massenfach verwandelte. Im Verlauf dieser Entwicklung wurden nicht nur die Professorenstellen vermehrt, um mit dem Ansturm der Studierenden fertig zu werden, und zwar in den Geisteswissenschaften von 801 im Jahr 1966 auf 1425 im Jahr 1972, sondern zugleich 3793 Mittelbaustellen in Form Akademischer Räte und Oberräte geschaffen, die sich vornehmlich der Lehre und nicht der Forschung widmen sollten.

Die in diesen Jahren einsetzende ‹Reform› stand also unter einem doppelten Stern: Einerseits erfolgte sie unter dem Diktat der zu schnellen Entscheidungen verpflichtenden Ausweitung der Schulen und Universitäten, was zu vielen technokratischen Fehlgriffen führte, andererseits lag ihr ein liberaler bis linksliberaler Veränderungswille zugrunde, der die ständig wachsenden Schüler- und Studentenmassen durch den Wechsel von autoritär vorgetragenen Meinungen zu kritischen, das heißt eigenständiges Denken stimulierenden Diskussionsrunden für eine Enthierarchisierung und damit Demokratisierung zu gewinnen suchte. Führende Vertreter und Vertreterinnen dieser Richtung wie Christa Bürger, Gertrude Cepl-Kaufmann, Karlheinz Fingerhut, Hans Glinz, Heinz Ide, Albert Klein, Peter von Polenz, Peter Stein und Jochen Vogt setzten sich deshalb energisch dafür ein, die neuen Reformkonzepte, vor allem die von Wolfgang Iser und Harald Weinrich angestellten Überlegungen zu einem literaturwissenschaftlichen und linguistischen Studienmodell (1969), die Pläne zum Bremer Projektstudium (1970) und die Hessischen Rahmenrichtlinien (1972), nicht im Zuge einer bürokratischen Versachlichung ins Sprach- und Kommunikationstheoretische ihrer kritischen Impulse zu berauben. Um dem entgegenzuwirken, schlugen sie vor, die im Unterricht behandelten Texte stets auf ihre manipulierende Absicht zu hinterfragen und damit gesellschaftspolitisch einsichtig zu machen. Zur Schärfung einer solchen Wahrnehmungsfähigkeit empfahlen sie die Interpretation von Reklametexten, politischen Reden, des *Spiegels* oder der Zeitung *BILD*, um so dem Deutschunterricht eine verstärkte ‹lebenskundliche› Relevanz zu geben, statt die Schüler und Schülerinnen mit unkonkreten semiotischen Fragestellungen oder einem abstrakten Verständnis verschiedener literarischer Textsorten zu quälen.

Diese schulische und universitäre Reformwelle, die ihren Höhepunkt zwischen 1969 und 1975 erlebte, führte also – im Hinblick auf die behandelten Texte – nicht nur zu einer merklichen Verlagerung aus dem Bereich des Klassisch-Romantischen in die unmittelbare Gegenwart, sondern im Rahmen sozialliterarischer, linguistischer und rezeptionsästhetischer Aktualisierungsbemühungen auch zu einer intensiven Beschäftigung mit den zeitgenössischen Massenmedien sowie Werken der sogenannten Trivialliteratur. Durch eine kritische Behandlung schriftlicher und gesprochener Texte wollte die hinter ihr stehende Gruppe bei den Schülern und Studierenden einen kollektiven und zugleich individuellen Emanzipationsprozeß in Gang setzen, der sie befähigen sollte, selbst ‹harmlos› aussehende Texte ideologisch durchschauen zu können. Demzufolge sprachen sich die Befürworter und Befürworterinnen eines ‹Kritischen Deutschunterrichts› mehrfach gegen jede literarische Kanonbildung aus und empfahlen, selbst die angeblich klassischen Werke der Vergangenheit stets auf ihren weltanschaulichen Aussagewert zu überprüfen und sich nicht von vornherein durch ihre angebliche Größe und Berühmtheit einschüchtern zu lassen.

Daß die politisch radikaler Denkenden unter der jüngeren Dozenten-

und Studentenschaft der Germanistik, die vom SDS herkamen und unter Demokratisierung im Sinne Wolfgang Abendroths oder Oskar Negts auch eine Teilverwirklichung sozialistischer Forderungen verstanden, sich mit solchen kritischen Hinterfragungskonzepten und wohlgemeinten Aufrufen zur ‹Mündigkeit› nicht zufriedengeben würden, war schon 1967–68 vorherzusehen, als die Unruhe unter den westdeutschen Studenten und Studentinnen immer offensichtlicher wurde. Diese Gruppen, bei denen eher der Gedanke einer kollektiven Befreiung als der einer subjektiven Emanzipation im Vordergrund stand, bekannten sich entweder zur ‹Neuen Linken›, der 1968 gegründeten Deutschen Kommunistischen Partei (DKP) oder einer der kurz darauf entstehenden maoistisch-linksradikalen Organisationen. Auf universitärer Ebene unterstützten sie meist irgendwelche spontan entstehenden Linksbündnisse, den Marxistischen Studentenbund Spartacus (MSB) oder eine der verschiedenen K-Gruppen. Im Bereich der Germanistik führte das an mehreren Universitäten zur Gründung Roter Zellen Germanistik, kurz ‹Rotzeg› genannt, die in ihrer vandalistischen Anfangsphase erst einmal die gesamte ältere Literatur im Sinne des 15. *Kursbuch* von 1968 als ‹bourgeois› oder ‹affirmativ› abschaffen wollten und bewußt aufreizende Sprüche wie «Unter den Talaren / der Muff von tausend Jahren», «Schlagt die Germanistik tot / Färbt die blaue Blume rot», «Roswitha raus / Rosa rein» oder «Wo gestern noch der Goethe stand / Pennt heute Rainer Kunzelmann» an die Wände malten. Noch ‹wilder› ging es, wie gesagt, im Oktober 1968 auf dem Westberliner Germanistentag her, wo es zu massiven Störmanövern von seiten der Studenten kam, die gegen ‹irrelevante› Vortragsthemen wie Albrecht Schönes *Goethes Wolkenlehre* protestierten und schließlich das Ganze in ihrem Sinne umzufunktionieren suchten. Was folgte, waren Institutsbesetzungen, Streiks, Proteste gegen die Weiterbeschäftigung ehemaliger Nationalsozialisten sowie Forderungen, dem Universitätsstudium endlich eine unmittelbare Gesellschaftsrelevanz zu geben.

Während sich die erste Welle der aufmüpfigen Achtundsechziger noch als ‹kleine radikale Minderheit› im Sinne der von Herbert Marcuse verkündeten Randgruppenstrategie oder älterer Avantgardekonzepte verstanden hatte, welche lediglich die Literatur aus dem Bereich der Autonomie erlösen und in den Bereich der Lebenspraxis überführen wollte, wurden im Zuge der zweiten studentischen Radikalisierungswelle auch Stimmen laut, die sich immer stärker zu marxistischen Theorien oder Handlungsanleitungen bekannten. Unter Berufung auf Bücher wie *Der hilflose Antifaschismus* (1968) des Westberliner *Argument*-Herausgebers Wolfgang Fritz Haug, *Formen bürgerlicher Herrschaft. Faschismus – Liberalismus* (1971) des Abendroth-Schülers Reinhard Kühnl oder den von Oskar Negt, einem in Hannover lehrenden Soziologen, herausgegebenen Band *Die Linke antwortet Habermas* (1968) stützten sich diese Gruppen weniger auf die wegen ihrer liberalen Reformkonzepte als ‹illusionär› bezeichneten Vertreter der Frankfurter Schule als auf Marx und Engels, aber auch Walter Benjamin, Ernst Bloch, Bertolt Brecht, Karl Korsch, Georg Lukács, Rosa Luxemburg sowie den frühen Wilhelm Reich, die ihnen als die entscheidenden Vorbilder einer wahrhaft sozialengagierten Haltung erschienen.

Statt im Sinne der auf demokratische Modernisierungsschübe drängenden linksliberalen Reformer weiterhin auf die Herausbildung einer kritischen Öffentlichkeit zu hoffen, die es nach ihrer Meinung in einer kapitalistischen Wirtschafts- und Gesellschaftsordnung aufgrund der von den Kapitaleignern ausgeübten massenmedialen Beeinflussungstaktiken doch nie geben werde, empfanden es diese Gruppen – im Bündnis mit der Arbeiterklasse – als wesentlich sinnvoller, sich in den Dienst einer diesem System entgegengesetzten, auf die breiten Massen der Bevölkerung bezogenen Gegenöffentlichkeit zu stellen. Ihr Leitbuch war daher nicht mehr die noch auf linksliberal-reformerischen Konzepten beruhende Untersuchung *Strukturwandel der Öffentlichkeit* (1962) von Jürgen Habermas, sondern eher die 1972 publizierte Studie *Öffentlichkeit und Erfahrung. Zur Organisationsanalyse von bürgerlicher und proletarischer Öffentlichkeit* von Oskar Negt und Alexander Kluge. Demzufolge verschob sich in den Schriften dieser Gruppen der Begriff ‹Avantgarde›, der nach 1968 zu einer Lieblingsvokabel der Linksliberalen geworden war, aus dem Geistigen und Künstlerischen immer stärker ins Basisbezogene. Statt lediglich neue Kunstformen zu entwickeln, sich an wissenschaftstheoretischen Polemiken zu beteiligen oder den Deutschunterricht an den Oberschulen umzugestalten, wollten die mit solchen Vorstellungen Sympathisierenden zugleich aktiv in die anstehenden Klassenkämpfe eingreifen und durch ihre Aktivitäten an der Entstehung einer eigenständigen proletarischen Publikations- und Zirkulationssphäre mitarbeiten.

Die weitaus größte dieser Gruppen bezeichnete sich damals als Teil jener ‹Neuen Linken›, die sich einerseits als marxistisch verstand, andererseits jede parteiliche Bindung ablehnte und im Rahmen einer ‹linksabweichlerischen› Gesinnung mit anarchistischen, syndikalistischen, trotzkistischen oder eurokommunistischen Vorstellungen sympathisierte, während sie dem in der Sowjetunion und der DDR praktizierten Sozialismus mißtraute, wenn nicht gar ablehnte. Im Hinblick auf die Germanistik herrschte in diesem Bereich zwar kein besonders lebhafter Praxisbezug, aber ein hohes Reflexionsniveau. Dafür sprechen die in diesen Jahren im *Argument*, in der *Alternative*, den *Texten Metzler*, den Fischer-Athenäum-Taschenbüchern, den Scriptor-Bänden und anderswo geführten Theoriediskussionen, in denen Walter Fähnders, Helga Gallas, Marie Luise Gansberg, Hans Peter Herrmann, Michael Pehlke, Martin Rector, Dieter Richter, Peter Stein, Paul Gerhard Völker, Bernd Jürgen Warneken, Lienhard Wawrzyn und andere die bisherige Germanistik einer detaillierten Methodenkritik unterzogen und materialistisch-fundierte Geschichtskonzepte entwarfen. Im Gegensatz zur älteren Literaturwissenschaft, die weitgehend Formtypologie und Wertungsontologie betrieben habe, betrachteten sie jedes literarische Werk und damit auch seinen Schöpfer als ein ‹Ensemble gesellschaftlicher Kräfte›, das sich nur im Sinne eines dialektischen Nachvollzugs der Geschichte verstehen lasse. Von besonderer Wichtigkeit war dabei die von Gert Mattenklott und Klaus Scherpe herausgegebene Reihe *Literatur im historischen Prozeß*, die sich eindeutig zu einer materialistischen Ableitung literarischer Texte im Rahmen eines genau beschreibbaren Entstehungs-, Darstellungs- und Funktionszusammenhangs bekannte und sich dabei vor allem auf das Geschichtsverständnis Walter Benjamins stützte. Wie bei den Autoren des von einem Freiburger Kollektiv verfaßten *Räuberbuchs* (1974) wurden hier, und zwar unter ständigem Rückbezug auf eine Fülle parteigebundener oder parteiabweichender Marxisten, anhand der revolutionären Traditionen der deutschen Literatur, der Expressionismus-Debatte, der Thesen Adornos zum fetischisierenden Charakter der Kulturindustrie, der von Wolfgang Fritz Haug herausgearbeiteten Warenästhetik des Kapitalismus, der literatursoziologischen Arbeiten der sechziger Jahre und der Brecht-Lukács-Debatte die Grundlagen einer marxistischen Ästhetik und Literaturwissenschaft erstellt, die wegen ihrer unorthodoxen Art auch von vielen liberalen bis linksliberalen Achtundsechzigern akzeptiert werden konnten.

Doch daneben entwickelte sich seit 1968 auch eine materialistisch orientierte Literaturästhetik, welche sich an den ideologischen Kurs der DKP anlehnte und vor allem vom Marxistischen Studentenbund unterstützt wurde. Ihre Hauptexponenten waren Literaturwissenschaftler, deren Beiträge vor allem im *Kürbiskern*, in *Literatur und Gesellschaft*, der *Deutschen Volkszeitung* und beim Pahl-Rugenstein-Verlag erschienen. In ihnen beschäftigten sie sich vornehmlich mit jenen Autoren, die sich in der Weimarer Republik zur KPD bekannt hatten oder nach dem Krieg, wie Bertolt Brecht, Anna Seghers und Friedrich Wolf, in die DDR gegangen waren. Außerdem traten sie – in Solidarität mit Hans Heinz Holz, Thomas Metscher, Hansjürgen Sandkühler und Peter Schütt – auch in der westlichen Literaturtheorie für die Anerkennung des sozialistischen Realismus ein und befürworteten eine entschiedene Parteilichkeit zugunsten radikaldemokratischer oder sozialistischer Positionen. Ihr Ziel war eine materialistisch fundierte Literaturwissenschaft in praktisch-kritischer Absicht, die sich scharf von jeder «idealistischen» Interpretationsmethode distanzierte[80] und bei der Analyse aller die Literatur einer betreffenden Epoche bestimmenden Faktoren vornehmlich von Fragestellungen wie Widerspiegelung, Periodisierung, gesellschaftliche Typik, Ideologiekritik und kritische Erbeaneignung ausging. Genau besehen, wollte sie in allem, was sie tat, die literarische Theorie stets mit der sozialen Praxis verbinden, sich also in den Dienst bisher unterdrückter und entrechteter Bevölkerungsschichten stellen. Dementsprechend widmete sie sich einerseits der sorgfältigen Aufarbeitung aller sozialistischen Traditionen innerhalb der deutschen Literatur seit dem Vormärz und Naturalismus, andererseits der Interpretation der Werke von DDR-Schriftstellern, aber auch von westdeutschen Autoren wie Franz Xaver Kroetz und Martin Walser, die sich damals zur DKP bekannten.

Die dritte Richtung innerhalb dieser materialistisch orientierten Literaturwissenschaftler bildeten die Vertreter der marxistisch-leninistisch oder maoistisch orientierten Roten Zellen. Während die ML-Gruppen meist die Literatur rechts liegen ließen und nur noch Marx und Lenin lasen, entwickelten die maoistischen Gruppen zum Teil recht klar profilierte literarische Vorstellungen, indem sie sich wie Helmut Lethen und Helga Gallas auf Vorbilder wie den kommunistischen Bund Proletarisch-Revolutionärer Schriftsteller (BPRS) stützten. Die Westberliner Maoisten gaben daher dem ersten Band ihrer *Mate-*

rialistischen Literaturwissenschaft – unter Weglassung der Autorennamen, die ihnen zu ‹bürgerlich› erschienen – den plakativen Titel *Zum Verhältnis von Ökonomie, Politik und Literatur im Klassenkampf* (1971). Im Gegensatz zu Bänden wie *Methodenkritik der Germanistik. Materialistische Literaturkritik und bürgerliche Praxis* (1970) von Marie Luise Gansberg und Paul Gerhard Völker oder *Marxistische Literaturwissenschaft und Literatursoziologie* (1972) von Florian Vaßen, die auch Theoretiker wie Theodor W. Adorno und Walter Benjamin berücksichtigten, wurde in diesem Band der ideologische Nachdruck allein auf den direkten Bezug zu den revolutionären ‹Volksmassen› gelegt.

Daß bei dieser politischen Standortbestimmung nicht nur die konservative Germanistik der Nachkriegszeit, sondern auch die linksliberale der späten sechziger Jahre viele Federn lassen mußte, war zu erwarten. In scharfer Ablehnung aller sogenannten kleinbürgerlichen Intellektuellen, die entweder zur Utopie oder zum Reformismus neigten, was sowohl den Vertretern der ‹Kritischen Theorie› als auch den *Kursbuch*-Autoren um Hans Magnus Enzensberger angelastet wurde, vertrat diese Gruppe, zu der neben Helmut Lethen auch Gerhard Bauer, Horst Domdey, Klaus Hartung, Wolfgang Lefèvre, Friedrich Rothe und Rüdiger Safranski gehörten, eine Germanistik im ‹Dienste des Volkes›, die von jeder geistigen Hybris Abstand zu nehmen suchte. Aus diesem Grunde favorisierte sie eine Literatur im Sinne der Roten Eine-Mark-Romane von Willi Bredel und Klaus Neukrantz sowie eine aktive Parteinahme für die neugegründete KPD und die von ihr herausgegebene Zeitung *Die rote Fahne*, während sie der DDR-Germanistik, in der sich die ‹bürgerliche› Linie der Klassik- und Realismus-Verehrung durchgesetzt habe, wodurch die Klassenkampfliteratur mit ihren plebejischen Traditionen immer stärker in den Hintergrund getreten sei, nicht viel abgewinnen konnte.

Da es aufgrund solcher Thesen und Forderungen, die zum Teil mit den Anti-Vietnamkrieg-Protesten und Institutsbesetzungen Hand in Hand gingen, immer wieder zu schweren Krawallen kam, bei denen oft die im Prinzip antiautoritär, ja terroristisch eingestellten Chaoten die Oberhand gewannen, hatten die meisten dieser linken Konzepte von vornherein keine gute Presse und schüchterten selbst manche der wohlmeinenden Liberalen ein. Im Hinblick auf Westberlin läßt sich das am besten mit Äußerungen Peter Szondis belegen, der sich zwar im Hinblick auf die Struktur der literaturwissenschaftlichen Institute für eine nachdrückliche Demokratisierung einsetzte, jedoch eine eindeutige Parteinahme für eine materialistische Literaturwissenschaft entschieden ablehnte. Auch Jürgen Habermas, der sich seit Ende der fünfziger Jahre mehrfach für eine durchgreifende Hochschulreform im Sinne linksliberaler Vorstellungen eingesetzt hatte, erklärte 1969 angesichts der verbreiteten Studentenunruhen, daß man solche Reformen nicht mit «politischen Aufgaben» belasten solle, die ihrer «Funktion widersprechen» würden, und trat statt dessen für eine «langfristige Strategie der massenhaften Aufklärung» ein,[81] um so endlich das noch immer unvollendete «Projekt der Moderne» auf demokratische Weise abschließen zu können.

Tendenzwende in der Bundesrepublik

Für das allmähliche Abebben der studentisch-antiautoritären, außerparlamentarisch-anarchistischen sowie sozialistisch-basisorientierten Strömungen um 1973–74, das in den systemkonformen Massenmedien der Bundesrepublik häufig als durchgreifende ‹Tendenzwende› hingestellt wurde, hat man anfangs vornehmlich tagespolitische Ereignisse und Maßnahmen – wie das unerwartet harte Vorgehen der sozialliberalen Koalition gegen die DKP in Form von Radikalenerlassen und Berufsverboten sowie die durch die Aktionen der Roten Armee Fraktion und anderer Terrororganisationen ausgelöste Sympathisantenhetze gegen alle Linken und Linksliberalen – verantwortlich gemacht. An solchen Einschätzungen ist sicher einiges richtig. Jedenfalls wurden dadurch in den Geisteswissenschaften viele Studenten und Studentinnen, die eine Beamtenkarriere innerhalb der Schulen und Universitäten anstrebten, im Hinblick auf solche Vorgänge zwangsläufig bedenklicher oder wandten sich völlig von als ‹gefährlich› geltenden Ideologien ab.

Doch es waren nicht allein die drohenden Berufsverbote, welche die meisten Achtundsechziger, wie sie jetzt pauschalisierend hießen, zu einer größeren politischen Vorsicht zwangen. Daran waren auch andere, vielleicht sogar wesentlich gravierendere Ursachen beteiligt: (1) die Einsicht vieler Radikaler und Ultralinker, mit ihren kritischen Appellen bei den unteren Bevölkerungsschichten – wegen des anhaltenden Wohlstands und der verbreiteten Konsummentalität – ohnehin keinen Widerhall zu finden, (2) die 1972 durch die erste Ölkrise und die Veröffentlichungen des ‹Club of Rome› ausgelöste ökologische Krisenstimmung, durch die alle utopischen Hoffnungen auf eine fortschreitende Demokratisierung im Sinne einer einzelmenschlichen Verfreiheitlichung einen gewaltigen Dämpfer erlebten, sowie (3) die sich durch die verstärkte Nach- und dann Hochrüstung in der zweiten

Hälfte der siebziger Jahre ausbreitenden Doomsday-Gefühle, welche auch die Achtundsechziger Bewegung ergriffen und sich, wie in den Werken Hans Magnus Enzensbergers und anderer *Kursbuch*-Autoren, in einer Fülle ‹endzeitlicher› Konzepte niederschlugen.

Innerhalb der westdeutschen Germanistik äußerte sich dieser ideologische Umschlag vor allem auf zweierlei Weise. Zum einen wurden von ihm eine Reihe Westberliner Dozenten, darunter Gerhard Bauer, Helmut Peitsch und Friedrich Rothe, betroffen, die keine Anstellung bekamen oder denen der SPD-Kultussenator für kürzere Zeit die *venia legendi* entzog, weil sie sich für angeblich staatsfeindliche, wenn auch offiziell zugelassene Parteien wie die SEW oder die KPD engagiert hatten. Doch solche Maßnahmen wurden schon um 1975, zum Teil wegen des Eingreifens Eberhard Lämmerts sowie massiver Studentenproteste und mehrwöchiger Streiks, wieder eingestellt. Zum anderen schlug sich diese Tendenzwende in einer Fülle programmatischer Erklärungen sogenannter Altordinarien nieder, die sich zum Teil dem im November 1970 gegründeten konservativen Bund «Freiheit der Wissenschaft» anschlossen. Während diese Professoren, von den Aufmüpfigen unter den Studenten und Studentinnen häufig als ‹Scheißprofessoren› oder Vertreter der ‹rechten Mafia› angegriffen, in den ersten vier Jahren der ‹Revolution›, wie sie die Ereignisse zwischen 1968 und 1972 nannten, auf die vielfältigen Störversuche mit der vorgeblichen Besonnenheit des Alters reagiert oder sich erbittert in ihre wissenschaftlichen Forschungen zurückgezogen hatten, bekamen sie nach 1972–73 wieder Oberwasser und zeigten, daß sie keineswegs gesinnt waren, klein beizugeben oder vorzeitig zurückzutreten. Sobald sie den ersten Hauch eines ideologischen Rückenwinds verspürten, machten sie keine gute Miene mehr zum bösen Spiel, sondern schlugen im Sinne von Büchern wie *Die Arbeit tun die anderen. Klassenkampf und Priesterherrschaft der Intellektuellen* (1975) von Helmut Schelsky oder *Das Elend unserer Intellektuellen. Linke Theorie in der Bundesrepublik Deutschland* (1976) von Kurt Sontheimer ebenso hart zurück, wie man sie angegriffen hatte. Dazu einige Äußerungen von Benno von Wiese, Gerhard Kaiser und Friedrich Sengle, die damals wohl das meiste Aufsehen erregten.

So erklärte Benno von Wiese, der Gewandteste von den Dreien, am 23. Oktober 1973 unter dem Titel *Ist die Literaturwissenschaft am Ende?* in der *Frankfurter Allgemeinen Zeitung*, wie sehr er es zwar begrüße, daß im Rahmen der linksliberalen Welle das Junge Deutschland, ein Autor wie Heinrich Heine, die sogenannte Trivialliteratur, das «bisher nur dürftig behandelte Feld der politischen Dichtung», die Werke der Exilliteratur sowie das Schrifttum der eigenen Zeit zum «Gegenstand ernsthafter Untersuchungen» gemacht worden seien, ja daß man überhaupt den «gesellschaftlichen Fragestellungen» einen weit größeren Spielraum denn je zuvor eingeräumt habe und er sogar bereit sei, «Denkern wie Benjamin, Adorno, Marcuse und Lukács, die dem Marxismus nahestanden und ihn fruchtbar weiterentwickelt hätten», den nötigen Tribut zu zollen, er jedoch befürchte, daß dadurch die höheren Werte aller wahrhaft großen Dichtung zu verschwinden drohten. Durch das unentwegte Beharren auf einer soziologischen Betrachtungsweise, die obendrein stets mit der Forderung nach unmittelbarer gesellschaftlicher Relevanz verbunden werde, sei in den letzten Jahren der bisherige Methodenpluralismus, also das Nebeneinander von «Geistesgeschichte und Interpretation, Strukturanalyse und historischem Denken, philosophischer Reflexion und Zuwendung zum geschichtlich Einmaligen», durch einen politischen Rigorismus verdrängt worden, der sich an den westdeutschen Universitäten «wie eine Seuche ausbreite» und einen «Geist der Intoleranz» begünstige. Statt Marx zum Ahnherrn der Germanistik zu erheben, solle man sich wieder, schrieb er, an jenen Traditionen orientieren, die auf Herder, die Brüder Schlegel sowie Jacob und Wilhelm Grimm zurückgingen. Er, Wiese, sei es endlich «überdrüssig», sich die Frage zu stellen, ob er bei solchen Entscheidungen ein «richtiges» oder ein «falsches» Bewußtsein habe. Nicht irgendein kollektives Wissen, sondern der Wert der Persönlichkeit sei ihm das Wichtigste. Daher halte er es lieber mit «Luther, Pascal, Kierkegaard und Solschenizyn» als mit dem Marxismus, ja sei der Meinung, daß die Germanistik, ebenso wie die Literatur, keineswegs auf die «Idee der Elite» verzichten könne. Der Gegenstand der Literaturwissenschaft müsse darum weiterhin die Dichtung – und nicht irgendeine politische oder wirtschaftliche Theorie – sein.

Wesentlich differenzierter, wenn auch härter setzte sich der jüngere und faschistisch nicht vorbelastete, als Pietismusforscher bekannte Gerhard Kaiser in seinen *Antithesen, Zwischenbilanz eines Germanisten 1970–1972* (1973) und *Neue Ansichten eines Germanisten 1974–1975* (1976) mit der ‹Neuen Linken› in der Germanistik auseinander. In genauer Kenntnis der Theorien eines Benjamin, Adorno, Marcuse, Lukács, Ernst Fischer, Althusser sowie der russischen Formalisten und französischen Strukturalisten beklagte er in ihnen die tiefe ‹Krise›, in der sich die deutsche Literaturwissenschaft seit dem Münchner Germanistentag von 1966 befinde. Im Gegensatz zu anderen Konservativen, die angesichts dieser Situation einfach verstummt seien, trat Kaiser in diesen Bänden allen «Heilslehren», die sich seitdem in der Germanistik mit dem Anspruch der «Wissenschaftlichkeit» verbreitet hätten, mit einem dezidiert polemischen Ton entgegen. Und zwar setzte er dabei der Neigung zu «Totaldeutungen», zum «Praxisfetischismus» sowie zur massiven Kritik am «affirmativen» Charakter der bürgerlichen Literatur – unter Ablehnung aller methodischen Einseitigkeiten – eine «zur Dialektik transzendierende Hermeneutik» entgegen,[82] welche sich um eine an der empirischen Tatsachenfülle erprobte relativierende Toleranz bemühe. Allerdings wandte Kaiser diese Toleranz, wie fast alle dieser betont ‹nichtideologischen› Konservativen, nur auf die von ihm geschätzten Autoren an, während er an all jenen, die sich für die ‹revolutionären› Traditionen in der deutschen Literatur von den Jakobinern bis Brecht interessiert hatten, also Iring Fetscher, Walter Grab, Carl Pietzker, Klaus Scherpe und Gerhard Steiner, sein Mütchen zu kühlen versuchte und ihnen vorwarf, in ihren Schriften lediglich einem «modischen Syndrom» zu huldigen.

Ebenso scharf zog Friedrich Sengle zum gleichen Zeitpunkt in mehreren Reden und Aufsätzen, die 1980 unter dem bewußt herausfordernden Titel *Literaturgeschichtsschreibung ohne Schulungsauftrag* erschienen, über alle Germanisten her, die sich der «marxistischen Studentenrevolution von 1970» angeschlossen hätten, welche die «deutsche Germanistik», wie er im Vorwort dieses Bandes behauptete, «im Ausland erneut in Mißkredit oder auch den Ruf einer preziösen Unverständlichkeit gebracht» habe. Vieles an dieser Germanistik, was eindeutig in den Bereich der «Politik und Publizistik» gehöre, erschien ihm lediglich «marktgerecht». Da Sengle in diesen Jahren überall den Einfluß der DDR-Germanistik witterte, stilisierte er sogar die westdeutschen Vertreter einer linksliberalen Gesinnung zu gefährlichen Marxisten, um so mit der gesamten Richtung aufräumen zu können. Seine besondere Wut richtete sich dabei gegen jene «Revolutions»-Fanatiker, die «uns weismachen» wollen, wie es mit kaum zu überbietender Ironie heißt, «daß wir im Westen von Benno von Wiese bis Jost Hermand auf dem falschen Weg sind».[83] Allen Tendenzen ins Kollektive, also «Parteilichkeit», «Methodendogmatismus» und «charakterlose (!) Anpassung an herrschende oder zur Herrschaft drängende Gruppen», womit er vor allem frühere Schüler und Schülerinnen wie Hans-Wolf Jäger und Marie Luise Gansberg meinte, setzte darum auch Sengle eine sich durch methodische Vielschichtigkeit, historische Relativierung und phänomenologische Textnähe auszeichnende «empirische Literaturgeschichte» entgegen. Ja, in seiner dreibändigen *Biedermeierzeit* (1971–80) bekannte er sich zu einer Germanistik, die nach der «stürmischen Zeit» seit 1968 wieder zu einer «bürgerlichen» Literatursoziologie und Literaturgeschichtsschreibung zurückkehren solle, statt sich weiterhin der rebellisch-unterminierenden Ideologie des Marxismus zu verschreiben.

Daß die Reaktionen des germanistischen Establishments auf die sogenannten Achtundsechziger so gereizt ausfielen, hat nicht nur einen, sondern mehrere Gründe. Der wichtigste war sicher der politische. Für manche dieser Professoren war sowohl unterm Faschismus als auch in der ebenso langen Adenauer-Ära – nach alter ‹bürgerlicher› Tradition – der ideologische Hauptfeind der Kommunismus gewesen. Obendrein hatten sich viele nach Beginn des Kalten Kriegs erleichtert gefühlt, als das verhaßte Braun plötzlich von dem noch verhaßteren Rot verdrängt wurde und sie sich als ehemalige Nazis nicht mehr zu ducken brauchten, sondern sich stolz in die Reihen der allseits gelobten Antikommunisten einreihen konnten. Alle Versuche, diese Gleichsetzung wieder rückgängig zu machen und den Hauptakzent erneut auf den Antifaschismus zu legen, statt weiterhin lediglich auf dem Kommunismus herumzuhacken, brachte daher diese Professoren notwendig in Gefahr, als frühere Nazis bloßgestellt zu werden – was im Falle Wieses, Sengles und später auch Emrichs, als deren Publikationen aus der NS-Zeit bekannt wurden, zum Bruch ehemaliger Schüler und Schülerinnen mit ihren einstigen Lehrern führte.

Doch es war nicht nur der linke Aspekt, der diese Germanisten an der Achtundsechziger Bewegung so empörte, sondern auch deren antiautoritäres Auftreten, durch das sie sich in ihrer früheren Rolle als Institutskönige bedroht sahen. Während man sie bisher, vor allem in den betont pietätvoll-restaurativ eingestellten fünfziger Jahren, als auch die Literatur noch als genialer Ausdruck großer Einzelner galt, weitgehend unkritisch ‹verehrt› hatte, wurden nach 1968 plötzlich ihre lange Zeit als kanonisch geltenden Ansichten und Bücher wie auch die Literatur, mit der sie sich beschäftigten, von Studenten, die ihnen als Störenfriede,

Nestbeschmutzer oder gar ‹Rotzeg›-Jungen erschienen, aus dem Erhabenen und Zeitlosen in die Arena ideologischer und parteipolitischer Auseinandersetzungen ‹heruntergezogen›. Gewohnt, ex kathedra zu sprechen und apodiktische Urteile zu fällen, die von den Zuhörern und Zuhörerinnen pflichteifrigst mitgeschrieben wurden, sahen sie sich in den ‹tollen Jahren› der Revolte plötzlich in Hörsäle und Seminarräume versetzt, in denen eine ständige Unruhe herrschte und man ihnen laut widersprach, ja wo im Überschwang der Emotionen manchmal höchst beleidigende Äußerungen fielen. Viele mußten sich sogar der Forderung der Studierenden beugen, auf alle Vorlesungen zu verzichten und nur noch Seminare abzuhalten, in denen nicht nur einer, der bisherige Institutskönig, sondern – im Zuge eines immer stärker werdenden Drangs nach ‹Demokratisierung›, wie es damals hieß – alle redeten und keiner mehr aus Angst vor dem Herrn Ordinarius ein Blatt vor den Mund zu nehmen brauchte. Um nicht wegen kritischer Äußerungen diskriminiert zu werden, wurde an besonders rebellischen Universitäten wie Marburg, Bremen und der Freien Universität in Westberlin sogar verlangt, die bisherigen benoteten Seminarscheine abzuschaffen und allen Studenten und Studentinnen, auch den kritischen unter ihnen, nur noch unbenotete Teilnahmescheine zu geben, um so eine durch nichts eingeschränkte Redefreiheit zu garantieren.

Doch diese Aufmüpfigkeit war nicht der alleinige Grund, der die älteren Ordinarien verunsicherte. Ebenso verwirrend empfanden sie den wachsenden Strom neuer Studierender, durch den sich die Germanistik – mit Hilfe der 1969 einsetzenden BAFöG-Stipendien – aus einer relativ kleinen Disziplin in ein unüberschaubares Massenfach verwandelte und so die von den Achtundsechzigern, wenn auch unter anderen Voraussetzungen, geforderte ‹Demokratisierung› tatsächlich Realität wurde. All das hatte für die Ordinarien bedeutsame Folgerungen. Während die ordentlichen Professoren bisher in ‹ihren› Instituten weitgehend schalten und walten konnten, wie es ihnen beliebte, sahen sie sich durch die wachsende Zahl der Studierenden, die damit zusammenhängende Vermehrung an Professoren- und Mittelbaustellen sowie die Einführung der Drittelparität in den verschiedenen Ausschüssen in eine Gremienverwaltung versetzt, in der häufig nicht mehr ihre Stimme, sondern die Mehrheit der Dienstleistenden und ‹Mittelbauern› den Ausschlag gab. Und das mußte notwendig zu Reibereien, ja ideologischen Grabenkämpfen führen, die manchmal so scharf wurden, daß sie

Dienstaufsichtsbeschwerden nach sich zogen oder nur über Anwälte und Verwaltungsgerichtsentscheide wieder beigelegt werden konnten. Allerdings kam es dabei im Laufe der Zeit zu deutlichen Verschiebungen. Im Unterschied zu den frühen siebziger Jahren, als solche Feindseligkeiten meist aus ideologischen Gegensätzen erwuchsen, die aufgrund der faschistischen Vergangenheit Deutschlands und seiner späteren Teilung wesentlich unerbittlicher ausgefochten wurden als in europäischen Demokratien wie Frankreich, England und Italien, wo sich die ‹bürgerlichen› Liberalen selbst Kommunisten gegenüber recht tolerant verhielten, entzündeten sich die westdeutschen Institutsquerelen nach 1975 immer weniger an politischen Animositäten. Jetzt kamen sich die Professoren und Professorinnen eher in die Haare, wenn es um die Ausschreibung neuer Stellen, die verschiedenen Studienreformmodelle oder die sich sprunghaft vermehrenden Prüfungsverpflichtungen ging, mit denen die westdeutschen Universitäten dem Ansturm neuer Studenten und Studentinnen gerecht zu werden versuchten.

Diese Neuankömmlinge, durch welche die Zahl derer, welche das Fach Deutsche Literaturwissenschaft zum Hauptfach wählten, bis zum Jahr 1980 auf rund 60000 anstieg, traten ihr Studium zum Teil mit ganz anderen Erwartungen an als jene, die um 1965 mit dem Germanistikstudium begonnen hatten. Während damals die meisten noch Studienräte oder Studienrätinnen werden wollten und es auch genug offene Stellen in diesem Berufszweig gab, also die Zukunftserwartungen dieser Studierenden durch die liberale Demokratisierungswelle sowie die von vornherein garantierten Berufsmöglichkeiten noch relativ hoch waren, sah sich die neue Studentenschicht von 1975 ganz anderen, sie eher bedrückenden als anfeuernden Verhältnissen gegenüber. Nicht nur die Stellen wurden – nach dem ‹Pillenknick› – zusehends weniger, auch die ideologischen Aussichten trübten sich nach den ökologischen Katastrophenmeldungen sowie der verbreiteten Sympathisantenhetze gegen Linke, die 1976–77 durch die Terroranschläge der Roten Armee Fraktion noch einmal eine kurze, aber heftige Nachwelle erlebte, allmählich ein. Daher waren diese Germanistikstudenten und -studentinnen nicht mehr unbedingt bereit, ihren auf ‹Demokratisierung› drängenden Führern ohne weiteres zu folgen, sondern legten allen sozialbezogenen Vorstellungen eine wesentlich größere Skepsis gegenüber an den Tag, ja hielten sich aus dem Politischen entweder ganz heraus oder schränkten ihr ideologisches Interesse auf die Probleme ihrer eigenen Person oder kleiner und kleinster Gruppen ein.

Im Gegensatz zu den Rebellen unter den ehemaligen Achtundsechzigern, die in diesen Jahren, nach dem Studienabschluß, zum Teil ihren ‹langen Marsch durch die Institutionen› antraten, um so am Ende doch noch einige Reformen durchzusetzen, wandte sich diese Studentenschicht wesentlich näherliegenden Problemen zu. Was sie beschäftigte, war vor allem die Frage, welchen Berufszweigen sie sich jetzt, als es weniger Lehrer- und Lehrerinnenstellen gab, zuwenden sollte, wobei sie neben der Lehrtätigkeit in verstärktem Maße auch Berufschancen in der Journalistik, dem Verlagswesen, der Freizeitpädagogik, der Altenarbeit, dem Theater, dem Film, dem Bibliotheksdienst, dem Buchhandel, den Goethe-Häusern, der Berufsberatung, der betrieblichen Kulturarbeit sowie der Sprach- und Kommunikationstherapie erwog. Sie griff deshalb eher zu Büchern wie *Germanisten ohne Zukunft? Empfehlungen zur Erhöhung der beruflichen Flexibilität germanistischer Hochschulabsolventen* (1978) als zu irgendwelchen linksliberalen oder marxistischen Theorieschriften, welche die Durchsetzung ‹herrschaftsfreier Räume› oder die Errichtung einer ‹wahren Volksherrschaft› forderten. Diese Entwicklung machte sie in steigendem Maße dafür anfällig, sich den neuen Studienplänen für das Fach Germanistik, die auf eine weitgehende Verschulung des Studiums hinausliefen, relativ widerspruchslos zu fügen und sich auf all jene Zwischenprüfungen und neuen Kurssequenzen einzustellen, welche ihnen den Weg in die sogenannten freien Berufe eröffnen sollten. Und so vollzog sich in diesen Jahren – aufgrund der politischen Restriktionen wie auch der zunehmenden Vermassung des Fachs Germanistik – ein durch bürokratische Maßnahmen eingeleiteter Strukturwandel dieser Disziplin ins Professionsbetonte, der methodologisch jene bewußt verwissenschaftlichenden Interpretationsansätzen begünstigte, mit denen die entscheidenden Gremien dieses durch die angedrohte Entnazifizierung und dann linksliberale Demokratisierung angeblich aus den Fugen geratene Fach wieder in einigermaßen ‹geregelte› Bahnen zurückzulenken versuchten.

Neue Verwissenschaftlichungstendenzen

Aufgrund der diffusen ideologischen Situation nach dem Abklingen der Studentenrevolte von 1968 bis 1972/73, die weder zu einer wirksamen Vergangenheitsbewältigung noch zu einer radikalen Demokratisierung oder gar linken Umwälzung geführt hatte, blieb die pädagogische und methodologische Situation der Germanistik weiterhin verworren. Die Gründe hierfür waren, wie gesagt, sowohl politischer als auch sozioökonomischer Art. Einerseits verbreitete sich nach diesem Zeitpunkt eine tiefgreifende Melancholie, die aus der Enttäuschung an den utopischen Erwartungen der basisorientierten oder zumindest gesellschaftskritisch gesinnten Gruppen resultierte, welche sich von den Sozialdemokraten sowie den ‹konsumbesessenen› Massen der Bundesrepublik im Stich gelassen fühlten und auch die DDR als realexistierenden sozialistischen Staat – nach einer anfänglichen Entdeckereuphorie – zusehends nüchterner betrachteten, was zu einer merklichen Abschwächung aller ins Überindividuelle, ja Kollektive drängenden Tendenzen führte. Andererseits wurde nach 1972/73 die Lage auf dem westdeutschen Stellenmarkt im Bereich der pädagogischen und kulturwissenschaftlichen Berufe so angespannt, daß auch Germanistikstudenten und -studentinnen, die sich bis dahin über ihre berufliche Zukunft keine großen Sorgen zu machen brauchten, plötzlich anfingen, wesentlich pragmatischer zu denken und sich auf den allgemeinen Konkurrenzkampf einzustellen.

Diese Stimmungslage innerhalb der Germanistik war sowohl dem westdeutschen Wissenschaftsrat und den verschiedenen Kultusministerien als auch den Reformern innerhalb der universitären Gremien, die zwischen 1970 und 1975 daran gingen, neue Studienpläne für das Fach Germanistik zu entwickeln, durchaus bewußt. Die in gedruckter Form erschienenen Ergebnisse ihrer Überlegungen waren allerdings recht widersprüchlich. Auf der einen Seite enthielten sie noch eine

Reihe von Emanzipationsparolen, denen das Prinzip des kritischen Hinterfragens sowie der aufgeklärten Mündigkeit zugrunde lag, auf der anderen versuchten sie, die Radikalität der von den Vertretern und Vertreterinnen der Achtundsechziger Bewegung vorgebrachten Gesellschaftskritik in als ‹demokratisierend› ausgegebene Kommunikationsmodelle abzuschwächen, um so an die Stelle der mit dem Verdikt des ‹Totalitären› belegten konservativen oder linken Interpretationsverfahren der späten sechziger und frühen siebziger Jahre Sehweisen zu setzen, die den Anstrich des im ‹modernen› Sinne Entideologisierten und damit Verwissenschaftlichten erwecken sollten.

Diese Wende ins Objektivierende wurde von den studentischen Neuankömmlingen um 1975, die sich von den Problemen der faschistischen Vergangenheit sowie der versuchten Bewältigung dieser Vergangenheit im Rahmen linksliberaler oder linker Ideologeme bei weitem nicht mehr so betroffen fühlten wie die Studentengeneration vor ihnen, entweder nicht durchschaut oder als unumgänglicher Sachzwang empfunden. Die Mehrheit dieser Studenten und Studentinnen dachte überhaupt weniger kritisch oder gar rebellisch, sondern neigte – aufgrund der wachsenden Unsicherheit in ökonomischer und beruflicher Hinsicht – eher dazu, alles von außen auf sie Zukommende bei weitem nicht mehr so ‹weltbewegend› zu finden wie ihre älteren Kommilitonen und Kommilitoninnen, von denen sich viele als Repräsentanten des gesellschaftlichen Fortschritts, ja zum Teil des ‹Weltgeists› empfunden hatten. Die neuen Germanistikstudenten und -studentinnen, die weder die gleiche elitäre Vorbildung noch die gleiche ideologische Motivation wie die Studierenden der späten sechziger Jahre mitbrachten, erhofften sich von diesem Fach lediglich, daß es ihnen – inmitten der immer schärfer werdenden wirtschaftlichen Konkurrenzsituation – eine relativ abgesicherte Enklave bieten würde, in der sie sich weniger mit politischen oder sozialen als mit ästhetisch-kulturellen Fragen auseinandersetzen mußten, oder belegten die Seminare und Vorlesungen dieses Fachs nur aus Verlegenheitsgründen, entweder weil sie solche Veranstaltungen für relativ ‹einfach› hielten oder weil ihre Abiturnote nicht gut genug war, um Fächer wie Medizin oder Jura zu studieren, die im Hinblick auf die Zeit nach dem Studium ein wesentlich höheres Sozialprestige und zugleich größeres Einkommen versprachen.

Daß die versachlichte und damit angeblich entpolitisierte Form des Lernens eine neue «Form der Ideologie» darstellte, wie Dieter Richter bereits 1973 kritisch anmerkte,[84] blieb ihnen meist verborgen. Sie empfanden solche Tendenzen – im Hinblick auf die allgemeine Situation – als durchaus zeitgemäß, als entspannt, als ‹cool›. Daher hörten sie sich zwar die engagierten Monologe ihrer jungen linksliberalen Professoren, die zwischen 1970 und 1975 – meist ohne Habilitation – in die vielen neuausgeschriebenen Stellen eingerückt waren, geduldig an, ließen sich aber durch sie nicht mehr zu neuen Streikwellen oder lautstarken Protesten gegen das ‹allmächtige Establishment› hinreißen, sondern entwickelten eine ideologische Skepsis, die sich eher gegen die als ‹links› geltenden Professoren, akademischen Räte und Privatdozenten als gegen die älteren Ordinarien oder die mit dem Flair der Modernität auftretenden Reformer richtete.

Die Vertreter und Vertreterinnen der neuen, zu einer stärkeren wissenschaftlichen Objektivierung drängenden Praktiken hatten deshalb keine allzu großen Schwierigkeiten, sich binnen weniger Jahre im germanistischen Lehr- und Forschungsbetrieb als eine wirkungsmächtige Gruppe zu etablieren. Ihr Bemühen galt vor allem der Tendenz, die Germanistik aus dem Bereich einer auf die deutsche Vergangenheit und Gegenwart fixierten literarhistorischen Betrachtungsweise sowie der sich daraus ergebenden gesellschaftspolitischen Implikationen herauszulösen und dafür im Bereich einer ins Westlich-Internationale neutralisierten Kommunikationswissenschaft zu verankern. Zwar gaben diese Modernisierer und Modernisiererinnen nicht alle Bezüge zu den Gesellschafts-, Kultur-, Informations- und Dokumentationswissenschaften auf, visierten aber letztlich eine von allzu direkten Verbindungen zum Politischen, Ökonomischen und Sozialen gereinigte Sprach- und Literaturwissenschaft an, die sich jenseits der bisherigen nationalen, klassenbedingten und kulturellen Unterschiede um ein Verständnis von ins ‹Allgemeine› abstrahierten Menschengruppen bemüht. Daher stützten sie sich beim interpretatorischen Umgang mit literarischen Texten auf ein Wahrnehmen und Verstehen, dem möglichst enthistorisierte, das heißt auf den letzten akademischen Stand gebrachte systemtheoretische, semiotisch-strukturalistische und schließlich poststrukturalistische Theoriebildungen zugrunde lagen.

Daß nicht alle Linksliberalen bzw. Linken unter den jüngeren Professoren, akademischen Räten, Privatdozenten und Assistenten solche Tendenzen unwidersprochen hinnehmen würden, war vorherzusehen. Da jedoch der ideologische Elan dieser Gruppen nach 1973–74 ebenfalls stark abebbte, kam es auf der Ebene der germanistischen Lehrangebote und Publikationen in der Folgezeit zu einer seltsamen Mischung aus bisher als ‹rebellisch› geltender materialistischer und mit starkem inneren Engagement vorgetragener Interpretationen sowie einer allmählich immer stärker werdenden Tendenz ins Verwissenschaftlichte im Sinne semiotisch-strukturalistischer Sehweisen, die sich aus dem Konkret-Empirischen zusehends ins Abstrakt-Systematische verflüchtigten. Innerhalb dieser Entwicklung lassen sich drei nebeneinander existierende Richtungen unterscheiden, in denen dieser Trend zum Versachlichten und damit angeblich szientifisch Abgesicherten allmählich Oberwasser bekam: (1) eine, die unter Stichworten wie Literatursoziologie, Zivilisationsgeschichte, Soziolinguistik und Medienwissenschaft zusammengefaßt wird, (2) eine, die vor allem mit kommunikationswissenschaftlichen, empirisch-rationalen und systemtheoretischen Erkenntnissen arbeitete, und schließlich (3) eine, die als semiotisch orientierter Strukturalismus in die Geschichte der Germanistik eingegangen ist.

Noch am stärksten wirkten die linksliberalen bis linken Anschauungen der Achtundsechziger in der ersten Richtung weiter, die sich nach wie vor der Bewältigung der deutschen Vergangenheit verpflichtet fühlte. Das kam im Hinblick auf die Literaturgeschichtsschreibung schon auf dem Stuttgarter Germanistentag von 1972 zum Ausdruck, der unter dem Motto «Historizität in Sprach- und Literaturwissenschaft» stand. Auf ihm traten Gert Mattenklott und Klaus Scherpe in einem Vortrag unter dem Titel *Aspekte einer sozialgeschichtlich fundierten Literaturgeschichte* mit Habermasschen Kriterien für eine Selbstbefreiung des Bewußtseins aus bürgerlichen Sozialisationsmodellen und der durch sie vermittelten Vorurteilsstrukturen ein, womit sie jenem Friedrich Sengle zu widersprechen suchten, der auf dem gleichen Germanistentag in seinem Vortrag *Zur Überwindung des anachronistischen Methodenstreits* für die Rückkehr zu bewährten Formen einer empirisch-textnahen Literaturgeschichtsschreibung plädierte.

Was Mattenklott und Scherpe damals forderten und in ihrer Reihe *Literatur im historischen Prozeß* auch in die Tat umsetzten, wurde für viele Linksliberale zum Modell einer neuen Literaturgeschichte, die über das Autonomiekonzept der ‹bürgerlichen› Ästhetik hinauszustoßen versuchten und hierbei nicht nur die Klassenstruktur der jeweils behandelten Epoche, sondern auch die mit ihr zusammenhängenden ästhetischen Darstellungsweisen sowie den materialistisch fundierten Widerspiegelungscharakter aller literarischen Repräsentationsformen ins Spiel brachten. In Anlehnung an Max Weber, Jürgen Habermas und Hans-Ulrich Wehler gingen dabei viele von der Dreigliederung des gesellschaftlichen Gesamtprozesses in ‹Wirtschaft – Herrschaft – Kultur› aus und bemühten sich, auch die literarischen Bewegungen oder einzelne ihrer Vertreter in eine historische Periodisierung einzuordnen, die nicht mehr auf kunstautonomen Begriffen wie Barock, Rokoko, Biedermeier, Impressionismus, Neue Sachlichkeit usw. beruht. Am deutlichsten kam das in Büchern und Lehrangeboten zur Literatur der Weimarer Republik, des Nationalsozialismus, des Exils und der Nachkriegszeit zum Ausdruck. Aber auch das 18. Jahrhundert, das – wegen der sich in Aufklärung und Französischer Revolution erstmals manifest werdenden bürgerlichen Liberalisierungsvorstellungen – plötzlich nicht mehr allgemein als das Jahrhundert der Deutschen Klassik, sondern als das Jahrhundert des Durchbruchs zur ‹Moderne› galt, zog viele sozialgeschichtlich interessierte Germanisten wie Klaus L. Berghahn, Rolf Grimminger, Hans Peter Herrmann, Peter Uwe Hohendahl, Hans-Wolf Jäger, Rolf-Peter Jantz, Wolfgang Promies, Gerhard Sauder, Gert Sautermeister, Heinz Schlaffer, Jochen Schulte-Sasse und Gert Ueding an. Ja, Forscher und Forscherinnen wie Jörg Jochen Berns, Helmut Brackert, Joachim Bumke, Klaus Garber, Gert Kaiser und Ursula Liebertz-Grün versuchten, solche Erkenntnisse sogar auf das 17. Jahrhundert und das Mittelalter anzuwenden.

Doch auch andere Germanisten und Germanistinnen brachten in den Jahren nach 1972–73 ihr linksliberales Engagement nicht sofort der zu diesem Zeitpunkt einsetzenden Tendenzwende zum Opfer, sondern hofften weiterhin, an der Herausbildung einer kritischen Öffentlichkeit mitwirken zu können. Dafür sprechen Bücher und Reihenunternehmungen wie *Literaturwissenschaft und Sozialwissenschaften* (1971–79), *Die Sickingen-Debatte* (1974) von Walter Hinderer, die der Literatur des Vormärz gewidmeten Bände der Reihe *Republik Leske* (1974ff), *Arbeiterliteratur in Deutschland* (1976) von Martin H. Ludwig, *Literarischer Jakobinismus* (1976) von Inge Stephan, *Sozialistische Literatur in Deutschland* (1976) von Frank Trommler, *Zur Theorie und Geschichte der frühen Arbeitererinnerungen* (1976) von Georg Bollenbeck, *Unsere Republik. Politische Statements westdeut-*

scher Autoren (1980) von Alfred Estermann, Jost Hermand und Merle Krueger, *Soziale Romane im Vormärz* (1980) von Hans Adler, *Kleine Literaturgeschichte der DDR* (1984) von Wolfgang Emmerich und *Literarische Kultur im Zeitalter des Liberalismus. 1830–70* (1985) von Peter Uwe Hohendahl, in denen die behandelte Literatur stets in ihren politischen, sozio-ökonomischen und institutionellen Zusammenhängen gesehen wird, um so die ideologische Relevanz der jeweils vorgestellten Richtungen und Werke herauszustellen.

Das gleiche gilt – wenigstens ansatzweise – für einige Bände der ab 1979 bei Hanser, Fischer, Metzler, Rowohlt und Athenäum erscheinenden Literaturgeschichten, von denen sich die meisten ausdrücklich als *Sozialgeschichten der deutschen Literatur* ausgaben. Allerdings merkt man hier den einzelnen Bänden bereits an, daß sie den sozialgeschichtlichen Aspekt nur noch als Programm weiterführten und sich einige Bandbearbeiter, trotz vieler Bekenntnisse zur Wichtigkeit ‹historischer Zusammenhänge› und der Bedeutung literaturvermittelnder Institutionen wie Buchmarkt, Verlagswesen, Leihbibliotheken und Zeitschriften sowie der finanziellen Situation einzelner Autoren und Autorinnen, zum Teil schon erheblich von den Forderungen der Achtundsechziger Bewegung abzusetzen versuchten. Noch am stärksten an den Idealen dieser Bewegung orientierten sich die von Wolfgang Beutin, Klaus Ehlert, Wolfgang Emmerich, Helmut Hoffacker, Bernd Lutz, Volker Meid, Ralf Schnell, Peter Stein und Inge Stephan geschriebene Metzlersche *Deutsche Literaturgeschichte in einem Band* (1979), die ersten Bände der von Rolf Grimminger herausgegebenen Hanserschen *Sozialgeschichte der deutschen Literatur* (1980 ff) sowie die von Jan Berg, Hartmut Böhme, Walter Fähnders, Jan Hans, Heinz-B. Heller, Joachim Hintze, Helga Karrenbrock, Peter Schütze, Jürgen C. Thömig und Peter Zimmermann verfaßte *Sozialgeschichte der deutschen Literatur von 1918 bis zur Gegenwart* (1981) beim Fischer-Taschenbuch-Verlag, die – wenigstens streckenweise – an einer materialistisch fundierten sozialgeschichtlichen Perspektive festhielten, während Viktor Žmegač in der bei Athenäum erscheinenden *Geschichte der deutschen Literatur vom 18. Jahrhundert bis zur Gegenwart* (1979 ff) und Horst Albert Glaser in seiner bei Rowohlt erscheinenden zehnbändigen Reihe *Deutsche Literatur. Eine Sozialgeschichte* (1980 ff) den einzelnen Bandherausgebern einen weit größeren methodischen Spielraum einräumten.

Im Gegensatz zu den linksliberalen Sozialgeschichtlern der siebziger Jahre, die sich meist darum bemühten, den literarischen Text als Antwort auf eine bestimmte historische Situation hinzustellen und seinen geistigen Rang vor allem daran sahen, ob die in ihm widergespiegelten gesellschaftlichen Widersprüche in einem progressiven Sinn behandelt werden, empfanden andere Germanisten und Germanistinnen dieser Jahre eine solche Sehweise immer fragwürdiger. Angesichts einer politischen Situation, die wegen ihrer diffusen Widersprüche selbst Jürgen Habermas als eine Zeit der ‹Neuen Unübersichtlichkeit› charakterisierte, lehnten sie es zusehends ab, in sozialgeschichtlicher Hinsicht weiterhin von holzschnittartigen Vereinfachungen auszugehen und in den zu behandelnden Werken lediglich die jeweiligen Klassenstandpunkte herauszuarbeiten. Statt dessen zogen sie bei ihren sozialgeschichtlichen Arbeiten auch im älteren Sinne literatursoziologische und kulturgeschichtliche sowie rezeptionsästhetische und mentalitätsgeschichtliche Gesichtspunkte heran, um so das Modell ‹Wirtschaft – Herrschaft – Kultur› aus dem Bereich materialistischer Basis-Überbau- oder Analogie-Konstellationen herauszulösen und einem wesentlich komplexeren Homologiemodell anzugleichen. Für viele bedeutete das der Schritt von Georg Lukács zu Lucien Goldmann, Louis Althusser und Pierre Macherey, also die Entscheidung, literarische Werke weniger als kohärente Darstellungen der gesellschaftlichen Wirklichkeit denn als widersprüchliche Reflexionen ebendieser Wirklichkeit zu verstehen. In einer solchen Sozialgeschichte der Literatur galt demnach jedes einzelne Werk nicht mehr als ein Mikrokosmos der in ihm widergespiegelten politischen, ökonomischen und gesellschaftlichen Totalität, sondern nur noch als dichterische Verarbeitung partikularer Elemente unter ideologisch begrenzten Aspekten. Und damit wurde es möglich, neben der klassenzentrierten Geschichtsdialektik auch die Geschichte psychischer und kultureller Interessen einzelner Gruppen in die jeweiligen sozialhistorischen Fragestellungen einzubeziehen.

Im Gefolge solcher methodologischen Verschiebungen geriet das Konzept ‹Sozialgeschichte der Literatur› immer stärker in den Sog einer wesentlich weiter gefaßten Zivilisationsgeschichte, die ihren kultursoziologischen und mentalitätsgeschichtlichen Wissenschaftsanspruch nicht nur aus eindeutig materialistischen Voraussetzungen, sondern auch aus einer Fülle anderer Antriebsimpulse abzuleiten versuchte. Noch am ehesten den linksliberalen Traditionen verpflichtet blieben in diesem Umkreis die Arbeiten des Volkskundlers Hermann Bausinger und seiner Tübinger Schüler sowie des Instituts für kulturwissenschaftliche Deutschlandstudien, das Wolfgang Emmerich in Bremen gründete. Ähnliches hatten bereits Pierre Bertaux in Paris sowie einige Befürworter der German Studies Programme in den Vereinigten Staaten versucht. Und auch die fächerübergreifenden Publikationen Hermann Glasers und Jost Hermands zur deutschen Kulturgeschichte der letzten 150 Jahre, die neben stilgeschichtlichen Veränderungen auch politische und sozialpsychologische Phänomene berücksichtigten, lassen sich in diesen Forschungsstrang einordnen.

Seit den mittsiebziger Jahren machte auf diesem Gebiet außerdem eine Richtung auf sich aufmerksam, die im Zuge der neuen Versachlichungstendenzen versuchte, neben den politischen und ökonomischen Großaspekten auch die höchst unterschiedlichen Kleinaspekte innerhalb der Alltagssphäre herauszuarbeiten, das heißt eine Verbindung von materialistischer Geschichtsschreibung und alltagsgeschichtlicher Soziologie herzustellen. Um zu einer weitgespannten Geschichte der Zivilisation beizutragen, bemühte sich diese Richtung, die vor allem auf Fernand Braudel und Pierre Bourdieu zurückging, um eine immer engere Verflechtung der objektiv-materiellen und psychisch-kulturellen Faktoren, wie sie bereits Norbert Elias in den dreißiger Jahren in seinem Buch *Über den Prozeß der Zivilisation* angestrebt hatte, das 1976, also genau zum richtigen Zeitpunkt, auch in der Bundesrepublik herauskam. Durch den Einfluß solcher Vorbilder gerieten plötzlich sogar Phänomene wie Mentalität, Sprache, Auftreten, Manieren, Mode oder Habitus in den Gesichtskreis einer Sozialgeschichte der Literatur, deren Ergebnisse nicht mehr vornehmlich aus den ökonomischen Produktionsbedingungen und den sich daraus ergebenden politischen und sozialen Konstellationen, sondern auch aus dem widersprüchlichen In-, Neben- und Gegeneinander verschiedenster ‹Felder›, wie Bourdieu das nannte, also Wirtschaft, Religion, Alltagsleben, Kultur usw. abgeleitet wurden.

Für die Germanistik hatte das folgende Konsequenzen. Statt die sozialgeschichtliche Situation einer bestimmten Epoche vor allem aus den Werken der sogenannten E-Literatur herauszulesen, berücksichtigte diese Richtung nicht nur die sogenannte Trivialliteratur sowie das komplizierte Interaktionsverhältnis von Verlegern, Kritikern, Literaturwissenschaftlern und Buchhändlern mit den jeweiligen Leserschichten, sondern zog auch Texte wie Benimmbücher, Beichtspiegel, juristische Traktate, Leitartikel oder Graffiti als Forschungsobjekte heran, um dadurch möglichst nah an die Mentalität einer bestimmten Bevölkerungsgruppe heranzukommen. Das gilt vor allem für die Arbeiten von Jürgen Grimm, Jan Dirk Müller, Ursula Peters und Erich Schön, die in Anlehnung an Bourdieus ‹Nouvelle histoire› einen ins Kultursoziologische und Kultursemiotische erweiterten Materialismus befürworteten, bei dem das Element der Dialektik durch ein Regelsystem ersetzt wurde, mit dessen Hilfe sie – im Rahmen höchst komplex verschränkter ‹Felder› – selbst die unterschiedlichsten Formen menschlicher Aktivitäten auf genau wahrnehmbare Gesetzmäßigkeiten zurückzuführen versuchten.

Weitere Anregungen dieser Art kamen nach 1970 von seiten einer sozialgeschichtlich orientierten Linguistik, welche sich ebenfalls auf den im Alltag zu beobachtenden Zivilisationsprozeß bezog und geradezu über Nacht ein solches Aufsehen erregte, daß sie im Rahmen der germanistischen Seminare – nach den Vorstellungen Harald Weinrichs – zu einer eigenen Unterdisziplin ausgebaut wurde. Diese Form der Linguistik, willens, auch ihr Scherflein zu einer ins Alltagsgeschichtliche erweiterten Sozialgeschichte der Sprache und Literatur beizutragen, beschäftigte sich anfangs – unter Berufung auf die soziolinguistischen Theorien des Engländers Basil Bernsteins – vor allem mit den klassen- und schichtenspezifischen Ausdifferenzierungen der tatsächlich gesprochenen Sprache. Ihr Hauptziel war die Überwindung der Sprachbarrieren zwischen den einzelnen Gesellschaftsschichten, um so auch Unterklassenkindern eine demokratische Chance innerhalb der verschiedenen Sozialisations- und Lernprozesse zu geben. Was dabei in den frühen siebziger Jahren, wie in den Arbeiten von Jürgen Heringer, Siegfried Jäger, Utz Maas, Regine Reichwein, Peter Martin Roeder, Ulrich Oevermann und Rainer Wunderlich, noch einen durchaus kritischen Aspekt hatte und auch kommerzialisierte Sprachsorten wie die der Reklame, Touristik und Unterhaltungsindustrie unter die Lupe nahm, machte allerdings selbst in dieser Forschungsrichtung in der zweiten Hälfte dieses Jahrzehnts einer Tendenz ins Positivistisch-Konstatierende Platz und büßte dadurch die bisher angestrebte soziale Relevanz ein. Statt «Grundkurse zum gesellschaftlichen und historischen Charakter der Sprache und gesellschaftlich praktischen Tätigkeit des Menschen» abzuhalten, wie es Peter Eisenberg und Hartmut Haberland forderten,[85] beschränkte sich diese zu einer einflußreichen Sonderdisziplin angewachsene Richtung immer stärker auf semiotische Erkundungen im Sinne einer «strukturalen, funktionalistischen Linguistik»,[86] bei der die schichtenspezifische Bedingtheit der jeweils untersuchten Texte oder Sprachsorten weitgehend in den Hintergrund trat und dafür die Sprechakttheorien der sogenannten Pragmalinguistik die Oberhand bekamen.

Eine ähnliche Entwicklung vollzog sich in der damals entstehenden Medienwissenschaft, die sich vornehmlich mit ‹Feldern› wie Rundfunk, Film und Fernsehen beschäftigte, aber auch Übergriffe in die Publizistik nicht verschmähte. Zu Beginn herrschte auch auf diesem Sektor – in Anlehnung an die Vertreter der Frankfurter Schule oder anderer linker Medienkritiker – eine unübersehbare Tendenz ins Gesellschaftskritische, wofür Bücher wie *Gescheiterte Aufklärung? Politik, Ökonomie und Kommunikation in der Bundesrepublik Deutschland* (1971) von Horst Holzer, *Die Unterhaltung der deutschen Fernsehfamilie. Ideologiekritische Untersuchungen* (1971) von Friedrich Knilli sowie *Politische Fernsehfibel. Materialien zur Klassenkommunikation* (1974) von Götz Dahlmüller, Wulf D. Hund und Herbert Kommer wohl die besten Beispiele liefern. Diese Tendenz, der sich auch Dieter Baacke und Dieter Prokop anschlossen, wich jedoch nach 1975 auch innerhalb dieser Forschungsrichtung, welche so stolz auf ihren ‹innovativen› Charakter war, relativ bald dem allgemeinen Trend zu einer objektivierenden Verwissenschaftlichung. Während die Linksliberalen unter den Medienforschern und -forscherinnen in der ersten Hälfte der siebziger Jahre – in Anlehnung an die Schriften Walter Benjamins und Hans Magnus Enzensbergers – noch gehofft hatten, auch in den massenmedialen Praxisbereich eindringen zu können, erkannten sie jetzt, wie fest der Film, das Fernsehen und der Rundfunk in den Händen der politisch und wirtschaftlich Stärkeren waren und sich daher nicht verändern, sondern nur beschreiben ließen. Das zeigte sich besonders deutlich in der Film- und Fernsehgermanistik, wo sich eine formalistisch orientierte Verwissenschaftlichung durchsetzte, die zwar weiterhin detailreich konstatierte, wie durch diese Medien – im Sinne amerikanischer ‹social engineering›-Taktiken – bei den Zuschauern und Zuschauerinnen mit Hilfe eines genau kalkulierten Zeichenrepertoires gesellschaftliche Verhaltensmuster festgeschrieben werden, aber diesem Zustand nicht mehr mit einer systemkritischen Tendenz entgegentrat. Im Gegensatz zu Helmut Asper, Jan Berg, Ludwig Fischer, Kurt Giesenfeld, Knut Hickethier, Anton Kaes, Gertrud Koch, Helmut Kreuzer, Karl Prümm, Karl Riha, Helmut Schanze, Siegfried Zielinski und Bernhard Zimmermann, die bei solchen Überlegungen auch in der Folgezeit eine liberale Note beizubehalten versuchten, wie etwa der von Kreuzer und Prümm herausgegebene Sammelband *Fernsehsendungen und ihre Formen. Typologie, Geschichte und Kritik des Programms in der Bundesrepublik Deutschland* (1979) belegt, gingen andere Fernseh- und Filmhistoriker sowie -historikerinnen um 1980 immer stärker dazu über, das Kritische durch das Deskriptive zu ersetzen. Viele von ihnen stellten nur noch ‹mediengerechte› Beobachtungen der zu analysierenden Einzelfilme oder Fernsehserien an, wobei sie die Verflachung ins Positivistische mit dem Gefühl der Genugtuung zu kompensieren versuchten, sich mit wesentlich publikumswirksameren Literaturformen zu befassen als die weiterhin am Buch klebenden Germanisten und Germanistinnen, die immer noch nicht begriffen hätten, daß das ‹Gutenberg-Zeitalter› längst abgelaufen sei. Ja, manche der betont formalistisch verfahrenden Wissenschaftler, wie Friedrich A. Kittler, leiteten daraus Medientheorien ab, bei denen allein die technischen Innovationen im Vordergrund standen, während das Inhaltliche in ihren Schriften mehr und mehr der Furie des Verschwindens zum Opfer fiel.

Soviel – umrißhaft – zur ersten, aus dem Bereich des Sozial-, Kultur-, Alltags-, Sprach- und Medienwissenschaftlichen um die Mitte der siebziger Jahre ins Literaturgeschichtliche übergreifenden Welle einer stärkeren Versachlichung der Germanistik. Noch deutlicher äußerte sich diese allmähliche Umakzentuierung aus dem Kritischen ins Objektivierende in jenen germanistischen Teilbereichen, die damals in den Sog rezeptionsästhetischer, kommunikationswissenschaftlicher, empirisch-rationaler oder systemtheoretischer Interpretationsverfahren gerieten. Im Bereich der Rezeptionsästhetik läßt sich hierbei eine merkliche Verschiebung von den soziohistorischen Rezeptionsmodellen eines Rolf Engelsing, Werner Faulstich, Gunter Grimm, Hans Robert Jauss, Karl Robert Mandelkow, Jörn Stückrath und Bernhard Zimmermann zu den Rezeptionsmodellen Wolfgang Isers beobachten, der sich bei seinen Grundmustern des Leseakts eher an der phänomenologischen Sehweise Roman Ingardens als an sozialgeschichtlichen Vorstellungen orientierte. Was Iser interessierte, war weniger die historische Besonderheit als der sich beim Lesen abspielende anthropologische Vorgang der Textherstellung an sich. Deshalb propagierte er auf diesem Gebiet eine intersubjektive, das heißt funktionstheoretische Sehweise, welche typische Lesevorgänge innerhalb bestimmter kultureller Handlungssysteme herauszuarbeiten suchte. Dabei machte er einen deutlichen Unterschied zwischen pragmatischen Texten, die eine auch in der Alltagswelt mögliche Sachlage vermitteln, und fiktionalen Texten, die eine solche Möglichkeit nicht enthalten. Demzufolge lief seine Rezeptionsästhetik – unter Einbeziehung von ‹Hilfswissenschaften› wie Informationstheorie, Phänomenologie, Kybernetik und Psychologie – auf eine Textkonstitution hinaus, von der keine unmittelbaren Folgen für die Gesellschaft zu erwarten waren, obwohl sich Iser, wie Harald Weinrich, auch mit typischen Leseerfahrungen bestimmter sozialer Gruppen beschäftigte. Noch gesellschaftsneutraler wurden solche rezeptionsästhetischen Konzepte, als sie sich um 1980 mit der aus den USA importierten ‹affektiven Stilistik› oder dem ‹reader response criticism› eines David Bleich, Harold Bloom, Stanley Fish und Norman H. Holland verbanden.

Ebenso enthistorisierend verfuhren manche Kommunikationstheoretiker dieser Jahre. Anstatt im Gefolge von Jürgen Habermas unter ‹öffentlicher Verständigung› eine entscheidende Voraussetzung zu einer durchgreifenden Demokratisierung der westdeutschen Gesellschaft zu sehen, worunter die linksliberalen Soziolinguisten vor allem einen konsequenten Abbau der noch immer bestehenden Sprachbarrieren und ein kritisches Hinterfragen der autoritären Strukturen innerhalb der politischen Rhetorik verstanden hatten, wurde Kommunikation von dieser Richtung als ein weitgehend wertneutraler Vorgang hingestellt. So vertrat etwa Winfried Nolting 1982 in seinem Buch *Literatur oder Kommunikation* die These, daß auf diesem Gebiet an die Stelle ‹wissenschaftsfremder Offerten› endlich ein ‹positionsloses› Denken treten müsse. Für ihn bedeutete kommunikationswissenschaftliches Forschen in erster Linie eine Linguistisierung der Literaturgeschichte zu einer ‹Textwissenschaft›, die durch weitgehende Eliminierung des Subjektiv-Bekennerhaften ein wissenschaftliches Regelsystem aufzustellen versucht, dessen Einheit nicht durch eine übergeordnete Vernunft, sondern allein durch die Gesetze der Versprachlichung bestimmter Bedeutungsinhalte gewährleistet ist. Ebenso abstrakt blieb Hans U. Gumbrechts kommunikationssoziologischer Ansatz, bei dem nicht die Komplexitätsreduktion des textimmanenten Verweisungsgefüges durch die Rezipienten, wie er 1975 schrieb, sondern die Rekonstruktion der «Bedingungen verschiedener Sinnbildungen über den jeweils einen Text durch Leser mit verschiedenen geschichtlichen und sozial vermittelten Rezeptionsdispositionen» im Vordergrund stehen sollte, um so zu einer wissenschaftlich fundierten Synthese subjektiv-intentionaler und objektiv-soziologischer Aspekte zu gelangen.[87]

Eine ähnliche Zielrichtung lag jener Sehweise zugrunde, die sich als empirisch-rationale Literaturwissenschaft verstand. Auch sie wandte sich entschieden gegen alles Bekennerhafte wie auch alle subjektiv-hermeneutischen Verfahrensweisen und versuchte, im Sinne natur- und sozialwissenschaftlicher Erhebungsmethoden eine strenge ‹Empirisierung› der Germanistik durchzuführen. In Anlehnung an Max Benses *Theorie der Texte* (1965), in der bereits nachdrücklich von Textsemiotik, Textstatistik und Texttopologie die Rede war, den ebenfalls 1965 von Helmut Kreuzer und Raul Gunzenhäuser herausgegebenen Band *Mathematik und Dichtung* sowie die von den gleichen Herausgebern in ihrer *Zeitschrift für Literaturwissenschaft und Linguistik* vertretene Anschauung, daß jedes empirisch-rationale Verfahren gegenüber allen spekulativen Interpretationen unbedingt den Vorrang haben müsse, entwickelten in den mittsiebziger Jahren vor allem Peter Finke und Siegfried S. Schmidt von der interdisziplinären Bielefelder Forschergruppe NIKOL, die sich aus Wissenschaftstheoretikern, Linguisten, Mathematikern und Psychologen zusammensetzte, die für diese Richtung maßgebliche Theorie einer empirisch-rationalen Literaturwissenschaft. Von zentraler Bedeutung war dabei Schmidts Buch *Literaturwissenschaft als argumentierende Wissenschaft. Zur Grundlegung einer rationalen Wissenschaft* (1975), das noch durchaus ‹aufklärerisch› eingestellt war, also nicht einfach die szientifische Objektivität gegen die gesellschaftliche Relevanz ausspielte, sondern zwischen den Argumentationen einer linguistischen Zeichenlehre und einer soziopsychologischen Sehweise neue Wissenschaftskriterien für eine empirisch-rationale Texttheorie zu ‹generieren› versuchte. Als Vorhut einer alternativen, antihermeneutischen Methode beschäftigte sich diese Richtung nicht mit bestimmten Texten, sondern stets mit der Gesamtheit aller diese Texte einbeziehenden historisch-gesellschaftlichen Prozesse, wobei sie sich in ihren Basisvorstellungen weniger auf materialistisch-soziologische als auf verhaltenstheoretische und erkenntnisbiologische Überlegungen stützte, um sich nicht mit der Frage auseinandersetzen zu müssen, wie aus solchen Theorieansätzen gesellschaftsbezogene Handlungsaufträge abzuleiten seien. Weiterentwickelt wurden diese Konzepte von Norbert Groeben, der ebenfalls mit Unterstützung verhaltenstheoretischer, statistisch-linguistischer und informationstheoretischer Methoden wie auch Rückgriffen auf Roman Ingarden und Querverbindungen zu Wolfgang Iser eine empirisch-rationale Literaturwissenschaft anvisierte, die sich durch «theoriegeleitete, aber möglichst theoriefreie Beobachtung mit Hilfe objektiver, reliabler und valider Verfahren realisiert».[88]

Nicht minder anspruchsvoll waren alle Versuche einer objektivierenden Verwissenschaftlichung der Germanistik, die sich auf die systemtheoretischen Ansätze von Talcott Parsons und Niklas Luhmann zu stützen versuchten, in deren Schriften sich das Inhaltliche ebenfalls immer stärker aus dem Bedeutungsvollen ins Funktionale verschob und damit die Frage nach politischen, gesellschaftlichen oder kulturellen Wertvorstellungen zusehens an Bedeutung verlor. Auch innerhalb dieser Richtung wurde so aus dem interpretierend-bewertenden Forscher letztlich ein teilnahmsloser Beobachter der vorgegebenen Realität, was schon Jürgen Habermas als eine indirekte Apologie des Status quo bemängelte. Während Habermas sein Kommunikationsmodell noch in einem emanzipatorisch-fortschrittlichen Sinn verstand, nahm Luhmann seit dem Buch *Zweckbegriff und Systemrationalität* (1973) durch seine Ablehnung aller weltanschaulichen Positionen zugunsten von Sinnbildungen, die lediglich durch systemimmanente Selektions-, Anpassungs- sowie Reduktionsprozesse entstanden sind, eine nichtkritische, wenn nicht gar affirmative Haltung ein. Seine Systemvorstellungen waren zwar noch totalisierend, entbehren aber eines zentralen Bezugspunkts, das heißt bezogen sich weitgehend auf Gebilde mit vielen Teil- und Subsystemen, in denen selbstreferentielle Gesetzmäßigkeiten herrschen, die keine «stratifikatorische», sondern nur noch eine «funktionale» Bedeutung haben.[89] Im Anschluß an solche Überlegungen stellten Literaturwissenschaftler wie Gerhard Plump und Niels Werber auch die Kunst – ohne irgendwelche Bewertungen – als ein Teilsystem hin, das sich am besten unter objektivierenden Gesichtspunkten wie ‹Innovationsgeschwindigkeit›, ‹labile Kontinuität› oder ‹zunehmende Ausdifferenzierung›, also im Rahmen seiner eigenen Gesetzmäßigkeiten beobachten lasse.

Im engeren Bereich der Germanistik griffen vor allem Wilhelm Voßkamp, Jürgen Fohrmann und ihre Schüler sowie die Münchner Gruppe ‹Sozialgeschichte der Literatur 1770–1800› solche systemtheoretischen Ansätze auf. Voßkamp wählte hierfür die «Institution Roman», in der er mit den Augen Luhmanns verfolgte, wie die «Komplexität des literarischen Lebens» im Rahmen einer relativ klar zu definierenden Gattung durch «möglichkeitsreiche Selektionen» auf «bestimmte kommunikative Modelle reduziert» wird,[90] welche die weitgehende Unübersichtlichkeit des gesellschaftlichen Systems auf einen poetischen Nenner zu bringen versuchen. Jürgen Fohrmann exemplifizierte diese Sicht – unter Einbeziehung poststrukturalistischer Erwägungen – vor allem in seinem Buch *Das Projekt der deutschen Literaturgeschichte. Entstehung und Scheitern einer nationalen Poesiegeschichtsschreibung zwischen Humanismus und Deutschem Kaiserreich* (1989), in dem die Geschichte der Germanistik ohne ideologiekritische Absichten als eine Diskursformation dargestellt wird, der eine disziplinäre Gelehrtengemeinschaft und damit ein selbstreferentielles System zugrunde liegt, das nur recht marginal mit anderen Systemen wie Bürgertum oder Nation in Beziehung tritt. Ähnliches gilt für die aus dem gleichen Umkreis stammenden wissenschaftsgeschichtlichen Untersuchungen Holger Dainats und Rainer Kolks sowie der Dissertation *Germanistik als Wissenschaft. Zur Ausdifferenzierung und Integration einer Fachdisziplin* (1994) von Bärbel Rompeltien. Und auch die erwähnte Münchner Gruppe, zu der vor allem Günter Häntzschel, Renate von Heydebrand, Georg Jäger, Dieter Pfau und Jörg Schönert gehören, bemühte sich, im Rahmen einer funktionalistischen Sozialgeschichte das «Handlungssystem Literatur» – im Gegensatz zur älteren Literatursoziologie wie auch materialistisch-fundierten Literaturgeschichte – als ein System hinzustellen, das seit dem späten 18. Jahrhundert aufgrund verschiedener Modernisierungsschübe im «Prozeß der Ausdifferenzierung und Interpenetration eine funktionale Autonomie gewinne» und sich dadurch allen bisherigen Wertungskriterien weitgehend entziehe.[91]

Seit der Wende von den achtziger zu den neunziger Jahren verstärkte sich der Trend zu einer systemtheoretisch orientierten Literaturwissenschaft so sehr, wie unter anderem Publikationen von Klaus Disselbeck, Georg Stanizek und Dietrich Schwanitz belegen, daß selbst die kommunikationswissenschaftlichen, rezeptionsästhetischen und empirisch-rationalen Richtungen innerhalb der sich betont ‹wissenschaftlich› gebenden Germanistik in den Sog dieser Strömung gerieten. Das äußerte sich am deutlichsten in den empirisch-rationalen oder konstruktivistischen Wissenschaftsbranchen dieser Disziplin, wo in den letzten Jahren – neben Werner Faulstich, Norbert Groeben, Siegfried S. Schmidt und Rainer Viehoff – auch Ernst von Glaserfeld, Bernd Scheffer und Paul Watzlawick von sich reden machten. Wie dominierend in dieser Richtung – trotz ihres früheren Anspruchs, Literaturwissenschaft vornehmlich als auf harten Fakten beruhende Sozialwissenschaft zu betreiben – der Trend zum Systemtheoretischen bereits geworden ist, zeigte sich vor allem bei dem Plenarvortrag, den Siegfried S. Schmidt 1991 auf dem Augsburger Germanistentag hielt. In ihm räumte er dem «Teilsystem» E-Literatur innerhalb des allgemeinen «Kunstsystems» nur noch eine untergeordnete Rolle ein, und zwar die eines «Medienangebots unter anderen», das in unserer «funktional differenzierten Gesellschaft» keine Sonderstellung «mehr genieße». Wo sich alles immer stärker «ausdifferenziere» und damit den Bezug zum Ganzen verliere, erklärte er, könne auch die sogenannte hohe Literatur – im Gegensatz zu früheren, bildungsbürgerlichen Sinnerwartungen – keinen «eindeutig formulierbaren» Wertanspruch mehr erheben. Und dementsprechend müsse sich die Literaturwissenschaft innerhalb des allgemeinen «Wissenschaftssystems» mit den Aufgabenstellungen einer zwar exakt arbeitenden, aber nur noch funktional einzuschätzenden Subsystemwissenschaft begnügen.

Die dritte Welle dieser Verwissenschaftlichungsbestrebungen innerhalb der Germanistik der siebziger Jahre, welche sich von den innerdeutschen Auseinandersetzungen bewußt abwandte und sich immer stärker an internationalen Entwicklungen orientierte, läßt sich am besten als die semiotisch-strukturalistische bezeichnen. Ein wichtiges Startsignal für die Semiotik, die sich zwar in ihrer Akzentuierung der sprachlichen Vermittlung bestimmter Zeichen, sogenannter Kodes, mit vielen rezeptionsästhetischen, kommunikationswissenschaftlichen, soziolinguistischen und systemtheoretischen Richtungen eng berührte, gab im Juni 1974 der Erste Internationale Semiotikerkongreß in Mailand. Hier wurde neben den bahnbrechenden semiotischen Arbeiten der russischen Formalisten und des Prager Linguistikkreises als Hauptvertreter der gegenwärtigen Entwicklung in der Semiotik vor allem Umberto Eco gefeiert. Es war daher sein Buch *Zeichen. Einführung in einen Begriff und seine Geschichte* (1977), das in der Folgezeit sowohl im Bereich der Linguistik als auch der Literaturwissenschaft die größte Wirkung hatte. Im Sinne phänomenologischer Konzepte stellte Eco in ihm den Menschen als ein ‹symbolisches Wesen› hin, das mit anderen Menschen fast ausschließlich vermittels bestimmter Zeichen kommuniziert. Er definierte deshalb die Semiotik als eine Untersuchungstechnik, «die uns mit ausreichender Genauigkeit sagen kann, wie Kommunikation und Designation funktionieren», wobei er sich als Kommunikationsmodell vorwiegend auf die Reihe «Quelle – Sender – Kanal – Botschaft – Empfänger» stützte.[92] Von besonderer Wichtigkeit waren ihm – neben Begriffen wie Kode, Kommunikation und Designation – Begriffe wie Dekodierung, Denotation, Konnotation, Signifikat, Signifikant und semantisches Umfeld, mit denen er die Literatur und schließlich die gesamte Kultur als ein Feld von Zeichensystemen zu umschreiben versuchte, «bei dem das Signifikat eines Signifikanten wieder zum Signifikanten eines weiteren Signifikats oder sogar zum Signifikanten des eigenen Signifikats» werden kann,[93] um so den intersubjektiven und damit funktionalistisch-objektivierenden Charakter seiner Theorie zu unterstreichen. Im Bereich der westdeutschen Literaturwissenschaft wurden solche Thesen vor allem von Richard Brütting, Achim Eschbach, Rolf Kloepfer, Wilhelm Köller, Jürgen Link, Wendelin Rader, Peter Stockinger und Peter V. Zima aufgegriffen, die zwischen 1975 und 1985, zum Teil in Zeitschriften wie *Sprache im technischen Zeitalter*, *Poetica* und *Zeitschrift für Literaturwissenschaft und Linguistik*, eine Fülle theoretischer Untersuchungen herausbrachten, die schon in ihren Titeln fast alle Begriffe wie ‹Literatursemiotik›, ‹Semiotik und Metapher›, ‹Deskriptive Semiotik› oder ‹Semanalyse› umkreisen.

Doch die letzte, entscheidende Grundierung vieler dieser Tendenzen bot schließlich der aus Frankreich eindringende Strukturalismus. Seine Genealogie war eine recht verzweigte. Als sein Ahnherr wurde meist Ferdinand de Saussure herausgestrichen, der 1916 in seinem *Cour de linguistique générale* mit der Unterscheidung von ‹langue› (als einem synchronisch durchstrukturierten System) und ‹parole› (als der individuellen Realisierung dieses Systems) die Sprache als ein Zeichensystem definiert hatte, bei dem neben subjektiven vor allem strukturelle Elemente im Vordergrund stehen. Diese Methode, zum Teil vermittelt durch Roman Jakobson, einem der wichtigsten Vertreter des Moskauer Linguistikzirkels und dann der sogenannten Prager Schule, wurde anschließend von dem französischen Ethnologen Claude Lévi-Strauss aufgegriffen, der dem ebenfalls ins nordamerikanische Exil geflüchteten Jakobson 1942 in New York begegnete. Lévi-Strauss versuchte in der Folgezeit das Saussuresche Sprachmodell – wegen seiner langfristig steuernden Funktion – auf die weitgehend kollektiv überformten Sozialstrukturen sogenannter Naturvölker zu übertragen, wobei er vor allem in seinem Buch *La pensée sauvage* (1963) mit der binären Opposition des ‹Rohen› und des ‹Gekochten› Furore machte. Wie die späteren Systemtheoretiker verzichtete er dabei auf jedes weltanschauliche Engagement und verstand seine Forschungsmethode im Paris der fünfziger Jahre – im Gegensatz zu dem eminent politisch gefärbten Existentialismus eines Jean-Paul Sartre – als ein Erkenntnismodell, das keinerlei praktische Auswirkungen habe.

Ähnliches gilt für den strukturalistischen Charakter jener kulturphilosophischen Anschauungen, die Büchern wie *Mythologies* (1957), *Sur Racine* (1963) und *Le système de la mode* (1967) von Roland Barthes sowie *Les mots et les choses* (1966) von Michel Foucault zugrunde liegen, in denen ebenfalls alle Fortschrittsideologien zugunsten relativ konstanter Verhaltensmuster, sogenannter ‹Strukturen›, abgelehnt werden. Vor allem Barthes setzte dafür im Rahmen einer weitgespannten strukturalistischen Semiotik den Begriff der ‹Mythen› als semiologischer Zeichenträger ein. Allerdings gebrauchte er in den sechziger Jahren für seine Zeichensysteme noch relativ klar erkennbare soziologische Kriterien, um so die Literaturwissenschaft von allen angeblich veralteten Betrachtungsweisen zu ‹befreien›. Diese Sicht gab ihm innerhalb jener Strömungen, die zu den Aufständen des Pariser Mai von 1968 führten, im Vergleich zu den noch immer an positivistischen oder werkimmanenten Betrachtungsweisen festhaltenden ‹Konservativen›, ein durchaus ‹linkes› Image, obwohl er wiederholt beteuerte, daß Evolution und Fortschritt lediglich Oberflächenphänomene seien und Begriffe wie Zukunft und Hoffnung in den Bereich jener liberalen oder sozialistischen Illusionen gehörten, die im Rahmen der vorgegebenen Strukturen der ‹condition humaine› von vornherein zum Scheitern verurteilt seien.

In der Bundesrepublik wurde im Rahmen formbetonter Interpretationsverfahren erstmals im Anschluß an das Buch *Die Struktur der modernen Lyrik* (1956) von Hugo Friedrich von ‹Strukturen› gesprochen und damit all jenen der Rücken gestärkt, die sich mit Hilfe der Erkenntnis formaler Konstanten gegen die subjektiv begrenzte Interpretation von Einzelwerken aufzulehnen versuchten – was erweiternde und zugleich einschränkende Folgerungen nach sich zog. Einen wesentlich höheren Kurswert erhielten jedoch solche Sehweisen erst durch die Übersetzungen der Werke von Roland Barthes, vor allem *Am Nullpunkt der Literatur* (1959), *Mythen des Alltags* (1964) und *Kritik und Wahrheit* (1967), das dem Strukturalismus gewidmete *Kursbuch 5* von 1966 mit Beiträgen von Ferdinand de Saussure, Roman Jakobson, Claude Lévi-Strauss, Roland Barthes und Manfred Bierwisch, die Strukturalismus-Debatte in der Zeitschrift *Alternative* (1966–70), den Aufsatz *Strukturalismus in der Literaturwissenschaft* von Beda Allemann in dem 1969 von Jürgen Kolbe herausgegebenen Sammelband *Ansichten einer künftigen Germanistik* sowie das Buch *Der französische Strukturalismus* (1969) von Günther Schiwy, die eine lebhafte Theoriediskussion im Rahmen der durch die Achtundsechziger Bewegung ohnehin angeheizten Situation auslösten. Ablehnende Positionen vertraten hierbei westdeutsche Linke wie Alfred Schmidt in seiner Polemik *Der strukturalistische Angriff auf die Geschichte*, der 1969 in den *Beiträgen zur Erkenntnistheorie* erschien, sowie Wulf D. Hund in dem von ihm 1973 herausgegebenen Buch *Strukturalismus. Ideologie und Dogmengeschichte*, wo dieser Forschungsrichtung Geschichtsfeindlichkeit, Desengagement, wenn nicht gar ideologische Übereinstimmung mit dem staatsinterventionistischen Monopolkapitalismus der westlichen ‹Demokratien› vorgeworfen wurde.

Etwas positiver äußerten sich dagegen einige DDR-Wissenschaftler über die Hauptvertreter des französischen Strukturalismus. Da wäre erst einmal der DDR-Sprachwissenschaftler Manfred Bierwisch, der zu dem erwähnten *Kursbuch 5* den gehaltvollsten Deutungsversuch beisteuerte, in dem er die strukturalistisch operierende Linguistik als den «Modellfall für eine konkrete, empirisch überprüfbare Theorie» hinstellte, «die generelle Gesetze formuliert und komplizierte Erscheinungen aus zugrundeliegenden Strukturen» erklärt, wobei er stets jene Dialektik im Auge behielt, die zwischen der «intelligiblen Sphäre des konkreten Individuums» und den «angeborenen Dispositionen des menschlichen Organismus und so letzten Endes seiner biologischen Struktur» bestehe.[94] Ebenso abwägend äußerte sich der DDR-Literaturwissenschaftler Robert Weimann in seinem Aufsatz *Literaturge-*

schichte und Strukturalismus (1974) über die von Claude Lévi-Strauss, Roland Barthes und Lucien Goldmann vorgebrachten strukturalistischen Theoreme, die er zwar als Marxist wegen ihrer «antihistorischen Grundeinstellung», ihrer institutionssoziologischen Begrenzung sowie ihres Bemühens, das soziale Tun zum sozialen System und das Ereignis zur Struktur zu verflüchtigen, entschieden kritisierte, aber dennoch ihre sprachwissenschaftlichen, semiotischen, kybernetischen und informationstheoretischen Einsichten nicht einfach von der Hand wies.[95] Und auch die westdeutsche Marxistin Helga Gallas, die kurz zuvor über den Bund proletarisch-revolutionärer Schriftsteller gearbeitet hatte, vertrat in ihrem Buch *Strukturalismus als interpretatives Verfahren* (1973) die These, daß diese Methode durch ihre Homologiestrukturen endlich konkrete Vermittlungsinstanzen zwischen Basis und Überbau geschaffen habe, stellte also den Strukturalismus als eine für den Marxismus durchaus verwertbare Methode und nicht als einen bedauerlichen Rückfall in ein Strukturdenken hin, nach dem die Menschen nur noch Objekte fester Ordnungen, aber keine Subjekte der Geschichte mehr seien.

Eine völlig andere ideologische Färbung erhielt dagegen der Strukturalismus, als er gegen Mitte der siebziger Jahre in der Bundesrepublik in den Sog der allgemeinen Verwissenschaftlichungs- und Versachlichungstendenzen geriet. Jetzt waren es vor allem jene Germanisten und Germanistinnen, die es nach Jahren studentischer Unruhen leid hatten, sich dauernd dem Gebot der gesellschaftlichen Relevanz sowie der oft überstrapazierten Widerspiegelungstheorien zu unterstellen, welche sich dem Strukturalismus mit all seinen Filiationen zuwandten. Sie sahen in ihm eine willkommene Rückkehr zur sogenannten Objektivität, zum Szientismus, zu Sprache und Form, kurz: zu einer semiotisch-abstrakten Texttheorie, mit der man sich weltanschaulich nicht mehr zu exponieren brauchte. Dies führte in verstärktem Maße – unter Hinzuziehung aller zum gleichen Zeitpunkt entwickelten linguistischen, rezeptionsästhetischen, kommunikationstheoretischen, empirisch-rationalen und systemtheoretischen Verfahrensweisen – zu einer sich auf strukturelle Formprobleme beschränkenden Sehweise, die sich mit deutlichen Affekten gegen die materialistischen Komponenten der immer noch aktiven sozialgeschichtlichen Interpretationsansätze wandte. Und damit bewahrheitete sich das, was Günther Schiwy bereits 1969 in seiner Einleitung zu dem Buch *Der französische*

Strukturalismus geschrieben hatte, nämlich daß diese Richtung wegen ihres objektivierenden Charakters «nicht auf Frankreich beschränkt bleiben, vielmehr als Mode, Methode und Ideologie über kurz oder lang überall in Erscheinung treten» werde. Wie recht er damit hatte, belegen nicht nur Bücher wie *Theorie des Strukturalismus* (1977) von Eckart Strohmeier und *Strukturalismus* (1982) von Lothar Fietz, sondern auch Arbeiten wie *Structuralist Poetics* (1975) von Jonathan Culler und *Structuralism and Semiotics* (1977) von Terence Hawkes, die – auf dem Umweg über England und die USA – ebenfalls zur Verbreitung der neuen ‹Franzosentheorie› in der Bundesrepublik beitrugen.

Im Zeichen des subjektiven Faktors

Bevor jedoch dieser Theorieschub ins Kommunikationswissenschaftliche, Rezeptionsästhetische, Systemtheoretische, Semiotische und Strukturalistische, der nach 1972/73 in der westdeutschen Germanistik eine Wende vom konkret-antifaschistischen und demokratisch-entauratisierenden Relevanzanspruch zu einer stärkeren Betonung des Fachspezifischen oder Abstrakt-Internationalistischen bewirkte, durch den Einbruch des Poststrukturalismus und der Postmoderne-Diskurse eine weitere Unterstützung erfuhr, meldete sich noch eine andere Richtung zu Wort, nämlich die des Neuen Subjektivismus. Erstaunlicherweise setzte sie in beiden deutschen Staaten etwa gleichzeitig, also zwischen 1972 und 1975, ein. Oberflächlich gesehen, weist dieser Subjektivierungsprozeß durchaus einige Ähnlichkeiten auf. Beide Varianten dieser Richtung verstanden sich anfangs als Reaktionen auf allzu forcierte Politisierungs- und Theorieansprüche, die zu einem Zurücktreten des Individuellen hinter dem Kollektiven geführt hätten. Allerdings nahm diese Akzentverlagerung ins Persönliche, Private, Subjektive, die in der DDR mit der 1971 erfolgten Ablösung Walter Ulbrichts durch Erich Honecker und in der Bundesrepublik mit der sogenannten Tendenzwende von 1972/73 zusammenhing, hüben und drüben eine andere ideologische Färbung an. Schließlich waren der Betonung des subjektiven Faktors in der DDR wegen der weiterbestehenden Reglementierung des kulturellen Lebens von vornherein gewisse Grenzen gesetzt, während ihr in Westdeutschland, wo sie sich nicht nur gegen die Politisierung, sondern auch gegen die auf sie folgenden Theorieschübe wandte, kaum Widerstände entgegentraten.

Beginnen wir mit einem kurzen Blick auf das, was die Germanistik der DDR in den siebziger Jahren unter ‹Neuer Subjektivität› verstand. Hier wurde sie von vielen Literaturwissenschaftlern und -wissenschaftlerinnen einerseits als Auftakt zu einer längst fälligen ‹Liberalisierung› begrüßt, andererseits als Zurücknahme der bisherigen Hochschätzung von anspruchsvoller Literatur und Kultur, das heißt als endgültiger Abschied vom Traum einer ‹Hohen Kunst für jedermann› zugunsten einer auf subjektive Vertiefung oder auch nur Entspannung gerichteten Literaturrezeption im realexistierenden Sozialismus bedauert. Höchst bedeutungsvoll war dabei der von Manfred Naumann und Dieter Schlenstedt betreute Sammelband *Gesellschaft – Literatur – Lesen. Literaturrezeption in theoretischer Sicht* (1973), der von einer «genetischen, produktionsästhetischen Fixierung», wie es hieß, zur «Orientierung auf wirkungsgeschichtliche Zusammenhänge» und damit auf subjektive Rezeptionsformen überleitete.[96] Beispiele dieser neuen Sicht boten vor allem das Buch *Literaturverhältnisse im Vormärz* (1975) von Rainer Rosenberg sowie der von Ingeborg Münz-Koenen herausgegebene Sammelband *Literarisches Leben in der DDR. 1945–1960* (1979), in denen es – im Gegensatz zu Georg Lukács oder einem hartnäckigen Verfechter des Sozialistischen Realismus wie Hans Koch – nicht mehr primär um Fortschritt und Reaktion in der Literatur, sondern auch um die höchst komplexen, zum Teil persönlichkeitsbedingten Widersprüche innerhalb einer Epoche oder um die halb psychologisch, halb ideologisch bedingten Gründe für die mangelnde Breitenwirkung bestimmter sozialistischer Literaturformen ging.

Im Zuge dieser Umorientierungen, die zu einer merklichen Unterhöhlung des bisherigen Anspruchs führten, die Germanistik des ‹anderen, besseren Deutschlands› zu sein, kam es nach 1972–73 auch in der DDR – trotz vieler Gegenreaktionen von seiten älterer Antifaschisten und Sozialisten der mittleren Generation, die weiterhin am gesellschaftlichen Repräsentanzcharakter der Literatur festzuhalten versuchten – zu einem merklichen Abbau kollektiver Erwartungen und Wertungen zugunsten einer Ich-Vorstellung, die ausgesprochen ‹liberale› Züge trägt. So gab es bereits 1975 in Jena eine germanistische Tagung zum Thema «Individuum, Subjektivität, Geschichte», auf der bedauert wurde, daß die Subjektivität bisher sowohl bei der Entstehung als auch Rezeption von Literatur ungebührlich vernachlässigt worden sei. In der Folgezeit war darum in der DDR-Germanistik – zum Teil unter Berufung auf den frühen Marx, der nicht nur die politische, sondern auch die persönliche Emanzipation des Menschen gefordert habe und dessen höchstes Ideal selbst später die Entwicklung aller menschlichen Eigenschaften geblieben sei – viel von ‹Differenzierung›,

‹Selbstverwirklichung›, ‹persönlicher Handschrift› und ‹künstlerischer Eigenart› die Rede. Statt weiterhin die Klassenbezogenheit oder soziale Verantwortlichkeit in den Vordergrund zu rücken, kam es zu einem steigenden Interesse am Biographisch-Besonderen, was zu einer merklichen Abschwächung aller größeren, jetzt als ‹schematisch› bezeichneten sozio-ökonomischen Zusammenhänge führte. Ja, manche DDR-Germanisten gingen bereits in der zweiten Hälfte der siebziger Jahre dazu über, im Hinblick auf die Konzeption und Rezeption literarischer Werke nicht nur von relativer Autonomie, sondern Autonomie schlechthin zu sprechen – und so das Persönliche immer stärker über das Kollektive zu stellen.

Im Gegensatz zu Publikationen wie *Deutsche Schriftsteller in der Entscheidung. Wege zur Arbeiterklasse 1918–1933* (1970) von Friedrich Albrecht, *Drama und Klassenkampf* (1970) von Klaus Kändler, *Im Auftrag ihrer Klasse. Weg und Leistung der deutschen Arbeiterschriftsteller* (1970) von Alfred Klein, der von Werner Mittenzwei betreuten siebenbändigen Werkreihe *Kunst und Literatur im antifaschistischen Exil. 1933–1945* (1978–81), an der neben ihm vor allem Simone Barck, Klaus Hermsdorf, Ludwig Hoffmann, Klaus Jarmatz, Wolfgang Kießling, Eike Middell, Dieter Schiller und Silvia Schlenstedt mitgearbeitet hatten, der von Peter Diezel, Hansjörg Schneider und Werner Mittenzwei verfaßten Reihe *Theater im Exil* (1978–79), der vierbändigen Dokumentation *Zur Tradition der sozialistischen Literatur* (1979) sowie dem von Silvia Schlenstedt herausgegebenen Band *Wer schreibt, handelt. Strategien und Verfahren literarischer Arbeit vor und nach 1933* (1983), die weiterhin an einer eindeutig politischen Sehweise festhielten, verstärkten sich daher seit der Wende von den siebziger zu den achtziger Jahren auch in der DDR die Bemühungen, an die Stelle bisher favorisierter Schwerpunkte, wie Aufklärung, Klassik, kritischer Realismus und sozialistische Literatur, im Gefolge der neuen Subjektivitätstheorien Schwerpunkte wie Romantik, bürgerliche Moderne und nichtfaschistische Literatur der sogenannten Inneren Emigration zu rücken. An ihren Werken sollten – neben bestimmten «anthropologischen Konstanten» oder neuen «ästhetischen Wahrnehmungsformen» – vor allem die «privaten» Eigenheiten herausgearbeitet werden.[97] Einer auffälligen Anteilnahme erfreuten sich dabei, zum Teil durch Schriften Hans-Dietrich Dahnkes, Hans-Georg Werners und Christa Wolfs angeregt, Autoren und Autorinnen wie Bettina von

Arnim, Karoline von Günderode, E. T. A. Hoffmann, Heinrich von Kleist und Dorothea Schlegel, die gerade wegen ihrer Außenseiterrolle als besonders anziehend hingestellt wurden.

Ähnlich und doch anders verliefen diese Prozesse in der Bundesrepublik. Hier gaben gegen Mitte der siebziger Jahre die Reformgermanisten und -germanistinnen den Ton an, die nach den ‹wilden Jahren› zwischen 1968 und 1972 auf eine stärkere Betonung des Fachspezifischen oder Abstrakt-Internationalistischen drangen. Selbst manche der inzwischen älter gewordenen Linksliberalen und Linken wichen zu diesem Zeitpunkt – wegen der anhaltenden Sympathisantenhetze sowie der Einsicht, daß sich ihre wissenschaftspolitischen und gesellschaftsverändernden Konzepte in einem von der SPD/FDP regierten ‹Wohlstandsstaat› wie der Bundesrepublik ohnehin nicht durchsetzen ließen – entweder in versachlichende Kommunikationstheorien aus oder begnügten sich mit einer ins Motivgeschichtliche oder Formalistische verwässerten Sozialgeschichte der Literatur, in der zwar noch immer von einer zu überwindenden ‹Bürgerlichkeit› die Rede war, aber der kritische Zugriff allmählich schwächer wurde. Allerdings blieb von diesen neuen Theorien vieles reichlich abstrakt und schlug sich eher in anspruchsvollen Programmen als in den Lehrangeboten der Schulen und Universitäten nieder. Der Alltag der westdeutschen Germanistik sah deshalb gegen Mitte der siebziger Jahre, das heißt nach dem Abflauen der gesellschaftskritischen Welle und der mit ihr verknüpften Hoffnungen, wesentlich diffuser aus, als die meisten reformbeflissenen Professoren und Professorinnen aufgrund der zahlreichen wissenschaftstheoretischen Absichtserklärungen erwartet hatten.

Genau betrachtet, war das Ergebnis dieser Entwicklung ein Wissenschaftsbetrieb, der zwar vielen Reformern oder abgesprungenen Linken unter den Lehrenden das Gefühl einer neuerreichten Höhe der theoretischen Durchdringung der von ihnen behandelten Gegenstände gab, aber jene Studierenden, die sich diesem Trend nicht anpaßten, notwendig unbefriedigt ließ. Diese Gruppen, die das Studium der Germanistik vor allen gewählt hatten, um aus der ‹verwalteten Welt› des Bürokratischen und Massenhaften in eine Welt der unentfremdeten Ichhaftigkeit auszuweichen, fühlten sich von dem Jargon der neuen Wissenschaftstheorien wenig oder gar nicht angesprochen. Wonach sie sich sehnten, war eine neue Authentizität oder Identität. Voller Anteilnahme an der in diesen Jahren recht farbigen Anarcho- oder Spontiszene hegten sie die Hoffnung, sich in dieses Fach persönlich ‹einbringen› zu können. Ihnen ging es um Nähe, Sensibilität, Ästhetik, Lust am Text, aber nicht Theorie um der Theorie willen. Innerhalb einer ideologischen Situation, die weithin im Zeichen von «Schwundtelos und Mini-Essenz» stand, wie es Odo Marquard 1979 formulierte,[98] wollten diese Gruppen wenigstens im Bereich der Kunst noch das Gefühl des unmittelbaren Angesprochenseins haben. Wohl am deutlichsten wirkte sich diese ‹Neue Stimmung im Westen›, wie es damals hieß, auf dem belletristischen Sektor des Buchmarkts aus, wo zu diesem Zeitpunkt eine immer stärker ins Subjektive, Sensualistische und Schöngeistige tendierende Reliterarisierung einsetzte. Gesellschaftskritische Periodika wie *Alternative, Argument, konkret, Kursbuch, Basis, rororo aktuell* oder die Bände der *edition suhrkamp*, aus denen die Achtundsechziger ihre rebellischen Ideen bezogen hatten, wurden darum nach 1975 zusehends unwichtiger, während sich bewußt bibliophil aufgemachte Reihen wie die neue *Sammlung Insel*, welche auch die Augenlust ihrer Leser und Leserinnen befriedigten, einer steigenden Beliebtheit erfreuten.

Und doch war das Neue nicht einfach das Alte. So bruchlos lassen sich einmal artikulierte Wünsche und Hoffnungen nicht wieder verdrängen. Was sich nach 1975 in der bundesrepublikanischen Germanistik als Neue Subjektivität, Neue Sensibilität oder Neue Romantik, das heißt als gesteigertes Interesse an Texten wie *Werthers Leiden* oder *Lucinde* äußerte, läßt sich nicht nur als eine Rückkehr zu den überlieferten Formen der ‹bürgerlichen› Subjektivität interpretieren, sondern weist noch immer deutliche Züge der Achtundsechziger Bewegung auf. Zugegeben, diese Gruppen wandten sich in der Folgezeit entschieden gegen alle Parteien, Organisationen und Bewegungen, die von ihnen Disziplin, Verantwortung, ja Opferbereitschaft gefordert hätten. Sie engagierten sich auch nicht mehr für die Belange des Proletariats oder die Völker der Dritten Welt, was ihnen viel zu weit hergeholt erschien. Aber letztlich ging es ihnen weiterhin um das befreiende Subjekt der Geschichte, wenn auch meist nur im Hinblick auf das eigene Ich. So erklärte etwa Gerd Bergfleth im ersten Heft der ab 1978 erscheinenden Zeitschrift *Konkursbuch*, daß die neue Rebellion von der These ausgehen müsse, «daß ich ein Selbst bin, das nur mir gehört». Eine wirkliche Befreiung, beteuerte er, könne heute weder über eine rationale Analyse der konkreten Situation noch über eine Mobilisierung der unmündigen

Massen, sondern nur über jenes «souveräne Ich» erfolgen, das sich jeder «Vernunftnötigung» entzieht und sich der «Willkür der Anarchie» hingibt.

Im Hinblick auf die Germanistik äußerte sich dieser Umschwung im Zeichen des subjektiven Faktors, der neben negativ-narzißtischer auch eine Reihe positiv-kritischer Elemente enthielt, auf mindestens dreierlei Weise: (1) in einer ungeahnten Ausweitung aller wahrnehmungspsychologischen Momente im Sinne eines ästhetisch-subjektiven oder gar libidinösen Verhältnisses zum jeweiligen Text, das sowohl zu einer unmittelbaren Gratifikation als auch Persönlichkeitserweiterung beitragen sollte, indem sich diese neue Wahrnehmungsweise vornehmlich auf das bei einer rein rationalen Lektüre Ausgeschlossene, das heißt Andere, Unbewußte, Lustverschaffende konzentrierte, (2) einer Bevorzugung von Texten mit märchenhaften, mythischen, traumhaften oder poetisch-romantischen Elementen, die – im Gegensatz zu den aufklärerisch-rationalen Texten der Achtundsechziger – in die Welt des ‹Anderen› abzusteigen versuchten, und schließlich (3) einer stärkeren Berücksichtigung der bisher durch autoritär-zweckrationale Herrenklassen unterdrückten Literatur von Bevölkerungsschichten, Minderheiten und Außenseitern wie Homosexuellen, Juden oder auch Frauen.

Als die wichtigste Form dieser neuen Subjektivität galt in diesen Gruppen meist das eigene Körperempfinden. Nachdem sich die Linken mit ihrer Tendenz ins Kollektive einer fatalen Theorie- und Gehirnlastigkeit schuldig gemacht hätten, wie es in dem Buch *Am eigenen Leibe* (1978) des Philosophen Rudolf zur Lippe sowie in dem von Dietmar Kamper und Christoph Wulf herausgegebenen Sammelband *Die Wiederkehr des Körpers* (1982) hieß, müsse man die Welt endlich mit den eigenen Sinnen wahrnehmen, ohne dauernd die ‹Polizei der Ratio› dazwischenzuschalten. Aus diesem Grund wurde von einigen bundesrepublikanischen Germanisten und Germanistinnen die neue Subjektivität vornehmlich als eine neue Sensibilität, neue Körperlichkeit verstanden. Statt sich weiterhin einer theoretischen Fremdbestimmung, einem sozialen Gewissen oder einer Klassenperspektive zu unterwerfen, ließen sie – in Form möglichst lustvoller Eigenerlebnisse – nur noch die Selbsterfahrung gelten. Was sich dadurch, wie in dem Buch *Ästhetische Kommunikation als Wunschproduktion. Literaturanalyse am «Leitfaden des Leibes»* (1978) von Rudolf Kreis, in den Vordergrund schob, war – trotz der vorgegebenen individuellen Differenzierung – eine fortschreitende Reduzierung aller politisch oder sozio-ökonomisch mitbestimmten Ideologiekomplexe auf biologische Grundvorstellungen des Männlichen, Weiblichen oder Kindlichen, also irgendwelche phallo- oder vaginazentrierten Weltanschauungen, die nur noch das Urgegebene, nämlich den eigenen Leib, als letzte Instanz anerkannten.

Neben diesen wahrnehmungspsychologischen Umorientierungen hatte diese neue Sehweise im Hinblick auf die germanistische Interpretation literarischer Texte noch zwei weitere Konsequenzen. Sie führte (1) zu einer massiven Wiederbelebung der freudianischen Psychoanalyse, welche die Achtundsechziger Bewegung meist nur in der neofreudianischen Version der Frankfurter Schule oder den ins Politische abgewandelten Theorien Wilhelm Reichs rezipiert hatte, und (2) zu einer eher an den Schriften Carl Gustav Jungs orientierten Blickrichtung, die in ihrem Interesse am Märchenhaften, Phantastischen, Mythologischen und Archetypischen das ‹seelische› Pendant zu einer eindeutig sexuellen Ausrichtung der freudianischen Psychoanalyse liefern sollte.

Von Sigmund Freud wie auch seinen Schülern Otto Rank, Wilhelm Stekel und Hanns Sachs übernahm diese Richtung vor allem die Grundüberzeugung, daß allen dichterischen Intentionen eminent libidinöse Steuerungsmechanismen in Form unbewußt weiterwirkender infantiler Triebregungen und Inzestphantasien sowie narzißtischer, neurotischer, exhibitionistischer, pubertärer oder autistischer Neigungen zugrunde liegen, mit denen der jeweilige Dichter seine ständig unbefriedigte Libido wenigstens durch Wunsch- und Abwehrphantasien zeitweilig zu befriedigen sucht. Dichtungen wurden also in diesem Umkreis stets als kompensatorische Projektionen oder Ersatzbefriedigungen, also Lustquellen oder Lustprämien eines von vielen Verdrängungen geplagten und zugleich phantasiebegabten Individuums hingestellt, dessen stärkster Wunsch eigentlich das Geliebtwerden der eigenen Person ist, das sich diesen Wunsch jedoch nur durch dichterische Entladungen erfüllen kann. Demzufolge erkannten die Vertreter dieser Richtung weder eine Trennung von Biographie und dichterischem Werk noch einen Rezeptionsvorgang von Literatur an, der nicht von der privaten Neigung zu erotischer Wunscherfüllung ausgeht.

Diese Anschauungen wurden von germanistischen Außenseitern erstmals in den zwanziger Jahren aufgegriffen, jedoch unterm Faschismus als ‹semitische Schweinereien› wieder verdrängt und durch die

Achtundsechziger lediglich in antiautoritärer oder politisierter Form neu entdeckt, wobei neben den Schriften Wilhelm Reichs und Theodor W. Adornos auch die von Alexander Mitscherlich eine wichtige Rolle spielten. Zugegeben, manches wirkte davon bis in die siebziger Jahre weiter, erfuhr aber unter dem Einfluß von Übersetzungen aus dem Französischen wie der dreibändigen Ausgabe der *Schriften* (1973–80) von Jacques Lacan, dem *Anti-Ödipus* (1974) von Gilles Deleuze und Felix Guattari sowie dem Buch *Die neue Liebesunordnung* (1980) von Pascal Bruckner und Alain Finkielkraut eine weit über Freud hinausgehende ‹Entschematisierung›, wodurch an die Stelle der starren Konfrontation von Inzestwunsch und Kastrationsangst nicht nur eine Fülle neuer erotischer Zwischenstufen trat, sondern zugleich eine als ‹subversiv› ausgegebene Interpretation des libidinösen Charakters literarischer Texte möglich wurde.

Innerhalb der Germanistik der späten siebziger und frühen achtziger Jahre verbreiteten sich solche Vorstellungen – neben eher traditionellen, an Freud orientierten Studien – entweder in einer noch von den Politisierungskonzepten der Achtundsechziger beeinflußten Form, wofür das Buch *Männerphantasien* (1977) von Klaus Theweleit wohl das bekannteste Beispiel ist, in welchem der deutsche Faschismus als eine psychische Abwehrhaltung ‹gepanzerter› Mann-Männer gegen die anbrandende Sexualität der ‹roten Schwestern› interpretiert wird, oder in der von Peter Sloterdijks *Kritik der zynischen Vernunft* (1983) angewandten Form, die sich als Ausdruck der ‹Heideggerschen Linken› sowohl einer freudianischen als auch lebensphilosophisch-nietzscheanischen Sehweise bediente, aber auch Rückgriffe auf die von Georg Groddeck beschworene ‹Lust am Es› oder Herbert Marcuses ‹Große Weigerung› keineswegs verschmähte. Andere, wie Helga Gallas in ihrem Buch *Das Textbegehren des «Michael Kohlhaas»* (1981), hielten sich dagegen enger an Lacan und glaubten sich schließlich berechtigt, auch die letzten Fesseln an irgendwelche historischen Vorgegebenheiten abzustreifen.

Auch die von der Märchen- und Mythenforschung herkommende Richtung akzentuierte zwar im Rahmen dieser neuen Subjektivität ebenfalls die Neigung zum Begehrlichen, Lustvoll-Luxurierenden, ja Unersättlichen bei der Produktion und Rezeption von Literatur, hob jedoch zugleich – mit einem ebenso deutlichen Affekt gegen alles Theoretisch-Begriffliche – den seelischen Tiefenwert der von ihr beschworenen Bild- und Phantasiewelten hervor. Auf diesem Gebiet setzte demzufolge eine deutliche Tendenz ins Magische, Mystische, Rätselhafte, Spiritualistische, kurz: Antizivilisatorische ein, durch die ihre Vertreter und Vertreterinnen häufig bei Empfindungsclustern landeten, die auf einem bewußt verwirrenden Gemisch aus Ingredienzien wie Natur, Ursprung, Symbolik, Eros, Ahnung, Vorzeit, Gott, Kosmos usw. beruhten. Eines der bezeichnendsten Beispiele dieser Richtung ist Peter Duerrs *Traumzeit. Über die Grenze zwischen Wildnis und Zivilisation* (1978), wo es um einen Abstieg in jene von der Ratio verdrängten Paradiese geht, in denen noch die Wildnis wuchere und blühe. Noch ‹verwilderter› gaben sich Peter Mosler, Ernest Bornemann, Reimar Lenz, Hadayatullah Hübsch, Christiane Thun und Herbert Röttgen, die ihren Lesern in dem Band *Die Rückkehr des Imaginären. Märchen, Magie, Mystik, Mythos. Anfänge einer neuen Politik* (1981) mittels schamanistischer, matriarchalischer, märchenhafter, buddhistischer, keltisch-mythischer und anderer Ideologiegespinste bei der Abdankung des Geistes zugunsten des Leiblich-Instinkthaften und zugleich Spiritualistischen behilflich sein wollten.

So viel zu den erotisch-sinnlich oder archetypisch-seelisch intensivierten Wahrnehmungsformen von Literatur im Rahmen der neuen Subjektivität. Im Bereich des Thematischen entsprach dieser offenen Bevorzugung des Lustverschaffenden und Seelisch-Bereichernden, der entweder ein Interesse am bisher Verdrängten oder ein luxurierender Narzißmus zugrunde lag, eine Wendung zu all jenen Epochen und Autoren, die innerhalb der auf gesellschaftliche Relevanz pochenden germanistischen Forschung und Lehre nur eine untergeordnete Rolle gespielt hatten. Im Hinblick auf die neuere deutsche Literatur führte das zu einer verbreiteten Romantik-Renaissance, bei der vor allem die Tiefe ihrer Bild- und Phantasiewelt sowie ihre Abneigung gegen alles Aufklärerische, Vernunftgeklärte, Systematisierende herausgestrichen wurde. Wie stark auch hierbei der subjektive Faktor mitspielte, geht aus dem Buch *Rätsel. Ich schaue in den geheimnisvollen Raum eines verschollenen Denkens, dessen Tür die Romantik einen Spalt weit geöffnet hat* (1978) von Margarethe Huber hervor, das mit den Sätzen beginnt: «ICH bin die Geschichte. Ich schaue mich um. Es ist phantastisch. Als ob ich mich in einer Zeitmaschine befände, sehe ich eine Landschaft der Vergangenheit vor mir.»

Doch nicht nur die von den Linksliberalen und Linken lange verpönte Romantik, auch andere Epochen und Autoren wurden bei diesem ‹Paradigmawechsel›, wie die allgemeine Tendenzwende verschleiernd hieß, wegen ihrer spezifisch dunklen Andersartigkeit aus dem Schacht der Vergessenheit hervorgeholt. Neben dem Fernöstlichen, Indischen und Keltisch-Nordischen wurde dabei besonders jene ‹asianische› Ahnenreihe seit dem 16. Jahrhundert reaktiviert, die Gustav René Hocke bereits in seinem Buch *Die Welt als Labyrinth* (1957) wegen ihrer Neigung zum Antiklassischen, Irrationalen, Andersartigen, Hermetischen, Esoterischen und Antihistorischen als die entscheidende Vorläuferkette einer ins Gegenvernünftige tendierenden Kunstrevolte hingestellt hatte. Darunter verstanden sowohl er als auch die Befürworter einer stärkeren Wendung ins Subjektive nach 1975 vor allem die Manieristen um 1600 mit ihrer halb melancholischen, halb genießerischen Endzeitstimmung, die maßlose, bis zu tödlichen Konsequenzen gehende Ichhaftigkeit eines Werther oder Kleist, die ins Todesselige tendierende Phantastik der *Hymnen an die Nacht* von Novalis, die ästhetische Kompensationsphilosophie eines Schopenhauer, den ‹Wahnsinn› Nietzsches, die zur Decadence gesteigerte Sinnlichkeit des Fin de siècle, den preziösen Ästhetizismus des Jugendstils, die ans Pathologische grenzenden Exzesse gewisser Expressionisten und Surrealisten, kurz: alles, was bewußt ins Exhibitionistische, Gefühlsüberspannte, Ekstatische oder Selbstmörderische drängte, um sich dadurch von dem als erdrückend empfundenen ‹bürgerlichen› Logozentrismus abzusetzen und sich zu einer bewußt ‹dezentrierenden› Sehweise im Sinne eines extremen Subjektivismus zu bekennen.

Eine gesellschaftliche Relevanz erhielt diese mit aufmüpfigen Elementen vermischte neue Subjektivität an sich nur bei jenen, die das Schlagwort «The personal is the political» aufgriffen, also die vielberufene Sehnsucht nach größerer Authentizität nicht nur im Hinblick auf die kompensatorische Form bestimmter ästhetischer Wahrnehmungsweisen verstanden, sondern auch die sozialen Konsequenzen einer auf größere Selbstrealisierung drängenden Konzepte ins Auge faßten. Diese Gruppen kamen meist aus Bevölkerungsschichten, die als Juden, Schwule/Lesben oder Frauen im Gefolge nationaler oder bürgerlich-repressiver Normvorstellungen wegen ihrer Rasse, sexuellen Orientierung oder Geschlechtszugehörigkeit lange Zeit der Diskriminierung oder Unterdrückung ausgesetzt waren. Daß sie nach 1975 eine größere gesellschaftliche Akzeptanz und damit die Chance einer identitätsstiftenden Ichverwirklichung einklagten, hing zum Teil noch mit den linksliberalen Emanzipationsforderungen der Achtundsechziger zusammen, die im Zuge einer verstärkten Vergangenheitsbewältigung auch für die Entkriminalisierung der Homosexuellen sowie die politische und soziale Aufwertung von Frauen eingetreten waren, jedoch mit ihren Forderungen keine allzu großen Rückwirkungen in der Realität ausgelöst hatten. Daher mußten diese Gruppen selbst in den siebziger Jahren weiterhin gegen einen latenten oder gar offenen Antisemitismus sowie die Beibehaltung der Strafrechtsparagraphen 175 und 218 ankämpfen.

Während sich die Schwulen/Lesben und Feministinnen bei solchen Auseinandersetzungen um 1968 meist im Sinne älterer Avantgardekonzepte gegen die soziale und rechtliche Diskriminierung der von ihnen repräsentierten Gruppen engagiert hatten, traten die Vertreter und Vertreterinnen der ‹zweiten Welle› dieser Bewegungen nach 1975 wesentlich subjektbezogener, aber auch konkreter auf. Sie setzten an die Stelle von Vorstellungen, nach denen ihre Befreiungsbemühungen nur Teil allgemeiner Demokratisierungsprozesse seien, eine Reihe von Konzepten, in denen sie stärker als zuvor auf die Anerkennung ihrer persönlichen Eigenart als minderheitlicher oder geschlechtsdefinierter Bevölkerungsgruppen mit eigenen Identitäten drangen. Und niemand drückte das wirkungsreicher aus als Hans Mayer in seinem Buch *Außenseiter* (1975).

Noch am stärksten mit linksliberalen Elementen durchsetzt blieb jene germanistische Forschungsrichtung, die sich der Außenseiterproblematik innerhalb deutschschreibender Juden und Jüdinnen zuwandte. Auf diesem Gebiet ließ sich weiterhin eine antifaschistische Gesinnung demonstrieren, ohne damit von vornherein in den Verdacht zu geraten, zu den ‹Linken› zu gehören. Das zeigte sich besonders deutlich in der Exilforschung, die sich bisher überwiegend mit überzeugten Antifaschisten und Antifaschistinnen beschäftigt hatte, und zwar nicht nur in der beim Leipziger Reclam-Verlag erschienenen, siebenteiligen Buchreihe *Kunst und Literatur im antifaschistischen Exil 1933–1945* (1978–81), sondern auch in vielen westlichen Studien zur gleichen Literatur, in denen das Judentum einer Anna Seghers oder eines Ernst Toller, Friedrich Wolf, Lion Feuchtwanger und Arnold Zweig meist nur am Rande aufgetaucht war. Seit 1980, im Zuge jener ideologischen Korrektur, sich weniger mit den antikommunistischen als den antisemitischen Tendenzen des deutschen Faschismus zu beschäftigen, wich dagegen die bisherige Solidarität mit den linken Antifaschisten einer steigenden Sympathie mit jüdischen Außenseitern schlechthin, durch die sich – nach dem Scheitern der Achtundsechziger Bewegung – auch die eigene Außenseiterrolle ins Spiel bringen ließ. Neben die linksorientierten Juden traten deshalb nach diesem Zeitpunkt in der germanistischen Forschung auch Juden und Jüdinnen wie Hermann Broch, Elias Canetti, Paul Celan, Else Lasker-Schüler, Joseph Roth, Nelly Sachs, Jakob Wassermann und Karl Wolfskehl, die vor allem als Intellektuelle, als ‹Andere›, als Außenseiter hingestellt wurden. Während Historiker wie Walter Grab, George L. Mosse und Julius H. Schoeps bei solchen Fragen weiterhin von eindeutig politischen Gesichtspunkten ausgingen, kam es dadurch bei Germanisten wie Hans Otto Horch, Hans Peter Bayerdörfer, Gunter E. Grimm und Gert Mattenklott im Hinblick auf die Judenfrage in der deutschen Literatur zu einer immer stärkeren Einbeziehung sozialgeschichtlicher, kulturanthropologischer, mentalitätsgeschichtlicher, psychologischer und ästhetischer Perspektiven sowie einer dementsprechenden Zurückdrängung politisch-ideologischer Fragen. Allerdings ging diese Forschungsrichtung nur in den seltensten Fällen ins eindeutig Subjektivistische über, sondern blieb weiterhin eine kollektiv-schuldbesetzte. Statt als intellektuelle Außenseiter die Judenproblematik auch zur Legitimierung der eigenen Randständigkeit heranzuziehen, scheuten vor allem nichtjüdische Germanisten und Germanistinnen, die sich mit solchen Themen beschäftigten, deutlich davor zurück, sich auf eine selbstgefällige und zugleich entlastende Identifikation mit den von ihnen behandelten Autoren und Autorinnen einzulassen.

Obwohl die Homosexuellen zu allen Zeiten eine wesentlich größere Bevölkerungsschicht diffamierter Außenseiter gebildet hatten als die Juden und auch von ihnen viele in den Konzentrationslagern des Dritten Reichs ihr Leben lassen mußten, verhielt sich die Germanistik im Hinblick auf die schwule Literatur deutlich zurückhaltender. Das hing einerseits damit zusammen, daß sich dieses Schrifttum – im Gegensatz zu der reichlich florierenden deutsch-jüdischen Literatur seit Ludwig Börne und Heinrich Heine – wegen der unbarmherzigen Kriminalisierung der Homosexuellen bis zur Mitte des 20. Jahrhunderts nur in mehr oder minder geheimgehaltenen Randzonen, wie bei John Henry Mackay oder Bruno Vogel, entwickeln konnte, andererseits, weil die

Emanzipationsbestrebungen der deutschen Homosexuellen, vor allem die Aktivitäten des von Magnus Hirschfeld gegründeten Wissenschaftlich-Humanitären Komitees, bei Konservativen und Nationalsozialisten lange Zeit als ‹semitische Schweinereien› gegolten hatten. Und so erschienen zwar beim Verlag Rosa Winkel oder im Umkreis des Berliner Schwulenmuseums viele Publikationen, unter anderem von Manfred Herzer, Joachim S. Hohmann und James Steakley, die sich mit der leidvollen Geschichte der deutschen Homosexuellen beschäftigten und für eine endgültige Entkriminalisierung jeglicher sexuellen Orientierung eintraten, während in der Germanistik das Interesse an den homoerotischen und homosexuellen Elementen im Leben und Werk von August von Platen, Stefan George, Klaus Mann und Hans Henny Jahnn eher marginal blieb. Im Gegensatz zur Auseinandersetzung mit der Judenfrage, an der sich auch viele Nichtjuden beteiligten, waren es hier vornehmlich die Diskriminierten selbst, die solche Themen aufgriffen. Daher spielte in diesem Bereich das Element der persönlichen Identifikation mit dem von der Mehrheit als ‹andersartig› Empfundenen eine wesentlich größere Rolle als bei der Beschäftigung mit deutsch-jüdischen Fragen. Trotz ihrer Verankerung in einer kultur- und gesellschaftswissenschaftlichen Interdisziplinarität neigte deshalb die Schwulenforschung im Laufe der Jahre zu einer immer stärkeren Betonung der im Biologischen begründeten Identität und aller sich daraus ergebenden Folgerungen.

Ähnliche Verschiebungen lassen sich seit 1975 im Bereich der feministisch orientierten Germanistik beobachten, wo ebenfalls die soziale Komponente, die in den Publikationen von Achtundsechzigerinnen wie Frigga Haug und Ulrike Prokop eine entscheidende Rolle gespielt hatte, zusehends von identitätsstiftenden Gesichtspunkten im Sinne des Ichbezogenen abgelöst wurden. Doch bevor sich diese Richtung durchsetzte, stand in diesem Bereich erst einmal die sichtende Aufarbeitung der Vergangenheit, das heißt das Ausgraben vergessener oder bewußt unterdrückter Autorinnen im Vordergrund. Die Früchte dieser Arbeit finden sich unter anderem in der Taschenbuchreihe *Die Frau in der Gesellschaft. Frühe Texte und Lebensgeschichten* bei S. Fischer, der Monographie *Die andere Frau. Emanzipationsansätze deutscher Schriftstellerinnen im Vorfeld der Achtundvierziger Revolution* (1977) von Renate Möhrmann, der Anthologie *Deutsche Dichterinnen vom 16. Jahrhundert bis zur Gegenwart. Gedichte und Lebensläufe* (1978) von Gisela Brinker-Gabler, dem von Wolfgang Paulsen herausgegebenen Sammelband *Die Frau als Heldin und Autorin. Neue kritische Ansätze zur deutschen Literatur* (1979), der großen ‹Frauen-Literatur-Geschichte› *Schreibende Frauen vom Mittelalter bis zur Gegenwart* (1985), die Hiltrud Gnüg und Renate Möhrmann vorlegten, dem Buch *Der lange Weg zur Mündigkeit. Frauen und Literatur 1500–1800* (1987) von Barbara Becker-Cantarino sowie *Die Stimme der Medusa* (1987) von Sigrid Weigel. Einzelstudien zu Werken, Tagebüchern, Briefen und Lebenszeugnissen aus diesem Umkreis galten vor allem Mariane von Ziegler, Sophie von La Roche, Rahel von Varnhagen, Karoline von Günderode, Bettina von Arnim, Annette von Droste-Hülshoff, Mathilde Annecke, Luise von François, Marie von Ebner-Eschenbach, Lou Andreas-Salomé, Else Lasker-Schüler, Ingeborg Bachmann, Brigitte Reimann, Irmtraud Morgner und Christa Wolf.

Neben dieser mühsamen Aufarbeitung bemühte sich die feministische Literaturwissenschaft zugleich, den geschlechtspezifischen Blick auf die Werke männlicher Autoren zu schärfen, um so eine Kritik an jenen literarischen ‹Frauenbildern› zu entwickeln, die in ihrer stereotypen Polarisierung in Huren und Madonnen weniger der gesellschaftlichen Realität als den Phantasiebedürfnissen ihrer Autoren entsprächen. Von bahnbrechender Bedeutung war hierbei das Buch *Imaginierte Wirklichkeit. Exemplarische Untersuchungen zu kulturgeschichtlichen und literarischen Präsentationsformen des Weiblichen* (1979) von Silvia Bovenschen, das all jene Weiblichkeitsvorstellungen seit dem 18. Jahrhundert unter die Lupe nahm, die trotz ihres ‹positiven› Anstrichs nicht über die erniedrigende ‹Schattenexistenz› fast aller Frauen in diesem Zeitraum hinwegtäuschen dürften. Was die entschiedenen Feministinnen solchen die Wirklichkeit verfälschenden Polarisierungen entgegensetzten, war eine Sehweise, die sich nicht länger mit stilisierten Wunsch- oder Schreckbildern zufriedengab, sondern endlich auf die darin zum Ausdruck kommende Mißachtung der weiblichen Authentizität aufmerksam machen wollte. Statt weiterhin ‹erhoben› oder ‹erniedrigt› zu werden, verlangten diese Gruppen, auch Frauen im Bereich der Literatur als ‹wahr›, nämlich als gesellschaftlich reale Wesen darzustellen.

Im Zuge der allgemeinen Internationalisierung griffen westdeutsche Germanistinnen bei solchen Bemühungen seit den späten siebziger Jahren auch eine Reihe anglo-amerikanischer und französischer Feminismustheorien auf. Aus dem anglo-amerikanischen Bereich übten anfänglich vor allem die Schriften von Kate Millet, Germaine Greer, Marina Warner, Sheila Rowbotham und Shulamith Firestone, die noch einen deutlich gesellschaftspolitischen Charakter hatten und gegen die patriarchalischen Machtstrukturen im öffentlichen und privaten Leben zu Felde zogen, einen deutlichen Einfluß auf den westdeutschen Feminismus aus. Nach dem Rückgang dieser Welle waren es eher die erotisch-biologischen Thesen von Ann Koedt und Mary Jane Sherfey, welche sich – wie das Buch *Der kleine Unterschied und die großen Folgen* (1975) von Alice Schwarzer – vor allem gegen den patriarchalisch sanktionierten Mythos vom vaginalen Orgasmus wandten, sowie die von Autorinnen wie Evelyn T. Beck, Jill Johnston, Ti-Grace Atkison, Mary Daly, Adrienne Rich und Biddy Martin aufgestellten lesbischen Konzepte, die auf die Weiterentwicklung des feministischen Bewußtseins innerhalb der westdeutschen Germanistik eine große Wirkung hatten und dazu führten, daß sich das Interesse vieler Feministinnen zusehends aus dem Konkret-Sozialen zu den erotischen wie auch ästhetischen Bedürfnissen ‹bewußt› gewordener Frauen verschob.

Der gleiche Wechsel läßt sich im Hinblick auf die französischen Vorbilder beobachten. Während sich die bundesrepublikanischen Feministinnen anfangs eher für die sozialpsychologisch orientierten Schriften von Simone de Beauvoir interessierten, waren es Mitte der siebziger Jahre besonders die Schriften von Julia Kristeva, Luce Irigaray und Hélène Cixous, die sie wegen ihrer biologisch-psychoanalytischen, das heißt vornehmlich anti-phallokratischen Konzepte als leitbildlich empfanden. Von Kristeva übernahmen sie die Vorstellung, daß sich die Frau als die ‹Andere›, außerhalb des Diskurses der männlichen Gesetzgebung Stehende, nur dann durchsetzen könne, wenn sie die rationale Redeordnung des Patriarchalismus durch einen mit vielen aufmüpfigen Zeichen besetzten weiblichen Körperdiskurs zu durchbrechen suche. Ähnliches interessierte sie an den Schriften von Irigaray, welche sich vor allem gegen den Phallozentrismus wandten, der seit Freud mit der Tendenz verbunden sei, den Frauen zum Zwecke der Unterordnung einen ‹Penisneid› anzudichten. An dem Buch *Das Lächeln der Medusa* (1976) von Cixous faszinierte die feministisch gesinnten Germanistinnen in erster Linie der Aufruf zu einer ‹écriture féminine›, das heißt einer bewußt libidinösen, aus dem

Unbewußten ins Ekstatische drängenden Schreibweise, deren Subversivität sich vornehmlich in ihrer Unterminierung aller phallozentrischen Kodierungen äußere.

Im Gefolge solcher Einflüsse trat an die Stelle einer eher ‹literatursoziologisch› orientierten feministischen Germanistik, wie sie Renate Möhrmann noch 1979 forderte,[99] seit 1980 auch in der Bundesrepublik der Trend, statt sozio-ökonomisch determinierter Frauenfragen immer stärker Fragen der weiblichen Erotik oder des weiblichen Schreibens aufzugreifen, also im Kollektiven der Geschlechterdifferenz auch den subjektiven Faktor gebührend hervorzuheben. Dafür sprechen Sammelbände wie *Entwürfe von Frauen* (1982), *Feministische Literaturwissenschaft* (1984), *Frauen, Weiblichkeit, Schrift* (1984) und *Weiblichkeit und Avantgarde* (1987), an denen neben Hamburger Germanistinnen wie Marianne Schuller, Inge Stephan und Sigrid Weigel auch amerikanische Germanistinnen aus dem Umkreis der Organisation «Women in German» wie Leslie A. Adelson, Jannine Blackwell, Jeanette Clausen, Erica Carter, Susan L. Cocalis und Helen Fehervary mitarbeiteten. In diesen Bänden, welche perspektivisch weit über jene Bücher hinausgingen, die sich mit Juden und Homosexuellen beschäftigten, da sie sich nicht mit Minderheiten, sondern der Hälfte der Menschheit, das heißt einer lange unterdrückten, aber den Männern numerisch ebenbürtigen Bevölkerungsschicht befaßten, wurden zwar anfangs auch literatursoziologische Fragen behandelt, aber dann in steigendem Maße psycho-biologische Probleme auf die Tagesordnung gesetzt. Statt auch für Forderungen wie die Legalisierung der Abtreibung oder des gleichen Lohns für gleiche Arbeit einzutreten, ging es ihren Autorinnen um wesentlich ichbezogenere Probleme wie die Frage der Rekonstruktion weiblicher Identität oder der Beziehung von Weiblichkeit, Körper und schriftstellerischer Ambition.

Durch das Vordringen dieser immer persönlicher werdenden Richtung spaltete sich der Feminismus zwangsläufig in eine Reihe verschiedener Lager auf. Als Vertreterin der älteren sozialgeschichtlichen Sehweise machte weiterhin Barbara Becker-Catarino von sich reden, die 1991 auf dem Augsburger Germanistentag für einen Feminismus mit primär literaturgeschichtlicher Ausrichtung eintrat und sich jeder Ontologisierung oder Remythisierung des Weiblichen jenseits «historischer, politischer und sozialer» Realitäten entschieden widersetzte.[100] Auch Marlies Jantz, Jutta Osinski und Sigrid Weigel verwahrten sich mehrfach, wenn auch nicht so entschieden, gegen einen hypothetisch konzipierten Begriff des Weiblichen, der sich von allen geschichtlichen und gesellschaftlichen Voraussetzungen immer weiter entferne. Doch seit der Mitte der achtziger Jahre traten neben ihnen immer mehr westdeutsche Feministinnen auf, die gerade im Konzept des Weiblichen als des ganz ‹Anderen› die Chance einer utopisch erträumten Subjektivität sahen. Sie nahmen daher den Umgang mit literarischen Texten zum Teil nur als Anlaß, sich in freier Assoziation ihren subjektiven Projektionen hinzugeben. Hierbei griffen sie mit Vorliebe Grundvokabeln des amerikanischen Feminismus wie ‹gender›, ‹otherness›, ‹gaze›, ‹body›, ‹positioning› oder ‹identity formation› auf, was zu einer weiteren Abschwächung der gesellschaftlichen Praxis zugunsten einer forcierten Ich-Suche führte.

Allerdings läßt sich diese Entwicklung auch in anderen Zweigen der Germanistik dieses Zeitraums beobachten. Nicht nur die feministischen Strömungen, fast alle Richtungen, die sich durch die Bevorzugung einer deutlich herausgestellten Außenseiterperspektive sowie den Einfluß des französischen Poststrukturalismus immer stärker von den Realia des gesellschaftlichen Lebens zu den Höhen abstrakter Identitätsspekulationen erhoben, erlagen in diesen Jahren der Enthistorisierung, die keineswegs zur Stärkung dessen beitrug, worum es diesen Richtungen am nachdrücklichsten ging: nämlich der subjektiven Identität. Schließlich war es gerade die dezentrierende Sehweise des französischen Poststrukturalismus, welche, wie sich zeigen sollte, die dringend erhoffte Unterstützung des subjektiven Faktors im Sinne einer gefestigten Ichstruktur radikal in Frage stellte.

Diskursanalytische
Verfahrensweisen

Auch das, was in der Germanistik der achtziger Jahre ‹Poststrukturalismus› genannt wurde, geht – wie viele theoretische Neubildungen – auf die Zeit um 1968 zurück. Während im Frankreich der fünfziger Jahre erst ein politisch engagierter Existentialismus Sartrescher Prägung und nach dessen Abflauen ein eher desengagierter Strukturalismus à la Claude Lévi-Strauss tonangebend waren, trat im Zuge jener Entwicklungen, die zur Pariser Mairevolte von 1968 führten, eine Reihe jüngerer Philosophen auf, die dem neutralistisch-objektivierenden Strukturalismus einen kritischen Elan zu geben versuchten, indem sie – unter Berufung auf den Surrealismus – den starren Gesetzmäßigkeiten der strukturalistischen Methode das Moment des Widerspruchs, der Differenz, ja der Dissidenz entgegensetzten. Da jedoch die Mairevolte scheiterte und es obendrein im Gefolge der durch Alexander Solschenyzins *Archipel Gulag* ausgelösten Stalinismusdebatte zu einem tiefgreifenden ‹Ideologieverdacht› kam, wandelte sich der Affekt gegen die vom Strukturalismus herausgearbeiteten Großkonstanten schließlich zu einer grundsätzlichen Frontstellung gegen alle Geschichtstheorien oder philosophischen Systeme, denen der Anspruch der Totalität zugrunde lag. Solche kursorischen Zusammenfassungen wurden von diesen Philosophen als sogenannte Meisterdiskurse angeprangert, welche ihren Anhängern und Anhängerinnen – im Sinne marxistischer oder bürgerlich-liberaler Fortschrittsvorstellungen – einen teleologischen Verlauf der Geschichte und damit eine Utopie vorgaukelten, die sich in der gesellschaftlichen Realität nur auf totalitäre und somit zu antiutopischen Gewaltmaßnahmen führende Weise realisieren lasse.

Was diese Gruppe, deren Schriften in den Vereinigten Staaten unter dem Schlagwort ‹Poststrukturalismus» bekannt wurden, jedweder zielgerichteten oder zumindest entwicklungsgeschichtlich orientierten Geschichtssicht entgegensetzte, war eine bewußt dezentrierende Sicht der Geschichte, die alle herrschenden Diskursformationen östlicher und westlicher Provenienz, in denen sich lediglich die Mentalität der Mächtigen manifestiere, als undemokratische Herrendiskurse zu entlarven versuchte. Demzufolge legte sie ihrer eigenen Sehweise weder ein neues ideologisches Paradigma noch die von den Verfechtern und Verfechterinnen des subjektiven Faktors angestrebten Rekonstruktionen der persönlichen Identität zugrunde. Im Gegenteil, sie verwarf in kritischer Absicht nicht nur die in narrativen Strukturen verfestigten Meisterdiskurse der Geschichte und die sich in ihnen widerspiegelnden Herrschaftsansprüche bestimmter Klassen, ob nun der adligen, bürgerlichen oder proletarischen, sondern auch die von vielen Geisteswissenschaftlern und -wissenschaftlerinnen immer noch sorgsam gehätschelten, obwohl von Sigmund Freud und anderen längst unterminierten Persönlichkeitsvorstellungen. Allerdings griff sie hierbei auch einige der von Juden, Homosexuellen und Feministinnen vorgebrachten dezentrierenden Gesichtspunkte auf, mit denen sich diese Gruppen – wenn auch unter betont identitätsstiftender Perspektive – gegen alle religiösen, nationalen, patriarchalischen oder klassenspezifischen Totalitätsansprüche zur Wehr gesetzt hatten. Kurzum, mit dem Zurücktreten der von mehrheitlichen Perspektiven ausgehenden Geschichtssicht löste sich bei diesen betont pluralistisch eingestellten Diskursanalytikern und -analytikerinnen alles in ein Nebeneinander sich widersprechender Tendenzen auf, wodurch sowohl die weltanschaulichen Sinnstiftungen als auch die festen Persönlichkeitsstrukturen älterer Observanz ins Zwielicht der Fragwürdigkeit gerieten.

Und so traten in dieser Richtung mehr und mehr jene sich im Einzelmenschen überschneidenden Diskursformationen in den Vordergrund, die auf disparate, durch Tradition und Erfahrung vielfach gebrochene Antriebsimpulse zurückgehen. Statt sich im Rahmen größerer Sinnbezüge um subjektiv herausgearbeitete Persönlichkeitsstrukturen zu bemühen, stellte sie das menschliche Ich als ein Konglomerat verschiedenster Komponenten und Partikularbestandteile hin, die kein größeres Ganzes mehr bilden, sondern lediglich die Gebrochenheit längst problematisch gewordener Leitvorstellungen perpetuieren. Als wichtigste geistige Aktivität innerhalb dieser sinnentleerten Widersprüche blieb demnach die kritische Decouvrierung falscher Harmoniekonzepte übrig. Da jedoch diese Aufdeckung ohne ein vorher festgelegtes Telos erfolgte und auch nicht zum Zweck einer neuen Synthese geschah, sprich: kein ideologisches Engagament aufwies, blieb sie zwangsläufig sinnenthoben und tendierte trotz aller Bemühungen, hinter diesen Widersprüchen wenigstens auf Heideggersche Weise zu einem im Bild oder in der Metapher aufleuchtenden seinshaften Sinn vorzudringen, in letzter Instanz ins Wertfreie. Nicht Entscheidungen standen darum am Ende solcher poststrukturalistischer Gedankengänge, ja nicht einmal die Erkenntnis einer relativen Autonomie innerhalb der Dialektik von Subjekt und gesellschaftlicher Realität, sondern lediglich Nachweise neuer Differenzen im Rahmen nicht aufzuhebender Antinomien.

Demzufolge führte diese Richtung zu einer immer stärkeren Verdrängung aller politischen, ökonomischen und sozialen Konkretisierungen zugunsten einer abstrakten ‹Wissenschaft vom Menschen›, die sich vornehmlich auf philosophische, psychoanalytische, linguistische, semiotische und allgemein-kulturelle Einsichten zu stützen versuchte. Statt auch materielle Bedingungen heranzuziehen, ging es ihr im Zeichen Nietzsches, Husserls, Heideggers und Gadamers, das heißt einer betont antilinearen, antiaufklärerischen, antilogozentrischen Sicht, vornehmlich um das Eigentliche, die unmittelbare Erfahrung, das Authentische hinter den Ideologien. Den Weg in die Geschichte empfand sie dagegen wie Heidegger als einen ‹Weg in die Irre›. Aus diesem Grund versuchte sie, sich mit dezidierter Reserve allen Formen eines gesamtgesellschaftlichen Engagements zu entziehen und in den Bereich des Ironischen, Hyperbolischen, Hermetisch-Verschlossenen, mit einem Wort: Schwerzuverstehenden auszuweichen. Mit unverhohlenem Außenseiterbewußtsein huldigte sie einer Ideologie der Ideologielosigkeit, in der es nur noch Widersprüche, aber keine universalen Wahrheiten mehr gab und sich alles in eine Vielzahl von Diskursen auflöste. Und darin spiegelte sich neben einer philosophischen Überheblichkeit zugleich eine tiefe Enttäuschung wider, welche mit dem Scheitern jener Hoffnungen zusammenhing, die diese Gruppe – damals zum Teil noch von marxistischen Ideen beeinflußt – mit dem Pariser Mai von 1968 verbunden hatte.

Als die Hauptsprecher dieser Richtung galten in der bundesrepublikanischen Germanistik der späten siebziger und frühen achtziger Jahre vor allem Jacques Lacan, Roland Barthes, Michel Foucault und Jacques Derrida. An Lacan schätzten die deutschen Poststrukturalisten am meisten, daß er die Psychoanalyse erst in eine strukturale und dann poststrukturale Sehweise einbezog, indem er die Freudschen Erkenntnisse auf ein semiotisches System übertrug, bei dem es zwischen dem Signifikat und dem Signifikanten keinen Bezug mehr gab, weil die ‹Wahrheit› – seiner Meinung nach – nur im Bereich des Unbewußten, des ‹Anderen› zu fassen wäre, dem mit dem Zeichensystem ‹Sprache› als einer rational vermittelten Struktur nicht wirklich beizukommen sei. Wie bei Freud herrscht zwar auch in seinen Schriften zentral die Libido, das ‹Begehren›, dessen Objekt sich jedoch nie real, ja nicht einmal – unter Ablehnung einer an der Wahrheit vorbeiredenden Ratio – auf dem Umweg über eine möglichst alogische, andeutende, enigmatische, wahnhafte, also dem Unbewußten angenäherte Sprache erreichen lasse. Wie schon in der Zivilisationskritik des Surrealismus blieb also bei Lacan das Unbewußte der Diskurs des Eigentlichen, aber Anderen, dem sich das menschliche Subjekt, als Sklave einer der Wahrheit entfremdeten Sprache, nur höchst unvollkommen nähern kann, wodurch sein Begehren nie ganz erfüllt wird, sondern es stets beim Gefühl des Mangels, der Differenz zum Objekt seiner Begierde, bleibt.

Auch Barthes sah im Begehren – wiederum im Gefolge des Surrealismus – das eigentliche Movens aller menschlichen Tätigkeiten. Das gilt vor allem für sein in Deutschland besonders einflußreiches Büchlein *Le Plaisir du texte* (1973). Die Lust ist hier jenes Moment, wo der Körper nur seinen eigenen Impulsen folgt, wo er «begehrt», wo er die «frigide» Ernsthaftigkeit des wissenschaftlichen Umgangs mit Texten leid hat und sich auf ein betont libidinöses Spiel mit dem jeweiligen Text einläßt, kurz: wo er sich ganz dem asozialen Charakter der «Wollust» hingibt. Barthes behauptete sogar, daß die Wollust das neue «historische Subjekt» sei, das sich mit «subversiver» Absicht gegen jede Ideologie auflehne. Jeder Text, schrieb er in Anlehnung an Michael Bachtins Konzept des «Karnevalistischen», solle jener «ungenierten Person» gleichen, die «dem *Vater Politik* ihren Hintern zeigt». Im Gegensatz zu jenen Menschen, die sich der verfestigten Sprache, den verhärteten ideologischen Klischees oder den konsumistischen Verflachungen anzupassen versuchten und demzufolge an der Differenz zwischen dem gewollten und dem Nieerreichbaren litten, stellte er die Unzufriedenheit als ein durchaus positives Element, nämlich eine hedonistische, ja schamlose Neugier auf alles Neue, Nochniedagewesene, Schockierende hin, die sich im Rahmen eines zwar chaotischen, aber «glücklichen Babel» am besten an literarischen Werken der sogenannten Avantgarde absättigen lasse,[101] da in ihnen das Unbewußte hinter der Sprache – vor allem in Form von der Ratio nur mühsam gebändigter Subtexte – noch am ehesten an die Oberfläche dringe.

Das Weltbild Foucaults hatte dagegen einen weniger optimistischen Charakter. Er betonte zwar im Rahmen seiner Diskurstheorien auch das Schockierende, Dissidentische und sogar Terroristische, hob aber zugleich die niederdrückende Gewalt jener seit altersher bestehenden gesellschaftlichen Machtstrukturen und Staatsapparate hervor, die zwar deutliche Wandlungen aus dem Religiösen ins Nationale und Wissenschaftlich-Technologische durchgemacht hätten, aber letztlich selbst durch noch so scharfe Proteste von seiten bürgerlicher Humanisten und Sozialisten kaum zu verunsichern, geschweige denn zu erschüttern seien. Mit dem Engagement der Intellektuellen meinte deshalb Foucault meist nur eine Haltung, die sämtliche Totalitätsansprüche ablehnt und sich auf die Parteinahme für als gesellschaftliche Anomalien empfundene Minderheiten wie Schwule, Abtreibungsbefürworterinnen oder Behinderte beschränkt. Demzufolge galt sein besonderer Haß jener Form von Machtanmaßung im Namen der Normalität, die alles Andersartige von vornherein als ‹ephemer› auszugrenzen versuche oder in Gefängnisse und psychiatrische Krankenhäuser einliefere. Als kynischer Außenseiter befürwortete er deshalb eine Philosophie der direkten Erfahrung, die sich im Zeichen der Irritation, Unordnung, Transformation, Schamlosigkeit und bohrenden Andersartigkeit gegen jeden Anspruch der moralischen Integrität oder gar sozialen Totalität sperrt. Und so führte ihn sein Weg von Marx schließlich zu Nietzsche und Heidegger, deren unsystematisches, dem ‹Leben› oder ‹Sein› verpflichtetes Denken ihm wichtiger erschien, wie er in seiner Schrift *L'Ordre du discours* (1970) ausführte, als ein Denken in systemverhafteten Meisterdiskursen. Auch er stellte darum – im Sinne des Surrealismus – dem philosophischen Logozentrismus entweder Grenzsituationen wie die des Wahnsinns, der sexuellen ‹Aberration› oder einer mit solchen Phänomenen sympathisierenden Literatur als Gegendiskurs entgegen.

Während Lacan durch das Konzept des ‹Anderen›, Barthes durch die ‹Lust am Text› und Foucault durch die Auflehnung gegen den ‹Diskurs der Normalität› bekannt wurden, verdankte Derrida seinen Bekanntheitsgrad vornehmlich seinen Spekulationen über die Begriffe ‹différance› und ‹déconstruction›. Der Begriff ‹différance› beruht bei ihm auf einer ebenfalls Heidegger verpflichteten Seinsphilosophie, die hinter den sprachlichen und ideologischen Verhärtungen nie zu ihrem eigentlichen Ort vordringen kann, wendet sich also gegen das trügerische Gefühl der Identität im Falschen. Die Methode zur Aufdeckung dieser Nichtidentität entwickelte Derrida in jenen zwischen 1963 und 1967 geschriebenen Essays, deren deutsche Fassung – unter dem Titel *Die Schrift und die Differenz* - erstmals 1972 erschien. Wie Lacan, Barthes und Foucault ging es auch Derrida vornehmlich um eine dezentrierende Entlarvung der Widersprüche jenes logo- und phallozentrischen Denkens im Gefolge von Descartes und Hegel, das weitgehend auf Diskrepanzen zwischen dem Sein und dem Seienden sowie zwischen den Intentionen bestimmter Texte und den ihnen zuwiderlaufenden Subtexten beruhe. Seine eigenen Schriften verfolgten allerdings nicht die Absicht, aus dem Labyrinth dieser Differenzen herauszuführen und neue Sinnstiftungen anzubieten, sondern wollten umgekehrt das Labyrinth der Widersprüche noch weiter verkomplizieren und somit zu einer Destruktion aller vorgefaßten, institutionell ideologisierten oder von älteren Persönlichkeitskonzepten gespeisten Bedeutungen beitragen. Dabei versuchten sie sowohl Heideggers Kritik an dem vordergründigen ‹Man› als auch psychoanalytische, linguistische, strukturalistische und surrealistische Fragestellungen in ihre Aufdeckungsprozesse einzubeziehen. Mit anderen Worten: Derrida verfuhr bei seiner Destruktion älterer Diskurse nicht im Sinne einer neuen Diskursstiftung, sondern riß die Texte «in den Abgrund einer endlosen und grundlosen Substitution, deren einzige Regel die souveräne Behauptung des dem Sinn enthobenen Spiels ist».[102] Demzufolge waren seine philosophischen Analysen in der Aufdeckung gewisser Diskrepanzen und Differenzen zwar sehr brillant, blieben aber den nach neuen Sinnstiftungen suchenden Lesern und Leserinnen gegen Ende stets eine schlüssige Antwort schuldig.

Die Art und Weise, wie sich diese Theorien in der Bundesrepublik verbreiteten, war eine höchst komplizierte. Zu Anfang, das heißt um 1970, wurden sie erst einmal im Lichte der Pariser Mairevolte von 1968 als antiautoritäre Phänomene wahrgenommen. Einige Übersetzungen der genannten vier Autoren erschienen daher schon in den späten sechziger und frühen siebziger Jahren. Doch mit dem Abflauen der gesellschaftskritischen Stimmung ging ihr Einfluß vorübergehend zurück. Er nahm erst wieder in den späten siebziger Jahren zu, als sich der französische Poststrukturalismus in den Vereinigten Staaten, wo nach der Phase der rebellischen Anti-Vietnamkriegsproteste erneut das Konservative dominierte, wie ein rasch umsichgreifender Meisterdiskurs verbreitete und dadurch die bundesrepublikanischen Geisteswissenschaften – im Zuge verstärkter Internationalisierungstendenzen – nicht nur in den Einflußbereich Frankreichs, sondern auch der USA gerieten. Daß sie auf den Poststrukturalismus trotzdem viel zurückhaltender reagierten als die amerikanischen Kultur- und Humanwissenschaften, hatte folgende Gründe: So war in Westdeutschland, trotz aller Einbrüche der Neuen Subjektivität, die Auseinandersetzung mit der faschistischen Vergangenheit auch zu diesem Zeitpunkt noch sehr rege, ferner war selbst hinter vielen kommunikationstheoretisch und semiotisch ausgerichteten Verwissenschaftlichungstendenzen ein von Jürgen Habermas inspirierter Linksliberalismus und damit ein deutlicher Affekt gegen Heidegger, vor allem wegen seiner vorübergehenden Begeisterung für das NS-Regime, wach geblieben.

Doch im Laufe der Zeit setzte sich auch hier, besonders im Rahmen ideologisch angeschlagener und daher für Nouveauté-Reize anfälliger Fächer wie Philosophie und Literaturwissenschaft, eine allmähliche Hinwendung zu der Traditionsfolge Nietzsche – Heidegger – Gadamer ein, die schließlich – in ihrer Ablehnung aller auf eine bestimmte Wahrheit bestehenden und damit angeblich totalitären Sehweisen – zu ähnlichen Folgerungen wie der französische Poststrukturalismus kam. Demzufolge wurde das von der Frankfurter Schule aufgestellte Modell einer Kritischen Theorie, die sich in ihren ästhetischen Anschauungen stark an historischen, soziologischen und politologischen Kriterien orientiert hatte, im Rahmen dieser Fächer zum Teil durch Theoriekonzepte in Frage gestellt, bei denen neben den genannten Kriterien auch philosophische, anthropologische, ethnologische, linguistische und institutionsgeschichtliche Gesichtspunkte ins Spiel kamen.

Eine der wichtigsten Brücken zum französischen Poststrukturalismus schlug dabei Manfred Frank mit seinem Buch *Was ist Neostrukturalismus?* (1984), wo neben den Schriften von Barthes, Lacan, Foucault und Derrida auch der ältere Strukturalismus und die deutsche hermeneutische Tradition verarbeitet wurden. Durch dieses Buch bekamen viele westdeutsche Geisteswissenschaftler erstmals die entscheidenden Stichworte dieser Richtung zur Hand, nämlich den Poststrukturalismus als eine philosophische Erkenntnisweise einzuschätzen, die statt des Systematischen das Unsystematische, statt der Weltvernunft die Weltunvernunft, statt der Totalität die Partikularität, statt dem über den Einzelwissenschaften schwebenden Metadiskurs die Besonderheit der Einzeldisziplinen, statt der logozentrischen Wissenschaftssprache die unreduzierbaren Sprachspiele, statt des Subjekts als einer autonomen Sinneinheit die Widersprüchlichkeit des sogenannten Ich, statt der Sinnstiftung die Entlarvung von Sinnstiftungen, statt der Identität die Nichtidentität, statt der mit dem herrschenden System verbundenen Über-Ich-Ordnung das der rationalen Kontrolle entzogene instinktive Begehren, statt der historiographischen, politischen und philosophischen Meistererzählungen die Gemengelage verschiedener Diskurse, statt der Idee des in sich stimmigen Werks den mit Widersprüchen und Subtexten durchzogenen Text, statt der Sprache als Substanz die Vorstellung der Sprache als Form, statt der natürlichen Synthese von Ding und Zeichen die Differenz sowie statt der logischen Sinnsetzung die unendliche Ausdeutbarkeit aller Phänomene ‹privilegierte›.

Doch von einer begeisterten Rezeption des französischen Poststrukturalismus läßt sich in Westdeutschland auch nach 1985 kaum sprechen. Zugegeben, es gab nach diesem Zeitpunkt einige Literaturwissenschaftler wie Norbert Bolz, Jürgen Fohrmann, Jochen Hörisch, Uwe Japp, Friedrich A. Kittler, Jürgen Link, Harro Müller und Horst Turk, die sich intensiv mit der Foucaultschen Diskurstheorie beschäftigten und sie zum Teil in eine mit Kollektivsymbolen aufgeladene Interdiskursanalyse erweiterten. Außerdem versuchten Germanisten und Germanistinnen wie Klaus Briegleb, Hans H. Hiebel, Helga Gallas, Gert Mattenklott und Sigrid Weigel, die Erkenntnisse Lacans und Barthes' zu verarbeiten. Und es traten auch Literaturwissenschaftler auf, welche sich mit dem poststrukturalistischen Begriffsinstrumentarium bemühten, die immer noch sozialgeschichtlich ausgerichteten Gruppen innerhalb der westdeutschen Germanistik kritisch in Frage zu stellen und sich hierbei auf Periodika wie *Freibeuter, Transatlantik, Kultur-Revolution, Konkursbuch. Zeitschrift für Vernunftkritik* oder *Fugen. Deutsch-Französisches Jahrbuch für Diskursanalyse und Diskurskritik* beriefen. Allerdings stieg der bundesrepublikanische Poststrukturalismus wegen der in diesem Lande nach wie vor anhaltenden ‹Vergangenheitsbewältigung› nie zu jener Prominenz auf, deren er sich in Frankreich oder den USA erfreute. Lediglich auf zwei Gebieten kam es hier – nach der Verarbeitung der Foucaultschen und Lacanschen Theorien – vorübergehend zu einer etwas breiteren Auseinandersetzung mit diesem Phänomen: auf dem der dekonstruktivistischen Methode und im Rahmen der Postmoderne-Debatte.

Die Dekonstruktion als interpretatives Verfahren erreichte die Bundesrepublik entweder direkt aus Frankreich oder auf dem Umweg über die USA, wo sie nach 1980 eine zentrale Bedeutung erlangte. Unter Dekonstruktion verstand man dort in Anlehnung an Derrida eine Methode, die sich – unter Zuhilfenahme von Begriffen wie ‹agency›, ‹decentering›, ‹evoking›, ‹implosion›, ‹intertextuality›, ‹paralogical›, ‹pastiche›, ‹phonocentric›, ‹privileged›, ‹project› oder ‹re-reading› – im Bereich eines allgemein als ‹theory› bezeichneten Umfeldes verschiedenster geistes- und sozialwissenschaftlicher Disziplinen bewegte und jeden Universalsinn von Texten im Zuge polydimensionaler Ausdeutungsmöglichkeiten zu unterminieren versuchte, um so die Unmöglichkeit eines objektiv systematischen Wissens über ein bestimmtes Werk und der in ihm dargestellten Ereignisse zu beweisen. Dies führte zwangsläufig dazu, die eigene Arbeit nicht mehr als Wissenschaft, sondern – im Sinne einer nietzscheanischen Dekonstruktion der Kausalität – als vielschichtige, widerspruchsvolle, enthierarchisierende ‹Bastelei› aufzufassen. Statt auf hermeneutische Weise einen vorgegebenen Sinn zu erhellen, wollte die Dekonstruktion in ihrer Abneigung gegen angeblich universale Wahrheiten oder ins Binäre vereinfachte Gegensätze vornehmlich die Heterogenität der von ihr ins Auge gefaßten Werke herausstreichen. In diesem Sinn war sie ausgesprochen konsensusfeindlich, das heißt orientierte sich gern an bisher – im Hinblick auf Normalität und Vernünftigkeit – marginalisierten Schichten wie Frauen, Kindern, Dichtern, Homosexuellen oder Wahnsinnigen und deren ‹dezentrierender› Sehweise, um so in allen von ihr untersuchten Texten, ob nun literarischen oder philosophischen, vor allem das Paradoxale, Irritierend-Unauflösliche, Polysemische, Gestrüppartige oder die aus einem Diskurs in den anderen gleitende Metaphorik herausstellen zu können.

Innerhalb der Literaturkritik lieferte dafür im amerikanischen Bereich – neben Geoffrey Hartman, Barbara Johnson und J. Hillis Miller – wohl Paul de Man die besten, an Derrida orientierten Beispiele, dessen *Allegories of Reading* (1979) 1988 in der Bundesrepublik unter dem Titel *Allegorien des Lesens* im gleichen Jahr erschienen wie das Buch *Dekonstruktion. Derrida und die poststrukturalistische Litera-*

turtheorie von Jonathan Culler. Wie Derrida ging es de Man in diesem Buch vor allem um die Aufdeckung der «verborgenen Artikulationen und Fragmentierungen innerhalb angenommener mononadischer Totalitäten»,[103] was er unter anderem an Texten Kleists, Nietzsches und Rilkes zu erproben suchte. Werner Hamacher warnte daher im Vorwort dieses Bandes ausdrücklich davor, von den folgenden Kapiteln «gültige Interpretationen» zu erwarten, und erklärte, daß auch die Interpretationen de Mans, so brillant sie auch seien, lediglich weitere Spielarten aus dem «Repertoire jener Texte» seien, auf welche sie sich bezögen. Da sich Sprache jeder identifizierbaren Kommunikation entziehe, fuhr er fort, könnten auch Texte nicht in letzter Instanz auf ‹eine› Bedeutung, ja nicht einmal auf ‹eine› Bedeutungsreihe festgelegt werden. Die folgenden Interpretationsansätze de Mans liefen daher immer wieder auf Dekonstruktionen des dieser Richtung verhaßten Logozentrismus hinaus, um so allen an Literatur Interessierten einen Blick auf die Vielfalt der im ästhetischen Bild gefaßten Bedeutungsfülle dichterischer Imagination zu ermöglichen.

Im Bereich der in Westdeutschland erscheinenden literaturwissenschaftlichen Publikationen bekannten sich gegen Ende der achtziger Jahre vor allem Hans Ulrich Gumbrecht, Werner Hamacher, Harro Müller und David Wellbury zu der in Anlehnung an Derrida entwickelten dekonstruktivistischen Methode und stellten sie als eine ästhetische Lesart mit eigener Dialektik hin, die sich gegen jedwede Symbolisierungen einer Identifikation ermöglichenden Identität sperre, ja überhaupt alle Totalisierungs- und damit Sinnstiftungsbemühungen streng von sich weise. Solche Thesen leuchteten vielen, die im Rahmen einer utopielosen Kommerzgesellschaft ohnehin zu den verbreiteten No Future- oder Posthistoire-Stimmungen neigten, sofort ein, hätten aber dennoch dieser Richtung nicht zum Durchbruch verholfen, wenn ihr nicht jene Postmoderne-Debatte zu Hilfe gekommen wäre, die seit den frühen achtziger Jahren immer weitere Kreise zu ziehen begann. Was im Poststrukturalismus und der sich aus ihm entwickelnden dekonstruktivistischen Methode zum Teil recht abstrakt geblieben war, griff im Rahmen dieser Strömung auch auf die visuellen und akustisch operierenden Künste über und eröffnete damit selbst weniger philosophisch interessierten Köpfen den Zugang zu einer Geschichtssicht, die sich neben der Philosophie und Literatur auch auf das weite Feld des Films, des Designs, der Mode, der bildenden Künste, der Musik usw. ausdehnen ließ.

Am Anfang der Debatte um die Postmoderne standen zwei Impulse: (1) die im Übergang von den siebziger zu den achtziger Jahren einsetzende Diskussion um eine Architektur, welche sich nach 50 bis 60 Jahren einer vage als ‹modern› bezeichneten Formgebung der puren Funktionalität in ihrer Tendenz ins Dekorative, Originalitätssüchtige, Ästhetisierende als ‹postmodern› verstand, und (2) das Buch *La Condition postmoderne* (1979) von Jean-François Lyotard, das jedes auf Konsensus bedachte Denken ablehnte und dafür das Hypothetische, Spielerische, Schockierende im Umgang mit Kunst akzentuierte, um wieder jenes irritierende Moment in den Vordergrund zu rücken, das bereits in der Moderne im Vordergrund gestanden habe, aber jetzt – nach Zeiten der Ermattung – einer neuen ‹postmodernen› Belebung bedürfe. Während sich diese beiden Impulse noch relativ problemlos aufeinander beziehen ließen, wurde der Postmoderne-Diskurs durch die Ausweitung in andere ästhetische Bereiche sowie den Versuch, auch von postmodernen Gesellschafts-, Wirtschafts- und Kulturtheorien zu sprechen, schließlich so facettenreich, daß er sich immer schwerer auf ‹eine› Bedeutung festlegen ließ. Doch das empfanden viele seiner Anhänger nicht als Nachteil, sondern eher als Vorzug. Parallel zu ihrem Versuch, den Begriff ‹Moderne› immer stärker ins Zweckrationale, Lineare und Systematisierende zu verkürzen, weiteten sie demnach den Begriff ‹Postmoderne› zu einer widerspruchsvollen Gemengelage verschiedenster Diskursformationen aus, um ihn mit allen Vorzügen des Antitotalitären, Offenen, Pluralistischen und Freiheitlichen auszustatten. «Die radikale postmoderne Pluralität», erklärte Wolfgang Welsch in seinem Buch *Unsere postmoderne Moderne* (1987) mit unverhohlenem Affekt gegen alle gesamtgesellschaftlichen Utopievorstellungen, «bricht mit allen Einheitsklammern, die auf eine Totalität hoffen, die doch nie anders als totalitär eingelöst werden können».[104]

Auf diese Weise entstand inmitten des melancholischen, von vielen als eindeutig pessimistisch empfundenen Umfeldes des Poststrukturalismus, der seine Seinsentfremdung noch im Heideggerschen Sinne als bedauerlichen Sinnverlust verstanden hatte, auch eine eher optimistisch gestimmte Richtung, welche – in Anlehnung an jene ‹Lust am Text›, von der Roland Barthes gesprochen hatte, oder gar ihrer vulgarisierten Variante des ‹anything goes› – die Postmoderne als einen neuen Aufbruch ins Avantgardistische begrüßte, wenn auch eines Avantgardismus ohne vorgefaßte Leitziele, ohne politische oder sozioökonomische Konsequenzen, kurz: eines Avantgardismus des formalen Experiments. Im Umkreis dieser diskursiven Kommunikationsgemeinschaft trat demzufolge ein Progressivismus in den Vordergrund, der sich vornehmlich als Ausdruck eines paradigmenlosen Innovationstriebs verstand. Er sah in der Literatur – durch die Bevorzugung von Zitaten, Montagen und intertextuellen Verknüpfungen – in erster Linie ein Netzwerk höchst komplizierter ästhetischer Bezüge, das auf alle ideologiekritischen Implikationen verzichten könne, um sich nicht allzusehr auf Probleme der Politik oder gesellschaftlichen Realität einlassen zu müssen.

Doch solche Verallgemeinerungen sind – im Hinblick auf diese Richtung – an sich unzulässig. Je mehr sich der postmoderne Diskurs publizistisch ausdifferenzierte, desto unklarer wurde das mit ihm bezeichnete ‹Feld›. Und daraus mußte sich notwendig eine Debatte ergeben. Neben schroffen Kritikern der Postmoderne aus den Reihen der Altlinken, Habermasianer, aber auch liberaler Reformer wie Helmut Kreuzer und Siegfried S. Schmidt, die in dieser Richtung lediglich einen Rückfall in eine perspektivlose Ahistorizität sahen, meldeten sich hierbei in den späten achtziger Jahren immer wieder Verfechter und Verfechterinnen der Postmoderne zu Wort, welche in ihr eine endgültige Verfreiheitlichung im Sinne jener von den USA ausgehenden ‹Modernisierungsschübe› sahen, deren ungehemmte Ausbreitung eine Demokratisierung der gesamten Welt bewirken könne. Was diese Gruppen forderten, war daher eine konsequente Verabschiedung aller Utopien, und zwar sowohl in der Politik als auch in der Kunst. Sie betrachteten die Welt nicht mehr in binären Oppositionen von alt und neu, affirmativ und kritisch, traditionell und modern, parasitär und verantwortungsbewußt, sondern eher von langweilig und libidinös, veraltet und modisch, gesinnungsfest und hemmungslos, wenn nicht gar idealistisch und geschäftsbeflissen.

Wohl die interessanteste Mittelstellung in diesen Auseinandersetzungen nahmen Andreas Huyssen und Klaus Scherpe in dem von ihnen herausgegebenen Sammelband *Postmoderne – Zeichen eines kulturellen Wandels* (1986) ein, in dem sie – im Gegensatz zu anderen Linksliberalen – das Phänomen Postmoderne zwar kritisierten, aber als Ausdruck eines sich deutlich abzeichnenden Paradigmawechsels durchaus ernst nahmen. Als die wichtigsten Kriterien dieser Richtung bezeichneten sie im Vorwort dieses Bands den «linguistic turn» nach der Dominanz von Ideologiekritik und Kritischer Theorie, die Erkenntnis der Geschichtlichkeit von Subjektivität und «otherness», die Frage nach dem Zusammenhang von Totalitätsdenken und Totalitarismus in philosophischer Epistomologie und politischer Theorie, die verschärfte Problematisierung von Ratio und Rationalisierung sowie «die Rolle der ‹gescheiterten› Aufklärung für die kulturelle und politische Identität der westlichen Welt».[105] Aufgrund dieser Einstellung wandten sie sich sowohl gegen eine «schwärmerische Apologetik» als auch gegen eine «selbstsichere Verurteilung» der Postmoderne und versuchten, die Dialektik der Moderne auch in diese Richtung einzuschreiben, statt lediglich – im Zuge irgendwelcher Posthistoire-Stimmungen – den «Tod der Moderne», das «Schwinden der Sinne» oder den Verlust «älterer Oppositionsvorstellungen» zu beklagen. Mit anderen Worten: Sie sahen in der Postmoderne weniger einen neuen «Stil» als ein «gesamtgesellschaftliches, kulturelles und politisches Problemfeld», das sich nur im Hinblick auf allgemeine Wandlungen innerhalb der ökonomischen Produktionsbedingungen des Spätkapitalismus und der mit ihm verbundenen massenmedialen Freizeitindustrie verstehen lasse, wobei sie sich vor allem auf die der Postmoderne gewidmeten Forschungen von Fredric Jameson stützten.

Doch an sozioökonomischen Grundierungen dieser Art war die Mehrheit der Postmoderne-Debattanten kaum interessiert. Besonders im engeren Bereich der Germanistik beschränkte sich die Postmoderne-Forschung – neben Anwendungsversuchen auf dem Gebiet eines mit poststrukturalistischen Mitteln operierenden Feminismus oder den Bemühungen sich als avantgardistisch verstehender Medienwissenschaftler, ihr Fach als wissenschaftliches Zentrum der gängigen Postmoderne-Vorstellungen hinzustellen – meist auf die Herausarbeitung der Unterschiede moderner und postmoderner Stilkriterien. Das Andersartige mancher literarischer Texte der achtziger Jahre, vor allem der von Thomas Bernhard, Peter Handke, Elfriede Jelinek, Heiner Müller, Christoph Ransmayr, Botho Strauß und Patrick Süskind, wurde dabei fast ausschließlich auf rein ästhetische Faktoren reduziert. Und zwar waren es weitgehend rhetorische Mittel einer ‹permissiven Ästhetik› wie Metonymie, Zitat, Parodie, Bricolage, Mehrfachkodierung, Pastiche, Selbstinszenierung, leere Allegorie, intertextuelle Referenz und gattungsüberschreitende Hybridisierung, mit denen die Anhänger dieser Richtung das spezifisch Postmoderne innerhalb der stilistischen Entwicklung zu fassen versuchten. Dabei kamen sie immer wieder zu dem Ergebnis, daß die Postmoderne eine Richtung ohne Manifeste, ohne Einheitsmodelle, ohne irgendwelche Progressionsvorstellungen, ohne den Anspruch gesellschaftlicher Repräsentanz, ja sogar ohne klar definierbare stilistische Eigenheiten sei, die lediglich die irritierende ‹Gleichzeitigkeit des Ungleichzeitigen› als positiv, weil nicht auf eine Tendenz reduzierbar empfinde. Noch am aufschlußreichsten erwiesen sich hierbei – neben Aufsätzen von Christa Bürger, Peter Bürger, Wolfram Malte Fuess und Hans-Thies Lehmann, dem Buch *Die postmoderne Konstellation* (1988) von Rolf Günter Renner sowie dem von Paul Michael Lützeler herausgegebenen Sammelband *Spätmoderne und Postmoderne. Beiträge zur deutschsprachigen Gegenwartsliteratur* (1991) – Untersuchungen wie der Aufsatzband *Verschlungene Schriftzeichen. Intertextualität von Literatur und Kunst in der Moderne/Postmoderne* (1988) von Ingeborg Hoesterey, die auch bildkünstlerische Parallelen und Anregungen verarbeiteten, während allein von philosophischen Konzepten poststrukturalistischer Art ausgehende Postmoderne-Studien in der Literaturkritik der späten achtziger Jahre zum Teil so kryptisch blieben, daß sie nicht über den Bereich des Cliquenhaften hinausdrangen.

Zur gegenwärtigen Situation ───────

Weil sich in einem trendbewußten Wissenschaftsbetrieb selbst erfolgreiche Theoriemodelle nur wenige Jahre als diskursformierend halten können, mußten auch der Poststrukturalismus, Postmodernismus und andere Formen des ‹Postismus› nach einer gewissen Durchlaufzeit wieder in den Hintergrund treten. Daß allerdings im Rahmen der kulturwissenschaftlichen Debatten an ihre Stelle bisher lediglich Strömungen getreten sind, die sich als Neomoderne oder Post-Postmoderne ausgeben, zeigt, wie ausgeleiert das gegenwärtige Post- und Neo-Karussell ist, das auf alle sogenannten Modernisierungsschübe meist nur im Sinne jener «ewigen Wiederkehr des Neuen» reagiert, von der bereits Walter Benjamin gesprochen hat.[106] Letztlich spiegelt sich in diesen Vorgängen eine zunehmende Defunktionalisierung der gegenwärtigen E-Kultur sowie der sich mit ihr auseinandersetzenden Kritik wider. Beide orientieren sich nicht mehr an deutlich erkennbaren Leitzielen politischer, nationaler, religiöser, weltanschaulicher oder gesellschaftlicher Art, sondern geraten zusehends in den Sog einer auf das Nouveauté-Wesen eingerasteten Journalisierung, in der weniger die Ideale freiheitlich-egalitärer Demokratisierungsabsichten als die profilversprechenden Kriterien der jeweils kreierten Moden im Vordergrund stehen.

Daß dieser Methodenverschleiß im Lauf der letzten Jahrzehnte immer schneller geworden ist, hat jedoch nicht nur marktstrategische Gründe. Nach der Niederlage des faschistischen Regimes im Jahre 1945, der nur halb geglückten ‹Vergangenheitsbewältigung› der späten sechziger Jahre, dem deutlichen Abflauen jener linksliberalen Hoffnungen, welche sich auf die Kritische Theorie zu stützen suchten, den ökologischen Warnungen des ‹Club of Rome› sowie dem Zusammenbruch des Ostblocks gegen Ende der achtziger Jahre und dem damit verbundenen Verlust sozialistischer Utopien sind nicht nur viele Formen eines linken Engagements, sondern auch andere Formen eines kritischen Aufbegehrens zurückgegangen und haben einer dezentrierten Betriebsamkeit Platz gemacht, die ihre innere Ziellosigkeit durch eine progressionslose Progressivität zu überdecken versucht. Kein Wunder, daß in den Geisteswissenschaften der hieraus resultierende Mangel an politischen, sozialen und ökologiebewußten Wertvorstellungen auf manchen Gebieten zu Sehweisen geführt hat, die nur noch die Ausdifferenzierung ins pluralistisch Segmentierte als positiv empfinden. Das ist zum Teil als Reaktion auf die falschen Totalitätsansprüche der Vergangenheit und die sich daraus ergebende Abwertung des subjektiven Faktors durchaus verständlich, schlägt jedoch häufig in eine Pauschalverdammung aller überindividuellen Ansprüche um, die überhaupt keine soziale Verantwortung mehr anerkennt und im Sinne verbreiteter Posthistoire-Stimmungen der Geschichte kurzerhand den Abschied geben will. Vor allem die antitotalitaristische und poststrukturalistische Destruierung der sogenannten Meisterdiskurse hat bei vielen Geisteswissenschaftlern und -wissenschaftlerinnen zu einer ideologischen Ratlosigkeit geführt, durch die sie ihre soziale Identität und somit auch ihr kritisches Telos verloren haben. «Die Dinge gehen weiter», schrieb jüngst Lutz Niethammer in seinem Buch *Posthistoire. Ist die Geschichte zu Ende?*, «aber das Vertrauen in ihre Sinnhaftigkeit zerrinnt.»[107]

Im Zuge dieser Entwicklungen hat auch die Germanistik, die in den letzten 200 Jahren ein bedeutsames Schlachtfeld nationaldemokratischer, liberaler, sozialistischer, faschistischer und feministischer Wertvorstellungen war, viel von ihrer bisherigen gesellschaftlichen Brisanz eingebüßt. Auch in ihr ist heute gern von «Sinnverlust», vom «Abschied von der Geschichte» oder einer zunehmenden «Beliebigkeit der Untersuchungsmethoden» die Rede.[108] Und doch wird die Zahl der Studierenden, welche die Germanistik zu ihrem Hauptfach wählen, ständig größer. In ihr suchen noch immer viele junge Menschen, die sich nicht den harten, konkurrenzbetonten, sie von ihrem Selbst entfremdenden Bedingungen des Wirtschafts- und Verwaltungslebens aussetzen wollen, eine sanftere Wissenschaft, die geringere Anforderungen stellt, eine seelische Auseinandersetzung mit den eigenen Problemen verspricht und vielleicht sogar eine gewisse Lebenshilfe offeriert. Obendrein ermöglicht ihnen dieses Fach viel freie Zeit, da es in seinen Studien- und Prüfungsansprüchen weit unter Fächern wie Jura,

Medizin, Physik, Chemie, Mathematik, Ingenieurwesen oder Betriebswirtschaftslehre liegt.

Allerdings hat die Germanistik seit etwa zwanzig Jahren einen Haken: Sie läßt sich zwar leichter absolvieren als andere Fächer, bietet aber nur geringe Berufsaussichten. Schließlich stehen den rund 100000 Studierenden, die heute in der Bundesrepublik germanistische Vorlesungen und Seminare belegen, nur eine relativ begrenzte Zahl von Stellenangeboten im schulischen, universitären und kulturellen Bereich gegenüber. Von 100 Studienabgängern und -abgängerinnen haben oft nur vier oder fünf eine Chance, in sogenannten freien Berufen unterzukommen. Kaum anders sieht es im Schuldienst aus. Daher macht sich bei vielen Studenten und Studentinnen der Germanistik schon nach wenigen Semestern ein deutlicher Unmut gegenüber diesem so viel versprechenden, aber so wenig einlösenden Fach bemerkbar.

Neben den geringen Berufschancen spielt bei dieser Irritation auch die Abneigung gegen allzu hohe Leseerwartungen eine wichtige Rolle. Aufgewachsen in einer hektisch angekurbelten Medienwelt, deren primäre Freudenbringer Geräte wie Fernseher, Videorecorder, Telespielgerät, Walkman, Transistorradio und Homecomputer sind, in der also Kultur weitgehend über akustische und visuelle Eindrücke vermittelt und damit das Buch zusehends ‹entprivilegiert› wird, fühlen sie sich durch die Lektüre umfangreicher Romane oder Dramen häufig gelangweilt und wandern deshalb lieber in den Medienbereich, zu den Film- und Fernsehwissenschaftlern, ab. Doch selbst das erweist sich nicht als der erhoffte Ausweg, da dort die Berufschancen ebenfalls schlecht sind und auch das Wertangebot so gering ist, daß sie sich in ihrem unbestimmten Drang nach seelischer Erfüllung in den Medienwissenschaften ebenso frustriert fühlen wie im engeren Bereich der Germanistik und schließlich das Studium dieser Fächer überhaupt aufgeben.

All das mußte selbstverständlich Rückwirkungen auf den germanistischen Lehr- und Forschungsbetrieb haben. Seit dem Abflauen des gesellschaftskritischen Elans und der Ausbreitung eines entideologisierten Methodenpluralismus, der kaum noch konkrete Leitvorstellungen propagiert, sondern auf dem eklektischen Prinzip des ‹anything goes› beruht und somit einer tieferen Auseinandersetzung mit den politisch anstehenden Problemen – ob nun der Wiedervereinigung, der Arbeitslosigkeit, der Ausländerfeindschaft oder der fortschreitenden Naturzerstörung – möglichst aus dem Weg geht, läßt sich sogar auf seiten vieler Lehrender ein deutlicher Utopieverlust und ein sich daraus ergebendes ideologisches Desengagement beobachten. Statt sich als Professoren und Professorinnen, das heißt als Bekenner und Bekennerinnen zu empfinden und sich für gesamtgesellschaftlich wirksame Ideen einzusetzen, fühlen sich viele Angehörige dieser Berufsschicht schon durch ihre Vielzahl, aus der sie als einzelne kaum noch herausragen, immer unwichtiger, ja austauschbarer und lassen sich zwar in die Hektik der beruflichen Betriebsamkeit hineinziehen, verbinden damit aber nur selten gesellschaftskritische oder gesellschaftseingreifende Konzepte. Die meisten sind weder besonders reaktionär noch besonders fortschrittlich eingestellt, sondern bewegen sich im Bereich eines intellektuell abgehobenen Liberalismus, der weitgehend mit ihrem ebenso unkonkreten Demokratieverständnis übereinstimmt. Weder vom Staat noch von den Parteien, weder von einer aktiven Studentenbewegung noch von auf Veränderung drängenden Bürgerinitiativen ideologisch herausgefordert, schätzen sie sich zwar als halbwegs kritische, aber letztlich hilflos Vereinzelte innerhalb einer arbeitsteilig organisierten Gesellschaft ein, die ihre niederen Arbeiten zum größten Teil von sogenannten Gastarbeitern erledigen läßt oder in die Dritte Welt ausgelagert hat – und sich ansonsten als eine wohlfunktionierende postindustrielle Informations- und Dienstleistungsgesellschaft bezeichnet, deren politische, ökonomische und soziale Probleme zwar keineswegs gelöst sind, aber durch geschickte ‹social engineering›-Kampagnen massenmedial verharmlost werden.

Aufgrund dieser Wandlungen hat sich in einigen Bereichen der Germanistik eine Betriebsamkeit ohne tiefere Relevanz entwickelt, die weniger den einzelnen Lehrenden als dem hinter ihnen stehenden System anzulasten ist, das anstelle eines nach Lösungen oder Alternativen strebenden Fachs einen Wissenschaftsbetrieb fördert, der auf gut pluralistische Weise in subjektbezogener Hermeneutik, theoretischer Abgehobenheit oder computerisierter Büroarbeit weitgehend in sich selbst rotiert und den jeweiligen Fachvertretern und -vertreterinnen kaum noch höhere Ziele als die durch die beruflichen Aktivitäten vorgegebenen setzt. Und so breitet sich mancherorts eine entfunktionalisierte, zur Karriere gewordene Germanistik aus, in der jener *Homo academicus* den Ton angibt, wie ihn Pierre Bourdieu 1984 in seinem gleichnamigen Buch beschrieben hat. Nach Bourdieu sind für diesen Typ innerhalb eines immer gesichtsloser werdenden Systems nicht mehr die ideologischen Zielvorstellungen, sondern nur noch die akademischen Verkehrsformen und Profilierungsrituale wichtig, also das rechtzeitige Einschwenken auf neue Wissenschaftstheorien, die Anerkennung der wechselnden Großmeister des Fachs, der ausgeprägte Sinn für Machtformationen auf seiten der Verwaltungsapparate, die möglichst auffällige Plazierung von Publikationen sowie ein marktbedingtes Standesbewußtsein, das in Kollegen und Kolleginnen weniger Repräsentanten bestimmter Weltanschauungen als feststehende Berufstypen wie Manager, Bürokraten, Außenseiter, Vielschreiber, Königsmacher oder Versager sieht.

Zu den wichtigsten Gesprächsstoffen innerhalb dieser Form der Germanistik gehörten darum in den letzten zehn bis fünfzehn Jahren vor allem die frei werdenden Stellen, der Besuch der ins Unübersichtliche anschwellenden Konferenzen, irgendwelche hochdotierten Forschungsstipendien, die Anzahl der wissenschaftlichen Hilfskräfte, die Computerisierung des eigenen Büros, die Häufigkeit der Freisemester, die Drittmittelbeschaffung, die Ratings, der gute Draht zur Deutschen Forschungsgemeinschaft und ähnliches mehr – also Fragen der eigenen Profilierung im Rahmen eines immer undurchsichtiger und funktionsloser werdenden akademischen Feldes. Nicht die Frage, worüber einzelne Germanisten und Germanistinnen publizieren, sondern wie viel oder wie wenig sie publizieren, interessiert die meisten. Viel zu publizieren gilt – vor allem in den Augen der sich kaum durch Veröffentlichungen Auszeichnenden, die es nur aufgrund bestimmter Institutskonstellationen oder durch geschickte Beziehungsarbeit zum Professor oder zur Professorin geschafft haben – entweder als karrieresüchtig oder als unwissenschaftliche Vielschreiberei. Wenig zu publizieren gilt dagegen, je nach professioneller Situation, entweder als besonders ‹fein› oder als Zeichen akademischer Untauglichkeit, die mit hochmütiger Herablassung bestraft wird. Ja, sogar die Frage der Konferenzbeiträge, also die Frage, wer dort einen Hauptvortrag oder nur einen Zwanzig-Minuten-Vortrag halten darf, ist inzwischen zu einem wichtigen Faktor der akademischen Profilierung geworden, während die Themen der meisten Tagungen, die weitgehend unter Ausschluß von Studenten und Studentinnen stattfinden, immer unwichtiger werden.

Allerdings lassen sich im Rahmen dieser professionalisierten Betriebsamkeit, um allzu große Pauschalisierungen zu vermeiden, mindestens drei germanistische Grundhaltungen unterscheiden: (1) eine, die am älteren Status quo dieses Fachs festzuhalten versucht und sich – unter Absehung aller auf gesellschaftliche Relevanz pochenden Zielrichtungen – weiterhin auf die philologischen, editorischen und historisch-objektivierenden Prinzipien der Vergangenheit beruft, (2) eine, die nicht nur auf die Gesellschaftsrelevanz, sondern auch auf die historische Orientierung verzichtet und sich in den Bereich des Subjektiven zurückzieht, das heißt Literatur vornehmlich als privaten Projektionsraum oder als das ganz ‹Andere› betrachtet, und (3) eine, die trotz des nachlassenden Engagements dennoch den Anspruch des Ideologie- und Gesellschaftskritischen aufrechterhält, ja sich in ihren exponiertesten Vertretern und Vertreterinnen noch immer bemüht, diesem Fach eine halbwegs avantgardistische Note zu geben.

Beginnen wir mit der ersten Gruppe. Über sie ist eigentlich nicht viel zu sagen, da in ihren Arbeiten – allerdings unter Absehung nationaler wie auch sozialistischer Zielvorstellungen – lediglich das fortgesetzt wird, was die Hauptvertreter der Germanistik bereits im 19. Jahrhundert als die wichtigsten Verbindlichkeiten dieses Fachs ansahen. Sie beschäftigt sich vornehmlich mit der Fortführung historisch-kritischer Ausgaben, der Anlage von Bibliographien, der Erforschung literarischer Gattungen, der Herausarbeitung bestimmter Epochenkriterien, der Arbeit an Dichter- und Dichterinnenbiographien, der Frage nach der Intention einzelner Werke sowie vieler anderer Aufgaben, die in diese Richtung zielen. Besonders auf dem Gebiet der Materialaufbereitung, Textedition und Biographistik ist von dieser Gruppe in den letzten drei Jahrzehnten – trotz aller Theorieschübe – viel nützliche Arbeit geleistet worden, von der die Germanistik noch lange zehren wird. Wem fiele in diesem Zusammenhang nicht die *Bibliothek deutscher Klassiker* ein, deren Bandbearbeiter und -bearbeiterinnen eine überwältigende Fülle neuer Quellen für die künftige Forschung und Lehre bereitgestellt haben? Das gleiche gilt für die Friedrich-Schlegel-Ausgabe (1958 ff) von Ernst Behler, die Gerhart-Hauptmann-Ausgabe (1962 ff) von Hans-Egon Hass, die Eduard-Mörike-Ausgabe (1967 ff) von Hans-Henrik Krummacher, Herbert Meyer und Bernhard Zeller, die Heinrich-Heine-Ausgabe (1973 ff) von Manfred Windfuhr, die Clemens-Brentano-Ausgabe (1975 ff) von Jürgen Behrens, Wolfgang Frühwald und Detlev Lüders, die Hugo-von-Hofmannsthal-Ausgabe (1975 ff) von Rudolf Hirsch, Clemens Köttelwesch, Heinz Rölleke und Ernst Zinn, die Friedrich-Gottlieb-Klopstock-Ausgabe (1975 ff) von

Horst Gronemeyer, Elisabeth Höpke-Herberg, Klaus Hurlebusch und Rose-Maria Hurlebusch, die Friedrich-Hölderlin-Ausgabe (1976 ff) von Dietrich Sattler, die Annette-von-Droste-Hülshoff-Ausgabe (1978 ff) von Winfried Woesler, die Bertolt-Brecht-Ausgabe (1987 ff) von Werner Hecht, Jan Knopf, Werner Mittenzwei und Klaus-Detlev Müller, die Karl-Philipp-Moritz-Ausgabe (1987 ff) von Petra und Uwe Nettelbeck sowie die Karoline-von-Günderode-Ausgabe (1990 ff) von Walter Morgenthaler. Auch ihre Herausgeber und Mitarbeiterstäbe haben auf dem Gebiet der Edition zum Teil völlig neue Maßstäbe gesetzt.

Ähnlich imponierend, schon durch ihren Umfang, sind die vielen Wortkonkordanzen, Wirkungsgeschichten, Handschriftenkataloge, Werkverzeichnisse und Findbücher, die im gleichen Zeitraum herauskamen. Aber auch die großen Bibliographien, wie die zum Barockzeitalter (1991) von Rainer Bölhoff, zu Lessing (1973) von Siegfried Seifert, zur Deutschen Klassik (1973) von Klaus Hammer, Hans Henning und Siegfried Seifert, zu Hölderlin (1990 ff) von Maria Kohler oder zu Thomas Mann von Klaus Jonas (1972 ff), sollten in diesem Zusammenhang nicht vergessen werden. Selbst in der Sparte der biographischen Monographie, der lange Zeit das Odium des Journalistischen anhaftete, hat diese Richtung, was die Bücher zu Gottfried Keller (1981) von Gerhard Kaiser, Hermann Broch (1985) von Paul Michael Lützeler, Gerhart Hauptmann (1986) von Wolfgang Leppmann, E. T. A. Hoffmann (1989) von Rüdiger Safranski, Theodor Storm (1989) von Georg Bollenbeck, Wilhelm Raabe (1989) von Horst Denkler, Heinrich von Kleist (1993) von Dirk Grathoff und Georg Büchner (1993) von Jan-Christoph Hauschild belegen, Beachtliches vorzuweisen. Fast noch brauchbarer, jedenfalls für Studenten und Studentinnen, die sich auf Zwischenprüfungen oder Staatsexamina vorbereiten, sind jene Dichter-Handbücher, die Wilfried Barner zu Gotthold Ephraim Lessing (1978), Jan Knopf zu Bertolt Brecht (1980) und Gerhard Höhn zu Heinrich Heine (1987) erarbeitet haben, um auch auf diesem Gebiet wenigstens ein paar Beispiele herauszugreifen. Und doch, selbst bei vielen Werken dieser Richtung spürt man, daß ihnen zwar ein großes wissenschaftliches Verantwortungsgefühl zugrunde liegt, aber das ideologische Telos der aufgewendeten Arbeit manchmal recht unklar bleibt. Für wen wird eigentlich diese immense Arbeit geleistet: nur für die sogenannte Zunft, also die Lehrenden und Studierenden des Fachs

Germanistik, oder auch für ein breiteres Publikum? Solange diese Frage – nach dem Verlust der älteren Wert- und Leitvorstellungen – nicht im Sinn einer neuen gesamtgesellschaftlichen Erbetheorie beantwortet werden kann, behalten solche Arbeiten zwar ihren begrenzten disziplinären Wert, bleiben aber für den überwiegenden Teil der Bevölkerung relativ uninteressant.

2) Die zweite Gruppe innerhalb dieser dezentrierten Betriebsamkeit macht es sich dagegen etwas leichter. Sie huldigt – angesichts der entfremdeten, verwalteten Welt – von vornherein fast ausschließlich subjektiven, das heißt auf die eigene Person bezogenen Sehweisen. Das gilt besonders im Hinblick auf jene zwei Phänomene, die in der Theoriebildung der letzten 15 Jahre eine wichtige Rolle gespielt haben: das des Erotischen und das des Ästhetischen. Auf dem Sektor des Erotisch-Sensualistischen, wo lange Zeit emanzipatorische Impulse und dann Maximen wie «The personal is the political» im Vordergrund standen, herrscht heute weitgehend ein privilegiertes, identitätsstiftendes Selbstverwirklichungsstreben, mit anderen Worten: ein Aussteigen aus dem gesellschaftlichen Rahmen, das Gerhard Schulze in seinem Buch *Die Erlebnisgesellschaft* (1992) als eines der zentralen Grundmuster des gegenwärtigen Sozialverhaltens beschrieben hat. Dem würden in der Germanistik der letzten Jahre jene Studien entsprechen, die sich unter deutlich subjektbezogener, wenn nicht gar exzentrischer oder surrealistischer Perspektive mit Problemsituationen wie Bisexualität, Androgynität, latenter Homosexualität und Fragen der Midlife-Krise auseinandergesetzt oder jenes libidinöse Verhältnis zu den behandelten Texten in den Vordergrund gerückt haben, das auf einem unmittelbaren ‹reader response› beruht. Solche Interessen, wie überhaupt eine verstärkte Betonung des ‹Privaten› in allen Lebensbereichen, sind als Reaktionen auf die Anonymisierung der gesellschaftlichen Beziehungen durchaus verständlich, nehmen jedoch nur in Ausnahmefällen eine kritische Färbung an. Wo es keine gesamtgesellschaftlichen Zielsetzungen mehr gibt, verliert schließlich auch das Subjektive seinen Sinn und geht ins Außenseiterische, wenn nicht Solipsistische über.

Ähnliche Bedeutungsverluste lassen sich innerhalb dieser Gruppe im Bereich des Ästhetischen beobachten. Ein gutes Beispiel dafür ist der jüngst von Frank Griesheimer und Alois Prinz herausgegebene Sammelband *Wozu Literaturwissenschaft?* (1992), wo in klarer Frontstellung gegen ideologische Indienstnahmen sowie bürokratische Verwissenschaftlichungstendenzen als neue methodologische Herangehensweise der Germanistik ein betont ästhetisierender Umgang mit literarischen Texten angepriesen wird. Statt unmutig aufmuckenden Studenten und Studentinnen weiterhin langweilige Sachverhalte oder abstrakte Wissenschaftstheorien vorzusetzen, schlugen die beiden Herausgeber vor, die Literaturwissenschaft in einen herrschaftsfreien, das heißt lediglich subjektbezogenen Raum des ‹ästhetischen Erlebens› umzuwandeln, um so die sinnlichen Wahrnehmungsweisen der dieses Fach Studierenden zu schärfen. Welche gesellschaftliche Zielrichtung dieses Sensibilitätstraining im Zeichen des Poetischen, als des ganz ‹Anderen›, haben sollte, blieb allerdings – wie in dem von Harald Fricke und Rüdiger Zymner verfaßten Buch *Einführung in die Literaturwissenschaft* (1991) – auch hier undiskutiert. Statt den Studierenden der Germanistik vorzuschlagen, gesellschaftlich objektivierbare Werte im Sinne eines neuen Gemeinwohls ins Auge zu fassen und eine solche Haltung auch für das Studium der Literatur relevant zu machen, empfahlen sie ihnen im Gefolge eines abstrakt bleibenden Pluralismus, sich in Zukunft allein dem eigenen Bedürfnisdrang, also der Sehnsucht nach privater Wunscherfüllung anzuvertrauen und sich auf diese Weise allen sogenannten autoritären Bindungen zu entziehen.

Eine ähnliche Note hatten jene Äußerungen, mit denen Odo Marquard den Humanwissenschaften und damit auch der Germanistik in seinem 1985 vor der westdeutschen Rektorenkonferenz gehaltenen Vortrag *Über die Unvermeidlichkeit der Geisteswissenschaften* eine halbwegs vertretbare Funktionsbestimmung zu geben versuchte. Im Hinblick auf die versachlichte Welt unserer marktwirtschaftlich organisierten Gegenwart mit all ihren lebensweltlichen Verlusten sprach er hier der Kunst – wegen ihres spezifisch ‹ästhetischen› Charakters – eine wichtige, weil psychisch entlastende Rolle zu, die von keiner anderen Form des modernen Bewußtseins geleistet werden könne. Ja, 1988 stellte Marquard im 91. *Kursbuch* den Umgang mit Kunst mit noch größerer Emphase als einen unerläßlichen Kompensationsvorgang und zugleich ein wirksames Mittel im Dienst «kontraideologischer Liberalisierungen» hin, mit denen man die zur Herrschaft drängenden «gefährlichen Alleingeschichten», sprich: Meisterdiskurse in Schach halten könne.[109] Wie zu erwarten, lief diese These, wie bei den Vertretern des ‹kreativen Schreibens›, wegen ihrer gesellschaftsabgewandten Haltung auch bei ihm nicht auf eine neue Gesinnungs- oder Inhaltsästhetik hinaus, sondern blieb ebenfalls im Rahmen einer eindeutig subjektbezogenen Perspektive befangen, die innerhalb der sich zusehends entfremdenden Welt den Hauptakzent auf das akademisch-privilegierte Ich und sein kompensatorisches Kunstverständnis legt.

Trotz der ökonomischen und politischen Krisen, die dazu führten, daß die Germanistik – wegen ihrer mangelnden gesellschaftlichen Relevanz – seit den frühen achtziger Jahren von seiten des Staats und der Wirtschaft immer stärker unter Druck gesetzt wurde, sich als gesellschaftsrelevante Disziplin auszuweisen, begnügten sich also die Vertreter dieser beiden Richtungen weitgehend mit fachspezifisch-historischen Forschungen oder psychologisch-ästhetisierenden Kompensationsbemühungen. Durch diese Aktivitäten oder Pseudoaktivitäten wurde der akademische Status der Germanistik, die seit 1945 – trotz der steigenden Studentenzahlen – ohnehin viel von ihrer früheren Aura verloren hatte, keineswegs gefestigter, sondern, im Gegenteil, eher prekärer. Schließlich durchdrangen im gleichen Zeitraum die Massenmedien mit ihrer Tendenz zur alles nivellierenden Unterhaltung oder bestenfalls zum ‹Infotainment› immer weitere Bereiche des Alltagslebens, was zwangsläufig zu einer telematischen Vergesellschaftung führte, die deutlich an die bekannten ‹social engineering›-Praktiken erinnert. Daß dadurch Bildung und Kultur, die bisherigen Voraussetzungen des Fachs Germanistik, zusehends an Geltung verloren, konnte bei der leichten Konsumierbarkeit der neuen Medien nicht ausbleiben.

Angesichts solcher Entwicklungen genügt es nicht, sich im Bereich der Germanistik an akademische Konventionen zu klammern oder ins Subjektive auszuweichen. Damit gibt man nur jenen recht, die in diesem Fach bereits seit langem etwas vom Zeitgeist Überholtes, Anachronistisches, Obsoletes sehen, das im Rahmen der Finanz- und Stellenpolitik der Bildungsministerien zugunsten der Real-, Natur- und Wirtschaftswissenschaften in Zukunft an den Rand gedrängt werden sollte. Ob Legitimationsstrategien wie ein sprachliches Sensibilitätstraining oder eine psychische Entlastungsfunktion im Sinne Odo Marquards ausreichen werden, die zuständigen Stellen zu überzeugen, dieses Fach weiterhin so großzügig zu fördern und auszustatten wie bisher, bleibt abzuwarten. Mit Sicherheit anzunehmen ist es nicht. Schließlich hat die Germanistik, die früher in erster Linie Lehramtskandidaten und -kandidatinnen ausbildete, durch die Überschwemmung auf dem schulischen Stellenmarkt in den Augen der staatlichen Bürokratie ihre bisherige Gesellschaftsrelevanz merklich eingebüßt. Und diese Situation wird sich nur verschlimmern, falls die eben skizzierten Gruppen jede Nutzanwendung ablehnen und sich in den Bereich des philologischen Historismus oder der ästhetischen Zweckfreiheit zurückziehen – und damit die Vorherrschaft der Real-, Natur- und Wirtschaftswissenschaften indirekt anerkennen. Geraten sie nicht dadurch in Gefahr, von den Kollegen und Kolleginnen anderer Fächer im Laufe der Zeit numerisch überrundet zu werden? Wird nicht auf diese Weise selbst die Neuere deutsche Literaturwissenschaft, die im Rahmen dieses Fachs – neben der Mediävistik, Didaktik und Sprachwissenschaft – noch immer die relevanteste Unterdisziplin bildet, eines Tages zu einer Neuen Altgermanistik, über welche die Medienwissenschaftler und -wissenschaftlerinnen nur noch müde lächeln werden? Oder wie läßt sich dieses Fach weiterhin rechtfertigen, ohne sich dabei allein auf die heilsame Wirkung der ästhetischen Sensibilisierung oder psychischen Entlastung zu berufen? Kurz, gibt es überhaupt noch Gruppen, die trotz der realexistierenden Misere, in der viele von der allmählichen Desintegration oder gar vom Ende der Germanistik sprechen, diesem Fach nach wie vor einen gesellschaftsrelevanten Sinn zu geben versuchen?

Natürlich gibt es sie. Gehen wir deshalb endlich zu jenen Bemühungen über, die im letzten Jahrzehnt unternommen wurden, der Germanistik – jenseits positivistisch-historischer Forschungen, subjektiver Differenzgefühle, postmoderner Formerkundungen oder psychischer Kompensationsbedürfnisse – einen neuen sozialbezogenen Sinn zu geben, der zwischen den Ansprüchen der einzelnen Individuen und den Ansprüchen der Gesamtgesellschaft ein sinnvolles Gleichgewicht herzustellen versucht. Im Hinblick auf die hiermit angesprochene Dialektik sind allerdings Antworten auf die Frage, wie sich der Trend zu einer pseudodemokratischen Schmelztiegelgesellschaft und aller damit verbundenen Marketingstrategien aufhalten ließe, wesentlich schwerer zu finden als in jenem Bereich, wo der allseits beliebte Rückzug ins Private herrscht, der sich zwar als Widerstandshaltung gegen die Eindimensionalität der gegenwärtigen Massengesellschaft zum Teil noch immer ‹politisch› versteht, aber längst zu einer ideologisch unverbindlichen Außenseiterattitüde geistes- und sozialgeschichtlich interessierter Intellektuellenschichten geworden ist. Eine sich ihrer sozialen Verantwortung bewußte Germanistik sollte deshalb beim Umgang mit Literatur sowohl die nationale Geschichte als auch die globale Situation, sowohl eine materialistisch fundierte Kritik der bestehenden Verhältnisse als auch eine konkrete Utopie, sowohl eine subjektive als auch eine gruppenspezifische oder kollektive Erkenntnisweise ins Auge fassen, um der immer größer werdenden Problematik, die sich aus der fortschreitenden Marginalisierung von Formen höherer Kultur im Rahmen des ins Maßlose anschwellenden Massenmedienbetriebs ergeben hat, überhaupt noch gerecht zu werden. Einer solchen Germanistik stünde es schlecht an, sich von vornherein mit bestimmten Einzelaspekten oder Partikulardiskursen zufriedenzugeben. Sie müßte sich immer von neuem mit Fragen beschäftigen, die nicht nur Literaturwissenschaftler und -wissenschaftlerinnen, sondern alle für politische, soziale und kulturelle Fragen aufgeschlossene Menschen interessieren.

Soweit ich sehe, werden solche Fragen vor allem von folgenden vier Gruppen gestellt, die auch in der Germanistik nach wie vor eine wichtige Rolle spielen: (1) einer weiterhin am unvollendeten ‹Projekt der Moderne› festhaltenden und aufklärerisch eingestellten Richtung, die sich in ihrem emanzipatorisch gesinnten Liberalismus an Autoren wie Jürgen Habermas orientiert, (2) einer kulturgeschichtlich operierenden Richtung, die neben nationalen, ästhetischen und geschlechtsspezifischen Fragestellungen auch politische, ökonomische und soziale Gesichtspunkte berücksichtigt, (3) einer mit materialistischen Kriterien arbeitenden Richtung, die zwar auch dekonstruktivistische Einsichten nicht ablehnt, sich jedoch bemüht, diese in einem gesamtgesellschaftlichen Sinn nutzbar zu machen, sowie (4) einer ökologisch eingestellten Richtung, welche zur Unterstützung ihrer regionalen sowie globalen Strategien auch die literarischen Manifestationen einer solchen Haltung keineswegs übersieht und für ihre Zwecke einzusetzen versucht.

Wohl die größte Gruppe dieser weiterhin ‹nach vorn› orientierten Germanisten und Germanistinnen bilden jene, die sich aufgrund der vielen politischen und sozialen Verfehlungen der deutschen Geschichte gedrängt sehen, nicht nur an einer fortgesetzten Vergangenheitsbewältigung mitzuwirken, sondern auch gegenüber anderen politischen und sozialen Problemstellungen eine kritische Haltung zu beziehen. Das äußert sich vor allem in den Bereichen jener emanzipatorisch engagierten Forschung und Lehre, die sich mit den patriarchalisch-autoritären und damit frauenfeindlichen Strukturen innerhalb der deutschen Gesellschaft, der faschistischen Ausgrenzungspolitik gegenüber Kommunisten, Juden, Homosexuellen und Erbkranken, den gescheiterten Befreiungsbewegungen der deutschen Arbeiterklasse, der Verhinderung einer kritischen Öffentlichkeit durch die manipulierenden Maßnahmen der systemkonformen Massenmedien und ähnlichen Phänomenen beschäftigt. Auf all diesen Gebieten haben sich weitverzweigte Forschungsrichtungen herausgebildet, in denen zwar seit 15 Jahren auch der subjektive Faktor eine wichtige Rolle spielt, wo es aber auch um kollektive Unterdrückungs- und Befreiungsprozesse sowie die mit ihnen verbundenen Ideologien geht. Jedenfalls herrscht hier nach wie vor eine Gesinnung, die Hans Peter Herrmann in dem Band *Wozu noch Germanistik?* (1989) in Anlehnung an Eberhard Lämmert als die «Mitwirkungs»-Haltung der Germanistik definierte, um sich gegen die Versuche Odo Marquards zur Wehr zu setzen, die Rolle der Geisteswissenschaften und damit auch der Germanistik auf kompensatorische Entlastungsfunktionen einzuschränken. Demgegenüber hielt Herrmann weiterhin an der Überzeugung fest, daß dieses Fach gut daran täte, eine hochindustrialisierte Gesellschaft wie die der Bundesrepublik weiterhin «über ihre Herkunft aufzuklären» und somit den «Verengungen des historischen Bewußtseins» entgegenzuarbeiten.[110]

Manche Germanisten und Germanistinnen wurden in dieser Hinsicht sogar noch deutlicher und sprachen sich in aller Entschiedenheit gegen den kritiklosen Professionalismus und zugleich komfortablen Rückzug in ein postmodernes Ghetto aus. Vielleicht genügen zur Illustration dieser Haltung einige willkürlich herausgegriffene Thesen, in denen sich ein merklicher Unmut gegen den affirmativen oder subjektiv-luxurierenden Charakter bestimmter Sparten der heutigen Literaturwissenschaft äußert. So warf Jörn Garber der Germanistik vor, sich durch ihre fachspezifische «Verwissenschaftlichung und Spezialisierung» jeder breiteren «Wirkungsmöglichkeit» zu berauben.[111] Claudia Albert kritisierte an dem «machttheoretischen Monismus» eines Michel Foucault, daß er keine Möglichkeiten biete, die sozialen Konflikterfahrungen in der «literarischen Praxis zu Einsicht, Kritik und Widerstandskraft zu verdichten».[112] Klaus-Michael Bogdal nannte die fetischisierte «Lust am Text» den letzten Versuch einer «marginalisierten Schicht», dem «beredten Schweigen einer Agonie-Kultur zu entrinnen».[113] Raimund Kemper sprach sich gegen den «postmodernen Karneval der Zitate» aus, der sich «nach dem Erliegen des politischen Protests» verbreitet habe und in der «Dekonstruktion» die Form des ideologischen «Absurdismus» angenommen habe.[114] Sabine Lang charakterisierte die sogenannte Avantgarde der Postmoderne als eine Bewegung, in der statt Politik eine «individuelle Revolte» im Vordergrund stehe.[115] Andere Vertreter dieser Richtung bemängelten den durch die vielen Post- und Neobewegungen eingetretenen Geschichtsverlust sowie die ständig beschworenen Pluralismus-Konzepte, die – genau besehen – lediglich die Funktion hätten, von der repressiven Totalität des eigenen «technisch-funktionalen Systems» abzulenken, «innerhalb dessen jeder einzelne» nur noch «als ‹Rädchen und Schräubchen› zum Funktionieren ‹des Ganzen›» beitrage.[116]

Auch die kulturgeschichtlich interessierte Richtung innerhalb der Germanistik erfreut sich weiterhin eines erfreulichen Zuspruchs. Zu den wichtigsten Vorbildern dieses Forschungszweigs gehören: (1) die zivilisationsgeschichtlichen Untersuchungen eines Norbert Elias, (2) die kulturhistorischen Studien von Fernand Braudel und Pierre Bourdieu, welche neben strukturalistischen auch alltags- und institutionsgeschichtliche Elemente in sich aufnehmen, (3) die Arbeiten über Mythologie und Kulturanthropologie von Hans Blumenberg, (4) die von Anton Kaes, Paul Michael Lützeler und Peter Uwe Hohendahl nach Deutschland vermittelten Einsichten des amerikanischen New Historicism, der in Anlehnung an Stephen Greenblatt eine interdisziplinär eingestellte Literaturwissenschaft mit Ausweitungen ins Geschichtliche, Ökonomische, Anthropologische, Religionshistorische und Diskursanalytische befürwortet, um so Bausteine einer allgemeinen Kulturpoetik zusammenzutragen, (5) die sogenannte interkulturelle Germanistik, die von Alois Wierlacher an der Universität Bayreuth zur Unterstützung des Fachs Germanistik in den ‹unterentwickelten› Ländern der Dritten Welt gegründet wurde und im Sinne multikultureller Konzepte der ‹Begegnung mit dem Fremden› dienen soll, sowie (6) eine Fülle anderer, vorwiegend aus England, Frankreich und den USA kommender methodischer Impulse, durch die sich auch in der Bundesrepublik eine Kulturwissenschaft entwickelt hat, welche immer neue Stoffgebiete in die bisherige Germanistik einzubringen versucht. Obwohl es in vielen dieser Arbeiten keineswegs an strukturalistischen und poststrukturalistischen Gesichtspunkten mangelt, haben sie dennoch durch ihre Materialfülle und Realitätsnähe eine größere Überzeugungskraft als jene philosophisch überanstrengten Essays, die von vornherein im Bereich der reinen ‹Theorie› verharren. Das gilt besonders für die alltags- und zivilisationsgeschichtlichen Studien zu kulturellen Aspekten der Weimarer Republik, des Faschismus, des Exils, der ehemaligen Bundesrepublik und der DDR, die seit 1985 erschienen sind, aber auch für Buchreihen wie *Europäische Kulturstudien* (1991 ff), herausgegeben von Klaus Garber, Hans Werner Heister und Jutta Held, sowie *Literatur – Kultur – Geschlecht* (1992 ff), herausgegeben von Inge Stephan und Sigrid Weigel, in denen ein synthetisches Interpretieren vorherrscht, das bei aller Detailfreudigkeit nie das kulturgeschichtlich ‹Ganze› aus dem Auge verliert.

Wesentlich kleiner ist dagegen die Gruppe derer geworden, die in der Germanistik – aufgrund eines sozialen Verantwortungsgefühls – an materialistischen Ableitungstheorien festzuhalten versucht. Während solche Theorien in der DDR lange Zeit die alleingültigen waren und um 1970 auch in der Bundesrepublik von jüngeren Germanisten und Germanistinnen wie Gerhard Bauer, Klaus-Michael Bogdal, Helga Gallas, Marie Luise Gansberg, Bernd Hüppauf, Helmuth Lethen, Burghardt Lindner, Helmut Peitsch, Dieter Richter, Paul Gerhard Völker und Florian Vaßen als wirksame Strategien gegen die idealistisch verbrämte NS-Ideologie und die auf sie folgenden Vertuschungsmanöver eingesetzt wurden, trat im Westen innerhalb dieser Richtung nach 1973/74 das marxistisch-revolutionäre Element wieder in den Hintergrund. Wesentlich stärker machten sich dafür sozialgeschichtliche bzw. sozialpsychologische Sehweisen bemerkbar, die den Anspruch des Gesellschaftsverändernden zugunsten einer kritischen Erklärung und schließlich bloß noch beschreibenden Darstellung aufgaben. Statt weiterhin an bestimmten Klassenperspektiven und der mit ihnen verbundenen dialektischen Geschichtssicht festzuhalten, wurden nach diesem Zeitpunkt selbst im Rahmen der sich noch als ‹links› verstehenden Theoriebildungen die bisherigen Basis-Überbau-Modelle so verkompliziert und schließlich – im Zuge der immer diffuser werdenden ideologischen Situation – durch ein Netzwerk individueller Bezüge und Differenzen ersetzt, daß von den spezifisch marxistischen Elementen fast nichts erhalten blieb. Vor allem die klassenkämpferischen Perspektiven verblaßten zusehends oder wurden durch eine allgemeine Entfremdungsthematik abgelöst, zu deren Begründung diese Gruppe weniger auf *Das Kapital* von Karl Marx als auf die Schriften von Max Weber zurückgriff.

Eine der wenigen Ausnahmen in dieser Hinsicht bildete die Reihe der *Argument*-Bände. In ihr brachte Rüdiger Scholz noch 1990 einen Sammelband mit dem Titel *Kritik der Sozialgeschichtsschreibung* heraus, worin den ins Ästhetische und Psychologische verflachten Sozialgeschichten der deutschen Literatur aus den siebziger und achtziger Jahren – unter Berufung auf spezifisch materialistische Gesichtspunkte – vorgeworfen wurde, den Anspruch einer «kritischen Geschichtsschreibung» auf gutbürgerliche Weise dem «ontologischen Status der Literatur» zum Opfer gebracht zu haben.[117] Doch solche Stimmen verhallten zu diesem Zeitpunkt bereits im ideologischen Abseits. Selbst Bücher wie *The Political Unconscious. Narravite as a Socially Symbolic Act* (1981) und *Postmodernism or, The Cultural Logic of Late Capitalism* (1992 von Fredric Jameson, in denen zwar neben marxistischen auch poststrukturalistische Gesichtspunkte mitverarbeitet wurden, aber dennoch eine sozioökonomische Perspektive bestimmend blieb, erzielten in der Bundesrepublik nicht jene Erfolge, die sie in den Vereinigten Staaten hatten. Vor allem nach der sogenannten Wende in der DDR im Spätherbst 1989 schwächte in beiden Teilen Deutschlands das Interesse an ‹linksverdächtigen› Theorien zusehends ab. Obwohl die meisten Gruppen der ‹Neuen Linken› der frühen siebziger Jahre keineswegs mit der DDR sympathisiert und sich für einen ‹westlichen› Sozialismus eingesetzt hatten, stellten jetzt viele – mit ähnlichen Worten wie Joachim Fest – den Zusammenbruch des Ostblocks als das Ende aller sozialistischen Utopien hin. Und so kam es innerhalb dieser Gruppen weder zu einer ideologischen Umorientierung im Sinne andersgearteter Linkskonzepte noch zu konkreten Unterstützungsmaßnahmen jener Germanisten und Germanistinnen, die nach 1989 in der DDR ‹abgewickelt›, das heißt aus ihren früheren Stellungen an Universitäten oder Akademien entfernt wurden. Und falls sich manche der früheren ‹Neulinken› auf Tagungen, wo auch die Germanistik der Achtundsechziger mitverhandelt wurde, noch einmal an ihre Anfänge erinnerten, neigten sie meist zu vorsichtigen Distanzierungen oder schüttelten verwundert die Köpfe darüber, mit welchem Engagement sie sich zwischen 1968 und 1973/74 in den Bereich der Totalität vorgewagt hätten.

Noch kleiner ist das Lager derjenigen Germanisten und Germanistinnen, die sich unter gesamtgesellschaftlicher Perspektive um die Einbeziehung ökologischer Gesichtspunkte in die Literaturwissenschaft bemühen. Obwohl im Hinblick auf die fortschreitende Zerstörung der lebenserhaltenden Biotope fast alle Menschen seit den siebziger Jahren die gleichen Unsicherheitsgefühle haben, verdrängen viele die hierbei auftauchenden Fragen noch stärker als alles, was mit den politischen und wirtschaftlichen Ursachen der gegenwärtigen Krisen zusammenhängt. Allerdings sind dafür nicht nur psychologisch-egoistische, sondern auch wissenschaftstheoretische Gründe verantwortlich. Schließlich haben sozialhistorische Fragestellungen bereits eine lange und bedeutsame Geschichte akademischer Theoriebildungen hinter sich, während naturbewahrende Ansichten als rein praxisbezogen und damit theoriefeindlich gelten, was heute fast soviel wie unakademisch bedeutet. Ökologische Ansätze sind darum innerhalb der Germanistik – von vereinzelten Publikationen Gernot Böhmes, Hartmut Böhmes, Wolfgang Haedeckes, Jost Hermands, Peter Mattuseks, Peter Morris-Keitels, Michael Niedermeiers und Ulf Schramms einmal abgesehen – äußerst selten. Falls überhaupt wissenschaftliche Tagungen über ökologische Themen stattfinden, beteiligen sich daran meist Biologen, Umweltschützer und Forstwissenschaftler, aber nicht Germanisten, die – mehrheitlich gesehen – vor einem biozentrischen Engagement, das ihnen als berufsfremd erscheint, lieber in die Gefilde der professionellen Betriebsamkeit, ästhetischen Formerkundung oder humanozentrischen Melancholie ausweichen.

Doch dieses Ausweichen vor einem Engagement, von dem unser aller Überleben abhängt, sollte nicht nur ihnen angelastet werden. Auch die Biologen, Umweltschützer und Forstwissenschaftler, denen die herannahenden Katastrophen nur allzu bewußt sind, ja die genau wissen, daß der ‹Punkt der Irreversibilität›, also die nicht wieder rückgängig zu machende Verschmutzung von Wasser, Luft und Erde schon in 40 bis 45 Jahren eintreten könnte, haben bei solchen Tagungen zwar viele kritische Argumente vorzubringen, aber darunter nur wenige, wie diese Entwicklung aufzuhalten sei. Letztlich vertrauen auch die meisten von ihnen weiterhin auf die Vorzüge unserer marktwirtschaftlichen Gesellschaftsordnung, obwohl in dieser – trotz aller beschwichtigenden Erklärungen – die naturausbeuterischen und damit lebensbedrohenden Tendenzen immer stärker werden. Ja, in mancher Hinsicht geht dieses System, in dem eine Ideologie der subjektbetonten, freiheitlichen, pluralistischen, kurz: ‹offenen› Gesellschaft herrscht, die ihre Legitimierung vornehmlich aus ihrem Affekt gegen alle planerischen, totalitären Maßnahmen zieht, mit der Natur noch vandalistischer um als alle anderen Systeme vor ihm. Nach den Erfahrungen des Stalinismus und Faschismus ist dieser Affekt gegen alles Dirigistische, von oben Geplante einerseits durchaus verständlich, hat jedoch andererseits zu einer Totaldiffamierung aller sozialbezogenen, kollektiven Konzepte geführt, welche in sinnvoll abgewandelter Form die einzigen wären, die uns wieder aus dem selbstverschuldeten Dilemma herausführen könnten. Solange also – trotz aller Warnungen des ‹Club of Rome› – das Prinzip der durch nichts eingeschränkten Selbstverwirklichung des einzelnen das ideologisch motivierte Leitziel der gegenwärtigen Industriestaaten bleibt, werden wir weiterhin in einer technisch durchrationalisierten Wirtschaftsordnung leben, deren wichtigster Fetisch die nachdrückliche Akzeleration der ökonomischen Expansionsrate ist.

Es wäre darum höchste Zeit, auch im germanistischen Diskurs, der sich so oft gesamtgesellschaftlich relevanter Tendenzen angenommen hat, wieder ideologische Leitvorstellungen auf die Tagesordnung zu setzen, welche durch die Zurücknahme allzu krasser Selbstverwirklichungsvorstellungen zu einer Dämpfung der technologisch-ökonomischen Expansionsraserei beitragen könnten. Doch solchen Forderungen, wie sie etwa Hans Jonas, Carl Friedrich von Weizsäcker und Klaus Michael Meyer-Abich aufstellten, stehen in der Geistes- und Kulturwissenschaft vorerst noch viele Schranken entgegen. Schließlich leben die Privilegierten dieser Fächer, die verbeamtet sind, im Augenblick noch im Zustand der bestmöglichen Welt. Die auf Naturausbeutung beruhenden technischen Innovationen bieten ihnen einen vergleichsweise hohen Lebensstandard – und die Natur ist zwar schon erkrankt, aber noch leidlich ‹grün›. Große Teile dieser Schichten verdrängen daher ihre ökologischen Unsicherheitsgefühle, mit anderen Worten: zerstreuen sich im Rahmen der Massenmedienangebote, genießen die professionelle Betriebsamkeit oder ziehen sich in hochkulturelle Reservate zurück. Selbst da, wo sie sich Ausflüge ins Interdisziplinäre leisten, bemühen sich die Wortführenden solcher Tendenzen nur in Ausnahmefällen um ein gesamtgesellschaftliches Telos, sondern befürworten selbst im Rahmen fächerübergreifender Arbeiten meist subjektive Lösungen überindividueller Probleme. Wen nimmt es da wunder, wenn sich im Vorwort zu einem der jüngsten Bücher über die Legitimationskrise der Germanistik der pauschalisierende Satz findet: «Dieses Fach will nirgendwohin und auf nichts hinaus.»[118]

Meines Erachtens wird das Gerede über die mangelnde Legitimation der Germanistik erst dann aufhören, wenn sich ihre psychologisch-existentiellen, formalistisch-ästhetisierenden sowie postmodern-orientierten Richtungen nicht nur damit begnügen, im Rahmen immer neuer Theorien und Stoffgebiete den angeblich irritierenden, aber letztlich systemkonformen subjektiven Faktor herauszustellen, sondern sich zugleich – wie die sozialgeschichtlichen, kulturwissenschaftlichen, materialistischen und ökologischen Richtungen – um neue Geschichtsentwürfe und damit verbundene Sinnstiftungen sozialer Art bemühten, welche über rein persönlichkeitserweiternde Intellektuellenbedürfnisse hinausgehen. Auch die Vertreter der betont subjektbezogenen Richtungen sollten wieder Gesellschaftsformen, ja sogar Utopien ins Auge fassen, die im Hinblick auf die gegenwärtige Gesellschaftsordnung den Akzent weniger auf das Marktgerechte als das Soziale legten, also unter einem demokratischen Verhalten nicht so sehr eine als positiv zu empfindende Konkurrenz- und Leistungsgesinnung innerhalb einer egoistischen Konsummentalität als einen sozial fundierten Sinn für das ökonomisch-ökologische Gesamtwohl ihrer Region, ihres Landes, wenn nicht der gesamten Welt verständen.

Nur im Zusammenspiel all dieser Bemühungen könnte die Germanistik, die zur Zeit in einigen Bereichen etwas auf der Stelle tritt, wieder einen vorwärtsweisenden, vielleicht sogar avantgardistischen Charakter bekommen. Allerdings würde dazu in allen ihrer Unterdisziplinen eine Haltung gehören, welche nicht nur im Hinblick auf Politik und Wirtschaft, sondern auch auf Kultur und Literatur wieder ein kritisches, auf gesellschaftliche Wirksamkeit bedachtes Verantwortungsgefühl entwickelte. Statt im Bereich des Literarischen das Vergangene nur als Vergangenes und das Gegenwärtige nur als Gegenwärtiges zu betrachten, müßten sich sämtliche Sparten der Germanistik wieder um ein der Wohlfahrt der Gesamtgesellschaft dienendes Bewußtsein bemühen, das sich mit beidem – dem Vergangenen wie dem Gegenwärtigen – in erster Linie im Hinblick auf das Zukünftige beschäftigte. Nur so könnten sie jenem drohenden Verlust an historischem Bewußtsein entgegenwirken, der nicht nur in den Massenmedien, sondern auch in vielen als postmodern bezeichneten Kulturtheorien einerseits zu einem museal-zitierbaren, wenn nicht ausplündernden Umgang mit einer entgeschichtlichten Vergangenheit, andererseits zu einer publizistischen Verflachung im Umgang mit der Gegenwart geführt hat. Und bieten nicht die germanistischen Disziplinen als Bestandteil der historischen Wissenschaften für ein solches Unterfangen eine besonders günstige

Ausgangsposition? Wenn sie ihren Studenten und Studentinnen nicht nur die nötige ästhetische Sensibilität, sondern auch ein Verständnis für die geschichtlich bedingte Form-Inhalt-Dialektik aller literarischen Werke nahebringen, könnten gerade sie ein besonders scharfes Bewußtsein dafür vermitteln, worin sich die intellektuellen, seelischen und ästhetischen Mangelerscheinungen unserer Zeit manifestieren und wie es zu ihnen gekommen ist.

Um zu einem solchen Erkenntnisinteresse vorzudringen, gehörte allerdings eine Gesinnung, die wieder das *totum* des geschichtlichen Gesamtprozesses ins Auge faßte. Sie setzte also neben dem erforderlichen Erkenntnisdrang sowohl ein breites historisches Wissen und ein keine Hemmnisse scheuendes politisches Engagement als auch ein über die menschlichen Bedürfnisse hinausgehendes Naturverständnis voraus. Auf der Grundlage einer solchen Haltung könnten auch die in professionalisierten oder ästhetisierenden Subsystemen wirkenden Angehörigen dieses Fachs wieder einen Blick für die politischen, ökonomischen und sozialen Rahmenbedingungen aller kulturellen Phänomene bekommen und somit nicht nur die Literatur, sondern auch ihre eigenen wissenschaftlichen Aktivitäten in größere Zusammenhänge einordnen. Erst dann wären sie fähig, erneut überindividuelle Entscheidungen zu treffen und in aller Offenheit zu bekennen, wie sie sich eine kritische oder dialektische Aneignung des kulturellen Erbes innerhalb der heutigen Krisen- und Überlebensdebatten vorstellen. Dazu gehörte jedoch, daß sie die Literatur wieder stärker unter dem Gesichtspunkt des Entwicklungsgeschichtlichen betrachten. Statt rein professionelle Zielsetzungen ins Auge zu fassen, sich mit ästhetischen Extravaganzen zu beschäftigen oder einer vordergründigen Journalisierung zu verfallen, die über einer bestimmten Tagesmode jene Fragen vergißt, deren Antworten sich nur im Hinblick auf die gesellschaftliche Gesamtsituation finden ließen, sollte die germanistische Literaturwissenschaft, und zwar in allen ihren Richtungen, weiterhin interpretatorisch an jenem unendlichen Prozeß einer aufklärerischen Vergesellschaftung des Menschen mitzuwirken versuchen, an dessen Ende nicht die zweckinstrumentale, alleszerstörende Rationalität, sondern eine ‹Kultur› im besten Sinn des Wortes steht, die auf einem sinnvoll geregelten Stoffwechsel mit der Natur und damit einer wahrhaft humanen Haltung der Zukunft gegenüber beruht.

Neben der Kritik an den bestehenden Zuständen und der Arbeit an sie überwindenden neuen Leitvorstellungen könnte hierbei die Germanistik auch aus der Beschäftigung mit jenen literarischen Werken, die noch vor der «neuzeitlichen Physikalisierung des Weltbildes» entstanden sind, neue Impulse gewinnen und somit den gegenwärtigen «intellektuellen Tiefstand» in den Geisteswissenschaften überwinden, wie Hartmut Böhme jüngst erklärte. Es dürfe heute keine Germanistik mehr geben, schrieb er weiter, die sich – vor dem Hintergrund einer andersgearteten Vergangenheit – nicht ständig bewußt wäre, daß wir heutzutage in einer Welt des enthistorisierenden «Szientifizierungsdrucks» von seiten der Naturwissenschaften, der «Suizid-Programme» der neuen Technologien sowie einer «Verschwendungs- und Ausplünderungswirtschaft zu Lasten der dritten und vierten Länder sowie der Natur» leben. Falls die Germanistik vor solchen Problemen die Augen schlösse, behauptete er mit bewundernswerter Entschiedenheit, «so verdiente sie ihren Abschied».[119]

Dies sind goldene Worte, die in das Stammbuch eines jeden Germanisten und einer jeden Germanistin gehörten. Schließlich wird auch dieses Fach nur dann eine Zukunft haben, wenn wir uns alle für diese Zukunft einsetzen. Im Vergleich zu den Real-, Natur- und Wirtschaftswissenschaften ist zwar die Germanistik eine schwache, relativ ohnmächtige Wissenschaft, die trotz ihrer vielen Studenten und Studentinnen nur einen bescheidenen Wirkungsradius in der Gesellschaft hat. Dennoch sollte sie, wie auch die anderen Kultur- und Geisteswissenschaften, nicht davon ablassen, mit den ihr zur Verfügung stehenden Erkenntnismethoden nach den Ursachen der gegenwärtigen Krisen zu fragen, statt sich einfach mit dem herrschenden Status quo abzufinden. Daß sie sich in der Vergangenheit – vor allem im Hinblick auf einen übersteigerten Nationalismus – häufig auf der falschen Seite engagiert hat, sollte sie nicht verführen, sich überhaupt nicht mehr für politische oder gesellschaftliche Reformvorstellungen einzusetzen, sondern sie im Gegenteil herausfordern, sich auf der richtigen Seite, nämlich der eines auch die natürliche Mitwelt des Menschen berücksichtigenden sozialen Verantwortungsgefühls zu engagieren. Bei der Dringlichkeit der gegebenen Situation, die uns keine großen Aufschübe mehr erlaubt, müßte sie dies als ihren höchsten Auftrag empfinden.

Anmerkungen

1 Klaus Weimar: Geschichte der deutschen Literaturwissenschaft bis zum Ende des 19. Jahrhunderts, München 1989, S. 21.
2 Daniel Georg Morhof: Unterricht von der teutschen Sprache und Poesie, deren Ursprung, Fortgang und Lehrsätzen, Kiel 1632, S. 650 f.
3 Klaus Weimar: Geschichte, S. 116.
4 Zit. nach Johannes Janota (Hrsg.): Eine Wissenschaft etabliert sich 1810 bis 1970, Tübingen 1980, S. 63 f.
5 Jacob und Wilhelm Grimm: Deutsche Sagen, 2. Aufl., Berlin 1865, S. V.
6 Johannes Janota: Eine Wissenschaft etabliert sich, S. 18.
7 Karl Lachmann: Auswahl aus den hochdeutschen Dichtern des 13. Jahrhunderts, Berlin 1820, S. XXI.
8 Zit. nach Holger Dainat und Rainer Kolk: «Geselliges Arbeiten». Bedingungen und Strukturen der Kommunikation in den Anfängen der Deutschen Philologie. In: Deutsche Vierteljahrsschrift, Sonderheft, 1987, S. 31.
9 Uhlands Schriften zur Geschichte der Dichtung und Sage. Hrsg. von Wilhelm Holland u. a., Bd. 1, Stuttgart 1865, S. 17.
10 Vgl. Rainer Rosenberg: Zehn Kapitel zur Geschichte der Germanistik, Berlin 1981, S. 28.
11 Zit. in Bernd Hüppauf (Hrsg.): Literaturgeschichte zwischen Revolution und Reaktion 1830–1870, Frankfurt/Main 1972, S. 59.
12 Theodor Wilhelm Danzel: Zur Literatur und Philosophie der Goethezeit. Hrsg. von Hans Mayer, Stuttgart 1962, S. 127.
13 Rudolf Haym: Die romantische Schule, Berlin 1870, S. 4.
14 Konrad Burdach: Über deutsche Erziehung. In: Anzeiger für deutsches Altertum 12, 1886, S. 160.
15 Zit. in Fritz Martini: Deutsche Literatur im bürgerlichen Realismus 1848–1898, 2. Aufl., Stuttgart 1964, S. 99.
16 Wilhelm Scherer: Kleine Schriften, 2. Aufl., Berlin 1893, S. 67.
17 Ebd., S. 58.
18 Zit. in Gunter Reiss: Materialien zur Ideologiegeschichte der deutschen Literaturwissenschaft, Bd. 1, Tübingen 1973, S. 13.
19 Rudolf Unger: Gesammelte Studien, Bd. 1, Berlin 1929, S. 4 f.
20 Zit. in Franz Greß: Germanistik und Politik. Kritische Beiträge zur Geschichte einer nationalen Wissenschaft, Stuttgart 1971, S. 132.
21 Vgl. Gunter Reiss: Materialien, Bd. 1, S. 80.

22 Zeitschrift für den deutschen Unterricht, 6. Ergänzungsheft, 1909, S. 8.
23 Zeitschrift für den deutschen Unterricht, 7. Ergänzungsheft, 1910, S. 3.
24 Zit. in Klaus Röther: Die Germanistenverbände und ihre Tagungen, Köln 1980, S. 127.
25 Ebd., S. 131.
26 Ebd., S. 156.
27 Ebd., S. 192.
28 Gustav Roethe: Wege der deutschen Philologie (1923). Zit. in Gunter Reiss: Materialien, Bd. 2, S. 15–18.
29 Fritz Strich: Deutsche Klassik und Romantik, München 1922, S. 253.
30 Zit. in Gisela Schrey: Literaturästhetik der Psychoanalyse und ihre Rezeption in der deutschen Germanistik vor 1933, Frankfurt/Main 1975, S. 99.
31 Max Weber: Wirtschaft und Gesellschaft, Tübingen 1925, S. 9.
32 Arnold Hirsch: Soziologie und Literaturgeschichte, In: Euphorion 29, 1928, S. 74–82.
33 Zit. in Klaus Röther: Die Germanistenverbände, S. 239.
34 Julius Petersen: Die Sehnsucht nach dem Dritten Reich in deutscher Sage und Dichtung, Stuttgart 1934, S. 1, 61.
35 Heinz Kindermann (Hrsg.): Des deutschen Dichters Sendung in der Gegenwart, Leipzig 1933, S. 7.
36 Karl Viëtor: Die Wissenschaft vom deutschen Menschen in seiner Zeit. In: Zeitschrift für deutsche Bildung 9, 1933, S. 344.
37 Hermann August Korff: Die Forderung des Tages. In: Zeitschrift für Deutschkunde 47, 1933, S. 342.
38 Martin Heidegger: Hölderlin und das Wesen der Dichtung, München 1937, S. 12.
39 Hermann Pongs: Neue Aufgaben der Literaturwissenschaft, 2. Aufl., Marburg 1960, S. 453.
40 Dichtung und Volkstum 38, 1937, S. 314.
41 Horst Oppel: Die Literaturwissenschaft der Gegenwart, Stuttgart 1939, S. 169.
42 Zeitschrift für deutsche Bildung 12, 1936, S. 290.
43 Zit. in Gerhard Sauder (Hrsg.): Zum 10. Mai 1933. Die Bücherverbrennung, München 1983, S. 250–254.
44 Josef Nadler: Literaturgeschichte des Deutschen Volkes. Dichtung und Schrifttum der deutschen Stämme und Landschaften, Bd. 4, Berlin 1941, S. 213.
45 Ludwig Büttner: Gedanken zu einer biologischen Literaturbetrachtung, München 1939, S. 10.
46 Heinz Otto Burger: Die rassischen Kräfte im deutschen Schrifttum. In: Zeitschrift für Deutschkunde 48, 1934, S. 476.
47 Herbert Cysarz: Das Periodenprinzip in der Literaturwissenschaft. In Emil Ermatinger (Hrsg.): Philosophie der Literaturwissenschaft, Berlin 1930, S. 106.
48 Vgl. Klaus Röther: Die Germanistenverbände, S. 283.
49 Heinz Otto Burger: Die deutsche Sendung im Bekenntnis der Dichter: In Gerhard Fricke, Franz Koch und Klemens Lugowski (Hrsg.): Von deutscher Art in Sprache und Dichtung, Bd. 5, Berlin 1941, S. 305.

50 Paul Kluckhohn: Deutsche Literaturwissenschaft 1933–1940. In: Forschungen und Fortschritte 17, 1941, H. 4/5, S. 38.
51 Martin Heidegger: Holzwege, 2. Aufl., Frankfurt/Main 1950, S. 28.
52 Ebd., S. 28.
53 Erich Ruprecht: Heideggers Bedeutung für die Literaturwissenschaft. In: Martin Heideggers Einfluß auf die Wissenschaften, Bern 1949, S. 137.
54 Johannes Pfeiffer: Über das Dichterische und den Dichter, Hamburg 1956, S. 14.
55 Ebd., S. 181, 176.
56 Otto Friedrich Bollnow: Neue Geborgenheit, Stuttgart 1956, S. 57.
57 Karl Viëtor: Deutsche Literaturgeschichte als Geistesgeschichte. Ein Rückblick. In: Publications of the Modern Language Association 60, 1945, S. 915.
58 Kurt May: Über die gegenwärtige Situation einer deutschen Literaturwissenschaft. In: Trivium 5, 1947, S. 300.
59 Horst Oppel: Morphologische Literaturwissenschaft, Mainz 1947, S. 108.
60 Wolfgang Kayser: Das sprachliche Kunstwerk, Bern 1948, S. 5.
61 Zit. in Martin Doehlemann: Germanisten in Schule und Hochschule. Geltungsanspruch und soziale Wirklichkeit, München 1975, S. 113 f.
62 Emil Staiger: Die Kunst der Interpretation, Zürich 1955, S. 10.
63 Ebd., S. 12.
64 Erich Trunz: Über das Interpretieren deutscher Dichtungen. In: Studium generale 5, 1952, H. 2, S. 65–68.
65 Zit. in Jürgen Hauff, Albrecht Heller, Bernd Hüppauf, Lothar Köhn und Klaus-Peter Philippi (Hrsg.): Methodendiskussion, Bd. 2, Frankfurt/Main 1971, S. 56.
66 Heinz Otto Burger: Methodische Probleme der Interpretation. In: Germanisch-Romanische Monatsschrift 32, 1950–51, S. 81.
67 Wolfgang Kayser: Das sprachliche Kunstwerk, S. 5.
68 Ebd., S. 387.
69 Paul Böckmann: Formgeschichte der deutschen Dichtung, Bd. 1, Hamburg 1949, S. 8.
70 Peter Szondi: Theorie des modernen Dramas, Frankfurt/Main 1963, S. 162.
71 Friedrich Sengle: Zum Problem der modernen Dichterbiographie. In: Deutsche Vierteljahrsschrift für Literaturwissenschaft und Geistesgeschichte 26, 1952, S. 102f, 108.
72 Fritz Martini: Wieland-Forschung. In: Deutsche Vierteljahrsschrift 24, 1950, S. 278.
73 Zit. in Jürgen Scharfschwerdt: Literatur und Literaturwissenschaft in der DDR, Stuttgart 1982, S. 78.
74 Benno von Wiese: Zwischen Utopie und Wirklichkeit. Studien zur deutschen Literatur, Düsseldorf 1963, S. 28.
75 Peter Demetz: Marx, Engels und die Dichter, Stuttgart 1959, S. 13.
76 Levin L. Schücking: Soziologie der literarischen Geschmacksbildung, 3. Aufl., Bern 1961, S. 75.
77 Horst Rüdiger: Zwischen Interpretation und Geistesgeschichte. In: Euphorion 57, 1963, S. 242.

78 Benno von Wiese und Rudolf Henß (Hrsg.): Nationalismus in Germanistik und Dichtung, Berlin 1967, S. 13.
79 Hans Robert Jauss: Literaturgeschichte als Provokation der Literaturwissenschaft, Frankfurt/Main 1970, S. 152.
80 Thomas Metscher: Dialektik und Formalismus. Kritik des literaturwissenschaftlichen Idealismus am Beispiel Peter Szondi, Berlin 1978, S. 2.
81 Jürgen Habermas: Kleine politische Schriften I–IV, Frankfurt/Main 1981, S. 186.
82 Gerhard Kaiser: Neue Ansichten eines Germanisten 1974–1975, Kronberg 1976, S. 36.
83 Friedrich Sengle: Literaturgeschichtsschreibung ohne Schulungsauftrag. Werkstattberichte, Methodenlehre, Kritik, Tübingen 1980, S. 93.
84 Dieter Richter: Wissenschaft und Lehrerausbildung. In Wilfried Gottschalch (Hrsg.): Berufspraxis, Frankfurt/Main 1973, S. 53.
85 Peter Eisenberg und Hartmut Haberland: Das gegenwärtige Interesse an der Linguistik, Berlin 1979, S. 220.
86 Renate Lachmann: Zum Umgang mit Texten. In Jürgen Kolbe (Hrsg.): Neue Ansichten einer künftigen Germanistik, München 1973, S. 220.
87 Hans U. Gumbrecht: Konsequenzen der Rezeptionsästhetik oder Literaturwissenschaft als Kommunikationssoziologie. In: Poetica 7, 1975, S. 388–413.
88 Norbert Groeben: Empirische Literaturwissenschaft. In Dietrich Harth und Peter Gebhardt (Hrsg.): Erkenntnis der Literatur. Theorien, Konzepte, Methoden, Stuttgart 1982, S. 273.
89 Niklas Luhmann: Liebe als Passion, Frankfurt/Main 1982, S. 9.
90 Wilhelm Voßkamp: Gattungen als literarisch-soziale Institutionen. In Walter Hinck (Hrsg.): Textsortenlehre – Gattungsgeschichte, Heidelberg 1977, S. 29.
91 Renate von Heydebrand, Dieter Pfau und Jörg Schönert (Hrsg.): Zur theoretischen Grundlegung einer Sozialgeschichte der Literatur. Ein struktural-funktionaler Entwurf, Tübingen 1988, S. 10.
92 Umberto Eco: Zeichen. Einführung in einen Begriff und seine Geschichte, Frankfurt/Main 1977, S. 21.
93 Ebd., S. 185.
94 Manfred Bierwisch: Strukturalismus, Geschichte, Probleme und Methode. In: Kursbuch 5, 1966, S. 150f.
95 Robert Weimann: Literaturgeschichte und Mythologie. Methodologische und historische Studien, Berlin 1974, S. 281.
96 Wolfgang Thierse und Dieter Kliche: DDR-Literaturwissenschaft in den siebziger Jahren. In: Weimarer Beiträge 1985, S. 276.
97 Ebd., S. 280.
98 Odo Marquard: Identität. Schwundtelos und Mini-Essenz. In Odo Marquard und Karlheinz Stierle (Hrsg.): Identität, München 1979, S. 347.
99 Renate Möhrmann: Feministische Ansätze in der Germanistik seit 1945. In: Jahrbuch für Internationale Germanistik 11, 1979, S. 69.
100 Barbara Becker-Cantarino: Perspektiven einer feministischen Germanistik. In Johannes Janota (Hrsg.): Kultureller Wandel und die Germanistik in der Bundesrepublik, Tübingen 1993, Bd. 4, S. 260.

101 Roland Barthes: Die Lust am Text, Frankfurt/Main 1974, S. 8, 79, 92.
102 Jacques Derrida: Die Schrift und die Differenz, Frankfurt/Main 1991, S. 416.
103 Paul de Man: Allegories of Reading, New Haven 1979, S. 249.
104 Wolfgang Welsch: Unsere postmoderne Moderne, 2. Aufl., Weinheim 1988, S. 6.
105 Andreas Huyssen und Klaus Scherpe: Postmoderne. Zeichen eines kulturellen Wandels, Reinbek 1986, S. 7.
106 Walter Benjamin: Illuminationen, Frankfurt/Main 1961, S. 257.
107 Lutz Niethammer: Posthistoire. Ist die Geschichte zu Ende?, Reinbek 1989, S. 8.
108 Lutz Danneberg und Friedrich Vollhardt (Hrsg.): Vom Umgang mit Literatur und Literaturgeschichte. Positionen und Perspektiven nach der «Theoriedebatte», Stuttgart 1992, S. 7.
109 Odo Marquard: Verspätete Moralistik. In: Kursbuch 91, 1988, S. 14.
110 Hans Peter Herrmann: Abschaffung der Geisteswissenschaften? In Jürgen Förster, Eva Neuland und Gerhard Rupp (Hrsg.): Wozu noch Germanistik?, Stuttgart 1989, S. 54f.
111 Jörn Garber: Literaturgeschichte als Sozialgeschichte. In: Argument 134, 1982, S. 551.
112 Claudia Albert: Diskursanalyse in der Literaturwissenschaft der Bundesrepublik. In: Argument 134, 1982, S. 561.
113 Klaus-Michael Bogdal (Hrsg.): Neue Literaturtheorien, Opladen 1990, S. 26f.
114 Raimund Kemper: Zur öffentlichen Bedeutung der Literaturhistorie. In: Wozu noch Germanistik?, vgl. Anm. 110, S. 144.
115 Sabine Lang: Postmoderne und Politik. Kritische Anmerkungen zum subjektiven Pluralismus der Gegenwart. In Frithjof Hager (Hrsg.): Geschichte denken, Leipzig 1992, S. 170.
116 Zit. in Heinz Geiger, Albert Klein und Jochen Vogt (Hrsg.): Literatur und Literaturwissenschaft, Düsseldorf 1973, S. 87f.
117 Hans Peter Herrmann: Sozialgeschichte oder Kunstautonomie? Zur Problematik neuerer Geschichten der deutschen Literatur. In Rüdiger Scholz (Hrsg.): Kritik der Sozialgeschichtsschreibung, Berlin 1990, S. 210.
118 Frank Griesheimer und Alois Prinz (Hrsg.): Wozu Literaturwissenschaft?, München 1991, S. 16.
119 Hartmut Böhme: Germanistik in der Herausforderung durch den technischen und ökonomischen Wandel. In Johannes Janota (Hrsg.): Kultureller Wandel und die Germanistik in der Bundesrepublik, Tübingen 1993, Bd. 1, S. 30–33.

Auswahlbibliographie

Epochenübergreifende Darstellungen, Einführungen, Textsammlungen und Forschungsberichte

Mahrholz, Werner: Literaturgeschichte und Literaturwissenschaft, Berlin 1923.
Ermatinger, Emil: Philosophie der Literaturwissenschaft, Berlin 1930.
Dünninger, Josef: Geschichte der deutschen Philologie. In Wolfgang Stammler (Hrsg.): Deutsche Philologie im Aufriß, 2. Aufl., Berlin 1957, S. 83–222.
Wellek, René und Austin Warren: Theorie der Literatur, Berlin 1958.
Lunding, Erik: Literaturwissenschaft. In: Reallexikon der deutschen Literaturgeschichte, Bd. 2, Berlin 1965, S. 193–212.
Mayer, Hans: Literaturwissenschaft in Deutschland. In Wolf-Hartmut Friedrich und Walther Killy (Hrsg.): Fischer-Lexikon Literatur, Bd. 2, 1, Frankfurt/Main 1965, S. 317–333.
Wellek, René: Grundbegriffe der Literaturkritik, Stuttgart 1965.
Hermand, Jost: Literaturwissenschaft und Kunstwissenschaft. Methodische Wechselbeziehungen seit 1900, Stuttgart 1965.
Conrady, Karl Otto: Einführung in die Neuere deutsche Literaturwissenschaft, Reinbek bei Hamburg 1966.
Lämmert, Eberhard: Germanistik – eine deutsche Wissenschaft. In Ders., Walther Killy, Karl Otto Conrady und Peter von Polenz: Germanistik – eine deutsche Wissenschaft, Frankfurt/Main 1967, S. 7–41.
Hermand, Jost: Synthetisches Interpretieren. Zur Methodik der Literaturwissenschaft, München 1968.
Herrlitz, Hans-Georg: Der Lektürekanon des Deutschunterrichts im Gymnasium, Heidelberg 1969.
Maren-Grisebach, Manon: Methoden der Literaturwissenschaft, Bern–München 1970.
Salm, Peter: Drei Richtungen der Literaturwissenschaft: Scherer, Walzel, Staiger, Tübingen 1970.

Grimm, Reinhold und Jost Hermand (Hrsg.): Die Klassik-Legende, Frankfurt/Main 1971.
Greß, Franz: Germanistik und Politik. Kritische Beiträge zur Geschichte einer nationalen Wissenschaft, Stuttgart 1971.
Hauff, Jürgen, Albrecht Heller, Bernd Hüppauf, Lothar Köhn und Klaus-Peter Philippi: Methodendiskussion. Arbeitsbuch zur Literaturwissenschaft, Frankfurt/Main 1971.
Neumann, Friedrich: Studien zur Geschichte der deutschen Philologie, Berlin 1971.
Žmegač, Viktor (Hrsg.): Methoden der Literaturwissenschaft. Eine Dokumentation, Frankfurt/Main 1971.
Breuer, Dieter und Paul Hocks (Hrsg.): Literaturwissenschaft. Eine Einführung für Germanisten, Frankfurt/Main 1973.
Cepl-Kaufmann, Gertrude und Winfried Hartkopf: Germanistikstudium. Einführung in das Studium der Literaturwissenschaft, Stuttgart 1973.
Glaser, Horst Albert: Methoden der Literaturgeschichtsschreibung. In Heinz Ludwig Arnold und Volker Sinemus (Hrsg.): Grundzüge der Literatur- und Sprachwissenschaft, München 1973, S. 413 bis 431.
Harth, Dietrich (Hrsg.): Propädeutik der Literaturwissenschaft, München 1973.
Reiss, Gunter (Hrsg.): Materialien zur Ideologiegeschichte der deutschen Literaturwissenschaft. Bd. 1: Von Scherer bis zum Ersten Weltkrieg, Bd. 2: Vom Ersten Weltkrieg bis 1945, Tübingen 1973.
Frank, Hans Joachim: Dichtung, Sprache, Menschenbildung. Geschichte des Deutschunterrichts von den Anfängen bis 1945, München 1973.
Anonym: Das Räuberbuch. Die Rolle der Literaturwissenschaft in der Ideologie des deutschen Bürgertums am Beispiel von Schillers «Die Räuber», Frankfurt/Main 1974.
Cramer, Thomas und Horst Wenzel (Hrsg.): Literaturwissenschaft. Ein Lesebuch zur Fachgeschichte der Germanistik, München 1975.
Doehlemann, Martin: Germanisten in Schule und Hochschule. Geltungsanspruch und soziale Wirklichkeit, München 1975.
Pasternack, Gerhard: Theoriebildung in der Literaturwissenschaft.

Einführung in die Grundfragen des Methodenpluralismus, München 1975.

Gutzen, Dieter, Norbert Oellers und Jügen H. Petersen: Einführung in die neuere deutsche Literaturwissenschaft, Berlin 1976.

Weimar, Klaus: Zur Geschichte der Literaturwissenschaft. Forschungsbericht. In: Deutsche Vierteljahrsschrift für Literaturwissenschaft und Geistesgeschichte 50, 1976, S. 298–365.

Berghahn, Klaus L. und Renate Pinkerneil: Am Beispiel «Wilhelm Meister». Einführung in die Wissenschaftsgeschichte der Germanistik, Königstein 1980.

Röther, Klaus: Die Germanistenverbände und ihre Tagungen, Köln 1980.

Rosenberg, Rainer: Zehn Kapitel zur Geschichte der Germanistik, Berlin 1980.

Sauder, Gerhard: Fachgeschichte und Standortbestimmung. In Dietrich Harth und Peter Gebhardt (Hrsg.): Erkenntnis der Literatur, Stuttgart 1982, S. 321–343.

Blinn, Hansjürgen: Informationshandbuch Deutsche Literaturwissenschaft, Frankfurt/Main 1982.

Pischel, Joseph (Hrsg.): 125 Jahre Germanistik an der Universität Rostock, Rostock 1983.

Bahner, Werner und Werner Neumann (Hrsg.): Sprachwissenschaftliche Germanistik. Ihre Herkunft und Begründung, Berlin 1985.

Denneler, Iris und Norbert Miller: Germanistik. In Tilman Buddensieg, Kurt Düwell und Klaus-Jürgen Sembach: Wissenschaften in Berlin, Berlin 1987, S. 88–95.

König, Christoph: Fachgeschichte im Deutschen Literaturarchiv. Programm und erste Ergebnisse. In: Jahrbuch der Deutschen Schillergesellschaft 32, 1988, S. 377–405.

Rosenberg, Rainer: Literaturwissenschaftliche Gemanistik. Zur Geschichte ihrer Probleme und Begriffe, Berlin 1989.

Prinz, Wolfgang und Peter Weingart (Hrsg.): Die sog. Geisteswissenschaften. Innenansichten, Frankfurt/Main 1990.

Fohrmann, Jürgen: Organisation, Wissen, Leistung. Konzeptuelle Überlegungen zu einer Wissenschaftsgeschichte der Germanistik. In: Internationales Archiv für Sozialgeschichte der deutschen Literatur 16, 1991, S. 110–125.

Brackert, Helmut und Jörn Stückrath (Hrsg.): Literaturwissenschaft. Ein Grundkurs, Reinbek bei Hamburg 1992.
Brenner, Peter J. (Hrsg.): Geist, Geld und Wissenschaft. Arbeits- und Darstellungsformen von Literaturwissenschaft, Frankfurt/Main 1993, mit Beiträgen von Holger Dainat, Lutz Danneberger, Heinrich Kaulen, Jürgen Fohrmann, Kerstin Stüssel, Norbert Oellers, Michael S. Batts, Martin Huber, Peter Strohschneider, Herfried Vögel, Matthias Luserke, Rainer Kolk und Jörg Schönert.
Wyss, Ulrich: Erlanger Germanisten-Chronik. In Henning Kössler (Hrsg.): 250 Jahre Friedrich-Alexander-Universität Erlangen-Nürnberg, Erlangen 1993, S. 589–627.

Einzeluntersuchungen zu folgenden Zeiträumen
1. *Von den Anfängen bis zum Ende des 19. Jahrhunderts*

Raumer, Rudolf von: Geschichte der germanischen Philologie, vorzugsweise in Deutschland, München 1870.
Paul, Hermann: Geschichte der germanischen Philologie. In Ders. (Hrsg.): Grundriß der germanischen Philologie, Bd. 1, Straßburg 1901, S. 9–158.
Matthias, Adolf: Geschichte des deutschen Unterrichts, München 1907.
Körner, Josef: Nibelungenforschungen der deutschen Romantik, Leipzig 1911.
Hopf, Wilhelm: August Vilmar. Ein Lebens- und Zeitbild, 1913.
Lempicki, Sigmund von: Geschichte der deutschen Literaturwissenschaft bis zum Ende des 18. Jahrhunderts, Göttingen 1920.
Schultz, Franz: Die Entwicklung der Literaturwissenschaft von Herder bis Wilhelm Scherer. In Emil Ermatinger (Hrsg.): Philosophie der Literaturwissenschaft, Berlin 1930, S. 2–42.
Scherer, Michael: Wilhelm Dilthey und die Wissenschaft von der Dichtung, Diss. München 1950.
Schlawe, Fritz Ernst: Friedrich Theodor Vischer als Literaturhistoriker. Diss. Tübingen 1953.
Jahn, Jürgen: Einleitung. In Hermann Hettner: Schriften zur Literatur, Berlin 1959, S. V–XLVII.
Dietze, Walter: Georg Gottfried Gervinus als Historiker der deutschen Nationalliteratur. In: Sinn und Form 11, 1959, S. 445–467.

Erler, Gotthard: Einführung. In Hermann Hettner: Geschichte der deutschen Literatur im 18. Jahrhundert, Bd. 1, Berlin 1961, S. XI–LXXIV.

Ders.: Einführung. In Georg Gottfried Gervinus: Schriften zur Literatur, Berlin 1962, S. 5–74.

Howald, Ernst: Der Literaturhistoriker Rudolf Haym. In Ders.: Deutsch-französisches Mosaik, Zürich 1962, S. 199–216.

Mayer, Hans: Danzel als Literaturhistoriker. In Theodor Wilhelm Danzel: Zur Literatur und Philosophie der Goethezeit. Gesammelte Aufsätze, Stuttgart 1962, S. 5–42.

Boehlich, Walter: Aus dem Zeughaus der Germanistik. Die Brüder Grimm und der Nationalismus. In: Monat 18, 1966, S. 56–68.

Feldmann, Roland: Jacob Grimm und die Politik, Kassel 1971.

Denecke, Ludwig: Jacob Grimm und sein Bruder Wilhelm, Stuttgart 1971.

Peschken, Bernd: Gervinus und Danzel als Vertreter entgegengesetzter Richtungen in der Literaturauslegung. In: Monatshefte 63, 1971, S. 209–219.

Hüppauf, Bernd (Hrsg.): Literaturgeschichte zwischen Revolution und Reaktion 1830–1871, Frankfurt/Main 1972.

Peschken, Bernd: Versuch einer germanistischen Ideologiekritik. Goethe, Lessing, Novalis, Tieck, Hölderlin, Heine in Wilhelm Diltheys und Julian Schmidts Vorstellungen, Stuttgart 1972.

Müller, Hans-Harald: Barockforschung. Ideologie und Methode. Ein Kapitel deutscher Wissenschaftsgeschichte 1870–1930, Darmstadt 1973.

Gerstner, Hermann: Brüder Grimm, Reinbek bei Hamburg 1973.

Müller, Jörg Jochen (Hrsg.): Germanistik und deutsche Nation 1806–1848, Stuttgart 1974, mit Beiträgen von Reinhard Behm, Karl-Heinz Götze, Ulrich Schulte-Wülwer und Jutta Strippel.

Ehrismann, Otfried: Das Nibelungenlied in Deutschland. Studien zur Rezeption des Nibelungenlieds von der Mitte des 18. Jahrhunderts bis zum Ersten Weltkrieg, München 1975.

Burkhardt, Ursula: Germanistik in Südwestdeutschland. Die Geschichte einer Wissenschaft des 19. Jahrhunderts an den Universitäten Tübingen, Heidelberg und Freiburg, Tübingen 1976.

Ernst, Synes: Deutschunterricht und Ideologie. Kritische Untersuchung der «Zeitschrift für den deutschen Unterricht» als Beitrag zur

Geschichte des Deutschunterrichts im Kaiserreich (1887–1911), Bern 1977.

Christmann, Hans Helmut (Hrsg.): Sprachwissenschaft im 19. Jahrhundert, Darmstadt 1977.

Conrady, Karl Otto: Germanistik in Wilhelminischer Zeit. Bemerkungen zu Erich Schmidt. In Hans-Peter Bayerdörfer u. a. (Hrsg.): Literatur und Theater im Wilhelminischen Zeitalter, Tübingen 1978, S. 370–398.

Wyss, Ulrich: Die wilde Philologie. Jacob Grimm und der Historismus, München 1979.

Sternsdorff, Jürgen: Wissenschaftskonstitution und Reichsgründung. Die Entwicklung der Germanistik bei Wilhelm Scherer, Frankfurt/Main 1979.

Götze, Karl-Heinz: Grundpositionen der Literaturgeschichtsschreibung im Vormärz, Frankfurt/Main 1980.

Janota, Johannes (Hrsg.): Eine Wissenschaft etabliert sich, 1810 bis 1870, Tübingen 1980.

Grosse, Siegfried: Die Rezeption des Nibelungenliedes im 19. Jahrhundert. In: Otto Poggeler und Annemarie Siefers (Hrsg.): Kunsterfahrung und Kulturpolitik im Berlin Hegels, Bonn 1983, S. 309–331.

Hübinger, Gangolf: Literaturgeschichte als gesellschaftswissenschaftliche Disziplin. Ihre Begründung durch Georg Gottfried Gervinus. In: Geschichte und Gesellschaft 9, 1983, S. 5–25.

Gründel, Hartmut: Der Beitrag Hermann Hettners zur Herausbildung der deutschen Literaturgeschichtsschreibung, Diss. Potsdam 1984.

Meves, Uwe: Zur Errichtung der ersten Professur für Deutsche Sprache an der Berliner Universität (1810). In: Zeitschrift für deutsche Philologie 104, 1985, S. 161–184.

Hohendahl, Peter Uwe: Literarische Kultur im Zeitalter des Liberalismus 1830–1870, München 1985.

Höppner, Wolfgang: Studien zu den literaturwissenschaftlichen Auffassungen Wilhelm Scherers. Ein Beitrag zur Geschichte der Germanistik, Diss. Berlin 1986.

Meves, Uwe: Zur Rezeption der altdeutschen Literatur an den Gelehrtenschulen in Preußen zum Ausgang des 18. Jahrhunderts. In: Peter Wapnewski (Hrsg.): Mittelalter-Rezeption, Stuttgart 1986, S. 473–498.

Fohrmann, Jürgen und Wilhelm Voßkamp (Hrsg.): Von der gelehrten zur disziplinären Gemeinschaft. Sonderheft der Deutschen Vierteljahrsschrift, 1987, mit Beiträgen von Holger Dainat, Ulrich Hunger, Rainer Kolk, Detlev Kopp, Uwe Meves, Rainer Rosenberg, Nikolaus Wegmann und Klaus Weimar.

Höppner, Wolfgang: Germanistik als Universitätswissenschaft und staatstragende Institution in Preußen. Zur Vorgeschichte und Gründung des Germanischen Seminars in Berlin. In: Wissenschaftliche Zeitschrift der Humboldt-Universität zu Berlin, Gesellschaftswissenschaftliche Reihe 36, 1987, S. 771–777.

Grunewald, Eckhard: Friedrich von der Hagen 1780–1856. Ein Beitrag zur Frühgeschichte der Germanistik, Berlin 1988.

Rautenberg, Ursula: Germanistik als Wissenschaft. Aspekte zur Geschichte des Fachs im frühen 19. Jahrhundert. In Walter Mertens (Hrsg.): Die Grimms, die Germanistik und die Gegenwart, Wien 1988, S. 25–42.

Schweikle, Günther: Ludwig Uhland als Germanist. In Hermann Bausinger (Hrsg.): Ludwig Uhland. Dichter, Politiker, Gelehrter, Tübingen 1988, S. 149–181.

Fohrmann, Jürgen: Das Projekt der deutschen Literaturgeschichte. Entstehung und Scheitern einer nationalen Poesiegeschichtsschreibung zwischen Humanismus und Deutschem Kaiserreich, Stuttgart 1989.

Kolk, Rainer: Wahrheit – Methode – Charakter. Zur wissenschaftlichen Ethik der Germanistik im 19. Jahrhundert. In: Internationales Archiv für Sozialgeschichte der deutschen Literatur 14, 1989, S. 50–73.

Monden, Angelika: Historische Schule und Positivismus bei Wilhelm Scherer. Ein Beitrag zur Genesis der Literaturwissenschaft in Deutschland, Diss. Leipzig 1989.

Röcke, Werner: Die Aktualität der Anfänge. Zur theoretischen und politischen Relevanz der frühen Germanistik. In Jürgen Förster, Eva Neuland und Gerhard Rupp (Hrsg.): Wozu noch Germanistik?, Stuttgart 1989, S. 37–49.

Weimar, Klaus: Geschichte der deutschen Literaturwissenschaft bis zum Ende des 19. Jahrhunderts, München 1989.

Weigel, Harald: «Nur was du nie gesehen, wird ewig dauern». Karl Lachmann und die Entstehung der wissenschaftlichen Edition, Freiburg 1989.

Kolk, Rainer: Berlin oder Leipzig? Eine Studie zur sozialen Organisation der Germanistik im «Nibelungenstreit», Tübingen 1990.

Ameri, Sussan Milantchi: Die deutschnationale Sprachbewegung im wilhelminischen Reich, New York 1991.

Fohrmann, Jürgen und Wilhelm Voßkamp (Hrsg.): Wissenschaft und Nation. Studien zur Entstehungsgeschichte der deutschen Literaturwissenschaft, München 1991, mit Beiträgen von Wilhelm Voßkamp, Rainer Rosenberg, Wilhelm Schmidt-Biggemann, Hinrich C. Seeba, Ulrich Wyss, Ulrich Hunger, Rudolf Stichweh, Nikolaus Wegmann, Rainer Kolk, Jan Dirk Müller, Uwe Meves, Klaus Weimar, Jürgen Fohrmann und Horst Walter Blanke.

Meves, Uwe: Die Institutionalisierung der Germanistik als akademisches Fach an den Universitätsgründungen in Preußen. In Gert Schubring (Hrsg.): «Einsamkeit und Freiheit» neu besichtigt, Stuttgart 1991, S. 110–143.

Kruckis, Hans-Martin: Mikrologische Wahrheit. Die Neugermanistik des 19. Jahrhunderts und Heinrich Düntzer. In: Germanisch-Romanische Monatsschrift 72, 1991, S. 270–283.

Richter, Joachim Burkhard: Hans Ferdinand Maßmann. Altdeutscher Patriotismus im 19. Jahrhundert, Berlin–New York 1992.

Batts, Michael S.: A History of Histories of German Literature 1835–1914, Montreal 1993.

Michael Schlott: Hermann Hettner. Idealistisches Bildungsprinzip versus Forschungsimperativ, Tübingen 1993.

Höppner, Wolfgang: Das «Ererbte, Erlebte und Erlernte» im Werk Wilhelm Scherers. Ein Beitrag zur Geschichte der Germanistik, Köln 1993.

Fohrmann, Jürgen und Wilhelm Voßkamp (Hrsg.): Wissenschaftsgeschichte der Germanistik im 19. Jahrhundert, Stuttgart 1994, mit Beiträgen von Holger Dainat, Herbert H. Egglmaier, Cornelia Fideldey-Martyn, Christian Grawe, Ulrich Hunger, Rainer Kolk, Detlev Kopp, Rüdiger Krohn, Hans-Martin Kruckis, Uwe Meves, Maximilian Nutz und Nikolaus Wegmann.

Rompeltien, Bärbel: Germanistik als Wissenschaft. Zur Ausdifferenzierung und Integration einer Fachdisziplin, Opladen 1994.

2. Von 1900 bis 1945

Benda, Oskar: Der gegenwärtige Stand der deutschen Literaturwissenschaft. Eine Einführung in ihre Problemlage, Wien 1926.

Prinzhorn, Hans: Auswirkungen der Psychoanalyse in Wissenschaft und Leben, Leipzig 1928.

Oppel, Horst: Die Literaturwissenschaft in der Gegenwart. Methodologie und Wissenschaftslehre, Stuttgart 1939.

Petersen, Julius: Die Wissenschaft von der Dichtung. System und Methodenlehre der Literaturwissenschaft, Bd. 1, Berlin 1939.

Kluckhohn, Paul: Deutsche Literaturwissenschaft 1933–1940. In: Forschungen und Fortschritte 17, 1941, S. 33–39.

Viëtor, Karl: Deutsche Literaturgeschichte als Geistesgeschichte. Ein Rückblick. In: Publications of the Modern Language Asssociation 60, 1945, S. 899–916.

Boehlich, Walter: Rudolf Unger. Ein Beitrag zur Geschichte der Literaturwissenschaft. In: Zeitschrift für deutsche Philologie 70, 1947–50, S. 418–447.

Muschg, Walter: Josef Nadlers Literaturgeschichte. In Ders.: Zerstörung der deutschen Literatur, München 1958, S. 185–200.

Janssens, Marcel: Die Dämmerungsjahre der geisteswissenschaftlichen Methode 1915–1925. In: Leuvense Bijdragen 52, 1963, S. 113–155.

King, Janet K.: The Generation Theory in German Literary Criticism. Diss. Wisconsin 1965.

Conrady, Karl Otto: Deutsche Literaturwissenschaft und Drittes Reich. In: Eberhard Lämmert u. a. (Hrsg.): Germanistik – eine deutsche Wissenschaft, Frankfurt/Main 1967, S. 71–109.

Wiese, Benno und Rudolf Henß (Hrsg.): Nationalismus in Germanistik und Dichtung, Berlin 1967.

Ziegler, Klaus: Sprach- und Literaturwissenschaft im Dritten Reich. In Andreas Flitner (Hrsg.): Deutsches Geistesleben und Nationalsozialismus, Tübingen 1965, S. 144–159.

Dahle, Wendula: Der Einsatz einer Wissenschaft. Eine sprachinhaltliche Analyse militärischer Terminologie in der Germanistik 1933–1945, Bonn 1969.

Schrey, Gisela: Literaturästhetik der Psychoanalyse und ihre Rezeption in der deutschen Germanistik vor 1933, Frankfurt/Main 1975.

Lohse, Gerhart: Held und Heldentum. Ein Beitrag zur Persönlichkeit und Wirkungsgeschichte des Berliner Germanisten Gustav Roethe. In Hans-Peter Bayerdörfer u. a. (Hrsg.): Literatur und Theater im Wilhelminischen Zeitalter, Tübingen 1978, S. 399–418.

Oellers, Norbert: Dichtung und Volkstum. Der Fall der Literaturwissenschaft. In Beda Allemann (Hrsg.): Literatur und Germanistik nach der «Machtübernahme», Bonn 1983, S. 232–254.

Sauder, Gerhard: Akademischer «Frühlingssturm». Germanisten als Redner bei der Bücherverbrennung. In Ulrich Walberer (Hrsg.): 10. Mai 1933. Die Bücherverbrennung, München 1983, S. 144–161.

Zeller, Bernhard (Hrsg.): Klassiker in finsteren Zeiten 1933–1945, 2 Bde., Marbach 1983.

Boden, Petra: Julius Petersen. Ein Beitrag zur Geschichte der Berliner Germanistik, Diss. Berlin 1984.

Buselmeier, Karin: Von deutscher Art. Heidelberger Germanistik bis 1945. In Dietrich Harth und Christian Hansen (Hrsg.): Auch eine Geschichte der Universität Heidelberg, Mannheim 1985, S. 52 bis 78.

Ketelsen, Uwe-K.: Die Literatur des 3. Reichs als Gegenstand germanistischer Forschung. In Jutta Kolkenbrock-Netz, Gerhard Plump und Hans-Joachim Schrimpf (Hrsg.): Wege der Literaturwissenschaft, Bonn 1985, S. 294–302.

Storck, Joachim W. (Hrsg.): Max Kommerell 1902–1944, Marbach 1985.

Voßkamp, Wilhelm: Kontinuität und Diskontinuität. Zur deutschen Literaturwissenschaft im Dritten Reich. In Peter Lundgreen (Hrsg.): Wissenschaft im Dritten Reich, Frankfurt/Main 1985, S. 140–162.

Herden, Werner: Zwischen «Gleichschaltung» und Kriegseinsatz. Positionen der Germanistik in der Zeit des Faschismus. In: Weimarer Beiträge 33, 1987, S. 1865–1881.

Hunger, Ulrich: Germanistik zwischen Geistesgeschichte und «völkischer Wissenschaft». Das Seminar für deutsche Philologie im Dritten Reich. In Heinrich Becker u. a. (Hrsg.): Die Universität Göttingen unter dem Nationalsozialismus, München 1987, S. 272–297.

Kemper, Raimund: Vom «Reichslehrstand» zur «Akzeptanzwissenschaft». Die Germanistik zwischen «Ahnenerbe» und «Sinnstiftung». In Norbert Oellers (Hrsg.): Germanistik und Deutschunterricht im Zeitalter der Technologie, Selbstbestimmung und Anpassung, Bd. 2, Tübingen 1988, S. 129–166.

Briegleb, Klaus: Deutschwissenschaft 1933. In Ders.: Unmittelbar zur Epoche des NS-Faschismus. Arbeiten zur politischen Philologie 1978–1988, Frankfurt/Main 1989, S. 103–138.

Conrady, Karl Otto: Völkisch-nationale Germanistik in Köln. Eine unfestliche Erinnerung, Schernfeld 1990.

Ketelsen, Uwe-K.: Literaturgeschichten als Instrumente literarischer Kanonbildung im Dritten Reich. In Hannelore Mundt, Egon Schwarz und William J. Lillyman (Hrsg.): Horizonte, Tübingen 1990, S. 214–234.

Beck, Wolfgang und Johannes Krogoll: Literaturwissenschaft im «Dritten Reich». Das literaturwissenschaftliche Seminar zwischen 1933 und 1945. In: Eckart Kraus, Ludwig Huber und Holger Fischer (Hrsg.): Hochschulalltag im «Dritten Reich». Die Hamburger Universität 1933–1945, Berlin–Hamburg 1991, S. 705–735.

Dainat, Holger: Deutsche Literaturwissenschaft zwischen den Weltkriegen. In: Zeitschrift für Germanistik, 1991, H. 3, S. 600–608.

Buselmeier, Karin: Friedrich Gundolf und die «jüdische Literaturwissenschaft». In Norbert Giovannini (Hrsg.): Jüdisches Leben in Heidelberg 1992, S. 233–247.

Herrmann, Hans Peter: Germanistik – auch in Freiburg eine «Deutsche Wissenschaft»? In: Eckhard John u. a. (Hrsg.): Die Freiburger Universität in der Zeit des Nationalsozialismus, Freiburg 1992, S. 115–149.

König, Christoph und Eberhard Lämmert (Hrsg.): Literaturwissenschaft und Geistesgeschichte 1910 bis 1925, Frankfurt/Main 1993, mit Beiträgen von Wilfried Barner, Ernst Osterkamp, Hinrich C. Seeba, Wilhelm Voßkamp, Max Wehrli und Klaus Weimar.

Boden, Petra und Bernhard Fischer: Der Germanist Julius Petersen (1878–1941). Bibliographie, systematisches Nachlaßverzeichnis und Dokumentation, Marbach 1994.

3. Von 1945 bis zur Gegenwart

Ruprecht, Erich: Heideggers Bedeutung für die Literaturwissenschaft. In: Martin Heideggers Einfluß auf die Wissenschaften, Bern 1949, S. 122–144.

Leonhardt, Rudolf Walter: Der Sündenfall der deutschen Germanistik, Zürich–Stuttgart 1959.

Weimann, Robert: «New Criticism» und die Entwicklung der bürgerlichen Literaturwissenschaft, Halle 1962.

Rüdiger, Horst: Zwischen Interpretation und Geistesgeschichte. Zur gegenwärtigen Situation der deutschen Literaturwissenschaft. In Euphorion 57, 1963, S. 227–244.

Muschg, Walter: Germanistik? In memoriam Eliza M. Butler. In: Euphorion 59, 1965, S. 18–45.

Erben, Johannes: Aufgaben der deutschen Philologie heute. In Adolf Haslinger (Hrsg.): Sprachkunst als Weltgestaltung. Festschrift für Herbert Seidler, Salzburg 1966, S. 75–87.

Enders, Horst (Hrsg.): Die Werkinterpretation, Darmstadt 1967.

Krüger, Marlies: Zur Lage der Germanistik in der Bundesrepublik. In: German Quarterly, 1969, S. 225–253.

Kolbe, Jürgen (Hrsg.): Ansichten einer künftigen Germanistik, München 1969, mit Beiträgen von Beda Allemann, Reinhard Baumgart, Reinhard Döhl, Hans Glinz, Herbert Heckmann, Hans-Wolf Jäger, Wolfgang Iser, Eberhard Lämmert, Wolf Lepenies, Michael Pehlke, Peter von Polenz, Herbert Singer und Peter Wapneski.

Gansberg, Marie Luise und Paul Gerhard Völker: Methodenkritik der Germanistik. Materialistische Literaturtheorie und bürgerliche Praxis, Stuttgart 1970.

Maase, Kaspar: Germanistik – völkisch oder für das Volk? In: Kürbiskern, 1970, S. 270–289.

Sander, Volkmar: Wohin treibt die Germanistik? In: Germanic Review 45, 1970, S. 179–188.

Žmegač, Viktor (Hrsg.): Marxistische Literaturwissenschaft, Bad Homburg 1970.

Anonym: Literaturwissenschaft in der DDR. In: Zum Verhältnis von Ökonomie, Politik und Literatur im Klassenkampf. Materialistische Literaturwissenschaft 1, Berlin 1971, S. 213–253.

Demetz, Peter: Zur Situation der Germanistik. Tradition und aktuelle

Probleme. In Manfred Durzak (Hrsg.): Die deutsche Literatur der Gegenwart, Stuttgart 1971, S. 322–336.

Herforth, Gisela, Jörg Henning und Lutz Huth: Topographie der Germanistik. Standortbestimmungen 1966–1971, Berlin 1971.

Lethen, Helmut: Kritische Literaturwissenschaft, Trivialliteratur und Manipulationstheorie – Etappen der «linken Germanistik» 1967–1970. In: Von der kritischen zur historisch-materialistischen Literaturwissenschaft. Materialistische Wissenschaft 2, Berlin 1971, S. 7–29.

Rothe, Friedrich: Marxistische Ästhetik – ein Steckenpferd der Linksliberalen. In ebd., S. 30–57.

Warneken, Bernd Jürgen: Zur Kritik positivistischer Literatursoziologie. In: Literaturwissenschaft und Sozialwissenschaft. Grundlagen und Modellanalysen, Stuttgart 1971, S. 81–150.

Hartmann, Peter: Zur Lage der Linguistik in der BRD, Frankfurt/Main 1972.

Ihwe, Jens: Linguistik in der Literaturwissenschaft. Zur Entwicklung einer modernen Theorie der Literaturwissenschaft, München 1972.

Richter, Dieter: Ansichten einer marktgerechten Germanistik. In: Argument 72, 1972, S. 314–325.

Unseld, Siegfried (Hrsg.): Wie, warum und zu welchem Ende wurde ich Literaturhistoriker?, Frankfurt/Main 1972.

Vaßen, Florian: Marxistische Literaturtheorie und Literatursoziologie, Düsseldorf 1972.

Grimm, Reinhold und Jost Hermand (Hrsg.): Methodenfragen der deutschen Literaturwissenschaft, Darmstadt 1973.

Kolbe, Jürgen (Hrsg.): Neue Ansichten einer künftigen Germanistik, München 1973.

Weimann, Robert: «Rezeptionsästhetik» und die Krise der Literaturgeschichte. In: Weimarer Beiträge 8, 1973, S. 1–35.

Hohendahl, Peter Uwe (Hrsg.): Sozialgeschichte und Wirkungsästhetik. Dokumente zur empirischen und marxistischen Rezeptionsforschung, Frankfurt/Main 1974.

Pinkerneil, Beate: Literaturwissenschaft seit 1967. In: Dieter Kimpel und Beate Pinkerneil (Hrsg.): Methodische Praxis der Literaturwissenschaft, Kronberg 1975, S. 1–84.

Weimann, Robert: Literaturgeschichte und Mythologie, Berlin 1974.

Kaufmann, Hans (Hrsg.): Positionen der DDR-Literaturwissenschaft, Kronberg 1974.
Kaiser, Gerhard: Germanistik in der Bundesrepublik Deutschland. Ihre Tendenzen als Wissenschaft von der neueren deutschen Literatur. In: Seminar 11, 1975, S. 93 – 111.
Conrady, Karl Otto: Zur Situation der Germanistik in Deutschland. In Dietrich Papenfuß und Jürgen Söring (Hrsg.): Rezeption der deutschen Gegenwartsliteratur im Ausland, Stuttgart 1976, S. 23 – 41.
Martini, Fritz: Die große Unruhe in der Literaturwissenschaft. In ebd., S. 3 – 21.
Hermand, Jost: Die Literatur wird durchforscht werden. Einstellungen zum progressiven Erbe. In: Basis 8, 1978, S. 33 – 59.
Gomez, Jean: Entwicklung und Perspektiven der Literaturwissenschaft in der DDR, Paris 1978.
Hermand, Jost (Hrsg.): Linke Tendenzen in der Germanistik nichtsozialistischer Länder seit 1967. In: Jahrbuch für Internationale Germanistik 11, 1979, H. 2, S. 57 – 121 und 12, 1980, S. 32 – 81, mit Beiträgen von Karl W. Bauer, Gabrielle Bersier, Yvette Brazell, Günther Fetzer, Robert C. Holub, Renate Möhrmann und Peter Stein.
Danneberg, Lutz und Hans-Harald Müller: Verwissenschaftlichung der Literaturwissenschaft. In: Zeitschrift für allgemeine Wissenschaftstheorie 10, 1979, S. 162 – 191.
Wild, Reiner: Versuch über Literaturwissenschaft, ihren gegenwärtigen Stand und ihre Aufgabe. In Wolfgang Haubrichs: Probleme der Literaturgeschichtsschreibung, Lili-Beiheft 10, 1979, S. 13 – 30.
Berghahn, Klaus L.: Wortkunst ohne Geschichte. Zur werkimmanenten Methode der Germanistik nach 1945. In: Monatshefte 71, 1979, S. 387 – 398.
Hermand, Jost: Jetzt wohin? Thesen zur gegenwärtigen Situation der Germanistik. In: Argument 119, 1980, S. 408 – 414.
Peter, Klaus (Hrsg.): Romantikforschung seit 1945, Königstein 1980.
Renz, Peter: Sprach- und Literaturwissenschaft in der Bundesrepublik Deutschland und in der DDR, Erlangen 1981.
Urban, Bernd und Winfried Kudzus: Psychoanalytische und psychopathologische Literaturinterpretation, Darmstadt 1981.
Garber, Jörn: Literaturgeschichte als Sozialgeschichte. Methodenüberlegungen zu vier Literaturgeschichten des 18. Jahrhunderts. In: Argument 134, 1982, S. 552 – 561.

Kaufmann, Hans (Vorwort): Materialien zur Geschichte der marxistischen germanistischen Literaturwissenschaft in der DDR. In: Zeitschrift für Germanistik 3, 1982, H. 1, S. 5–19, H. 2, S. 158–171, H. 3, S. 261–277; 1983, H. 1, S. 41–52, H. 2, S. 142–155, H. 3, S. 290–298, H. 4, S. 389–404; 1984, H. 1, S. 5–18, H. 3, S. 297–308; 1985, H. 1, S. 5–17, H. 2, S. 274–288.

Scharfschwerdt, Jürgen: Literatur- und Literaturwissenschaft in der DDR, Stuttgart 1982.

Albert, Claudia: Diskursanalyse in der Literaturwissenschaft der Bundesrepublik. Rezeption der französischen Theorie und Versuch der De- und Rekonstruktion. In: Argument 140, 1983, S. 550–562.

Müller, Hans-Harald: Tendenzen der westdeutschen Literaturwissenschaft. In: Sprache und Literatur in Wissenschaft und Unterricht 15, 1984, H. 1, S. 87–114.

Holub, Robert C.: Reception Theory: A Critical Introduction, New York 1984.

Schönert, Jörg: Neuere theoretische Konzepte in der Literaturgeschichtsschreibung. In Thomas Cramer (Hrsg.): Literatur und Sprache im historischen Prozeß, Bd. 1, Tübingen 1983, S. 91–120.

Stephan, Inge und Sigrid Weigel (Hrsg.): Feministische Literaturwissenschaft, Berlin 1984.

Stötzel, Georg: Germanistik. Forschungsstand und Perspektiven, Berlin 1985.

Thierse, Wolfgang und Dieter Kliche: DDR-Literaturwissenschaft in den siebziger Jahren. In: Weimarer Beiträge, 1985, S. 267–308.

Weimann, Robert: Poststrukturalismus. In: Weimarer Beiträge 31, 1985, S. 1061–1099.

Peters, Brigitte: Probleme und Perspektiven der Germanistik in der DDR. In: Jahrbuch für internationale Germanistik 18, 2, 1986, S. 125–140.

Kreuzer, Helmut: Vom «Sein» zur «Postmoderne». Streiflichter auf vier Dekaden der Literatur und Literaturwissenschaft im westlichen Deutschland. In: Paul Michael Lützeler (Hrsg.): Zeitgenossenschaft. Zur deutschsprachigen Literatur im 20. Jahrhundert, Frankfurt/Main 1987, S. 296–323.

Conrady, Karl Otto: Miterlebte Germanistik. Ein Rückblick auf die Zeit vor und nach dem Münchner Germanistentag von 1966. In: Diskussion Deutsch 100, 1988, S. 126–143.

Träger, Claus: Zur Stellung und Funktion der Germanistik in den Bewegungen unserer Zeit. In: Zeitschrift für Germanistik 9, 1988, S. 389–403.

Fohrmann, Jürgen und Harro Müller (Hrsg.): Diskurstheorien und Literaturwissenschaft, Frankfurt/Main 1988.

Schuller, Marianne: Textilien. Literaturwissenschaft in der Krise. In: Kursbuch 97, 1989, S. 71–87.

Förster, Jürgen, Eva Neuland und Gerhard Rupp (Hrsg.): Wozu noch Germanistik? Wissenschaft, Beruf, Kulturelle Praxis, Stuttgart 1989.

Trommler, Frank (Hrsg.): Germanistik in den USA. Neue Entwicklungen und Methoden, Opladen 1989.

Bogdal, Klaus-Michael: Von der Methode zur Theorie. Vom Stand der Dinge in den Literaturwissenschaften. In Ders. (Hrsg.): Neue Literaturtheorien, Opladen 1990, S. 9–30.

Jahn, Hans J.: Kahlschlag und Dschungel in der deutschen Germanistik nach 1945. In: German Life and Letters 43, 1990, S. 245–266.

Herrmann, Hans Peter: Sozialgeschichte oder Kunstautonomie? Zur Problematik neuerer Geschichten der deutschen Literatur. In Rüdiger Scholz (Hrsg.): Kritik der Sozialgeschichtsschreibung, Berlin 1990, S. 173–214.

Kaes, Anton: New Historicism. Literaturgeschichte im Zeichen der Postmoderne. In Hartmut Eggert, Ulrich Profitlich und Klaus Scherpe (Hrsg.): Geschichte als Literatur, Stuttgart 1990, S. 56–66.

Voßkamp, Wilhelm: Literaturwissenschaft als Geisteswissenschaft. Thesen zur Geschichte der deutschen Literaturwissenschaft nach dem Zweiten Weltkrieg. In Wolfgang Prinz und Peter Weingart: Die sog. Geisteswissenschaften. Innenansichten, Frankfurt/Main 1990, S. 240–247.

Griesheimer, Frank und Alois Prinz (Hrsg.): Wozu Literaturwissenschaft?, Tübingen 1991.

Hohendahl, Peter Uwe: Probleme der Wissenschaftsgeschichte: Am Beispiel der Untersuchungen von Jürgen Fohrmann und Klaus Weimar. In: Internationales Archiv für Sozialgeschichte der deutschen Literatur 16, 1991, S. 126–139.

Weingart, Peter, Wolfgang Prinz, Maria Kastner, Sabine Maasen und Wolfgang Walter (Hrsg.): Die sog. Geisteswissenschaften. Außenansichten, Frankfurt/Main 1991.

Weimar, Klaus: Über das derzeitige Verhältnis der deutschen Literaturwissenschaft zu ihrer Geschichte. In: Internationales Archiv für Sozialgeschichte der Literatur 16, 1991, S. 149–156.

Danneberg, Lutz und Friedrich Vollhardt (Hrsg.): Vom Umgang mit Literatur und Literaturgeschichte. Positionen und Perspektiven nach der «Theoriedebatte», Stuttgart 1992.

Herrmann, Hans Peter: German Professors and the Two World Wars. In Reinhold Grimm und Jost Hermand (Hrsg.): 1914/1939. German Reflections of the Two World Wars, Madison 1992, S. 154–173.

Holub, Robert C.: Crossing Borders: Reception Theory, Poststructuralism, Deconstruction, Madison 1992.

Pietzker, Carl: Lesend interpretieren. Zur psychoanalytischen Deutung literarischer Texte, Würzburg 1992.

Scherpe, Klaus: Die Moderne sollte vermieden werden. Westdeutsche Literaturwissenschaft 1945–1950. In Ders.: Die rekonstruierte Moderne. Studien zur deutschen Literatur nach 1945, Köln 1992, S. 1–22.

Trommler, Frank: The Future of German Studies or How to define Interdisciplinarity in the 1990s. In: German Studies Review 15, 1992, S. 202–217.

Janota, Johannes (Hrsg.): Kultureller Wandel und die Germanistik in der Bundesrepublik. Vorträge des Augsburger Germanistentags 1991, 4 Bde, Tübingen 1993.

Namenregister

Abendroth, Wolfgang 143, 159, 160
Abusch, Alexander 134, 137
Adelson, Leslie A. 209
Adelung, Johann Christoph 23
Adenauer, Konrad 122, 141
Adler, Hans 178
Adorno, Theodor W. 115, 131, 133, 149, 150, 161, 163, 167, 201
Albert, Claudia 237, 250, 265
Albrecht, Friedrich 138, 196
Alewyn, Richard 87, 93, 100, 114
Allemann, Beda 191, 260, 262
Althusser, Louis 167, 179
Ameri, Sussan Milantchi 258
Andreas-Salomé, Lou 207
Annecke, Mathilde 207
Aristoteles 22
Arndt, Ernst Moritz 30, 33, 34, 35, 46, 47
Arnim, Achim von 29
Arnim, Bettina von 197, 207
Arnold, Heinz Ludwig 252
Asper, Helmut 183
Atkison, Ti-Grace 208

Baacke, Dieter 182
Bachmann, Ingeborg 207
Bachtin, Michael 214
Bahner, Werner 253
Balzac, Honoré de 136
Barck, Simone 196
Barner, Wilfried 231, 261
Bartels, Adolf 77, 103, 106
Barthes, Roland 190, 191, 192, 213, 214, 215, 216, 217, 218, 221, 250

Bartsch, Karl 57
Batts, Michael S. 254, 258
Baudelaire, Charles 131
Bauer, Gerhard 163, 166, 239
Bauer, Karl W. 264
Baumgart, Hermann 58
Baumgart, Reinhard 262
Baumgarten, Alexander Gottlieb 22
Bausinger, Hermann 180, 257
Bayerdörfer, Hans Peter 205, 256, 260
Beaujean, Marion 152
Beauvoir, Simone de 208
Becher, Johannes R. 134, 136
Beck, Evelyn T. 208
Beck, Wolfgang 261
Becker, Heinrich 260
Becker-Cantarino, Barbara 207, 209, 249
Beckmann, Johann Christoph 19
Behagel, Otto 64
Behler, Ernst 230
Behm, Reinhard 255
Behrens, Jürgen 230
Beißner, Friedrich 111
Benda, Oskar 259
Benecke, Georg Friedrich 36
Benjamin, Walter 87, 99, 132, 160, 161, 163, 167, 182, 225, 250
Benn, Gottfried 121, 131, 132
Bense, Max 185
Benz, Richard 75, 87
Berend, Eduard 100
Berendsohn, Walter A. 100
Berg, Jan 178, 183

Bergengruen, Werner 116
Bergfleht, Gerd 198
Berghahn, Klaus L. 177, 253, 264
Bergson, Henri 70
Bernays, Michael 58
Bernhard, Thomas 223
Berns, Jörg Jochen 177
Bernstein, Basil 181
Bersier, Gabrielle 264
Bertaux, Pierre 180
Berthold, Luise 109
Bertram, Ernst 73, 114
Besselstedt, Karl 31
Beutin, Wolfgang 178
Bierwisch, Manfred 191, 249
Bietak, Wilhelm 112
Birlinger, Anton 58
Bismarck, Otto von 48, 49, 51, 54, 57, 59, 61, 86
Blackwell, Jannine 209
Blanke, Horst Walter 258
Bleich, David 184
Blinn, Hansjürgen 253
Bloch, Ernst 120, 136, 145, 160
Bloom, Harald 184
Blumenberg, Hans 238
Blumenthal, Lieselotte 135
Blunck, Hans Friedrich 108
Böcking, Eduard 47
Böckmann, Paul 109, 111, 119, 122, 127, 128, 248
Boden, Petra 260, 261
Boehlich, Walter 144, 255, 259
Bogdal, Klaus-Michael 237, 239, 250, 266
Böhme, Gernot 241
Böhme, Hartmut 178, 241, 245, 250
Bojunga, Klaudius 96
Bölhoff, Rainer 231
Bollenbeck, Georg 177, 231
Bollnow, Otto Friedrich 118, 126, 248
Bolz, Norbert 218
Bopp, Franz 39
Borcherdt, Hans Heinrich 109, 111, 122
Borck, Karl Heinz 144

Börne, Ludwig 106, 145, 147, 205
Bornemann, Ernst 202
Böthling, Arthur 58
Bourdieu, Pierre 180, 181, 228, 238
Bovenschen, Silvia 207
Brackert, Helmut 177, 254
Braemer, Edith 135
Brandt, Willy 141
Braudel, Fernand 180, 238,
Braun, Volker 139
Braune, Wilhelm 64, 65
Brazell, Yvette 264
Brecht, Bertolt 113, 132, 134, 139, 147, 152, 160, 161, 162, 168, 230, 231
Bredel, Willi 163
Brehpol, Wilhelm 102
Brenner, Peter J. 254
Brentano, Clemens 29, 230
Breuer, Dieter 25
Briegleb, Klaus 147, 218, 261
Brinker-Gabler, Gisela 207
Brinkmann, Henning 114, 122
Broch, Hermann 205, 231
Brooks, Cleanth 129
Bruckner, Pascal 201
Bruford, Walter A. 151
Brüggemann, Fritz 96
Brugmann, Karl 65
Bruns, Paul Jakob 24
Brütting, Richard 189
Buchner, Augustus 19
Büchner, Georg 231
Buddeberg, Else 126
Buddensieg, Tilman 253
Bumke, Joachim 177
Burdach, Konrad 56, 63, 81, 246
Bürger, Christa 158, 224
Bürger, Gottfried August 25
Burger, Heinz Otto 102, 106, 111, 122, 127, 132, 146, 247, 248
Bürger, Peter 156, 224
Burkhardt, Ursula 14, 255
Buselmeier, Karin 260, 261
Butler, Eliza, M. 262
Büttner, Ludwig 107, 247

Canetti, Elias 205
Carter, Erica 209
Celan, Paul 205
Celtis, Konrad 17
Cepl-Kaufmann, Gertrude 158, 252
Chamberlain, Houston Stewart 77
Christiansen, Broder 93
Christmann, Hans Helmut 256
Cicero 18
Cixous, Hélène 208
Claussen, Jeanette 209
Clauß, Ferdinand 106
Cocalis, Susan L. 209
Cohen, Hermann 68
Cölln, Detlef 106
Comte, Auguste 59, 68
Conrady, Karl Otto 14, 144, 251, 256, 259, 261, 264, 265
Cramer, Thomas 252, 265
Culler, Jonathan 193, 220
Cysarz, Herbert 87, 88, 102, 108, 111, 114, 247

Dahle, Wendula 259
Dahlmann, Friedrich Christoph 46, 47
Dahlmüller, Götz 182
Dahnke, Hans Dietrich 135, 196
Dainat, Holger 14, 187, 246, 254, 257, 258, 261
Daly, Mary 208
Danneberg, Lutz 250, 254, 264, 267
Danzel, Theodor Wilhelm 50, 51, 246, 255
Deleuze, Gilles 201
Demetz, Peter 143, 248, 262
Denecke, Ludwig 255
Denkler, Horst 231
Denneler, Iris 253
Derrida, Jacques 213, 215, 216, 217, 219, 220, 250
Dessoir, Max 73
Diersen, Inge 137
Dietze, Walter 136, 138, 254
Diezel, Peter 196
Dilthey, Wilhelm 61, 68, 69, 70, 71, 72, 74, 75, 85, 86, 87, 88, 91, 117, 125, 126, 254, 255
Disselbeck, Klaus 187
Doehlemann, Martin 14, 248, 252
Döhl, Reinhard 262
Domdey, Horst 163
Droste-Hülshoff, Annette von 207, 230
Duerr, Peter 202
Dünninger, Josef 251
Düntzer, Heinrich 63, 258
Durzak, Manfred 263
Dutschke, Rudi 154
Düwell, Kurt 253

Ebeling, Christoph Daniel 24
Ebert, Friedrich 84
Ebner-Eschenbach, Marie von 207
Eco, Umberto 188, 189, 249
Eggert, Hartmut 266
Egglmaier, Herbert H. 258
Ehlert, Klaus 178
Ehrismann, Otfried 255
Eichenbaum, Boris 129
Eichmann, Adolf 141
Eisenberg, Peter 181, 249
Elias, Norbert 180, 238
Eliot, Thomas Stearns 128
Elster, Ernst 79, 97, 109
Emmerich, Wolfgang 156, 178, 180
Emrich, Wilhelm 146, 169
Enders, Horst 262
Engels, Friedrich 160, 248
Engelsing, Rolf 183
Enzensberger, Hans Magnus 163, 166, 182
Epson, William 129
Erben, Johannes 262
Erhard, Ludwig 149
Erler, Gotthard 255
Ermatinger, Emil 87, 88, 247, 251, 254
Eschbach, Achim 189
Estermann, Alfred 178
Eucken, Rudolf 68

Fähnders, Walter 161, 178
Faulstich, Werner 183, 188

Fechter, Paul 103
Fehervary, Helen 209
Feldmann, Roland 255
Fest, Joachim 240
Fetscher, Iring 168
Fetzer, Günther 264
Feuchtwanger, Lion 136, 148, 204
Feuerbach, Ludwig 49, 145
Fichte, Johann Gottlieb 30
Fideldey-Martyn, Cornelia 258
Fietz, Lothar 193
Fingerhut, Karlheinz 158
Finke, Peter 185
Finkielkraut, Alain 201
Firestone, Shulamith 208
Fischer, Bernhard 261
Fischer, Ernst 167
Fischer, Holger 261
Fischer, Ludwig 183
Fish, Stanley 184
Flemming, Paul 19
Flemming, Willi 87, 141
Flitner, Andreas 259
Fohrmann, Jürgen 14, 187, 218, 253, 254, 257, 258, 266
Fontane, Theodor 136
Forster, Georg 147
Förster, Jürgen 250, 257, 266
Foucault, Michel 190, 213, 215, 216, 217, 218, 237
François, Luise von 207
Franck, Sebastian 14
Frank, Hans Joachim 252
Frank, Manfred 217
Freiligrath, Ferdinand 145, 147
Freud, Sigmund 90, 91, 200, 201, 212, 214
Fricke, Gerhard 88, 104, 109, 110, 111, 114, 122, 144, 247
Fricke, Harald 233
Friedrich, Hugo 131, 190
Friedrich, Wolf-Hartmut 251
Frings, Theodor 109, 120
Frühwald, Wolfgang 230
Fuess, Wolfram Malte 224
Fügen, Hans Norbert 151, 152

Gadamer, Hans-Georg 125, 126, 153, 213, 217
Gallas, Helga 161, 162, 192, 201, 218, 239
Gansberg, Marie Luise 161, 163, 169, 239, 262
Garber, Jörn 237, 250, 264
Garber, Klaus 177, 239
Gebhardt, Peter 249, 253
Geiger, Carl Ignaz 147
Geiger, Heinz 250
Gellert, Christian Fürchtegott 22, 23
Gelzer, Heinrich 42
George, Stefan 72, 206
Gerstner, Hermann 255
Gervinus, Georg Gottfried 44, 45, 46, 47, 48, 49, 50, 52, 56, 58, 61, 254, 255, 256
Giesenfeld, Kurt 183
Giovannini, Norbert 261
Glaser, Hermann 180
Glaser, Horst Albert 178, 252
Glaserfeld, Ernst 188
Glassbrenner, Adolf 147
Glinz, Hans 158, 262
Gnüg, Hiltrud 207
Gobineau, Arthur de 77
Goedeke, Karl 63, 64
Goethe, Johann Wolfgang 42, 57, 60, 61, 63, 69, 72, 86, 91, 115, 120, 135, 159, 255
Gogol, Nikolaj Wassiljewitsch 136
Goldmann, Lucien 179, 192
Gomez, Jean 264
Görres, Joseph 29, 30, 35
Gottfried von Straßburg 17
Gotthelf, Jeremias 112
Gottschalch, Wilfried 249
Gottschall, Rudolf von 51
Gottsched, Johann Christoph 21, 22
Götze, Alfred 81
Götze, Karl-Heinz 14, 255, 256
Grab, Walter 147, 155, 168, 205
Grabbe, Christian Dietrich 103
Graf, Oskar Maria 148
Grathoff, Dirk 231

Grawe, Christian 258
Greenblatt, Stephen 238
Greer, Germaine 208
Greiner, Martin 133, 151, 152
Greß, Franz 14, 246, 252
Griesheimer, Frank 232, 250, 266
Grimm, Gunter E. 183, 205
Grimm, Hans 108
Grimm, Jacob 29, 32, 35, 38, 39, 43, 46, 47, 64, 167, 246, 255, 256, 257
Grimm, Jürgen 181
Grimm, Reinhold 148, 155, 252, 263, 267
Grimm, Wilhelm 29, 32, 39, 41, 43, 167, 246, 255, 257
Grimminger, Rolf 177, 178
Groddeck, Georg 201
Groeben, Norbert 186, 188, 249
Grolman, Adolf von 102
Gronemeyer, Horst 230
Grosse, Siegfried 256
Gründel, Günther 93
Gründel, Hartmut 256
Grunewald, Eckhard 257
Guattari, Felix 201
Gumbrecht, Hans Ulrich 184, 220, 249
Günderode, Karoline von 197, 207, 231
Gundolf, Friedrich 72, 100, 261
Günther, Hans F. K. 106
Gunzenhauer, Raul 185
Gutzen, Dieter 156, 253

Haase, Horst 136
Haberland, Hartmut 181, 249
Habermas, Jürgen 126, 142, 143, 149, 160, 164, 176, 177, 179, 184, 186, 217, 222, 236, 249
Haeckel, Manfred 138
Haedecke, Wolfgang 241
Hagen, Friedrich Heinrich von der 31, 35, 38, 257
Hager, Frithjof 250
Hahn, Karl-Heinz 135
Hamacher, Werner 220
Hamburger, Käte 100, 127

Hammer, Klaus 231
Handke, Peter 223
Hans, Jan 178
Hansen, Christian 260
Häntzschel, Günther 187
Harth, Dietrich 249, 252, 253, 260
Hartkopf, Winfried 252
Hartman, Geoffrey 219
Hartmann von Aue 32, 38
Hartmann, Peter 263
Hartung, Klaus 163
Haslinger, Adolf 262
Hass, Hans-Egon 143, 230
Haubrichs, Wolfgang 264
Hauff, Jürgen 156, 248, 252
Haug, Frigga 206
Haug, Wolfgang Fritz 160, 161
Haupt, Moriz 46, 47, 48, 52, 65
Hauptmann, Gerhart 83, 84, 230, 231
Hauschild, Jean-Christoph 231
Hauser, Arnold 133
Hawkes, Terence 193
Haym, Rudolf 51, 52, 63, 246, 255
Hebbel, Friedrich 103
Hecht, Werner 231
Heckmann, Herbert 262
Hegel, Georg Wilhelm Friedrich 50, 51, 59, 71, 134, 145, 216, 256
Hehn, Viktor 57
Heidegger, Martin 93, 103, 104, 117, 118, 122, 125, 126, 201, 213, 215, 216, 217, 221, 247, 248, 262
Heine, Heinrich 42, 45, 63, 64, 79, 106, 135, 138, 145, 147, 166, 205, 230, 231, 255
Heister, Hans Werner 239
Held, Jutta 239
Heller, Albrecht 156, 248, 252
Heller, Heinz-B. 178
Helm, Karl 79, 97, 109
Hengstenberg, Ernst Wilhelm 37
Henning, Hans 231
Henning, Jürgen 263
Henß, Rudolf 249, 259
Hentschel, Willibald 77, 105
Herden, Werner 260

Herder, Johann Gottfried 25, 60, 63, 71, 167, 254
Herforth, Gisela 262
Heringer, Jürgen 181
Herrle, Theodor 110
Hermand, Jost 150, 155, 168, 178, 180, 241, 251, 252, 263, 264, 267
Hermsdorf, Klaus 196
Herrlitz, Hans-Georg 251
Herrmann, Hans Peter 161, 177, 237, 250, 261, 266, 267
Herwegh, Georg 145, 147
Herzer, Manfred 206
Heselhaus, Clemens 132
Hettner, Hermann 49, 50, 51, 52, 254, 255, 256, 258
Heusler, Andreas 83
Heydebrand, Renate von 187, 249
Heym, Georg 132
Hickethier, Knut 156, 183
Hiebel, Hans H. 218
Hildebrand, Rudolf 56, 110
Hillebrand, Joseph 48
Hinck, Walter 148, 249
Hindenburg, Paul von 98
Hinderer, Walter 177
Hintze, Joachim 178
Hirsch, Arnold 91, 247
Hirsch, Rudolf 230
Hirschfeld, Magnus 206
Hitler, Adolf 12, 97, 98, 103, 104, 108, 111
Hocke, Gustav René 132, 203
Hocks, Paul 252
Hoesterey, Ingeborg 224
Hoffacker, Helmut 178
Hoffmann, Ernst Theodor Amadeus 197, 231
Hoffmann, Ludwig 196
Hoffmann von Fallersleben, Heinrich August 41, 43
Höfler, Otto 111
Hofmannsthal, Hugo von 230
Hofstaedter, Walther 81, 109
Hohendahl, Peter Uwe 14, 177, 178, 238, 256, 263, 266

Hohmann, Joachim S. 206
Höhn, Gerhard 231
Hölderlin, Friedrich 103, 114, 230, 231, 247, 255
Holland, Norman H. 184
Holland, Wilhelm 246
Höllerer, Walter 131
Holthusen, Hans-Egon 126
Holtzhauer, Helmut 134
Holub, Robert C. 264, 265, 267
Holz, Hans Heinz 162
Holzer, Horst 156, 182
Honecker, Erich 194
Hopf, Wilhelm 254
Höpke-Herberg, Elisabeth 230
Höppner, Wolfgang 256, 257, 258
Horch, Hans Otto 205
Hörisch, Jochen 218
Horkheimer, Max 149
Horn, Franz Christoph 30
Howald, Ernst 255
Huber, Ludwig 261
Huber, Margarethe 202
Huber, Martin 254
Hübinger, Gangolf 256
Hübner, Arthur 83
Hübsch, Hadayatullah 202
Huch, Ricarda 75
Hüppauf, Bernd 156, 239, 246, 248, 252, 255
Hund, Wolf D. 182, 191
Hunger, Ulrich 258, 260
Hurlebusch, Klaus 230
Hurlebusch, Rose-Maria 230
Husserl, Edmund 70, 93, 213
Huth, Lutz 263
Huyssen, Andreas 222, 250

Ide, Heinz 158
Ihwe, Jens 263
Ingarden, Roman 183, 186
Irigaray, Luce 208
Iser, Wolfgang 131, 153, 158, 183, 184, 186, 262
Jäger, Georg 187
Jäger, Hans-Wolf 169, 177, 262

Jäger, Siegfried 181
Jahn, Friedrich Ludwig 30, 34, 35, 37, 43, 47
Jahn, Hans J. 266
Jahn, Jürgen 254
Jahnn, Hans Henny 206
Jakobson, Roman 129, 189, 190, 191
Jameson, Fredric 223, 240
Janota, Johannes 14, 246, 249, 250, 256, 267
Janssens, Marcel 259
Jantz, Marlies 209
Jantz, Rolf-Peter 177
Japp, Uwe 218
Jarmatz, Klaus 196
Jauss, Hans Robert 126, 153, 154, 183, 249
Jean, Paul 77
Jelinek, Elfriede 223
Joël, Karl 68
John, Eckhard 261
Johnson, Barbara 219
Johnston, Jill 208
Johst, Hans 108
Jonas, Hans 242
Jonas, Klaus 231
Jung, Carl Gustav 91, 200

Kaes, Anton 183, 238, 266
Kafka, Franz 132
Kaiser, Gerhard 166, 167, 231, 249, 264
Kaiser, Gert 177
Kaldenbach, Christoph 19
Kamper, Dietmar 199
Kändler, Klaus 138, 196
Kant, Hermann 139
Kantorowicz, Alfred 145
Karrenbrock, Helga 178
Kastner, Maria 266
Kaufmann, Hans 136, 137, 138, 264, 265
Kaulen, Heinrich 254
Kayser, Wolfgang 113, 119, 127, 128, 129, 144, 248
Keller, Adelbert 57

Keller, Gottfried 136, 231
Kemper, Raimund 237, 250, 260
Kessler, Harry Graf 83
Ketelsen, Uwe-K. 260, 261
Kierkegaard, Sören 167
Kießling, Wolfgang 196
Killy, Walter 152, 251
Kimpel, Dieter 263
Kindermann, Heinz 99, 104, 108, 111, 114, 144, 247
King, Janet A. 259
Kittler, Friedrich A. 183, 218
Klein, Albert 158, 250
Klein, Alfred 138, 196
Klein, Johannes 114, 121
Klein, Karl Kurt 102
Kleinberg, Alfred 92
Kleinmayr, Hugo von 75
Kleist, Heinrich von 103, 197, 203, 220, 231
Kliche, Dieter 249, 265
Kloepfer, Rolf 189
Klopstock, Friedrich Gottlieb 26, 42, 63, 73, 230
Klotz, Volker 127
Kluckhohn, Paul 88, 89, 111, 112, 144, 248, 259
Kluge, Alexander 160
Kluge, Friedrich 64, 79, 80, 81
Knigge, Adolf Freiherr 147
Knilli, Friedrich 156, 182
Knopf, Jan 231
Koch, Franz 88, 102, 106, 108, 111, 144, 247
Koch, Gertrud 183
Koch, Hans 137, 195
Koch, Max 58
Koedt, Ann 208
Kohler, Maria 231
Köhn, Lothar 156, 248, 252
Kohlschmidt, Werner 111
Kohn-Bramstedt, Ernst 92
Kolbe, Jürgen 156, 191, 249, 262, 263
Kolbenheyer, Erwin Guido 108
Kolk, Rainer 14, 187, 246, 254, 257, 258

Kolkenbrock-Netz, Jutta 260
Köller, Wilhelm 189
Kommer, Herbert 182
Kommerell, Max 111, 260
König, Christoph 14, 253, 261
Kopp, Detlev 257, 258
Korff, Hermann August 88, 102, 110, 134, 135, 136, 247
Körner, Josef 90, 254
Korsch, Karl 160
Köstlin, Karl 52
Köttelwesch, Clemens 230
Kotzebue, August von 34
Krauss, Werner 120, 136, 139
Kreis, Rudolf 199
Kretzschmar, Ernst 86
Kreuzer, Helmut 152, 183, 185, 222, 265
Kristeva, Julia 208
Kroetz, Franz Xaver 162
Krogmann, Willy 90
Krogoll, Johannes 261
Krohn, Rüdiger 258
Kruckis, Hans-Martin 258
Krueger, Merle 178
Krüger, Marlies 262
Krummacher, Hans-Henrik 230
Kruschtschow, Nikita 137
Kudzus, Winfried 264
Kuhn, Hugo 133, 151
Kühnl, Reinhard 160
Kurz, Heinrich 42

Lacan, Jacques 201, 213, 214, 215, 216, 217, 218
Lachmann, Karl 37, 38, 42, 51, 52, 64, 71, 246, 258
Lachmann, Renate 249
Lämmert, Eberhard 14, 127, 144, 166, 237, 251, 259, 261, 262
Lamprecht, Karl 91
Lang, Sabine 237, 250
Langenbeck, Curt 108
Langenbucher, Helmut 108
Langenbucher, Wolfgang R. 152
Langgässer, Elisabeth 116

La Roche, Sophie von 207
Lasker-Schüler, Else 205, 207
Lefèvre, Wolfgang 163
Le Fort, Gertrud von 116
Lehmann, Hans-Thies 224
Lempicki, Sigmund von 254
Lenin, Wladimir Iljitsch 162
Lenz, Reimar 202
Leonhardt, Rudolf Walter 144, 262
Lepenies, Wolf 262
Leppmann, Wolfgang 231
Lessing, Gotthold Ephraim 42, 48, 50, 63, 135, 147, 231, 255
Lethen, Helmut 162, 163, 239, 263
Lévi-Strauss, Claude 190, 191, 192, 211
Lexer, Matthias 64
Leyen, Friedrich von der 79, 100, 106
Liebertz-Grün, Ursula 177
Liepe, Wolfgang 114
Lillyman, William J. 261
Linden, Walther 96, 104, 108
Lindner, Burghardt 239
Link, Jürgen 189, 218
Lippe, Rudolf zur 199
Livius 18
Löbe, Paul 83
Lochner, Rudolf 87
Loewy, Ernst 155
Lohse, Gerhart 260
Lüders, Detlev 230
Ludwig, Martin H. 177
Lugowski, Klemens 103, 247
Luhmann, Niklas 186, 187, 249
Lukács, Georg 6, 120, 131, 132, 134, 135, 136, 137, 138, 151, 160, 161, 167, 179, 195
Lundgreen, Peter 260
Lunding, Erik 251
Luserke, Matthias 254
Luther, Martin 167
Lutz, Bernd 178
Lützeler, Paul Michael 224, 231, 238, 265
Lux, Josef August 88
Luxemburg, Rosa 160

275

Lyotard, Jean-François 221

Maas, Utz 181
Maase, Kaspar 262
Maasen, Sabine 266
Macherey, Pierre 179
Mackay, John Henry 205
Mahrholz, Werner 251
Man, Paul de 219, 220, 250
Mandelkow, Karl Robert 183
Mann, Heinrich 136, 148
Mann, Klaus 206
Mann, Thomas 84, 110, 120, 136, 231
Mannheim, Karl 91, 92
Marcuse, Herbert 159, 167, 201
Maren-Grisebach, Manon 251
Marquard, Odo 198, 233, 234, 237, 249, 250
Martin, Biddy 208
Martini, Fritz 103, 111, 114, 133, 246, 248, 264
Marx, Karl 145, 160, 162, 167, 195, 215, 239, 248
Maßmann, Hans Ferdinand 37, 38, 41, 42, 258
Mattenklott, Gert 156, 161, 176, 205, 218
Matthias, Adolf 254
Mattusek, Peter 241
Maurer, Friedrich 109, 111, 122, 146
May, Kurt 109, 111, 119, 248
Mayer, Hans 120, 136, 137, 138, 145, 204, 246, 251, 255
Maync, Harry 79, 109
Mehring, Franz 92, 134
Meid, Volker 178
Meier, Georg Friedrich 22
Menzel, Wolfgang 35, 37
Merker, Paul 90, 111
Mertens, Walter 257
Metscher, Thomas 162, 249
Metternich, Klemens Wenzel Lothar von 36, 61
Meves, Uwe 14, 256, 257, 258
Meyer, Clemens F. 58
Meyer, Herbert 230

Meyer-Abich, Klaus Michael 242
Middell, Eike 196
Milch, Werner 100, 114
Miller, J. Hillis 219
Miller, Norbert 253
Millet, Kate 208
Mill, John Stuart 68
Minder, Robert 133
Minor, Jacob 63, 79
Mitscherlich, Alexander 201
Mittenzwei, Werner 136, 139, 196, 231
Mitzka, Walter 109
Moeller van den Bruck, Arthur 105
Möhrmann, Renate 206, 207, 209, 249, 264
Mone, Franz Joseph 31, 38, 42
Monden, Angelika 257
Morgenthaler, Walter 231
Morgner, Irmtraud 207
Morhof, Daniel Georg 19, 22, 23, 246
Mörike, Eduard 230
Morris-Keitel, Peter 241
Moritz, Karl Philipp 231
Moser, Hugo 144, 146
Möser, Justus 60
Mosler, Peter 202
Mosse, George L. 205
Much, Hans 87
Müllenhoff, Karl 52, 65
Müller, Günther 90, 105, 128
Müller, Hans-Harald 255, 264, 265
Müller, Harro 218, 220, 266
Müller, Heiner 223
Müller, Jan Dirk 258
Müller, Joachim 106, 134, 136
Müller, Jörg Jochen 14, 255
Müller, Klaus-Detlev 231
Müller-Freienfels, Richard 87
Münchow, Ursula 138
Müncker, Franz 63, 74
Mundt, Hannelore 261
Mundt, Theodor 43
Münsterberg, Hugo 68
Münz-Koenen, Ingeborg 195
Muschg, Adolf 91

Muschg, Walter 91, 143, 259, 262
Müssener, Helmut 148

Nadler, Josef 76, 77, 102, 106, 111, 112, 144, 247, 259
Napoleon Bonaparte 27, 28, 29, 30, 31, 32, 33, 34, 36, 55
Natorp, Paul 68
Nauclerus, Johannes 17
Naumkann, Hans 95, 96, 97, 99, 105, 110, 111, 144
Naumann, Manfred 154, 195
Neckel, Gustav 81, 95, 97
Negt, Oskar 159, 160
Nettelbeck, Petra 231
Nettelbeck, Uwe 231
Neukrantz, Klaus 163
Neuland, Eva 250, 257, 266
Neumann, Friedrich 109, 111, 114, 252
Neumann, Werner 253
Niedermeier, Michael 241
Niemöller, Martin 116
Niethammer, Lutz 226, 250
Nietzsche, Friedrich 55, 68, 72, 73, 86, 91, 203, 213, 215, 217, 220
Nohl, Hermann 73
Nolting, Winfried 184
Novalis 75, 203, 255
Nutz, Maximilian 258
Nutz, Walter 152

Obenauer, Karl Justus 104, 105, 108, 111
Oellers, Norbert 253, 254, 260, 261
Oevermann, Ulrich 181
Ohnesorg, Benno 154
Opitz, Martin 19, 22, 24
Oppel, Horst 104, 119, 247, 248, 259
Osinski, Jutta 209
Osterkamp, Ernst 261
Osthoff, Hermann 65
Otfried 24

Panzer, Friedrich 79, 81, 85, 86, 96, 97, 109, 110, 111

Papen, Franz von 97
Papenfuß, Dietrich 264
Parsons, Talcott 186
Pascal, Blaise 167
Pasternack, Gerhard 253
Pastor, Willy 105
Paul, Hermann 64, 65, 254
Paulsen, Wolfgang 207
Pehlke, Michael 161, 262
Peitsch, Helmut 166, 239
Peschken, Bernd 14, 255
Peter, Klaus 264
Peters, Brigitte 265
Peters, Ulrich 96, 109
Peters, Ursula 181
Petersen, Julius 79, 83, 85, 88, 98, 104, 110, 111, 144, 247, 259, 260, 261
Petersen, Jürgen H. 253
Petsch, Robert 81, 106, 109
Pfau, Dieter 187, 249
Pfeiffer, Friedrich 58
Pfeiffer, Johannes 118, 126, 248
Philippi, Klaus-Peter 156, 248, 252
Philippson, Ernst Alfred 100
Picht, Georg 142
Pietzker, Carl 168, 267
Pinkerneil, Renate 253, 263
Piscator, Erwin 132
Pischel, Joseph 253
Platen, August von 206
Plump, Gerhard 186, 260
Poggeler, Otto 256
Polenz, Peter von 14, 144, 158, 251, 262
Pongs, Hermann 88, 91, 104, 112, 114, 144, 247
Prätorius, Otto 19
Prinz, Alois 232, 250, 266
Prinz, Wolfgang 253, 266
Prinzhorn, Hans 259
Profitlich, Ulrich 266
Prokop, Dieter 182
Prokop, Ulrike 206
Promies, Wolfgang 177
Prümm, Karl 183
Prutz, Robert 43, 45, 50, 58

Puschkin, Alexander Sergejewitsch 136
Pustkuchen, Johann Friedrich Wilhelm 37

Quint, Josef 111
Quintilian 18

Raabe, Wilhelm 231
Rader, Wendelin 189
Rahel von Varnhagen 207
Rambach, Johann Jakob 24
Rank, Otto 90, 200
Ranke, Leopold von 44
Ransmayr, Christoph 223
Ranson, J. C. 129
Rasch, Wolfdietrich 111, 146
Raumer, Rudolf von 254
Rautenberg, Ursula 257
Rebmann, Georg Friedrich 147
Rector, Martin 161
Rehm, Walther 88, 89, 111
Reich, Wilhelm 160, 200, 201
Reichwein, Regine 181
Reimann, Brigitte 207
Reinhold, Carl Leonhard 26
Reiss, Gunter 14, 246, 247, 252
Renner, Rolf Günter 224
Renz, Peter 264
Rich, Adrienne 208
Richert, Klaus 96
Richter, Dieter 161, 174, 239, 249, 263
Richter, Hans 136
Richter, Joachim Burkhard 258
Rickert, Heinrich 68
Riegl, Alois 73
Riha, Karl 183
Rilke, Rainer Maria 121, 131, 220
Roecke, Werner 257
Roeder, Peter Martin 181
Roethe, Gustav 81, 83, 86, 247, 260
Rölleke, Heinz 230
Rompeltien, Bärbel 14, 187, 258
Rosenberg, Rainer 14, 195, 246, 253, 257, 258
Roth, Joseph 205

Rothacker, Erich 89
Rothe, Friedrich 163, 166, 263
Röther, Klaus 14, 247, 253
Röttgen, Herbert 202
Rowbotham, Sheila 208
Rüdiger, Horst 143, 248, 262
Rupp, Gerhard 250, 257, 266
Ruprecht, Erich 117, 248, 262
Rust, Bernhard 111

Sachs, Hanns 90, 200
Sachs, Nelly 205
Safranski, Rüdiger 163, 231
Salm, Peter 252
Samuel, Richard 100
Sand, Karl Ludwig 34
Sander, Volkmar 262
Sandkühler, Hansjürgen 162
Sartre, Jean-Paul 190, 211
Sattler, Dietrich 230
Sauder, Gerhard 14, 177, 247, 253, 260
Sauer, August 76, 79, 102
Saussure, Ferdinand de 189, 190, 191
Sautermeister, Gert 177
Savigny, Friedrich Karl von 44
Schanze, Helmut 183
Scharfschwerdt, Jürgen 248, 265
Scheel, Heinrich 147
Scheffer, Bernd 188
Schelsky, Helmut 166
Schemann, Ludwig 105
Scherer, Michael 254
Scherer, Wilhelm 60, 61, 63, 69, 71, 76, 246, 252, 254, 256, 257, 258
Scherpe, Klaus 156, 161, 168, 176, 222, 250, 266, 267
Schildener, Karl 31
Schiller, Dieter 196
Schiller, Friedrich 42, 63, 77, 135, 252
Schiwy, Günther 191, 192
Schklowskij, Viktor 129
Schlaffer, Heinz 177
Schlawe, Fritz Ernst 254
Schlegel, August Wilhelm 29, 30, 31, 167

Schlegel, Dorothea 197
Schlegel, Friedrich 36, 39, 167, 230
Schleicher, August 65
Schlenstedt, Dieter 139, 195
Schlenstedt, Silvia 139, 196
Schlosser, Friedrich Christoph 44
Schlott, Michael 258
Schmeller, Johann Andreas 38
Schmidt, Adalbert 102
Schmidt, Alfred 191
Schmidt, Erich 63, 256
Schmidt, Julian 51, 255
Schmidt, Siegfried S. 185, 188, 222
Schmidt-Biggemann, Wilhelm 258
Schmitt, Hans-Jürgen 156
Schneider, Ferdinand Josef 97, 134
Schneider, Hansjörg 196
Schneider, Hermann 109
Schneider, Reinhold 116
Schneider, Wilhelm 102
Schnell, Ralf 178
Schoeps, Julius H. 205
Scholz, Gerhard 135, 136
Scholz, Rüdiger 239, 250, 266
Schön, Erich 181
Schöne, Albrecht 159
Schönert, Jörg 187, 249, 254, 265
Schopenhauer, Arthur 203
Schramm, Ulf 241
Schrey, Gisela 247, 259
Schrimpf, Hans Joachim 260
Schröder, Eduard 63
Schubring, Gert 258
Schücking, Levin L. 92, 143, 151, 248
Schuller, Marianne 209, 266
Schulte-Sasse, Jochen 177
Schulte-Wülwer, Ulrich 255
Schultz, Franz 79, 96, 122, 254
Schultze-Naumburg, Paul 106
Schulze, Gerhard 232
Schumacher, Ernst 139
Schütt, Peter 145, 162
Schütze, Peter 178
Schwanitz, Dietrich 187
Schwarz, Egon 261
Schwarzer, Alice 208

Schweikle, Günther 257
Scott, Walter 136
Sedlmayr, Hans 116, 131
Seeck, Otto 105
Seeba, Hinrich C. 258, 261
Seghers, Anna 147, 162, 204
Seidler, Herbert 262
Seifert, Siegfried 231
Sembach, Klaus-Jürgen 253
Semper, Gottfried 73
Sengle, Friedrich 106, 132, 146, 154,
    166, 168, 169, 176, 248, 249
Seume, Johann Gottfried 145
Shakespeare, William 108
Sherfey, Mary Jane 208
Siebs, Theodor 79
Siefers, Annemarie 256
Sievers, Eduard 64, 65
Silbermann, Alphons 151
Simmel, Georg 68
Simrock, Karl 52
Sinemus, Volker 252
Singer, Herbert 144, 262
Sloterdijk, Peter 201
Soergel, Albert 103
Solschenyzin, Alexander 167, 211
Sombart, Werner 82, 91
Sontheimer, Kurt 166
Söring, Jürgen 264
Spengler, Oswald 87
Spitzer, Leo 91
Spoerri, Theophil 74
Spranger, Eduard 73
Sprengel, Johann Georg 79, 81, 85
Staiger, Emil 108, 118, 124, 127, 128,
    132, 248, 252
Stalin 12, 137, 211
Stammler, Wolfgang 251
Stanizek, Georg 187
Stanzel, Franz K. 127
Stapel, Wilhelm 106
Steakley, James 206
Stein, Peter 158, 161, 178, 264
Steiner, Gerhard 147, 168
Stekel, Wilhelm 90, 200
Stendhal 136

Stephan, Alexander 148
Stephan, Inge 177, 178, 209, 239, 265
Sternsdorff, Jürgen 256
Stierle, Karlheinz 249
Stichweh, Rudolf 258
Stockinger, Peter 189
Storck, Joachim W. 260
Storm, Theodor 231
Stötzel, Georg 265
Strauß, Botho 223
Streller, Siegfried 135, 136
Stresemann, Gustav 84
Strich, Fritz 73, 74, 88, 247
Strippel, Jutta 255
Strohmeier, Eckart 193
Strohschneider, Peter 254
Strothmann, Adolf 63
Strunz, Franz 111
Stückrath, Jörn 183, 254
Stüssel, Kerstin 254
Suphan, Bernhard 63
Süskind, Patrick 223
Synes, Ernst 255
Szondi, Peter 131, 163, 248, 249

Tacitus 17, 28
Thalheim, Hans-Günther 136, 137
Theweleit, Klaus 201
Thierse, Wolfgang 249, 265
Thomasius, Christian 20
Thömig, Jürgen C. 178
Thun, Christiane 202
Tieck, Ludwig 29, 255
Toller, Ernst 106, 204
Tolstoj, Leo 136
Toennies, Ferdinand 91
Traeger, Claus 147, 154, 266
Trakl, Georg 132
Trier, Jost 122
Troeltsch, Ernst 91
Trommler, Frank 177, 266, 267
Trunz, Erich 108, 114, 122, 125, 132, 248
Tscherning, Andreas 19
Turk, Horst 218
Tynianow, Jurij 129

Ueding, Gert 177
Uhland, Ludwig 42, 43, 46, 47, 246, 257
Ulbricht, Walter 134, 137, 194
Unger, Rudolf 71, 72, 88, 246, 259
Unseld, Siegfried 263
Urban, Bernd 264

Vadianus 17
Varnhagen, Rahel von 237
Vaßen, Florian 163, 239, 263
Vergil 18
Vesper, Will 108
Viehoff, Rainer 188
Viëtor, Karl 90, 100, 102, 109, 110, 118, 119, 127, 128, 144, 247, 248, 259
Vilmar, August Friedrich Christian 42, 49, 61, 254
Vischer, Friedrich Theodor 43, 47, 48, 254
Voegt, Hedwig 135, 147
Vogel, Bruno 205
Vögel, Herfried 254
Vogt, Jochen 158, 250
Volkelt, Johannes 73
Völker, Paul Gerhard 161, 163, 239, 262
Vollhardt, Friedrich 250, 267
Vondung, Klaus 155
Voßkamp, Wilhelm 14, 187, 249, 257, 258, 260, 261, 266

Wachler, Ludwig 24, 36
Wagner, Richard 73
Walberer, Ulrich 260
Walser, Martin 162
Walter, Hans-Albert 148, 155
Walter, Wolfgang 266
Walther von der Vogelweide 38, 107
Walzel, Oskar 74, 75, 87, 89, 252
Wapnewski, Peter 144, 257, 262
Warneken, Bernd Jürgen 161, 263
Warner, Marina 208
Warren, Austin 129, 251
Wassermann, Jakob 106, 205

Watzlawick, Paul 188
Wawrzyn, Lienhard 161
Weber, Max 91, 151, 177, 239, 247
Wechsler, Eduard 87
Weerth, Georg 145, 147
Wegmann, Nikolaus 257, 258
Wehler, Hans-Ulrich 177
Wehrli, Max 261
Weigel, Harald 258
Weigel, Sigrid 207, 209, 218, 239, 265
Weimann, Robert 140, 154, 191, 249, 262, 263, 265
Weimar, Klaus 14, 246, 253, 257, 258, 261, 266, 267
Weingart, Peter 253, 266
Weinhold, Karl 52
Weinrich, Harald 153, 158, 181, 184
Weisgerber, Leo 111, 122
Weißenfels, Richard 58, 81
Weizsäcker, Carl Friedrich von 242
Wellbury, David 220
Wellek, René 129, 251
Welsch, Wolfgang 221, 250
Wenzel, Horst 252
Werber, Niels 186
Werfel, Franz 106
Werner, Hans-Georg 196
Werner, Richard-Maria 63
Wertheim, Ursula 135
Weydt, Günther 110, 112
Wieland, Christoph Martin 26, 42, 133, 248
Wierlacher, Alois 238
Wiese, Benno von 104, 111, 116, 122, 126, 142, 144, 145, 146, 166, 167, 168, 169, 248, 249, 259

Wilbrandt, Christian 48
Wild, Reiner 264
Wilhelm II. von Hohenzollern 78
Wilser, Ludwig 77
Winckler, Lutz 148
Windfuhr, Manfred 230
Witkop, Philipp 81, 100
Woesler, Winfried 230
Wolf, Friedrich 147, 162, 204
Wolf, Christa 196, 207
Wolff, Christian 22
Wolff, Ludwig 109, 111
Wölfflin, Heinrich 73, 74
Wolfram von Eschenbach 38, 77
Wolfskehl, Karl 205
Woltmann, Ludwig 77, 105
Wrede, Ferdinand 109
Wulf, Christoph 199
Wulf, Joseph 144
Wunderlich, Rainer 181
Wyss, Ulrich 256, 258

Zeller, Bernhard 230, 260
Zeune, August 31, 38
Ziegler, Klaus 259
Ziegler, Mariane von 207
Zielinski, Siegfried 183
Ziesemer, Walter 97
Zima, Peter V. 189
Zimmermann, Bernhard 183
Zimmermann, Ludwig Christian 31
Zimmermann, Peter 178
Zimmermann, Wilhelm 45, 48
Zinn, Ernst 230
Žmegač, Viktor 178, 252, 262
Zweig, Arnold 136, 148, 204
Zymner, Rüdiger 233

rowohlts enzyklopädie

Eine Auswahl

Kurt Bayertz (Hg.)
Praktische Philosophie
Grundorientierungen angewandter Ethik (522)

Helmut Brackert / Jörn Stückrath (Hg.)
Literaturwissenschaft
Ein Grundkurs (523)

Eberhard Braun / Felix Heine / Uwe Opolka
Politische Philosophie
Ein Lesebuch. Texte, Analysen, Kommentare (406)

Manfred Brauneck
Theater im 20. Jahrhundert
Programmschriften, Stilperioden, Reformmodelle (433)
Klassiker der Schauspielregie
Positionen und Kommentare zum Theater im 20. Jahrhundert (477)

Manfred Brauneck / Gérard Schneilin (Hg.)
Theaterlexikon
Begriffe, Epochen, Bühnen und Ensembles (465)

André Breton
Die Manifeste des Surrealismus (434)

Jonathan Culler
Dekonstruktion
Derrida und die poststrukturalistische Literaturtheorie (474)

Hans Ebeling
Martin Heidegger
Philosophie und Ideologie (520)
Das Subjekt in der Moderne
Rekonstruktion der Philosophie
im Zeitalter der Zerstörung (484)

Hans Eggers
Deutsche Sprachgeschichte
Band 1: Das Althochdeutsche und das Mittelhochdeutsche (425)
Band 2: Das Frühneuhochdeutsche und das Neuhochdeutsche (426)

Martin Esslin
Das Theater des Absurden
Von Beckett bis Pinter (414)

Die Zeichen des Dramas
Theater, Film, Fernsehen (502)

Ferdinand Fellmann
Symbolischer Pragmatismus
Hermeneutik nach Dilthey (508)
Lebensphilosophie
Elemente einer Theorie der Selbsterfahrung (533)

James George Frazer
Der Goldene Zweig
Das Geheimnis von Glauben und Sitten der Völker
(kulturen und ideen 483)

Hugo Friedrich
Die Struktur der modernen Lyrik
Von der Mitte des 19. bis zur Mitte
des 20. Jahrhunderts (420)

Gebauer / Kamper / Lenzen / Mattenklott / Wulf / Wünsche
Historische Anthropologie
Zum Problem der Humanwissenschaften heute
oder Versuche einer Neubegründung (486)

Gunter Gebauer / Christoph Wulf
Mimesis
Kultur – Kunst – Gesellschaft (497)

Arnold Gehlen
Anthropologische und sozialpsychologische Untersuchungen (424)

Manfred Geier
Das Sprachspiel der Philosophen
Von Parmenides bis Wittgenstein (500)

Sander L. Gilman
Rasse, Sexualität und Seuche
Stereotype aus der Innenwelt der westlichen Kultur
(kulturen und ideen 527)

Jean Marie Goulemot
Gefährliche Bücher
Erotische Literatur, Pornographie,
Leser und Zensor im 18. Jahrhundert
(kulturen und ideen 528)

rowohlts enzyklopädie

Heiner Hastedt / Ekkehard Martens
Ethik
Ein Grundkurs (538)

Anton Hügli / Poul Lübcke (Hg.)
Philosophie im 20. Jahrhundert
Band 1: Phänomenologie, Hermeneutik, Existenzphilosophie und Kritische Theorie (455)
Band 2: Wissenschaftstheorie und Analytische Philosophie (456)

Richard Huelsenbeck (Hg.)
Dada
Eine literarische Dokumentation (402)

Johan Huizinga
Homo Ludens
Vom Ursprung der Kultur im Spiel (435)

Andreas Huyssen / Klaus R. Scherpe (Hg.)
Postmoderne
Zeichen eines kulturellen Wandels (427)

Toshihiko Izutsu
Philosophie des Zen-Buddhismus (428)

Fredric Jameson
Das politische Unbewußte
Literatur als Symbol sozialen Handelns (461)

Dietmar Kamper
Zur Geschichte der Einbildungskraft (509)

Geoffrey Stephen Kirk
Griechische Mythen
Ihre Bedeutung und Funktion (444)

Volker Klotz
Bürgerliches Lachtheater
Komödie – Posse – Schwank – Operette (451)

Helmut König
Zivilisation und Leidenschaften
Die Masse im bürgerlichen Zeitalter (513)

Roland Lambrecht
Melancholie
Vom Leid an der Welt und den Schmerzen der Reflexion (541)

Rudolf zur Lippe
Sinnenbewußtsein
Grundlegung einer anthropologischen Ästhetik (423)
Vom Leib zum Körper
Naturbeherrschung am Menschen in der Renaissance (466)

Alexander Litschev / Dietrich Kegler (Hg.)
Abschied vom Marxismus
Sowjetische Philosophie im Umbruch (529)

Ekkehard Martens / Herbert Schnädelbach (Hg.)
Philosophie
Ein Grundkurs (457)

Eugene J. Meehan
Praxis des wissenschaftlichen Denkens
Ein Arbeitsbuch für Studierende (519)

Maurice Nadeau
Geschichte des Surrealismus (437)

Lutz Niethammer
Posthistoire
Ist die Geschichte zu Ende? (504)

Erwin Piscator
Zeittheater
«Das Politische Theater» und
weitere Schriften von 1915 bis 1966 (429)

Hilary Putnam
Von einem realistischen Standpunkt
Schriften zu Sprache und Wirklichkeit (539)

Robert von Ranke-Graves
Griechische Mythologie
Quellen und Deutung (404)
Die Weiße Göttin
Sprache des Mythos (416)

Robert von Ranke-Graves / Raphael Patai
Hebräische Mythologie
Über die Schöpfungsgeschichte und andere Mythen aus dem
Alten Testament (441)

rowohlts enzyklopädie

Richard Schechner
Theater-Anthropologie
Spiel und Ritual im Kulturvergleich (439)

Hartmut Scheible
Wahrheit und Subjekt
Ästhetik im bürgerlichen Zeitalter (468)

Klaus R. Scherpe (Hg.)
Die Unwirklichkeit der Städte
Großstadtdarstellungen zwischen Moderne und Postmoderne (471)

Susanne Schlicher
TanzTheater
Traditionen und Freiheiten
Pina Bausch, Gerhard Bohner, Reinhild Hoffmann, Hans Kresnik, Susanne Linke
(kulturen und ideen 411)

Hansgeorg Schmidt-Bergmann
Futurismus
Geschichte, Ästhetik, Dokumente (535)

Ulrich Steinvorth
Klassische und moderne Ethik
Grundlinien einer materialen Moraltheorie (505)
Warum überhaupt etwas ist
Kleine demiurgische Metaphysik (547)

Bernhard H. F. Taureck
Französische Philosophie im 20. Jahrhundert
Analysen, Texte, Kommentare (481)
Ethikkrise – Krisenethik
Analysen, Texte, Modelle (525)

Karl Vorländer
Geschichte der Philosophie
mit Quellentexten (495)
Band 1: Altertum (492)
Band 2: Mittelalter und Renaissance (493)
Band 3: Neuzeit bis Kant (494)

Sigrid Weigel
Die Stimme der Medusa
Schreibweisen in der Gegenwartsliteratur von Frauen (490)
Topographien der Geschlechter
Kulturgeschichtliche Studien zur Literatur (514)

Benjamin Lee Whorf
Sprache – Denken – Wirklichkeit
Beiträge zur Metalinguistik und Sprachphilosophie (403)

Siegfried Zielinski
Audiovisionen
Kino und Fernsehen als Zwischenspiele in der Geschichte
(kulturen und ideen 489)

rowohlts enzyklopädie

Bd1 (Porp. Heidegg) 105